동물고고학 입문

THE
ARCHAEOLOGY
OF ANIMALS

동물고고학 입문

사이먼 J. M. 데이비스 지음 / 이선복 옮김

사회평론

고고학 핸드북 시리즈

동물고고학 입문

2014년 9월 11일 초판 1쇄 인쇄
2014년 9월 19일 초판 1쇄 발행

지은이 사이먼 J. M. 데이비스
옮긴이 이선복
펴낸이 윤철호
펴낸곳 (주)사회평론아카데미

편집 김천희 · 신종우
디자인 김진운 · 황지원
본문 조판 박서운
마케팅 이영은 · 이경화 · 조서연 · 홍은혜

등록번호 2013-000247(2013년 8월 23일)
전화 02-2191-1133
팩스 02-326-1626
주소 121-844 서울특별시 마포구 월드컵북로12길 17(2층)

ISBN 979-11-85617-11-4 93900

이 책의 출판은 2013년 서울대학교 인문대학 인문학 총서 출간 지원사업의 지원을 받았음.

차례

제2부

'…고생물학과 고고학 사이에 놓인 이 중간지대에는 연구를 필요로 하는 새로운 넓은 분야가 놓여 있으니, 그에 대한 연구는 틀림없이 궁극적으로 인간의 원초적 역사에 대한 우리의 지식을 크게 늘려줄 것이다.'

— 조셉 프레스트위치(Joseph Prestwich), 1859년 5월 26일,
런던 왕립학회(the Royal Society) 발표문에서(Prestwich, 1861)

한국어판 서문

이 책의 주제인 동물 뼈는 고고학 유적을 발굴할 때 거의 항상 발견되고 있습니다. 제가 동물 뼈와 인연을 맺은 것은 학창시절부터입니다. 당시 저는 고고학 이외에도 패류학에 큰 관심을 갖고 있었습니다. 저는 정열적인 조개껍질, 특히 바다조개껍질 수집가였습니다. 그렇지만 요르단 분지에서 어느 구석기시대 고고학 발굴에 참가하며 곧 우리 조상의 생활방식에 대해 더 많은 것을 밝혀줄 수 있는 포유동물 유해에 더 끌리게 되었습니다. 동물고고학자로서 제 경력은 그렇게 시작되었으며, 시간적으로 후기구석기시대에서 현대에 이르기까지, 공간적으로 이스라엘, 이란과 키프로스에서 영국을 거쳐 현재의 포르투갈에 이르기까지, 기나긴 여정을 거쳤습니다. 그런데 제가 학생시절에 처음 접한 동물고고학은 나름의 긴 역사를 갖고 있는바, 19세기부터 본격적으로 시작된 학문입니다.

오늘날 고고학자들은 동물 유해의 중요성을 잘 알고 있으며, 동물고고학은 어느 주어진 고고학 유적을 연구함에 있어 빠질 수 없는 역할을 하고 있습니다. 유적에서 발견되는 고대동물의 유해는 우리 조상들의 식료품 찌꺼기(즉 주방과 식탁 쓰레기)일 뿐만 아니라, 이 책에서 설명하려고 노력했던 바와 같이 환경과 생활양식, 특히 사람과 동물 사이의 관계가 어떤 성격인지 말해주는 흥미로운 정보를 풍부히 제공해줍니다. 고대의 동물 뼈는 사람이 만든 석기와 공반한 멸종동물 유해를 지질학자들이 발견한 19세기 중엽에 처음으로 과학적인 기여를 하기 시작했습니다. 이와 더불어 인류 역사는 성서 해석에 따른 천지창조의 시점인 기원전 4004년(보다 정확히는 어서 주교가 설파했던 기원전 4004년 10월 23일 일요일)보다 훨씬 이전으로 올라가게 되었습니다.

이 책을 한국어로 번역하고 있다는 연락을 이선복 교수로부터 받은 것은 즐겁고도 놀라운 일이었습니다. 저는 이 책을 원래 박물학자와 고고학 전공 학생들을 위해 썼는바, 동물고고학은 무슨 일을 어떻게 하고 있고 동물 유해는 어떤 종류의 정보를 제공해주는지 설명해주는 데 그 목적이 있습니다.

책은 주제별로 구성되어 있습니다. 각 장에서는 동물 유해를 연구하는 기초 연구법, 뼈와 이빨의 발달과정과 변이 및 부러진 뼈 조각의 동정 방법, 과거의 환경 복원을 위한 해석 방법, 유적 점유의 계절 연구, 사람의 사냥 활동과 최후빙하기 이후 동물들이 맞게 된 슬픈 운명, 가축화의 과정과 고고학 자료에 보이는 이 최초의 인위적 식량자원 관리시도의 증거, 가축화 이후의 울이나 젖 같은 이차 생산물의 이용 문제를 다루었고, 마지막으로 영국의 동물고고학 연구를 간략히 소개하였습니다.

이러한 내용을 집필한 저의 목적은 동물고고학을 비전공자들이 이해할 수 있게끔 해주고 이것이 얼마나 흥미로운 분야인지 보여주려는 것이었습니다.

2014. 6.
사이먼 J. M. 데이비스

옮긴이 서문

〈동물고고학 입문〉이라는 이름의 이 책은 1987년 초판이 발간된 *The Archaeology of Animals*의 번역서이다. 이 책을 번역한 것은 동물 유해에 대한 연구가 거의 이루어지지 못하고 있을 뿐만 아니라 전문가도 찾기 힘든 우리 사정에서, 동물고고학의 여러 면모를 소개해주고 있어 관련분야 입문서 역할을 해줄 수 있는 이 책을 통해 동물 유해 연구에 관심이 있는 고고학 전공자 및 일반인들에게 도움을 줄 수 있기를 희망하기 때문이다.

책의 내용에도 나오듯, 동물고고학이라는 용어 그 자체의 보급을 비롯해 관련분야 연구가 체계를 잡기 시작한 것은 그리 오래 되지 않았다. 짧은 학사와 더불어, 연구를 위해서는 동물 뼈에 대한 경험적 지식이 절대적으로 필요하기 때문에, 기초훈련을 얼마나 오랫동안 어떻게 받았는가에 따라 개별 연구자의 연구능력은 매우 큰 편차가 있을 수밖에 없다. 이런 이유 때문에 동물고고학은 연구 방법론과 이론의 체계화가 아직 미흡하게 이루어진 측면이 있다. 뿐만 아니라, 지역에 따라 축적된 지식과 정보는 질적으로도 양적으로도 큰 차이가 있을 수밖에 없기 마련이라, 연구 활동과 성과의 수준에도 지역에 따라 큰 차이가 있다. 나아가 시간대와 지역적 차이에 따른 환경조건의 차이는 동물상의 차이를 갖고 오기 마련이며 또한 동물 유해가 고고학 자료로서 보존되는 정도 역시 상이하기 마련이다. 그런 만큼 특정한 고고동물군 자료에 적용할 수 있는 분석방법이나 분석에서 얻을 수 있는 정보의 질이나 양 역시 같을 수 없다. 따라서 동물고고학은 토기나 석기 연구 같은 보다 전통적인 고고학 연구 분야와 비교할 때 다루는 분야가 상대적으로 잡다하고 연구에 사용되는 이론과 방법론 및 기법에서 통일성을 찾기 어려운 것처럼 보인다.

이러한 사정을 반영하듯, 1987년 전까지 동물고고학 전반을 설명하는 개설서는 출간된 것이 없다 해도 과언이 아니다. 그 이후로도 개설서로서 간행된 책자는 그리 많지 않을뿐더러, 대체로 저자의 입장과 관점에 따라 책의 구성과 서술 내용이 어느 한 쪽으로 치우치거나 혹은 너무 많은 것을 담으려는 경향을 보여주고 있다. 예를 들어, 어느 최신 개설서는 동물고고학의 연구 현황을 되도록 완벽하게 알려주고자 하는 욕심에서 본문도 본문이지만 자료목록을 소개하는 부록과 참고문헌이 무려 130페이지 가까이 되는가 하면, 또 동물 뼈 자체를 다루는 기법과 방법론 위주로 구성된 어느 책은 특정지역의 사례에 집중하고 있어 그 외의 지역에서는 굳이 알 필요가 없는 내용을 장황하게 설명하고 있는 등, 동물고고학의 다양한 측면을 균형감 있게 소개하는 텍스트를 만나기 어려운 형편이다. 다시 말해, 이 책을 동물고고학 개론서로 소개하고자 채택한 것은 여러 연구 분야와 주제를 비교적 고르게 소개하고 있기 때문이며, 바로 이러한 장점 때문에 이 책은 출간 이후 한 세대가 넘는 시간이 흘렀지만 아직도 초보자를 위한 입문서로서 계속 읽히고 있다. 우리 독자들도 이 책을 통해 동물고고학이라는 생소한 분야의 몇 가지 기본적 성격을 이해할 수 있게 되기를 희망한다.

당연한 말이지만, 원저가 1980년대에 간행된 책인 만큼, 고고학적 사실과 관계된 많은 내용은 이미 낡은 것이 되어버렸다. 이것은 잘못된 지식을 독자들에게 전해줄 수 있으므로 매우 중요한 문제라 할 수 있다. 특히 세계 각지에서는 새로운 발견, 편년의 재조정, 자료의 재해석이 끊임없이 이루어지고 있으므로, 예를 들어 인류 진화에 대한 책의 내용은 당연히 시대에 뒤떨어진 설명이 되지 않을 수 없다. 그러나 그런 내용을 모두 교정하는 것은 책을 새로 쓰지 않는 한 사실상 불가능한 일일뿐더러, 원저 번역의 의미를 포기하는 일이기도 하다. 따라서 번역에서는 독자들이 반드시 알아야 하는 중대 사항에 대해서만 주를 달아 설명하였으며, 동물고고학에 대한 각종 최신 지식과 정보를 자세히 알고자 한다면 zooarchaeology, animal bones, taphonomy 등의 어휘를 검색해 관련된 저작물과 더불어 국제고고동물학협의회(ICAZ) 홈페이지를 살펴볼 것을 권하고 싶다(19쪽 옮긴이 주 참조).

번역 착수에 앞서, 관련분야를 전공했다고 할 수 없는 역자가 이 책을 번역하는 것이 과연 옳은 일인지 곰곰 생각해보았다. 비록 유학시절이던 1980년대 초에 이 책 5장에서도 연구사례로 언급하고 있는 라리에라 동굴을 비롯한 스페인 북부 칸타브리아의 몇몇 유적에서 수습한 동물 자료를 분석하고 이를 논문으로 발표한 적이 있지만, 역자는 1986년 귀국 이후 동물 뼈를 직접 다룰 기회를 전혀 갖지 못했기 때문이다. 그러나 고고학의 급속한 양적 성장이 질적 성장으로 뒷받침되지 못하고 있고, 동물 자료에 대한 연구가 활성화되지 못하고 있는 상황에서, 미력하나마 이러한 개설서를 번역해 소개하는 것이 학문 발전을 위한 작은 밑거름이 될 수 있기를 조심스럽게 희망하며 번역을 시작하게 되었다.

책의 구성은 동물고고학 성립과 관련된 학사적 배경을 서장에서 소개한 다음, 1장에서 4장에 걸친 제1부에서는 고고동물 자료의 기본적 성격, 뼈와 이빨의 발생학 및 해부학적 특징, 고환경 해석 및 유적 점유시기의 연구를 중심 주제로 삼아 주요 방법론을 소개하고 있다. 이어 제5장에서 제8장에 걸친 제2부에서는 구체적인 연구사례를 살펴보고 있으며, 각 장은 인류 진화와 동물사냥 여부의 판단, 가축의 기원, 가축화의 확산 및 영국에서의 동물고고학 연구를 큰 주제로 다루고 있다. 책의 각 장을 구성하고 있는 소주제는 아마도 동물고고학에서 다루는 주요 이슈를 다 포괄하고 있다고 해도 좋겠으며, 어느 지역의 연구자에게도 충분히 흥미로운 내용이다. 이런 점을 높이 산 어느 동물고고학 개론서의 저자는 자신의 책 서문에서 이 책의 발간은 동물고고학 연구에 하나의 획기를 이루었다고까지 하였다. 각 장에서 독자들은 특히 다음과 같은 점에 주목하며 그 내용을 살필 필요가 있을 것이다.

우선, 서장에서 저자는 서구에서 동물 유해에 대한 연구는 고고학을 비롯한 박물학(즉 자연사)과 관련된 여러 분야 학문과 동일한 배경을 갖고 성립했음을 강조하고 있다. 즉, 동물 유해는 지구의 나이가 오래 되었으며 생물이 진화한다는 생각이 널리 받아들여진 바탕 위에서 비로소 과학적 탐구의 대상이 되었다는 점이다. 이후 고고학의 발전과 더불어 유적에서 발견되는 동물 뼈는 고고학 자료의 편년이나 가축의 등장을 비롯한 여러 문제를 설명하는 자료로 받아들여지게 되었다는 것이다.

제1장의 많은 내용은 본문에 앞서 제시한 그림 1.1이 압축적으로 설명해주고 있다. 즉, 그림은 살아 움직이던 동물이 동물고고학 연구자의 눈앞에 있는 고고동물 자료가 되기까지의 과정을 일목요연하게 설명해주고 있는바, 제1장의 핵심적 내용을 잘 보여준다. 저자는 유적에서 발견된 뼈가 반드시 해당 유적을 만든 사람들이 남긴 것이 아닐 수도 있으며 연구 자료가 되기까지에는 그 내용을 일일이 다 파악할 수 없는 변형과정을 겪는다는 점에 유의할 것을 강조하고 있으며, 치밀한 자료 수집의 중요성과 뼈

의 동정과 관계된 여러 문제를 설명하고자 하였다.

제2장은 동물 뼈를 연구하는 사람이라면 반드시 알고 있어야만 하는 골격 각 부위의 해부학적 특징과 발생학적 기초지식을 설명하는 내용이다. 뼈와 이빨 및 뿔의 구조와 형성과정에 대한 특징은 해당 동물의 연령 파악 및 종의 동정에 대한 출발점이 되기 때문에, 이에 대한 관계 내용의 숙지는 동물 뼈 연구를 위해 반드시 필요한 일이다.

다음 장에서 저자는 고고동물 자료가 과거의 환경조건 복원에 중요한 단서가 됨을 설명하고자 하였다. 즉, 여기서는 특정 종의 존부 여부, 종의 빈도, 개체의 크기와 형태 등의 여러 사항이 기후와 식생을 비롯한 인간생활에 직접적인 영향을 끼치는 자연환경에 대해 무엇을 어떻게 말해줄 수 있는지 유럽, 아프리카, 근동, 오스트레일리아 등지의 사례를 들어 설명하고 있다.

제4장은 3장에서 다룬 고환경과 밀접히 관계되며 보다 미시적 차원의 연구라고 할 수 있는 유적 점유의 계절성 문제를 다루고 있다. 저자는 동물 뼈에서 보이는 해부학적, 발생학적 특징으로부터 유적점유의 계절성을 어떻게 유추할 수 있는지, 또 상이한 자료가 계절성 해석에서 서로 상충되는 양상일 경우에는 모순된 결과를 어떻게 해석해야 하는지 등의 문제를 설명하고자 하였다. 이 장 말미에 소개하고 있는 물고기와 조개껍질 분석을 통한 유적점유의 계절성 연구는 특히 패총 유적과 관계되어 우리나라에서도 앞으로 보다 적극적으로 시도할 필요가 있는 분야라 여겨진다.

제2부를 여는 제5장에서 필자는 동물 뼈에 남겨진 인간행위의 흔적 해석과 관련된 사냥의 존부여부 문제를 설명하고 있다. 동물 뼈가 고고학 유적에서 발견될 경우, 이것은 사람이 동물을 사냥한 결과 남겨졌을 것이라고 생각하기 쉬운데, 그러나 그러한 판단은 신중한 자료 해석을 반드시 필요로 한다. 저자는 이러한 해석의 어려움과 신중한 접근의 필요성을 잘 알려진 고인류 유적을 비롯한 각종 사례를 제시함으로써 설명하고 있다. 이 장에서 저자는 또 인류의 확산과 동물의 멸종 사이의 상관관계를 큰 비중으로 다루고 있다. 특히 이 장에서는 아메리카 대륙에서 플라이스토세 말의 거대동물상 멸종이 클로비스문화집단의 인구 증가와 확산으로 유발되었다는 주장을 여러 면에 걸쳐 설명하고 있다. 이 주장은 클로비스 이전 단계의 자료 보고와 더불어 폐기되거나 수정되어야 하겠지만, 아직까지는 부정할 수도 없고 그렇다고 증명되었다고 할 수도 없는, 무시할 수도 지지할 수도 없는 어정쩡한 상태의 가설로서 계속 거론되고 있는 형편이다. 그러나 아무튼 거대동물상의 멸종에 대한 설명은 인류 진화사 연구에서 중요한 의미를 지니는 문제로서, 고고학 연구자라면 이와 관련된 주요 이슈가 무엇인지 알 필요가 있다.

다음 제6장은 문명의 발달에서 매우 중요한 의미가 있는 가축동물의 기원을 다루고 있다. 양/염소에 대한 설명이 큰 부분을 차지하고 있는 글의 내용이 조금 낯설게 다가올 수도 있겠지만, 이는 근동지역 고대문명의 기원이라는 인류문화사의 거대한 문제와 직결되는 내용인 만큼, 역시 고고학 연구자라면 알아두어야 할 지식이다. 또 방법론과 관련된 내용으로서 가축화가 이루어졌음을 판단할 수 있게 해주는 증거에 대한 설명에도 관심을 기울여야 할 것이다.

제7장은 6장의 내용에 이어 고기가 아닌 젖과 울 및 축력 같은 동물의 이차적 이용 및 말이나 낙타, 라마 등을 비롯한 보다 늦은 시기에 가축이 된 동물의 가축화 문제를 다루고자 했다.

책의 마지막 부분인 제8장에서는 영국의 동물고고학 연구 상황을 구석기시대부터 시작해 가까운 과거에 이르기까지 긴 시기에 걸쳐 통사적으로 설명하고 있다. 영국의 사례는 동물고고학 연구가 얼마나 다양한 문제를 접근하고 있는지, 또 문헌기록의 내용을 어떻게 보충해주고 있는지 이해할 수 있게 해줄 것이다. 등자의 사용이나 페스트의 확산, 토끼 보급 등에 대한 설명은 동물 뼈 연구가 생활사의 복원에 기여할 수 있는 바를 말해준다.

이상과 같이 원저는 동물고고학의 성격을 개략적으로 파악할 수 있기에 충분한 정보를 제공해주고 있다. 그러나 그 내용이 완벽하다고 할 수는 없는데, 예를 들어 본문 맨 끝 부분을 구성하고 있는 동물고고학의 미래에 대한 저자의 전망은 전망이라고 말하기에는 그 내용이나 양이 소략하다. 또한 비록 서술 전개상 어쩔 수 없는 측면이 있긴 하지만, 앞에서 설명한 내용을 뒤에서 다시 두세 차례 반복하는 경우도 있고, 일부 내용은 그 출전을 제대로 밝히지 않고 있는 등, 편집과 구성에서 문제가 군데군데 눈에 들어온다. 또한 저자의 독특한 서술 취향이라고 해야겠지만, 원문에서는 연구자를 거명하거나 혹은 출간된 문헌을 인용할 때 종종 성과 이름을 모두 말하고 있다. 그러한 방식의 인물 소개는 영어를 비롯한 구미언어 구문에서는 그리 문제가 되지 않겠지만 문장을 우리말로 번역할 때 꽤 복잡한 문제를 일으키는 경우가 있다. 따라서 번역에서는 인명을 언급할 때에는 꼭 필요한 경우가 아니라면 성만을 소개하였다.

번역 착수에서 원고를 마칠 때까지는 원저의 분량이나 내용을 감안할 때 생각보다 긴 시간이 걸렸다. 이것은 무엇보다도 동물 및 뼈에 대한 각종 용어와 명칭을 우리말로 알기 쉽게 그러나 체계적으로 옮기는 일이 어려웠기 때문이다. 예를 들어 라틴어와 영어를 비롯한 구미언어에서 동물 앞발과 사람 손을 구성하는 각종 뼈는 동일한 용어로 불리지만, 우리말에서 손은 손이고 발은 발이기 때문에 생각 없이 쓴 글에서 보듯 영어사전에 나오는 사람 뼈의 해부학적 명칭을 동물 뼈에 대해서도 그대로 옮길 수는 없는 일이겠다. 본문에서는 뼈 이름을 비롯한 각종 용어와 명칭을 가능한 한 한자어가 아닌 우리말로 표기하려 했으며, 해부학 용어의 경우에는 〈척추동물비교해부학 제9판〉(한미의학, 2011) 및 〈우리말수의해부학용어〉(고려의학, 2013)에 크게 의존했고, 그 외의 각종 용어는 〈생명과학대사전〉, 〈두산백과사전〉, 〈영양학사전〉을 비롯한 각종 사전을 참고하였다. 그러나 동일한 용어가 사전마다 서로 다르게 번역되었거나 틀리게 번역된 경우도 있고 또 번역 어휘를 찾을 수 없는 경우도 있기 때문에, 일부 용어에 대해서는 무리하나마 대역 어휘를 만들어보았다. 그러한 어휘 일람은 책 말미의 〈번역 어휘 대조〉에서 찾아볼 수 있다. 따라서 용어 확인은 참고문헌과 그림 목록에 이어지는 저자의 〈용어해설〉과 이 어휘 대조를 함께 참조하기 바란다. 번역에 임하며 나름대로 주의를 기울였고 여러 차례의 교정을 통해 잘못을 잡아내고자 했지만, 잘못했거나 실수한 부분이 반드시 있을 것이다. 특히 번역 용어가 과연 맞는지에 대해서는 눈 밝은 독자의 가감 없는 가르침을 널리 청하는 바이다.

비록 우리나라에서 발견되고 있는 고고동물 자료가 양과 질에서 제한된 내용이라고 해도, 그에 대한 체계적 연구는 과거에 대해 새로운 지식과 정보를 가져다주기 마련이다. 아무쪼록 이 책이 그러한 문제에 대해 관심 있는 분들에게 조금이라도 도움이 되기를 바랄 뿐이다. 마지막으로, 이 책의 출간을 위해 애쓴 윤철호 대표와 김천희 팀장을 비롯한 사회평론아카데미 출판사 여러분께 심심한 감사의 말씀을 드리는 바이다.

2014. 6.

이선복

감사의 말씀

이 책을 쓰는 동안 많은 친지와 동료의 도움을 받을 수 있는 큰 행운을 누렸습니다. 특히 분량이 많건 적건 원고를 읽고, 잘못을 정정해주고, 소중한 조언을 준 Leslie Aiello, Philip Armitage, Alan Boyde, Barry Brown, Anneke Clason, Diana Davies, Magaret Deith, Caroline Grigson, Andrew Jones, John Kahn, Peter King, Richard Klein, Anthony Legge, Richard Meadow, Terry O'Connor, Rosemary Payne과 Sebastian Payne, Michael Ryder 및 Anthony Warshaw 여러분에게 감사의 말씀을 드립니다. 또 고맙게도 William Waterfield와 John Kahn 두 사람은 전체 원고를 비판적으로 검토해 보다 충실한 내용이 될 수 있도록 큰 도움을 주었습니다.

이 책을 위해 많은 분이 사진과 도면을 너그러이 제공해 주었는데, 그분들이 누구인지는 책 내용의 해당 부분에서 알리고자 했습니다. 여러 장의 작은 동물 스케치를 그려준 어머니 Evelyn과 누이 Sara Midda, 각종 그래프와 도표 작성에 조언해준 Odile le Brun, 그림에 내용설명을 달아준 University College 출판부의 Haycox 씨와 여러 직원들, 그리고 지도 제작을 도와준 Raymond Lee에게 감사의 말씀을 드립니다.

이 책의 저술을 위해 1984년부터 매달려왔지만, 사실 이 책은 이스라엘, 이란, 키프로스 및 영국에서 '뼈를 요리하며' 즐겁게 보낸 15년에 걸쳐 얻은 성과물이라고 해도 좋겠습니다. 그 시간 동안 저는 여러 친구로부터 많은 도움과 지지를 받았습니다. 그 중에서도 앙카라와 크라니디(Kranidi) 및 캠브리지에 머물 때 끊임없이 의견을 교환하고 동물고고학에 대해 많은 것을 가르쳐 준 Sebastian Payne, 그리고 저술을 차일피일 미루지 않게 해주고 산더미 같은 어휘 속에서 제대로 된 말을 고르고 평소의 과장되고 명료하지 않은 표현을 바로잡을 수 있게 도와준 John Kahn, 이 두 분에게 특별히 깊은 감사의 말씀을 드립니다.

또한 University College에 있는 동안 친절을 베풀고 많은 도움을 준 Sam Berry, Duncan O'Dell 및 Pat Edwards에게도 감사드리며, 'Fly House'에서 묵는 동안 정신적으로 큰 지지를 보내준 Sara와 Lucy를 비롯한 여러 친구들에게도, 그리고 자연에 대한 관심을 늘 북돋아주시고 이런 책을 펴내는 것이 가능하도록 도와주신 부모님께 감사의 말씀을 드립니다.

독자에게 알리는 말씀

이 책에서 다루는 고고학 유적의 대다수는 대략 과거 5만 년 이내에 속한다. 1950년대 이래 방사성탄소 ^{14}C의 함량 분석을 통해 시간적으로 4만 5천 년 전 무렵까지 거슬러 올라가는 유기물 잔해의 연대를 측정할 수 있게 되었다. 그러나 지금은 방사성탄소연대가 시료의 실제 연대 혹은 역년상의 연대와 반드시 일치하지 않다는 사실을 알게 되었다. 이 책에서는 방사성탄소연대는 〈bc〉로, 방사성탄소연대의 역년 보정연대는 〈BC〉로 표시하였다.[*]

이에 대해서는 다음 글을 참조하시오.
Clark, R. M. (1975) A Calibration curve for radiocarbon dates, *Antiquity* 49, 251-66.

---

[*] 옮긴이 주: 방사성탄소연대와 그 보정연대를 〈bc〉 및 〈BC〉로 표기하는 것은 영국 고고학계 특유의 관행으로서, 국제적으로 공인된 표기법이 아니다. 영국에서도 현재는 이러한 표기법을 쓰지 않고 있다. 여기서 〈bc〉는 보정하지 않은 방사성탄소연대 측정치 중앙값에서 1950을 뺀 값을 말하며, 〈BC〉는 보정연대 중앙값에서 1950을 뺀 것이다. 방사성탄소연대 측정치를 이러한 방식으로 인용하고 해석한 것은 고고학자들이 방사성탄소연대 측정의 기본원리와 해석에 대해 충분히 이해하지 못한 상태에서 측정결과를 편의적으로 이용하며 비롯된 관행이었다. 그런 만큼, 본문에서 방사성탄소연대 측정에 바탕을 둔 특정 사안의 절대연대로 제시되고 있는 연대를 액면 그대로 받아들일 필요는 없으며, 단지 글의 내용과 관련해 일종의 근사치로 여기면 되겠다.

19세기의 고물애호가와 동물 뼈 – 여명기의 사정

이 책은 고고동물학(archaeozoology)이라고도 불리는 동물고고학(zoo-archaeology), 즉 고고학 유적에서 발견되는 화석 동물 유해에 대한 연구를 다루는 내용이다. 반드시 그렇지는 않으나 그런 동물 유해는 주로 고대에 식료품으로 사용된 동물의 뼈나 이빨 및 껍질 같은 단단한 부분에서 유래한다. 따라서 동물고고학은 기본적으로 고대인이 섭취한 식료품의 쓰레기를 연구하는 분야이다. 그러나 고고학 유적에서는 운송수단이나 애완용을 비롯해 식용이 아닌 목적으로 사용된 동물이나 혹은 사람과 어찌해 함께 살게 된 동물의 유해도 때로 발견되며, 더욱 드물게는 체모나 울(wool)이 보존되기도 한다.

우리들의 선조인 해부학적 의미에서의 현대인과 각종 고인류의 흔적은 지구 역사상 신생대 제4기, 즉 플라이스토세와 홀로세가 포함된 긴 시기에 걸쳐 추적할 수 있다. 이 시기의 대부분 동안 우리 선조의 유해는 여러 동물과 함께 발견되고 있으므로,

동물고고학은 제4기 고생물학이라고 할 수도 있다.

동물고고학 연구의 목적은 형질인류학, 식물고고학, 지질학이나 화학을 비롯한 여러 전문분야의 과학과 마찬가지로 우리 선조들의 생활방식과 그 거주 환경에 대해 보다 완벽한 그림을 그릴 수 있게 하는 데 있다. 그러나 동물고고학은 사람의 행동양식을 반영할 뿐만 아니라 동물 그 자체에 대해서도 많은 것을 말해 줄 수 있는 동물 유해(이하 '고고동물자료'라 함)를 연구하는 학문이다. 고고학 자료에 대한 자세한 편년이 가능함을 감안할 때, 고고동물 자료는 여러 단계로 자세히 구분된 어떤 짧은 시기에 있었던 동물 종의 진화를 연구할 수 있는 귀중한 기회를 제공해 준다. 이러한 사정은 보다 이른 시기의 화석 자료에서 보이는 단기간에 걸쳐 일어난 소규모 변화, 즉 미세진화(microevolution)에 관심이 있는 모든 고생물학자가 부러워하는 바이다. 그런 만큼 동물고고학은 고생물학과 인류학/고고학이라는

두 분야의 학문을 연결하는 가교가 된다.

책의 목적

이 책은 일차적으로 고고학 전공 학생 및 박물학(natural history)과 우리 인간의 역사 두 가지에 관심이 있는 모든 사람을 위한 것이다. 이 책을 준비하며, 필자는 책의 목적으로서 동물고고학자가 고고학 유적에서 발견된 동물 유해 연구를 위해 무슨 일을 하며, 유해의 성격은 어떻게 탐구하는지, 그리고 동물 자료가 줄 수 있는 정보로는 무엇이 있는지 설명해 주는 것을 염두에 두고 원고를 준비해 왔다. 책의 첫 부분은 이러한 내용이 차지하고 있다. 책의 두 번째 부분은 장기간에 걸친 사람과 동물 사이의 관계를 요약해 설명하는 내용이다. 이 부분은 아주 이른 시기에 아프리카에 살았던 우리의 선조로부터 시작해 중세 이후의 영국에서 끝나고 있다. 그 내용으로서는 고고학 발굴이 상당히 이루어진 일련의 특정 지점에서 얻은 여러 구체적 정보를 집중적으로 다루었다. 이 책에서 필자는 동물고고학의 모든 내용을 자세하고도 포괄적으로 다루려 하지 않았다. 이에 대해 관심이 있는 독자는 급속히 늘어나고 있는 동물고고학 주제 관련 문헌을 탐독하라고 권하고 싶은데, 그중 몇몇은 책 말미에 참고문헌으로 소개해 두었다.

본론에 들어가기 전, 아래에서는 우선 연구가 시작되던 19세기와 20세기 초에 이 분야의 연구가 어떻게 발전했는지 간략히 살펴보겠다.

고대인과 동물 유해의 공반

동물고고학은 우리 선조의 생활양식을 연구하는 데 하나의 새로운 차원을 제공해 준다. 이러한 연구에서 고고동물 자료는 두 가지 중요한 공헌을 하였다. 즉, 고고동물 자료는 첫째, 인간이 오래 전 등장했음을 밝혀 주었고, 둘째로는 식량생산의 혁명적 변화, 즉 과거 '신석기 혁명'이라 명명했던 수렵에서 가축 사육으로의 변화를 이해하는 데 크게 기여하였다.

그리 먼 과거라고 할 수 없는 1859년, 프레스트위치(Joseph Prestwich)는 "지질학적 변화의 최후단계가 지나기까지, 또 거대한 멸종 포유동물이 완전히 사라진 이후까지도 인간이 실제로 지구상에 존재하지 않았다고 하는 결론을 사람들은 거의 확립된 신념 수준으로 받아들이고 있다"고 개탄하였다(Prestwich, 1861).

19세기 중반까지는 기독교 성경의 천지창조에 대한 설명을 문자 그대로 따르는 것이 유행이었다. 북아일랜드 남부에 있는 아마(Armagh)의 대주교이던 어셔(James Usher; 1581-1656)에 따르자면 세상은 기원전 4004년에 창조되었으며, 이후 어느 학자는 그 시점을 10월 23일 아침 9시 정각이라고 못 박기도 하였다. 사정이 그랬기 때문에 1797년 서포크 혹슨(Hoxne)에서 '(중략) 전투무기로서 금속을 사용하지 않던 사람이 만들고 사용한' 수석제 석기 유물이 '어떤 알려지지 않은 동물의 몇몇 놀라운 뼈, 특히 엄청난 크기의 턱뼈와 턱뼈에 붙어 있는 이빨'과 함께 발견되어 서포크영주(High Sheriff of Suffolk)로서 노위치(Norwich)를 대표하던 국회의원이자 지방유지인 프리어(John Frere)로 하여금 '그것들은 정말 아주 까마득한 시기에 속하는바, 심지어 현세 이전 시대까지 거슬러 올라간다'라는 말을 하지 않을 수 없도록 했지만(Frere, 1800), 그의 말은 당연히 무시되었다. 이와 유사한 사람 유해와 멸종동물 뼈의 공반현상은 독일에서도 보고되었다(Daniel 1975: 25).

그러나 독일과 영국에서 이루어진 이러한 발견의 진위 여부는 의문시되었으며, 어떤 그럴 듯한 이유를 둘러댐으로써 설명되곤 하였다. 예를 들어, 17세기 말 런던의 그레이즈인레인(Gray's Inn Lane)에서 '영국식 무기' 한 점과 더불어 발견된 (아마도 매머드라고 보이는) '코끼리'는 로마 황제 클라우디우스가 가지고 온 동물이라고 여겨졌다(Daniel, 1975: 26). 또 독일 뒤셀도르프 부근에서 1857년 발견된 네안데르탈인의 유해는 어느 불쌍한 바보 은둔자의 유해 혹은 코사크 탈영병의 유해일 것이라는 식으로 갖가지 설명이 제시되었다(Reader, 1981)!

당시에는 그 진가가 제대로 인식되지 못했지만, 1800년 학술지 *Archaeologia*에 발표된 프리어의 기고문은 최초로 발표된 동물고고학에 대한 글의 하나임에 틀림없다고 평가할 수 있다.

1830년대에 프랑스 북부 아베빌(Abbeville)의 세관 공무원이던 드페르트(Jacques Boucher de Perthes)는 가까운 채석장에서 발견된 소위 '홍적기(洪積期; diluvial)'에 속하는 사람과 멸종동물의 유해를 연구하였다(Daniel, 1975). 또 시실리에서는 팔코너(Hugh Falconer)라는 고생물학자가 멕시코의 흑요석 돌칼과 유사한 자그마한 수석제 석기와 함께 하마와 코끼리의 뼈를 발견하였다. 이 두 발견도 프리어의 보고와 마찬가지로 역시 차가운 대접을 받았다. 그러나 1859년이 되면 지질학자인 프레스트위치와 에반스(John Evans)가 아베빌의 드페르트를 방문하고는 그의 발견뿐만 아니라 프리어의 발견을 비롯한 여러 다른 발견의 신빙성에 대해서도 확신을 갖게 되었다. 다윈(Charles Darwin)의『종의 기원』이 출간된 바로 그 해인 1859년에 두 사람은 자신들의 의견을 왕립학회(the Royal Society)에 보냈다. 이 의견서에서 프레스트위치는 다음과 같이 썼

다(Prestwich, 1861: 309). 즉, '인간의 등장을 그러한 시기라고 봄으로써 우리는 모든 계산된 연대를 뛰어넘는 긴 시간 동안 사람이 존재했음을 받아들였다고 필연적으로 생각할 수 있겠다. 왜냐하면 우리는 가장 늦은 지질학적 변화단계조차도 우리에게는 알 수 없는 까마득하게 먼 거리에 있다고 여겨 왔기 때문이다.'

19세기 후반 동안, 라이엘(Charles Lyell), 켈빈(Lord Kelvin), 헉슬리(Thomas Huxley) 및 다윈 같은 지질학자 및 여러 분야의 과학자 덕분에 지구의 나이가 아주 오래 되었고 우리 조상이 이른 시기에 등장했음을 인정할 수 있게 되었다. 영국에서는 19세기 중엽 펭글리(William Pengelly)가 데본 남부의 여러 동굴을 다시 발굴해 그러한 사실을 말해 주는 새로운 증거를 얻었는데, 조사에서는 사자, 하이에나, 곰, 매머드, 코뿔소, 순록을 비롯한 각종 멸종동물의 뼈와 더불어 이런 동물과 같은 시기에 살던 사람의 유해가 발견되었다(Daniel, 1975: 58).

따라서 동물고고학 자료의 첫 번째 학문적 기여는 인간이 오래 전에 등장했음을 말해 주는 증거를 제공해 준 일이라고 할 수 있다. 인간의 등장이 오래 되었음이 사실로 확립된 다음, 동물고고학이 부여받은 임무는 선사시대의 동물유해를 모종의 편년체계로 정리하는 일이었다. 고고학적 시기의 순서 확립과 관련해 많은 선구적 업적을 이룬 이들은 톰센(Christian Jurgensen Thomsen)이나 워세(J. J. A. Worssae)를 비롯한 덴마크의 고물애호가들이었다. 프랑스에서는 행정관이자 고생물학자이던 라르테(Edouard Lartet; 1801-71)가 동굴 유적을 탐사했다. 그는 상이한 동굴 퇴적층에서 동물 종의 구성이 변화함을 인식해, 함께 발견되는 동물이 무엇인가에 따라 (1) 동굴곰 시기, (2) 매머드-털코뿔소 시기, (3) 순록 시기 및 (4) 원시소 혹은 들소 시기라는 네 시기를 구분하였다. 그의 시대구분은 고고학적 증

거를 고고학 자료가 아닌 다른 자료를 기준으로 시기를 나눈 최초의 시도 중의 하나인 것이다(Daniel, 1975: 101).

1870년 무렵이 되면, 고고학 편년 체계가 등장해 받아들여지기 시작했다. 발굴에서도 고물애호가인 워세나 장군으로 퇴역한 뒤 고고학자가 된 피트리버스(General Augustus Pitt-Rivers) 같은 사람들의 예에서 보듯 조사가 엄밀하게 이루어지기 시작하였다. 이 두 사람은 비록 평범하거나 '보잘것없는' 물건이라도 꼼꼼히 발굴하고 보존하는 것이 중요함을 강조하였다. 이로부터 동물 유해는 이른 시기의 인간 행위와 경제를 이해하는 데 기여하는 자료로 다루어지게 되었다.

진정한 의미의 동물고고학, 즉 고고동물 유해에 대한 전문가적 연구의 초창기와 관련해서는 뤼티마이어(L. Rütimeyer) 및 뒈르스트(J. Ulrich Duerst)라는 두 스위스 연구자가 흔히 거명된다. 1862년 뤼티마이어는 스위스의 신석기시대 호변 주거유적에서 발견된 포유동물 뼈를 보고하였다. 그는 아마도 양, 돼지, 소 같은 가축동물과 그 조상인 야생동물의 뼈를 처음으로 구분한 사람일 것이다. 그는 여우 뼈에 남아 있는 자른 흔적(cut-mark)을 관찰해 이 동물을 사람이 먹었을 것이라고 추측하였다. 그의 뒤를 이어 뒈르스트도 가축동물의 기원을 연구했는데, 그는 러시아령 투르키스탄의 아나우(Anau)에서 품펠리(Pumpelly)와 슈미트(Schmidt)가 실시한 발굴에서 얻은 반 톤 가량의 동물 뼈를 1904~7년에 걸쳐 근 3년 동안 연구하였다. 그는 뼈 자체의 크기 감소와 조직의 변화를 통해 야생 소와 양의 후손이 가축이 되었음을 보여 줄 수 있다고 주장하였다(Duerst, 1908). 이로부터 가축동물의 기원에 대한 골학(骨學; osteology) 차원의 연구가 시작된 것이다.

고고동물 유해는 고고학 자료의 편년과 가축동물의 기원에 이어 과거의 환경조건을 복원하는 데 학문적으로 기여하였다. 그러한 연구의 초기 사례로서는 지금은 널리 알려진 베이트(Dorothea Bate)가 작성한 흰반점사슴 대 영양 빈도분포도(*Dama-Gazella* graph)라는 도표가 있다. 베이트의 멘토는 조이너(Frederik Zeuner)로서, 조이너가 1963년 발간한 가축동물에 대한 책은 아직도 관련분야의 표준 교과서로 쓰이고 있다. 베이트는 1930년대에 조이너의 권유에 따라 서식지가 특징적으로 다른 흰반점사슴과 영양이라는 두 동물이 카멜 산(Mount Carmel)의 여러 동굴 유적의 각 층에서 발견되는 빈도를 도식화하였다(발굴은 개롯[Dorothy Garrod]이 하였음). 이를 통해 그는 레반트 지방에서 플라이스토세 후기에 있었던 기후변화를 추정할 수 있었으며, 그의 연구는 동물고고학 연구에서 계량 자료를 사용한 초기 사례의 하나로 꼽히고 있다(그의 연구결과에 대해서는 제3장 참조).

고고학이 성장하며, 식량생산이 지리적으로 어디에서 기원했는가에 대한 관심도 커지게 되었다. 19세기 말에 한(Eduard Hahn)은 많은 동물이 근동지방에서 처음 가축화되었다고 생각하였다. 이후 고든 차일드는 인간이 처음으로 식량 공급원을 관리하고자 한 이러한 시도를 가리켜 '신석기 혁명'이라고 명명하였다. 스탈린의 숙청으로 비극적으로 삶을 마감한 식물유전학자 바빌로프(Nikolai Ivanovich Vavilov)는 자신이 농경의 핵심지 혹은 중심지라고 명명한 지역이 어디인지 확정하려 노력을 기울였다. 또한 식량생산의 기원에 대한 관심을 갖고 있던 시카고대학 동양학연구소(Oriental Institute)의 브레이드우드(Robert Braidwood)는 연구를 위해 1940년대 말에서 1950년대에 걸쳐 중동지방을 찾았다. 브레이드우드의 현지조사에는 동물학자 리드(Charles Reed)가 함께 하였다. 리드는 발굴에서 발견된 여러 동물들이 가축인지 아닌지 여부 판단과 관련해 1950년대 후반 널리 통용되던 몇몇 가정이 잘못되었다는 의문을 제시한 바로 그 사람이다(Reed, 1961). 즉 그는 가축화 기원 연구에서 이후에 연구자들이 보다 엄격하게 접근할 수 있도록 필요한 준비를 마련해 주었던 것이다(제6장 참조).

여러 종류의 가축동물의 기원과 가축화 이후 일어난 진화에 대한 연구는 독일에서 오랫동안 중요한 연구주제의 하나였다. 1950년대 이래 이러한 목적을 이루기 위해 동물고고학 연구를 수행한 저명한 선구자 중 한 사람으로 보에스넥(Joachim Boessneck)이 있는데, 그와 그의 제자들은 '뮌헨학파'로 불렸다. 유럽과 근동의 고고학 유적에서 얻은 동물 유해에 대한 매우 자세한 연구와 더불어, 그는 가축동물에 대한 골학적 이해를 높이고 현대 동물고고학자들이 사용하는 기본적 방법을 확립하는 데 중요한 기여를 하였다.

1970년대에는 고고동물 유해 연구자 수가 매우 늘어나게 되었다. 1971년에는 부다페스트에서 동물고고학 국제학술회의가 열리게 되었으며, 이 모임을 계기로 국제고고동물학협의회(International Council for Archaeozoolgy; ICAZ)가 1976년 니스에서 결성되었다. 학술회의는 1974년 그로닝겐, 1978년 스테틴에서 계속 열렸으며, 1982년 런던에서 개최된 제4차 회의에는 30개국 이상에서 200명 이상의 연구자가 참여하였다. ICAZ의 간사는 네덜란드 그로닝겐대학의 생물학-고고학연구소(the Biological-Archaeologycal Institute of the University of Groningen; 주소 Poststraat 6, 9712 ER Groningen, The Netherlands)의 클라손(Anneke Clason)이 맡고 있다. 그는 학술회의, 신간서적, 주소록과 연구과제 현황목록을 비롯해 동물고고학자들이 일반적으로 관심을 가질 만한 정보를 담은 뉴스레터를 매년 발간하고 있다. 관련도서목록은 독일의 Im Wiesengrund 6, 15732 Waltersdorf Siedlung를 주소지로 하고 있는 물러(Hanns-Hermann Muller)가 연례적으로 발간하고 있다. 이 책은 이러한 동물고고학자들이 연구해 왔던 많은 내용에 기초하고 있는 바이다.*

*　옮긴이 주: ICAZ의 현재 사정은 www.alexandriaarchive.org/icaz/에서 알아볼 수 있다.

제1부

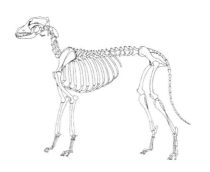

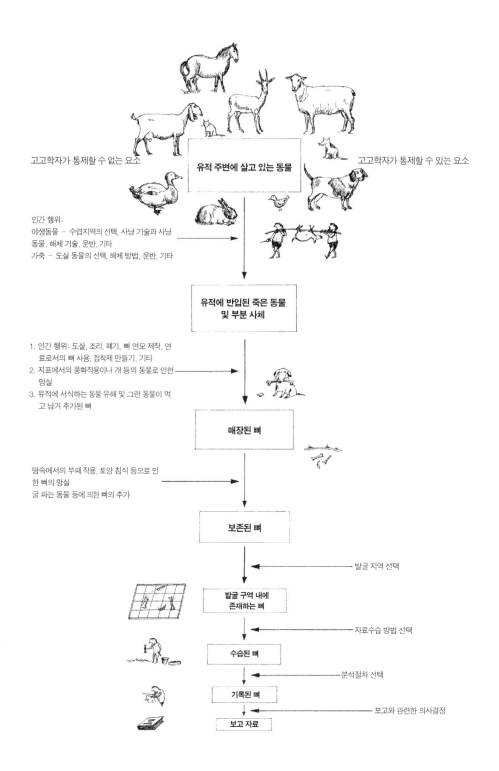

고고학자가 통제할 수 없는 요소

유적 주변에 살고 있는 동물

고고학자가 통제할 수 있는 요소

인간 행위:
야생동물 – 수렵지역의 선택, 사냥 기술과 사냥
동물, 해체 기술, 운반, 기타
가축 – 도살 동물의 선택, 해체 방법, 운반, 기타

유적에 반입된 죽은 동물
및 부분 사체

1. 인간 행위: 도살, 조리, 폐기, 뼈 연모 제작, 연
   료로서의 뼈 사용, 접착제 만들기, 기타
2. 지표에서의 풍화작용이나 개 등의 동물로 인한
   망실
3. 유적에 서식하는 동물 유해 및 그런 동물이 먹
   고 남겨 추가된 뼈

매장된 뼈

땅속에서의 부패 작용, 토양 침식 등으로 인
한 뼈의 망실
굴 파는 동물 등에 의한 뼈의 추가

보존된 뼈

발굴 지역 선택

발굴 구역 내에
존재하는 뼈

자료수습 방법 선택

수습된 뼈

분석절차 선택

기록된 뼈

보고와 관련한 의사결정

보고 자료

그림 1.1 고고동물 자료에 영향을 끼칠 수 있는 몇 가지 요소. 왼쪽에는 고고학자가 통제할 수 없는 요소, 오른쪽에는 통제할 수 있는 요소들을
보여 주고 있다. 그림 Sara Midda. 출전 Meadow, 1980 및 Payne, 1985

제1장

동물고고학의 연구방법과 과제

동물고고학은 단지 20-30년 전에서야 그 자체로서 독립된 학문이 되었다. 대부분의 동물고고학자는 원래 동물학자나 고고학자로서 훈련을 받았다. 동물고고학자들은 많은 경우 서로 잘 모르는 채 독자적으로 세계 각지에서 연구를 해 왔다. 이러한 사정 때문에 여러 상이한 연구방법이 등장하게 되었는데, 특히 뼈의 숫자를 세고 크기를 계측하는 방법에서 그러한 현상이 두드러지게 되었다. 현재 동물고고학이 안고 있는 가장 심각한 문제는 아마도 뼈를 올바르게 동정(同定)하는 능력에서 조사자 사이에 큰 차이가 있다는 점일 것이다.

학문의 초기단계에는 고고동물 유해를 분석해 달라는 요청을 받은 동물학자는 단지 동정한 동물 종의 목록만을 만들어 주면 충분하다고 여겼다. 그러나 지금 우리는 동물 자료로부터 단지 그러한 단순한 종의 목록뿐만 아니라 훨씬 더 많은 것을 얻을 수 있음을 알고 있다. 자료를 구성하고 있는 각 동물 종

의 연령 분포와 암수 성비와 같은 계량적 자료는 과거 동물이 어떻게 이용되었는가를 우리에게 말해 줄 수 있으니, 예를 들어 동물을 사냥했는가 아니면 사육했는가, 후자의 경우라면 사육 목적이 주로 고기를 얻기 위해서였는가 아니면 울과 젖을 얻기 위해서였는가 하는 질문에 답할 수도 있게 되었다. 다시 말해 동물고고학자의 임무는 그저 한 무더기의 뼈에 불과한 자료로부터 동물학적, 인류학적 정보를 가능한 한 많이 추출해 내는 것이라고 하겠다.

이 장에서는 동물고고학자가 사용하고 있는 몇몇 연구방법에 대해 논하겠으며, 고고동물 자료로부터 결론을 도출하기 전에 반드시 피해야만 하는 다양한 함정을 설명해 보겠다. 다음 장에서는 뼈와 이빨의 구조와 발생과정을 구체적으로 살펴볼 것이다.

동물고고 자료의 형성

원래 살아 있던 동물이 옛 사람에 의해 잡아먹힌 다음, 그 흔적이 고고학 유적에 남겨져 연구자의 실험대 위에 오른 끝에 드디어 그 결과가 출간되기까지에는 여러 가지 사건이 길게 연결되어 있다. 그런 생각을 하노라면, 때로는 출간된 뼈에 대한 보고문과 고대인이 동물을 이용했던 바 사이에 진짜 비슷한 점이 있기는 있는지 의심이 들곤 한다. 이상적인 조건에서라면, 최종적으로 간행된 동물 자료에 대한 보고에 실린 자료와 결론은 과거 인간이 이용한 동물 모집단의 총체적 모습에 대해 약간이라도 알 수 있게 해 주어야 할 것이지만, 유감스럽게도 이런 경우는 찾기 힘들다. 그렇긴 하더라도, 고고학 발굴에서 얻게 되는 동물 뼈 부스러기로부터 무언가 과거에 대한 정보를 얻을 수 있을 것이라는 희망을 갖도

록 스스로를 달래 보면 어떨까 한다. 그런 생각을 하며, 우리는 고고동물 자료에 영향을 끼칠 수도 있는 요소에 두 종류가 있음을 염두에 두어야겠다.

그중 첫 번째 종류는 우리가 어떻게 할 수 없는 요소들로서, 고대인과 당시 살았던 여러 동물의 행태 또는 토양의 산성도나 습도 등과 같은 개개 유적의 특성과 관계된다. 그러나 두 번째 종류의 요소들은 고고학자와 동물자료 분석자가 관리할 수 있는 것으로서, 발굴과 자료수습 및 동물유해를 연구하는 방법과 관계되는 문제들이다.

선사시대에 살아 움직이던 동물상이 고고동물 자료 보고문으로 발간되기까지의 과정에 개입하는 이 두 종류의 자료변형 요인을 이해하는 것은 과거의 환경과 문화에 대한 동물고고학적 결론을 내리는 작업이 안고 있는 여러 위험 중 몇 가지를 깨닫게 해 줄 것이다.

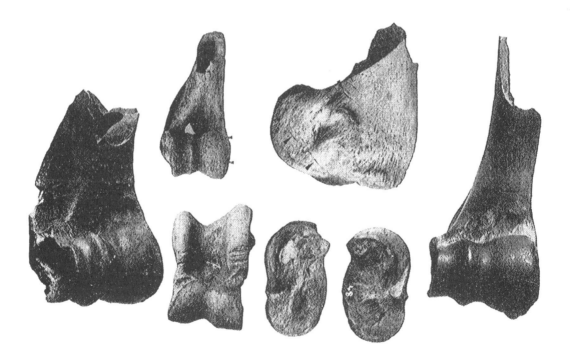

그림 1.2 고고학 유적에서 발견되는 동물 해체 흔적. 이런 뼈에서는 전형적인 자른 흔적을 찾아볼 수 있다. 그림에 보이는 뼈는 도살 흔적이 있는 붉은사슴, 말, 돼지, 소의 복사뼈와 위앞다리뼈 원위 부분이다(Driesch and Boessneck, 1975 참조). 사진 제공 Angela von den Driesch 및 Joachim Boessneck

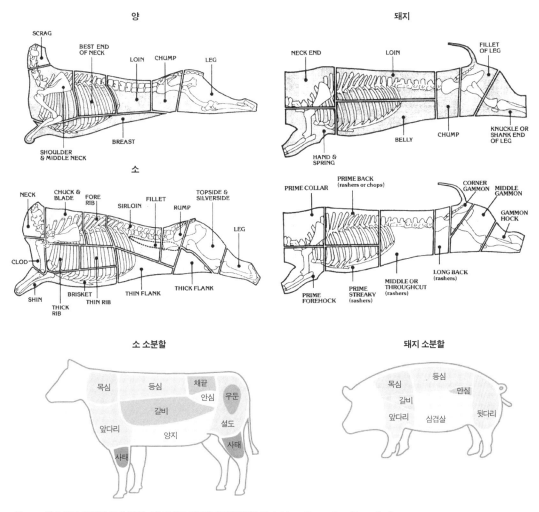

그림 1.3 현대 영국의 동물 도축 방식. 자료 제공 영국축산진흥회(British Meat Promotion Executive)
아래 줄의 그림은 영국과 비교를 위해 제시하였다. 출전 농림부고시 제2007-82호(2007.12.10)

동물고고 자료 형성 요인

인간

고고동물 유해는 단지 사람만이 만들었을 것이라고 흔히 여겨진다. 이것은 중형 내지 대형 동물, 즉 토끼에서 암소 정도 크기의 동물에 대해서는 논리적 가정이라 할 수 있는데, 특히 뼈에 석기나 금속기의 날카로운 날이 아니면 만들 수 없는 자른 흔적이나 해체 흔적이 있는 경우에 그렇다고 하겠다[그림 1.2]. 그림 1.3은 오늘날 영국에서 양과 소 및 돼지를 해

체하는 방식을 보여 주고 있다.

우리가 발굴을 통해 얻는 대부분의 뼈는 동물의 일차 산물, 즉 고기나 가죽, 힘줄, 뼈와 같은 것을 얻기 위해 사람이 의도적으로 잡아 죽인 각종 동물로부터 유래한다. 그런데 동물고고학 연구에서 가장 기본적인 문제의 하나임에도 불구하고 우리가 이에 대해 스스로 질문을 던져 보는 바가 너무나도 드문 한 가지 문제가 있다. 그것은 즉 이런 뼈들이 살아 숨 쉬던 동물들에 대해, 또 사람이 그런 동물들을 이용한 바에 대해 정말 무엇을 말해 주는 것인가 하는

문제이다. 오늘날 찾아볼 수 있는 하나의 극단적 사례로서, 동아프리카에서 소를 치고 사는 마사이족의 경우를 생각해 보자. 마사이족은 주로 우유 그리고 가끔씩 선지를 얻기 위해 소를 키운다. 따라서 이 사람들이 얼마 동안 살다 떠난 거처에서는 이 사람들의 가장 중요한 경제적 의존물인 소의 흔적을 전혀 찾을 수 없을 텐데, 왜냐하면 그런 곳에서 소를 죽이는 법이 거의 없기 때문이다. 마찬가지로 만약 동물을 기르는 이유가 축력을 이용하거나 타고 다닐 목적이었다면, 그런 동물은 굳이 식용으로 잡지 않았을 수 있고 따라서 유적에는 단지 죽은 짐승을 찾아 뜯어먹은 개가 물고 들어온 뼈만이 남겨졌을 수 있다. 다시 말해, 발굴에서 수습된 동물 뼈와 고대 사회에서 그런 동물이 차지하던 경제적 중요성 사이의 상관관계를 밝히는 것은 해결하기까지 아직 갈 길이 먼 문제이다. 뼈 자료의 축적에는 종종 여러 다른 동물이 개입한다는 것을 인식할 필요가 있다.

하이에나

죽은 짐승의 뼈를 청소한다고 알려진 식육동물의 하나로는 하이에나가 있다. 이 동물이 사람과 함께 한 적은 없다. 그렇지만 사람이 거주지 밖으로 버린 동물 사체를 하이에나가 정리했을 가능성, 혹은 심지어 화석 동물 뼈 조합이 발견된 장소가 하이에나 굴이었을 가능성에 대해 반드시 고려해 봐야만 한다. 하이에나는 뼈를 효과적으로 부수며 소화시키는 데서 개보다 훨씬 뛰어나다. 하이에나는 뼈에 단지 위턱과 아래턱의 치열 흔적만을 남길 뿐이며, 가장 큰 크기의 포유동물들의 긴뼈 양끝 부위라는 단단한 부분만이 살아남게 된다. 그러므로 하이에나 굴에는 단지 주로 이런 요소로만 구성된 뼈의 조합이 전형적으로 남아 있게 된다. 필자는 최근 이스라엘 네게브 북부의 한 무토기신석기시대(Aceramic Neolithic) 유적에서 수습한 뼈를 검토했는데, 자료

에는 유적 근처에 있는 하이에나 굴에서 보는 바와 똑같이 아래턱 및 뿔 심부가 많이 포함되어 있었다. 그런 특징으로부터 필자는 이 신석기시대 동물자료는 하이에나가 남긴 것이 아니라면 최소한 오래 전에 하이에나에 의해 심하게 훼손되었다는 결론을 내리게 되었다.

클라인(Klein, 1975)은 사람 음식물의 찌꺼기와 육식동물의 쓰레기는 연구대상 쓰레기 자체에 남아 있는 육식동물 유해의 양, 즉 육식동물 대 유제류의 비율로써 구분할 수 있다고 보았다. 이것은 왜냐하면 육식동물은 전형적으로 사람에 비해 다른 육식동물을 더욱 자주 잡아먹기 때문인데, 그 결과 뼈 자료에서 육식동물이 차지하는 비율이 높으면 육식동물이, 낮으면 사람이 간여한 결과임을 가리킬 수 있기 때문이다. 아프리카에서 하이에나뿐 아니라 표범과 호저가 뼈를 모으는 행태는 브레인(Brain, 1981)이 그의 저서 *The Hunters or the Hunted* 속에서 매우 자세히 다루었다. 그는 남아프리카에서 인류의 조상인 오스트랄로피테쿠스와 함께 발견된 아주 오래 전에 쌓인 동물 뼈의 많은 것뿐만 아니라 오스트랄로피테쿠스의 뼈 그 자체도 대형 육식동물에 의해 만들어진 것일지 모른다는 결론을 내렸다. 즉, 오스트랄로피테쿠스는 사냥꾼(hunter)이 아니라 사냥감(hunted)이었던 것이다(제5장 참조).

올빼미

올빼미는 대부분 밤에 먹이활동을 하는데, 작은 포유류나 새를 통째로 삼켜 버린다. 그러나 다행히도 올빼미가 삼킨 동물의 뼈는 산성 소화액이 있는 위까지 다다라 녹아 버리지 않는다. 왜냐하면 올빼미는 친절하게도 삼킨 동물 뼈와 털을 대부분 작은 덩어리로 만들어 토해 내기 때문인데, 주로 앉아 쉬는 동안 그런 덩어리를 토한다. 올빼미가 즐겨 찾는 쉼터는 나무 아니면 절벽이나 동굴 위 튀어나온 부분

으로서, 올빼미가 동굴 위에 둥지를 튼 경우에는 수없이 토해 낸 그런 찌꺼기 덩어리로 동굴에는 작은 포유동물과 새 뼈가 층을 이루며 계속 쌓이기 마련이다. 다시 말해 동굴 유적의 퇴적층에 들어 있는 설치류라든가 작은 식충동물이나 새 뼈는 대부분 올빼미 때문에 쌓인 것이다. 크기가 보다 큰 몇몇 올빼미 종류는 자신보다 조금 더 큰 어린 동물도 잡아먹는다. 예를 들어, 아프리카의 케이프이글올빼미는 산토끼나 바위너구리뿐만 아니라 심지어 새끼영양까지도 잡아먹곤 한다(Brain, 1981: 122). 그런데 대부분의 고고학 유적은 동굴 속이나 바위그늘 아래에 있는 것이 아니다. 고대 주거유적에서 작은 포유동물의 유해를 찾기 힘든 것은 아마도 유적 위에는 올빼미가 쉴 수 있는 적절한 장소가 없었을 것이라는 점으로써 설명할 수 있을 것이다. 예외적으로 야외유적에서 뼈가 발견된다면 그것은 땅속에 굴을 파고 사는 설치류가 고고학 문화층까지 파내려왔기 때문이다. 그러한 교란이 있었음은 대체로 다음과 같은 근거에서 판단할 수 있겠다. 즉, (1) 문화층 위에 놓인 층이 교란된 양상이거나 (2) 설치류 골격 전체가 보존된 채 발견되거나 혹은 (3) 그런 뼈가 의심스러울 정도로 신선한 상태라면 교란을 의심해 볼 만하다.

올빼미는 대체로 둥지에서 2-3km 이내 지역에서 먹이를 구한다. 그러므로 동굴 속에 형성된 고고학 문화층에 들어 있는 작은 포유동물 뼈는 올빼미가 유적 가까운 곳에서 사냥한 먹이로부터 유래한 것이다. 그러한 뼈 조합의 층서에 따른 변화는 해당 지역 차원에서 시간에 따른 동물상의 변화에 대해 시사해 줄 것이며, 따라서 식생과 기후 변화도 추론할 수 있게 해 준다. 그러나 그런 연구에서는 주의를 기울여야만 하는 점도 있다. 올빼미는 다른 대부분의 육식동물과 마찬가지로 특정 동물을 집중적으로 사냥하는 경향이 있어, 하나 혹은 몇몇 특정 종만을 사

냥 대상으로 삼는다. 따라서 올빼미가 사냥해 둥지로 갖고 돌아오는 동물의 종류가 반드시 해당지역에 자연적으로 존재하는 종의 범위를 말해 주는 것은 아니다. 한편, 동굴 유적은 대체로 구석기시대나 신석기시대에 속하는데, 그런 이른 시기의 동굴 유적에서 발견되는 소형동물 유해의 분석은 그 자체로서 고도의 전문성을 필요로 하는 분야이다(올빼미가 토해 낸 뼈 덩어리에 포함된 동물 종의 동정과 관련된 영국에서의 연구에 대해서는 Yalden, 1977 참조).

자료변형 유발 요인

인간

고고학 자료로서 발견되는 뼈는 대체로 고대인의 음식물 쓰레기이다. 동물 골격은 도축 과정을 겪으며 널리 흩어져 버리기 마련이므로, 고고학 자료로서 발견되는 뼈들이 완전하게 갖추어진 골격일 가능성은 낮을 것이다. 또 선사시대 동안 사람들은 뼈를 꽤 극적인 방식으로 처리하곤 했다. 예를 들어, 사람들은 흔히 뼈 속의 골수를 얻으려고 뼈를 불에 굽거나 부스러뜨렸으며, 또 어떤 뼈는 길게 쪼개고 모양을 다듬어 도구로 만들기도 했다. 이런 식으로 다루어지지 않았던 뼈로는 크기가 작은 발가락뼈나 앞뒤 발목뼈 정도만이 있을 뿐이다.

뼈의 파쇄는 (1) 도축 및 골수 채취를 위해 뼈를 내리쳐 부쉈거나 (2) 일부러 그런 것은 아니지만 뼈가 짓밟혔거나 혹은 (3) 발굴 과정에서 부주의로 깨졌기 때문에 발생한 결과일 수 있다. 세 번째 경우는 파쇄 상태가 신선하며 다른 부위와 비교할 때 부서진 면의 착색상태가 다른 것을 기준으로 판단할 수 있는데, 이때 파쇄 부위의 색상은 대체로 보다 밝은 색조이다. 고대에 사람이나 동물이 밟았기 때문에 부러진 뼈는 예를 들어 길이 가운데 부분이 부러

졌다거나 하는 등, 매우 단순한 파쇄 양상을 보여 준다. 골수 채취를 위해 고의로 뼈를 깨뜨려 부쉈다면 대개 뼈몸통 부위가 원상태로 남아 있지 않으며, 당연한 일이지만 수많은 뼈 조각과 부스러기가 만들어진다. 부러진 조각은 끝이 날카롭고 우툴두툴하며, 타격이 원래 어느 점에 가해졌는가를 말해 주는 흔적을 쉽게 찾을 수 있다. 긴뼈(사지뼈)의 부서진 조각을 갖고 원 모습을 복원하는 것은 대개의 경우 불가능하다고 할 만큼 매우 어려운 일로서, 특히 여러 점으로 심하게 부서진 뼈의 경우에는 성공을 기대하기 어렵다. 그러나 북아메리카 평원지대나 동아프리카에는 단 한 마리 내지 소수의 큰 포유동물 유해만으로 이루어진 '사냥 유적' 같은 유적이 더러 있다. 이런 유적에서는 뼈 조각 하나하나의 정확한 위치를 도면화해 원 골격의 모습을 복원해 볼 수 있으며, 이런 시도를 통해 동물 사체가 어떻게 해체된 것인지 밝힐 수 있다. 이와 관련해, 우리는 중요한 질문 하나를 던져 볼 수 있겠는데, 즉 구석기시대라는 먼 과거에 사람들은 몸집이 큰 사냥감 동물을 사냥했던 것일까(즉 'hunting'을 했을까), 아니면 단지 이미 죽어 있는 개체를 이용했던 것일까(즉 'scavenging'을 했을까)? 이 주제에 대해서는 사람이 아닌 개나 하이에나 같은 동물이 뼈 자료의 형성에 어떤 역할을 할 수 있는가 하는 문제와 더불어 뒤에서 다루게 될 것이다.

대부분의 뼈 자료군은 때로는 단지 이빨 몇 개만이 남은 경우를 포함해 부서진 아래턱뼈, 두개골 조각, 갈비뼈와 척추 조각으로 구성되어 있다. 긴뼈의 경우, 해당 뼈가 긴뼈임을 인식할 수 있게 해 주는 부위로는 뼈끝 관절 부위만이 남아 있는 것이 보통이다. 필자가 관찰한 근동의 석기시대 후기 유적에서 완전히 보존된 긴뼈가 출토한 경우는 종류를 막론하고 전혀 없었다.

때때로 뼈에서는 불 맞은 흔적을 보기도 한다. 뼈가 불에 타면 크기가 줄어드는데, 특히 오래 타거나 고온에서 탈 때 그런 일이 생긴다. 필자가 본 뼈 중에는 불에 구워져 크기가 원래 자연상태의 약 절반 정도로 줄어들고 석회화한 것도 있는데, 뼈가 구워져 석회화하면 청백색을 띤다.

개

개가 다른 종류의 동물에 어떤 파괴적 효과를 끼칠 수 있는가를 알기 위해 페인과 먼슨 두 사람은 두 마리의 큰 개에게 염소의 사지와 몇 종의 작은 동물 전체를 먹여 보았다(Payne and Munson, 1985). 이 실험에서, 두 마리 개는 긴뼈를 부스러뜨렸을 뿐만 아니라 대부분의 뼈를 매우 잘 씹어 삼켰다. 개들은 직경 약 2.5cm 미만의 작은 뼈 조각은 대부분 삼킨 다음 다시 토해 냈거나 아니면 변으로 배출하였다(그림 1.4). 이런 작은 뼈 조각들은 위산 작용을 심하게 받아 완전히 사라져 버렸거나, 살아남았더라도 토해 냈건 변으로 배출했건 그 표면에는 위산에 의한 부식 흔적이 다양한 상태로 남아 있었다. 어떤 한 차례의 실험에서 두 마리 중의 한 마리 개에게 37마리분의 다람쥐 머리와 다리를 먹여 보았는데, 소화 작용을 거친 다음 살아남은 뼈는 단지 14마리분에 불과했다.

소화를 통해 부식된 뼈는 보통 표면에 윤이 나고 부러진 가장자리가 모두 매우 얇고 날카롭다. 이런 뼈를 한 번이라도 본 적이 있는 이라면 소화과정을 겪은 뼈를 고고학 자료 속에서 쉽게 찾을 수 있다. 또 이런 뼈는 크고 작은 조각들을 대비해 봄으로써 단순한 토양풍화의 결과로 변형된 뼈와 구별해 낼 수 있다. 개는 직경이 2.5cm보다 큰 조각은 삼키지 않지만, 토양의 부식작용은 크기에 상관없이 크고 작은 모든 뼈 조각에 작용하기 때문이다. 이스라엘의 고고동물 층서에서, 특히 가젤의 발가락뼈나 뒷발목뼈 같은 작은 뼈로서 동물이 소화시킨 가장

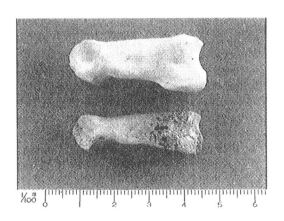

그림 1.4 개의 먹이 섭취에 대한 페인과 먼슨의 조사. 위: 신선한 상태의 염소의 발가락첫째마디뼈; 아래: 개의 소화관을 통과한 다음 변으로 배출된 염소의 발가락첫째마디뼈. 사진 Sebastian Payne

이른 시기에 해당하는 증거는 대략 10300에서 8500 bc 사이에 속하는 나투피안(Natufian)문화에서 출토하고 있다(그림 6.21, Davis, 1985). 이런 연대는 그 당시에 개가 처음 사육되었음을 말해 주는 다른 증거와도 맞아 떨어진다(제6장).

지질학적 요인

이상과 같이 자료변형을 유발하는 동물 요인과 문화 요인의 작용을 감안할 때, 어떤 한 유적에서 보존된 상태로 남아 있어 우리가 발견하게 되는 동물자료와 고대인이 섭취했던 동물 사이에 과연 관계가 있기는 한 것인지 하는 의문을 갖게 된다. 이와 관련한 하나의 극단적인 예로서, 리고니어요새(Fort Ligonier) 유적의 발굴 사례를 생각해 볼 만하다. 리고니어요새는 미국 독립 이전에 있었던 프랑스전쟁과 인디언전쟁 중에 카알라일과 피츠버그 시 사이에 설치된 여러 영국군 중계기지 중의 하나였다. 역사자료에 따르자면, 이 요새에는 1758년 9월 3일에서 1766년 봄에 걸친 2,364일 동안 많게는 4천 명이 주둔했다고 한다. 또 기록에 따르자면 주둔기간 동안 군인 한 명당 매일 육류가 1파운드씩 배급되었다고 한다. 그러나 이 유적에서 길데이(Guilday, 1970)

가 수습하고 분석한 뼈 자료에서는 전체 주둔기간 중 소비된 고기의 총량은 4천 파운드를 넘지 않았을 것이라는 계산이 나왔는데, 위의 배급기록에 따르자면 이것은 총 주둔 병력의 단 하루분에 해당하는 양 내지 전체 주둔기간 동안 단지 두 사람만을 유지할 수 있는 양이다. 자료를 분석한 길데이 스스로도 말했듯, 이러한 계산 방식은 확실히 말도 안 되는 결과라고 하겠다. 아마도 주둔 병력이 소비한 고기는 대부분 염장 돈육이었으며, 뿐만 아니라 염장 돈육은 거의 틀림없이 뼈를 제거한 상태로 들여왔을 것이다. 또한 뼈를 비롯한 각종 쓰레기는 주둔지에서 꽤 떨어진 곳에 버렸을 것임에 의심할 바 없다. 그런 만큼, 리고니어요새 유적의 뼈 자료는 기껏해야 각종 식육 동물의 상대적 중요성을 평가할 수 있게 해 주는 의미 정도밖에는 없다고 하겠다.

고고학이나 지질학적 퇴적층이 형성되기 전이나 형성되는 과정에서 뼈가 사라지는 문제는 이와 관련해 많은 연구가 이루어지게끔 자극을 주었다. 그러한 연구는 화석화과정학이라고 하는 고생물학의 한 분야를 이루고 있다. 화석화과정학에 대한 정의로는 고생물학자인 에프레모프(Efremov)가 1940년에 내린 정의가 대표적인데, 그는 이것을 '궁극적으로는 유기체가 자신들이 살던 생물권의 여러 부분에서 죽음으로 인해 떨어져 나와 화석이 됨으로써 암석권의 일부가 되는 과정을 연구하는 분야'라고 정의하였다.

고고학에서 이 분야 연구의 많은 부분을 시작한 사람은 남아프리카의 초기 고인류 유적인 마카팡스가트(Makapansgat)에서 발견된 동물 유해를 연구한 다트(Raymond Dart)이다. 그는 발견된 몇몇 부위의 뼈가 원래 골격에 있어야 하는 바에 크게 미치지 못함을 발견하였다. 다트는 이렇게 사라져 자료에 남지 않은 뼈는 위앞다리뼈처럼 오스트랄로피테쿠스가 몽둥이로 사용하고 동굴 밖에 버린 부분인

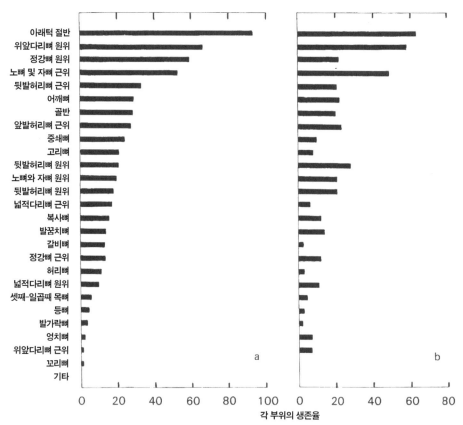

그림 1.5 뼈 보존도의 차이에 대한 브레인의 연구. (a) 현대의 호텐토트 마을 부근에서 발견한 최소 64마리분의 염소 뼈 골격 부위 생존율. (b) 동일한 순서로 배열한 남아프리카 마카팡스가트 플라이스토세 전기 유적 발견 소과동물 골격 부위 생존율. 출전 Brain, 1967.*

반면, 자료에서 흔히 발견되는 아래턱뼈는 고인류가 톱이나 긁개로 사용하기 위해 선택적으로 동굴 속으로 가지고 들어왔다고 추정하였다. 즉 그는 뼈를 도구로 사용했다는 이러한 추정을 바탕으로 오스트랄로피테쿠스의 도구공작을 뼈·이빨·뿔(骨齒角) 공작이라고 명명했고, 아래턱뼈는 그런 도구 공작의 일부라고 생각하였다.

그러나 브레인(Brain, 1967)은 마카팡스가트 자료의 구성에서 보이는 여러 골격 부위의 불균등한 양상은 이와 다른 보다 명쾌한 이유 때문일 것이라고 의심했는데, 즉 뼈가 화석화하기 이전에 파괴되었기 때문일 것이라고 생각해 보았다. 그는 자신의 추정을 검증하려고 나미브 평원에서 염소를 사육하며 살고 있는 현대 호텐토트족 마을 주변에 흩뿌려

진 쓰레기에서 뼈를 수집해 보았다. 수집한 염소 뼈는 개가 골수를 빼먹고 씹고 쏘는 과정에서, 또 까마귀가 버려진 것을 쪼아 먹는 과정에서 이미 부러져 버린 것들로서 도구를 만들기 위해 사용된 것은 아니었다.

그는 여러 다른 부위의 골격이 나타나는 빈도를 도식화해 보았다. 그렇게 얻은 도표는 마카팡스가트에서 보이는 동물 뼈의 구성 양상과 매우 비슷했으며(그림 1.5), 가장 잘 살아남은 부위란 동물의 씹기와 풍화작용의 엄혹함을 가장 잘 견디는 것들임이 분명히 드러났다. 예를 들어 성장기 초기에 유합해 뼈 속이 차 있는 위앞다리뼈 원위는 잘 살아남는 반

* 옮긴이 주: 뼈의 해부학적 위치는 그림 2.9~2.11 참조

면, 성장기 후기에 유합해 해면체처럼 잔 구멍이 많은 구조인 위앞다리뼈 근위는 자료에서 거의 보이지 않았다. 즉, 골격 각 부위의 경도 차이는 해당 부위 뼈가 사후에 뼈 자료로서 나타나는 빈도를 결정하는 하나의 중요한 요소인 것이다.

이스라엘의 카멜 산에 있는 한 구석기 유적에서 필자는 뼈가 완전하게 파괴된 양상을 본 바 있는데, 단지 고운 황색 가루로 이루어진 층만이 남아 있을 뿐이었다. 뼈는 알칼리성과 석회질 토양에서 잘 보존되지만, 산성과 모래질 토양에서는 잘 보존되지 않는 경향이 있다. 고든과 뷰익스트라(Gordon and Buikstra, 1979)는 여러 무덤 유적에서 토양 산성도(토양 pH)와 뼈의 보존상태 사이에 직접적인 상관관계가 있음을 보여 주었는데, 약산성(pH 6.5) 토양에 묻힌 성인 골격 유해는 연구가 어려울 정도로 상태가 나쁠 수 있으며 유아의 뼈는 가루가 되어 버린다.

이제까지 화석화가 이루어지기 이전 및 화석화가 이루어지는 과정에서 고고동물 자료의 구성을 변화시키는 여러 요소에 대해 논의하였는데, 그러한 요소를 요약하자면 다음과 같다. 즉, (a) 사람이나 하이에나 혹은 올빼미 등이 동물을 선택해 잡는 일차적 행위, (b) 이어 동물 사체나 뼈에 이루어지는 해체, 요리, 도구제작, 짓밟기 같은 사람의 행위나 개의 행태 및 (c) 이런 과정을 거친 뒤에도 아직 남아 있는 뼈를 화석 자료로 만듦에 있어 토양 산성도와 같은 제 요소가 끼치는 영향이 그것이다. 이런 요소들은 모두 동물고고학자가 관리할 수 있는 영역에서 벗어나 있다.

유적에 동물 유해가 어느 정도 보존되어 있음을 가정할 때, 이제 우리가 관리할 수 있는 요인, 즉 고고학 연구와 발굴 이후 과정에서 발생할 수 있는 요인들에 대해 논의해 보자.

현장 작업: 고고학자와 자료 수습 기법

고고학 야외조사를 실시할 때, 이상적으로는 동물 뼈 전문가가 유적 현장에 있어야만 한다. 그럴 때에야 연구를 위해 알아야 하는 유적의 입지와 주변 환경요인과 관련해 모종의 감을 잡을 수 있고, 대기에 노출되며 분해되어 버리는 뼈를 재빨리 고정화시키는 것 같은 필요 응급조치를 현장에서 수행할 수 있다.

고고학자는 동물 뼈 전문가와 밀접하게 협조하며 일해야만 한다. 과거에는 (그리고 슬프지만 심지어 오늘날에도 종종 일어나긴 하지만) 많은 고고학자가 문자기록, 동전, 토기나 건물 같은 자료에만 관심을 기울여 왔다. 고대의 경제생활에 대한 단서를 갖고 있는 뼈 자료는 폐기되거나 기껏해야 발굴 보고서 끝에 부록으로 겨우 끼워 넣는 정도였다. 다만 토기가 없거나 드물며 따라서 당연히 문자 기록도 없는 보다 이른 시기를 연구하는 고고학자 사이에는 뼈에 대한 기록을 보다 잘 남기려는 경향이 있는데, 왜냐하면 선사시대 유적에는 돌과 뼈 이외에는 남아 있는 것이 별로 없기 때문이다.

유능한 고고학자라면 동물 유해의 가치를 제대로 인식해야 할 뿐만 아니라 시료 채취 방법과 같은 여러 요소 및 비교연구용 자료 수집의 중요성을 알고 있어야만 한다. 그러면, 이제 첫 번째 문제에 대해 생각해 보기로 하자. 즉, 동물 유해는 과거에 어떻게 수집했을까?

마치 '빨래 목록'을 작성하듯, 단순히 그 종류만을 나열하는 수준으로 동물 자료 보고서를 작성하던 시대는 이제 끝이 났으니, 현재 동물고고학은 계량적 접근방식으로 연구를 실시하고 있다. 그러나 계량과 수치 자료를 다루는 모든 과학 분야에서 그렇듯 동물고고학 연구에서도 그러한 자료를 생산하는 제반 과정에 대해 매우 신중하게 주의를 기울여야만 한다. 동물고고학의 경우에는 자료가 발굴되기 이전에, 다시 말해 화석화가 이루어지기 이전과 화석화 과정 중에 각종 풍화 영력이 뼈에 끼친 여러 영향에 대해서뿐 아니라 유적에서 사용하는 고고동물 유해 수습 방법에 대해서도 그러한 주의를 기울여야만 한다.

오랫동안 고고학 발굴 중 수습되는 동물 자료란 단지 발굴자 눈에 띈 것에 그치고 말았으며, 심지어 오늘날에도 많은 조사가 유감스럽지만 이러한 형편이다. 발굴 수습자료에 발가락뼈 같은 작은 뼈가 보이지 않을 때, 어느 꼼꼼한 동물학자가 어째서 그런가 하고 물어 본다면, 발굴자는 자료 수습에 많은 주의를 기울였으며 아무리 작은 조각이라도 모두 빠뜨리지 않고 수집했다고 안심시키려 할 것이다. 그런데 아무리 많은 주의를 기울인다고 해도, 사람들은 뼈를 채집할 때 알게 모르게 일종의 편견이 작용해 긴뼈나 턱뼈같이 쉽게 인지할 수 있는 부분을 선호해 수습하게 된다는 것을 이제 알게 되었다. 이러한 인식과 더불어, 보다 객관적인 자료 수습 기법을 채택해야 한다는 요구가 일어났는데, 이의 필요성은 일련의 고고학자들, 특히 매우 작은 타제석기인 세석기로 구성된 중석기시대 유물군을 발굴하던 연구자들도 오래 전부터 인지하고 있던 바였다. 그러한 고고학자들 중 많은 사람이 작은 세석기를 수습하려고 파낸 흙을 체로 치기 시작했는데, 그런 과정에서 대부분의 작은 뼈도 수습하게 되었기 때문이다.

페인(Sebastian Payne)은 주로 터키와 그리스를 연구지역으로 삼고 있는 동물고고학자로서, 우리가 편향된 자료 수습 문제에 대해 관심을 갖게 된 것은 그에 힘입은 바 매우 크다. 그는 보다 크기가 작은 뼈가 많은 수의 동물유해보고 간행물에서 다루어지지 않고 있는 데 주목하였다(Payne, 1975). 예를 들어, 동물상이 주로 양, 염소 및 소로 구성되어 있는 어느 그리스 유적에서, 아래턱뼈에서 양/염소 대 소는 3:1의 비율이지만, 발가락셋째마디뼈에서는 그

표 1.1 이스라엘 텔야르무트 유적의 한 층에서 보이는 뼈 부위 집계. 체질은 하지 않았다.

	양/염소	소
셋째 아래큰어금니(M₃)/아래턱뒷부분	92	3
위앞다리뼈 원위	89	8
노뼈 원위	36	2
자뼈 원위	73	8
복사뼈	47	9
발가락셋째마디뼈	7	12

비율이 역전되어 소가 양/염소의 10배에 달한다고 보고되었다. 양/염소의 발가락뼈는 크기가 작기 때문에 발굴에서 파낸 흙이나 각종 잔해 속에서 따로 골라 내기가 쉽지 않기 마련이다. 또 이와 유사한 신체부위 빈도의 불일치 현상은 이스라엘의 텔야르무트(Tel Yarmout) 청동기시대 유적에서 필자 자신이 얻은 자료에서도 볼 수 있는데, 이 유적에서는 자료 수습을 위한 체질이 이루어지지 않았다〔표 1.1〕. 그렇다면 이 두 유적에서 올바른 동물 빈도를 말해 주는 부위는 어떤 것일까?

이러한 질문에 답하기 위해, 페인은 그리스 시타그로이(Sitagroi)라는 유적 발굴에 참가하는 동안 빠른 속도로 괭이로 파 쌓아놓은 흙을 갖고 일련의 체질 실험을 실시하였다〔그림 1.6〕. 발굴자가 수습한 뼈와 발굴자는 놓쳤지만 체질에서 수습한 것을 별도로 모아 본 이 실험의 결과는 매우 놀라운 것이었다〔표 1.2〕. 그의 사례는 체질이 이루어지지 않는다면 얼마나 많은 뼈를 잃게 될 것인지, 특히 크기가 아주 작은 부위와 낱개로 흩어진 이빨 같은 것을 매우 많이 놓칠 것임을 잘 보여 준다. 말할 필요도 없이, 체질을 하는가 하지 않는가 하는 선택은 뼈몸통과 아직 유합하지 않은 미성숙 동물의 뼈끝 부위 수습에 매우 큰 영향을 미치며, 따라서 만약 체질을 하지 않는다면 표본에서 어린 개체가 차지하는 비중에 대해 크게 편향된 판단을 내릴 수 있다. 참고로 뼈끝은 긴뼈 끝에 있으며 뼈몸통과 별개로 골화가 이루어

그림 1.6 물체질 광경. 사진 Sebastian Payne

그림 1.7 많은 경우 물체질에서는 매우 가치 있는 자료인 작은 이빨과 뼈를 다량 수습하게 되는데, 이런 자료의 분류는 지루하지만 보람 있는 일이 될 수 있다. 사진 Sebastian Payne

표 1.2 페인이 그리스 시타그로이 유적에서 실시한 체질 실험(Payne, 1972). 발굴에서는 좀더 큰 동물과 뼈 부위가 훨씬 많이 수습되었음에 주목하시오.

	소		돼지		양/염소	
	발굴갱 수습	추후 체질로 수습	발굴갱 수습	추후 체질로 수습	발굴갱 수습	추후 체질로 수습
낱개로 발견된 이빨	6	10	1	41	1	128
턱이나 이빨이 붙은 두개골 조각	2	2	5	10	1	6
긴뼈 및 발허리뼈	12	7	5	21	13	73
발가락뼈 및 앞뒤 발목뼈	9	13	1	35	0	111

지는 부위인데, 뼈끝과 뼈몸통 두 부분은 포유동물이 성장하며 유합한다(다음 장 참조).

체질을 하지 않는다면, 설치류나 두더지과 혹은 작은 식육동물같이 크기가 작은 포유동물의 뼈는 수습할 기회가 전혀 없다고 해도 과언이 아니다. 나아가 페인은 마른 체질보다는 물체질을 채택할 것을 추천하였다. 물은 뼈를 씻어내 그 모습이 보다 잘 드러나도록 할 뿐 아니라, 뼈 조각들이 엉켜 있는 흙덩어리에서 떨어져 나오게 한다. 마른 체질보다 물체질을 이용하는 것은 설치류의 뼈나 이빨과도 같은 미세동물 유해를 추출하기 위해 그물코가 작고 촘촘한 체를 쓸 경우에 특히 더 중요하다(그림 1.7). 다시 말해, 불완전한 자료 수습이라는 문제는 물체질을 채택함으로써 쉽게 해결할 수 있는 것이다. 보고문에 있는 신체 부위별 빈도분포 표를 한번 훑어보면 시료를 얼마나 제대로 수습했는지 즉각 판단할 수 있기 마련이겠다. 덧붙여 한마디 하자면, 이상 설명한 자료수습과 관련한 여러 사항을 감안할 때, 자료 보고에서는 모든 자료의 완전한 제시와 더불어 당연한 말이지만 자료수습 방법의 충실한 설명이 얼마나 중요한지 이해할 수 있을 것이다.

고고학적 맥락

발견 자료의 분석에서는 주어진 유적의 상이한 층과 상이한 지역을 각각 따로 분석해 서로 비교할 수 있도록, 확인된 뼈 하나하나에 대해 출토구역이나 출토층위를 비롯한 해당 자료의 고고학적 맥락을 기록해 놓는 것이 무엇보다 중요하다. 이와 함께 그러한 맥락 하나하나의 성격에 대해서도 고려해야만 하는데, 예를 들어 자료가 수습된 맥락이 생활면인지, 쓰레기장인지, 도살장인지 아니면 제단이나 기타 어떤 특별한 기능을 위한 곳인지 파악해야 한다. 주어진 유적을 구성하는 다양한 요소는 어떤 행위가 이루어졌으며 또 어디에서 이루어졌는가를 밝혀 줄 수 있기 때문이다. 마찬가지로 문화층과 층 사이에서 보이는 차이는 유적 점유기간 동안 경제활동이나 기후의 변화추이를 말해 줄 수도 있다. 공간에 따라 유적 내에서의 양상이 일정하지 않을 때, 특정 문화층 혹은 전체 유적과 관련된 자료는 해당 시료가 넓은 지역에 걸쳐 채취된 경우에만 유의미한 자료가 된다. 동물 뼈가 발견된 장소 혹은 지점에 따른 자료 정리의 중요성을 잘 말해 주는 하나의 사례로서, 필자는 이스라엘 하조레아 근처에 있는 텔키리(Tel Qiri)라는 철기시대유적에서 흥미로운 경험을 하였다. 모 종교에 심취한 어느 고고학자가 발견된 뼈를 보고 깨달은 사실인데, 이 유적의 다섯 군데 특정지점에서 발견된 뼈는 대부분 양/염소의 오른쪽 앞다리 부위였으며 그중 많은 것이 다 자라지 않은 어린 개체에 속하는 뼈였다(표 1.3). 미루어 짐작컨대 이런 자료는 고대 하조레아 사제들은 새끼 염소와 양의 몸뚱이 1/4에 해당하는 오른쪽 앞부분을 제물로 바쳤음을 말해 준다고 하겠다.

고고동물 유해를 다룰 때, 자료 출토 문화층 같은 고고학적 맥락의 신뢰도는 중요한 문제이다. 동물

표 1.3 이스라엘 하조레아 근처의 철기시대(기원전 12-8세기) 텔키리 유적 5개 지점에서 수습한 뼈 자료의 도수 분포. L과 R은 왼쪽과 오른쪽, F와 U는 유합한(fused) 뼈끝과 유합하지 않은(unfused) 뼈끝을 가리킨다. 이 자료는 몸뚱이의 오른쪽 앞 1/4 부위가 선호되었음을 확실히 말해 준다. 동물 희생에서 특정부위 선택에 대한 언급은 구약성서 출애굽기 29장 2절 및 레위기 7장 32절 참조. 이러한 풍습은 한때 근동에 널리 퍼져 있었다고 보인다.

지점 번호	1065		1044		1074		1146		1064	
	L	R	L	R	L	R	L	R	L	R
양/염소										
어깨뼈 F	2	33	-	4	-	7	-	4	-	4
어깨뼈 U	-	16	-	3	-	4	-	3	-	-
위앞다리뼈(원위) F	2	34	-	8	-	8	-	5	-	7
위앞다리뼈(원위) U	2	3	-	1	-	1	-	1	-	-
노뼈(원위) F	-	7	-	2	-	2	-	1	-	2
노뼈(원위) U	-	11	-	4	2	4	-	-	-	1
앞발허리뼈(원위) F	-		-		-		-		-	
앞발허리뼈(원위) U	-		-		-		-		-	
넓적다리뼈(원위) F	-	1	-		-		-		-	
넓적다리뼈(원위) U	1		-		-		-		-	
정강뼈(원위) F	1	1	-	1	-		1	-	-	
정강뼈(원위) U	-	1	-		-		-		-	
발꿈치뼈 F	1	1	-		-		-		-	
발꿈치뼈 U	-	1	-		1	1	-	1	-	
복사뼈	-	-	-	1	1		-		-	
뒷발허리뼈(원위) F	-		-		-		-		-	
뒷발허리뼈(원위) U	2		-		-		-		-	
발가락셋째마디뼈	-	-	-	1	1	-	-	1	-	
소										
노뼈(원위) F	-	-	-	-	-	1	-		-	
발꿈치뼈	-	-	-	-	-	1	-		-	
발가락셋째마디뼈	1	-	-	-	-	-	-		-	

뼈는 동전이나 토기와 같은 것이 아니어서 지난 10만 년 동안 크게 변하지 않았으며, 따라서 특정 문화나 시기에 귀속시킬 수 없기 때문이다. 연구자는 자료가 뒤섞인 지점을 다룰 때에는 극히 조심해야 한다.

많은 뼈, 특히 수천 년 이상의 긴 세월 동안 석회질 토양에 놓여 있던 뼈 주위에는 염류피각(鹽類皮殼), 즉 탄산칼슘 침적물이 형성되기 때문에 종의 동정이 어렵고 계측도 불가능하다. 경우에 따라 이러한 침적물은 치과도구를 이용해 떼어 낼 수도 있지만, 두껍게 쌓였을 때에는 진동기구 같은 보다 강력하고 거친 수단을 사용해야만 하는 경우도 있다. 이러한 기계적 방식의 대안으로서, 비록 화석화된 뼈를 약화시킨다는 약점이 있지만 시료를 아세트산 희석 용액에 넣어 두는 방법이 있다. 아세트산은 염류피각과 우선적으로 반응해 뼈에는 영향을 주지 않고 그대로 남겨 둔다. 이 방법은 대량의 시료를 빨리 처리하는 데 적절한 방법으로서 처리에는 서너 시간이 걸릴 수 있으며, 처리 이후에는 남아 있는 산을 모두 제거하기 위해 뼈를 깨끗한 물에 담가 서너 시간 동안 완벽하게 세척해야 한다. 이어서 세척한 뼈를 완벽하게 말린 다음 고착제를 사용해 강화시켜야 한다. 아마도 최상의 재료는 아니라고 생각하지만, 필자는 그러한 제재로 플라스틱의 일종인 폴리아세트산비닐을 사용해 왔는데, 이것을 아세톤에 녹인 용액에 뼈를 한두 시간 담가 둔 다음, 용액에서 꺼내 환기가 잘되는 실내에서 말리는 방식으로 처리하고 있다.

실험실에서: 뼈의 동정과 비교연구용 자료의 중요성

동물 유해를 세척하고 접합, 보수한 다음에는 이것이 무엇인지 판단하는 작업, 즉 동정이 이루어져야 한다. 대부분의 동물고고학자는 화석이 된 유해를 현생종 동물과 비교할 것이기 때문에, 화석 뼈 동정의 첫 단계는 종의 동정과 나이 및 성별 판단이 믿을 만하게 이루어진 현생종의 골격을 비교연구용 자료로 수집하는 것이다. 가축화된 몇몇 특정 동물을 예외로 친다면, 동물 종의 분화와 전반적 형태 변화에는 대체로 수만 내지 수십만 년의 시간이 필요하다고 여겨지고 있다. 이 말은 약간의 크기 변화처럼 쉽게 발생할 수 있는 변화를 제외한다면, 고고학 유적에서 발견된 야생동물의 유해는 오늘날에 살아 있는 그 후손들과 매우 닮았을 것이라는 뜻이다. 따라서 현생종 동물 자료는 비교와 동정을 위한 기초자료로 사용할 수 있겠다. 그러나 우리는 동물이 비록 매우 느린 속도이긴 하지만 끊임없이 진화하며 그 형태가 변화한다는 사실도 기억해야만 한다. 우리가 다루는 화석군이 점점 더 오래될수록, 현생종 동물을 동정하기 위해 만들어진 동물학적 기준의 틀 속에 화석동물을 끼워 넣는 일은 점점 더 어려워지기 마련이다.

유럽이나 북아메리카처럼 박물관 전통이 긴 지역에서는 각지의 자연사박물관에 충분한 비교 자료가 소장되어 있을 수 있다. 그러나 한 지점에서 한두 점 이상 여러 점의 표품을 채집해 놓은 박물관 소장품의 사례는 드물며, 과거 많은 박물관은 단지 동물의 두개골과 외피만을 수집대상으로 삼았다는 한계를 갖고 있다. 동물고고학자는 두개골 이외에도 따로따로 해체분리된 사지 뼈를 필요로 한다. 또한 우리가 다루는 것은 제한된 수의 표본이지만 살아 있는 모든 것들은 그 모습이 다르기 때문에, 동물 종 하나하나에 대해 많은 수의 자료를 소장하는 것이 중요하다. 그렇기 때문에, 오지 탐사에 참가하는 동물고고학자는 밑바닥에서부터 시작해야 한다. 이것은 해당지역의 동물자료를 수집하기 위해 야외활동을 해야 함을 뜻하는데, 그런 일은 사냥이나 덫을 놓아 동물을 잡고 길에 나자빠진 짐승 사체를 수습해야 하는 등, 느리고도 힘들며 종종 악취 속에서 이루어지는 작업이다. 이런 일을 하려면 진취적이며 적극적인 자세가 필요하며, 많은 경우 현지 주민의 도움은 큰 힘이 된다. 그 지역의 가축 자료를 얻을 수 있는 좋은 장소는 도축장이지만, 필자의 경험으로는 다른 종류 동물의 사지와 머리가 섞이지 않도록 사지 절제와 분리 작업은 감독하에 이루어져야 한다.

대형 포유동물, 즉 몸집이 큰 양이나 염소, 돼지 같은 동물에서 살을 발라내는 작업은 매우 불쾌한 일일 수 있다. 이것은 여러 가지 방식으로 할 수 있는데, 한 가지 방법은 가능한 한 많은 근육 조직을 제거한 다음, 비등점 바로 아래 온도에서 한 시간 동안 뭉근히 끓이고는 그대로 물속에 내버려두어 불어 버리도록, 다시 말해 물속에서 썩도록 하는 것이다. 이 마지막 단계는 서너 주의 시간이 필요할 수 있는데, 생효소제 분말세제나 트립신 같은 소화효소를 사용함으로써 그 과정을 보다 빨리 끝낼 수 있다.

좋은 비교연구용 소장품을 갖는 것은 가장 중요한 일이다. 우리는 성에 따른 형태적 차이(성적 이형성)나 연령에 따른 변화(개체발생학적 변이)와 같이 하나의 종에서 찾아볼 수 있는 차이(종내변이)에 대해 알고 있는 바가 매우 적으며, 이런 사정은 심지어 대부분의 가축동물에 대해서도 마찬가지이다.

비교연구용 자료가 없는 상황에서는 몇몇 훌륭한 참고도서, 즉 '뼈 도감'이 도움을 주는데, 그런 책에는 아주 흔히 존재해 고고학 유적에서 발견될 가능성이 있는 많은 동물 뼈를 세밀하게 그린 그림이 실려 있다. 유럽의 동물과 관련된 사례로는 Cornwall(1964) *Bones for the archaeologist*, Lavocat(1966) *Faunes et flores pré-historiques de l'Europe occidentale* 및 Schmid(1972) *Atlas of animal bones for prehistorians*를 꼽을 수 있으며, 동아프리카에 대한 참고서적으로는 Walker(1985) *A Guide to post-cranial bones of East African animals*를 들 수 있다.

포유동물의 뼈와 이빨이 어떤 과에 속하는지 동정하는 것은 물론이려니와 어떤 속인지 동정하는 것도 대개의 경우 그리 어렵지 않다. 그러나 서로 밀접하게 연관된 둘 이상의 종을 구분하는 것은 어려운 일일 수 있다. 그런데 뒤에서 보겠지만 이러한 종 차원의 구분은 대부분의 경우 극히 중요한 일이다. 아래에서는 필자가 연구과정에서 직접 경험한 몇 가지 유용한 사례에 대해 말해 보겠다.

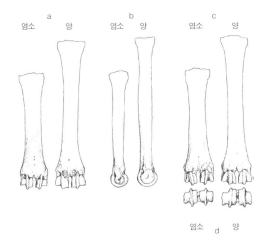

그림 1.8 양과 염소 앞발허리뼈의 구분. 양과 염소 사이에 앞발허리 뼈에서 보이는 약간의 차이를 보여 주기 위한 그림으로서, 각각 (a) 뒷모습, (b) 옆모습, (c) 앞모습 및 (d) 바닥면의 모습이다. 도면 Judith Ogden

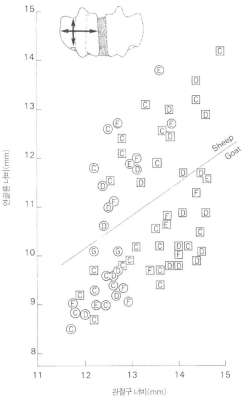

그림 1.9 이란 케르만샤(Kermanshah)에서 수습한 현생종 양과 염소의 앞발허리뼈. 두 종의 구분을 위해 페인(Payne, 1969)이 제 시한 관절구 부위 계측의 두 가지 방식을 보여 준다. 양의 계측치는 도면에서 사선 위쪽에, 염소는 사선 아래쪽에 놓여 있다. 이러한 계 측은 양과 염소를 구분해 줄 뿐만 아니라, 대부분의 경우 다 자란 수 컷과 암컷을 구별해 낼 수도 있다. 그림에서 수컷은 네모, 암컷은 원 으로 표시되어 있다. 문자 C, D, E, F 및 G는 이빨로 판정한 각 개체 의 나이로서(Payne, 1973), C = 6-12개월, D = 1-2년, E = 2-3 년, F = 3-4년, G = 4-6년의 이빨 나이를 나타낸다. 이빨발달단계 가 C에 속하며 뼈끝이 아직 붙지 않은 어린 수컷 염소 서너 마리는 계측치가 암컷 염소의 계측치 영역에 분포하고 있기 때문에, 다 자라 지 않은 개체들의 성비 추정은 자신하기 어렵다.

유럽과 근동에서, 대다수 동물고고학자의 삶을 힘 들게 만드는 일에는 뼈와 이빨에서 양과 염소를 구 분하는 작업이 있다. 두 동물의 구분은 많은 경우 고 대 경제활동의 복원을 위해 중요하며, 나아가 보다 이른 시기에 이 두 동물의 지리적 분포를 복원하는 데서도 중요한 의미를 지니고 있다. 이와 관련해 중 요한 업적을 쌓은 보에스넥(Boessneck *et al.*, 1964; Boessneck, 1969)은 양과 염소의 구분을 위해 많은 부위의 기준자료를 축적했으며 이를 도면으로 발간 하였다. 필자의 경우에는 앞발허리뼈 원위 부분은 비교적 쉽게 동정할 수 있음을 확인했는데[그림 1.8], 페인(Payne, 1969)도 도표화를 통해 역시 이러한 구분을 할 수 있게 해 주는 일련의 계측치를 고안하 였다[그림 1.9]. 페인(Payne, 1985)은 또 아직 다 자 라지 않은 어린 양과 염소의 이빨을 구분하는 방식 에 대해서도 관심을 기울였다[그림 1.10]. 앞발허리 뼈나 이빨을 제외한 나머지 뼈에서 양과 염소를 구 분하는 것은 그리 쉬운 일이 아니다. 필자는 개인적 으로 앞발허리뼈, 뒷발허리뼈, 복사뼈 및 발가락첫 째마디뼈는 자신 있게 동정할 수 있지만, 다른 뼈들

에 대해서는 양과 염소를 하나로 묶어 '양/염소'라 는 범주로 처리할 수밖에 없다.

말과 당나귀로 대표되는 가축화한 말과동물의 기원에 대한 연구에서는 특히 근동지역의 연구에 서 그렇지만, 나귀, 야생당나귀, 말 및 보통 '오트란 토(Otranto)나귀'라고 부르는 멸종종 *Equus hy- druntinus*의 구분이 긴요하다. 오트란토나귀는 남

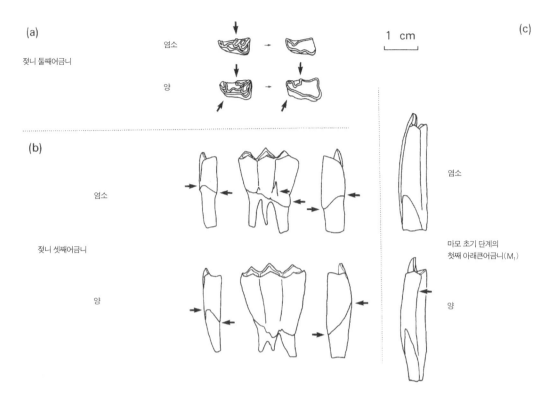

그림 1.10 어린 염소아과동물의 이빨과 관련해 페인이 제시한 양과 염소 구분 기준(Payne, 1985). (a) 젖니 둘째어금니로서, 아주 어린 것이 왼쪽, 보다 나이든 것이 오른쪽임. (b) 젖니 셋째어금니의 앞쪽, 바깥쪽 및 뒤쪽 모습. (c) 첫째 아래큰어금니 앞쪽. 화살표는 종의 구분에 도움을 주는 특징을 가리킨다. 출전 Payne, 1985

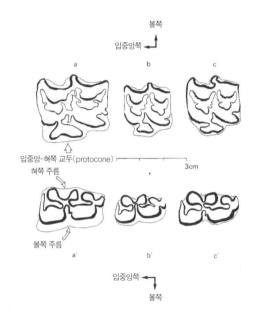

그림 1.11 세 종류의 말과동물 이빨의 구분 기준. (a) 말, (b) 얼룩말/Equus hydruntinus, (c) 나귀/야생당나귀. 위: 위큰어금니(M¹ 혹은 M²)의 교합면, 아래: 아래큰어금니(M₁ 혹은 M₂)의 교합면. 그림은 교합면의 사기질 주름만을 보여 준다. 위큰어금니 교두의 형태가 말은 길고, 얼룩말/Equus hydruntinus은 짧으며, 나귀/야생당나귀는 타원형임에 유의하시오. 아래큰어금니에서는 우선 안쪽 주름에 유의하시오. 이것의 형태는 일반적으로 말은 'U'자형이고 다른 두 동물군에서는 'V'자형이다. 둘째, 말의 경우 작은어금니는 그렇지 않지만 큰어금니는 바깥쪽 주름이 인접한 두 주름(metaflexid와 entoflexid) 쪽으로 조금 밀고 들어왔다. 얼룩말 및 Equus hydruntinus (작은어금니는 그렇지 않으나) 큰어금니는 두 주름 사이로 완전히 밀고 들어왔으나, 나귀/야생당나귀의 큰어금니와 작은어금니는 그러한 침습이 없다. 축척 3cm.

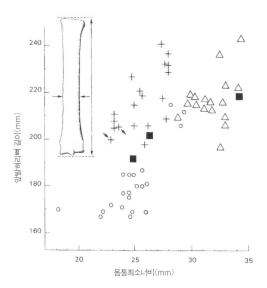

그림 1.12 나귀, 말 및 야생당나귀 앞발허리뼈 구분을 위한 한 가지 계측 방법. 길이와 몸통최소너비의 관계를 표시하였다. 나귀 = 원, 말 = 삼각형, 야생당나귀 = 십자(2개의 화살표는 시리아 야생당나귀). 이 세 군의 말과 동물은 서로 모두 약간씩 중복됨에 유의하시오. 따라서 이 방법만으로 종을 동정하는 것은 항상 가능하지 않을 수 있다. 3개의 네모는 이스라엘 네게브에 있는 초기청동기시대 유적인 아라드(Arad)에서 얻은 석 점의 앞발허리뼈 계측치로, 아마도 두 점은 나귀/야생당나귀, 한 점은 말에 속할 것이다.

부 이탈리아에서 처음 발견되었는데, 한때 남유럽과 레반트 일대에 널리 퍼져 있었다(Davis, 1980). 이 동물은 아마도 얼룩말과 연관되었을 것이라 보인다. 그림 1.11과 1.12는 큰어금니와 앞발허리뼈에서 이러한 말과동물들이 어떻게 구분될 수 있는지 보여준다.

말과동물과 양/염소는 뼈에서 그 차이를 구분하기 어려운 동물군 중의 단지 두 사례일 뿐이다. 이외에도 동물고고학 연구에서 종종 마주치는 문제 집단으로는 가축 소 대 들소, 가축 소 대 물소, 남아메리카의 낙타과동물(라마, 알파카, 과나코), 단봉낙타 대 쌍봉낙타, 생쥐 대 각종 야생 쥐, 그리고 여러 두더지 종류를 들 수 있다.

동정 가능성 및 개체수 계산

고고학자들은 종종 필자에게 동정할 수 있는 뼈 조각은 어떤 것이며 동정할 수 없는 뼈 조각 더미는 어떻게 처리해야 하는지 물어오는데, 많은 이들이 동정 가능성과 크기 사이에는 관계가 거의 없음을 알고는 놀라기 마련이다. 예를 들어, 육안으로는 알아보기 힘들 정도로 작으며 낱개로 발견된 설치류 이빨도 종을 동정할 수 있지만, 길이가 12cm에 달하는 뼈 조각도 단지 '대형 포유동물'에 속한다고 밖에는 말할 수 없을 수도 있다. 부위에 따라 갖고 있는 특징은 다양하게 나타난다. 특히 갈비뼈, 길이 방향으로 잘라진 긴뼈 조각, 척추와 두개골 파편은 동정이 매우 어렵다. 동정 가능성에 대해 일반적 원칙이 있다면, 그것은 관절면이 남아 있는 뼈 조각, 특히 사지와 발로부터 유래한 것은 대부분 적어도 과 수준의 동정이 가능하며 종종 속이나 종 수준까지도 동정할 수 있다는 점이다. 이빨의 경우에는 심지어 낱개로 발견되었어도 상당한 정도로 고유의 특성을 보여 주므로 대체로 동정이 좀더 수월한데, 이것은 긴뼈 관절 부위, 특히 유제류에서는 발허리뼈 원위의 경우에도 그러하다. 그렇지만 물론 나이 및 성별에 따른 변이는 문제를 복잡하게 만들 수 있다.

이상적으로는 모든 뼈 조각을 동정해야만 한다. 그러나 수천, 수만 개의 뼈를 처리한다는 것은 엄청난 과제로 적절한 선에서 타협이 필요하다. 따라서 대부분의 연구자는 제한된 골격 부위만을 동정하고, 기록하며 계측한다는 결정을 내리는데, 표 1.4는 필자가 기록을 남기는 유제류 뼈 목록이다. 연구자가 선택하는 부위는 대체로 (1) 보존상태가 상대적으로 좋으며, (2) 동정이 쉽고, (3) 나이, 성별 및 계측 정보를 얻는 데 좀더 유용한 것들이다. 또한 분석에서 골격의 여러 부위에 속하는 뼈를 포함시킨다면 어떤 특정부위가 선호적으로 이용되었는지 알 수 있게 될 것이다. 한편 사지뼈는 왼쪽과 오른쪽 부위를 별도로 계산하는 것도 중요하다.

발굴과 세척, 지점과 층위에 따른 분류 및 동정을 끝낸 다음에는 각각의 종이 차지하는 상대적 중요성을 평가해야 한다. 이것은 '종별 동정가능 뼈 수 (Number of Identifiable fragments of bones of each Species)', 즉 NISP를 계산한 다음, 해당 층이나 지점 혹은 유적 전체에서 수습한 뼈 총수에 대한 백분율로 나타낼 수 있다. 그런데 이러한 계산에서는 세 가지 잠재적 요인 때문에 편향된 결론이 유발될 수 있다.

첫 번째 요인에 대해서는 앞서 이미 말한바 있는데, 바로 불균등한 자료수습은 편향된 결론을 유발한다는 점이다. 표 1.1에 제시한 텔야르무트 유적 자료에서 전체 NISP 지수는 자료의 11%를 소가 차지하고 있음을 가리키지만, 아래턱뼈만을 보면 소는 단지 3%에 불과하다. 이 텔야르무트 자료는 체질을 하지 않고 수습했기 때문에, 페인이 실시한 체질 실험에서 얻은 결과를 감안한다면 아마도 둘 중 낮은 수치가 실제에 가까울 것이다. 다시 말해, 여러 다른 종의 동물이 전체에서 차지하는 백분율을 계산하기전에 각 신체부위 빈도에 어떤 편차라도 있지는 않은지 점검하는 것이 중요하다. 예를 들어 크기가 작은 동물들의 발가락뼈가 자료에 빠져 있는 경우처럼 자료가 편향되었음이 분명하다면, 각 종의 빈도에 대한 보다 적절한 평가는 아마도 아래턱뼈처럼 발굴에서 쉽게 눈에 띄는 부위의 자료를 이용해야 할 것이다.

편향된 결론을 유발할 수 있는 두 번째 요인은 이보다는 덜 심각하며 쉽게 바로잡을 수 있는 문제이다. 모든 포유동물이 갖고 있는 특징적 뼈의 수량은 동등하지 않다. 이에 대한 사례로서, 말, 소와 돼지의 경우를 생각해 보자.* 말은 진화 과정에서 양쪽 가장자리 발허리뼈들이 크기가 줄어들어 작은 조각으로

표 1.4 필자가 종별 빈도 계산을 위해 동정, 기록, 집계하는 유제류의 특징적 골격부위. 동물의 왼쪽과 오른쪽 사지뼈는 L/R 기호를 붙여 따로 목록으로 만든다. 왼쪽과 오른쪽 발가락뼈도 l/r로 따로 표시한다. 발허리뼈는 왼쪽과 오른쪽 사지를 따로 구분하지 않는다.

머리
아래턱뼈 – 뒷부분 / 낱개로 발견된 셋째 큰어금니 (L/R)

앞다리이음뼈와 앞다리
어깨뼈 – 접시오목부위 관절 (L/R)
위앞다리뼈 – 원위 뼈끝 (L/R)
노뼈 – 원위 뼈끝 (L/R)
앞발허리뼈 – 원위 뼈끝

뒷다리이음뼈와 뒷다리
궁둥뼈 – 볼기뼈절구 부위 (L/R)
넓적다리뼈 – 원위 뼈끝 (L/R)
정강뼈 – 원위 뼈끝 (L/R)
복사뼈 (L/R)
발꿈치뼈 (L/R)
뒷발허리뼈 – 원위 뼈끝

발가락뼈 PHALANGES
발가락첫째마디뼈 – 전체 (l/r)
발가락첫째마디뼈 – 근위 뼈끝 (l/r)
발가락첫째마디뼈 – 원위 관절 (l/r)
발가락셋째마디뼈 (l/r)

퇴화했고 가장자리 발가락들도 모두 없어졌다. 따라서 말의 사지에는 발허리뼈 하나와 발가락뼈 한 벌만이 있을 뿐이다. 이에 비해 소의 사지는 양이나 염소, 영양과 마찬가지로 발허리뼈 두 개가 세로 방향으로 유합해 만들어진 하나의 '대롱뼈'와 두 벌의 발가락뼈를 갖고 있다. 그런가 하면 돼지는 세로 방향으로 유합하지 않고 분리된 네 개의 발허리뼈와 네 벌의 발가락뼈를 사지에 갖고 있다. 따라서 여러 다양한 종을 다룰 경우, 각 종에 대해 셈한 뼈의 총수는 약간의 계산을 통해 표준화시킬 필요가 있다. 예를 들어, 소의 발가락뼈 계수는 반으로 나누고, 돼지의 가장자리 발허리뼈와 발가락뼈는 집계에 전혀 넣지 않지만 가운데 발허리뼈 수는 반으로 나누어 보고, 또 말의 발가락뼈 수는 두 배로 계산하는 등의

---

*   옮긴이 주: 이하 설명은 65쪽 그림 2.13 참조.

방식으로 종 사이의 차이를 감안해 표준화된 수치를 얻을 수 있겠다.

세 번째 요인도 역시 바로잡기 쉽다고 하겠는데, 뼈가 부서진 정도가 다르기 때문에 편향된 결론을 얻을 수 있다는 문제이다. 즉, 한 점의 뼈가 서너 개로 조각났다면, 집계에서는 그 뼈가 하나가 아니라 서너 점으로 계산될 수도 있을 것이다. 따라서 종의 빈도를 추정할 때 뼈가 좀더 많이 부서진 동물이 실제로 과거에 좀더 많이 존재했던 것처럼 보일 수도 있다. 이런 일은 매우 큰 동물의 골격에서 가끔 발생할 수 있는 문제이다. 이러한 편향성을 극복하기 위해 왓슨(Watson, 1970)은 '특징적 부위(diagnostic zones)'란 개념을 제시하였다. 이때 각 '부위'는 골격 구성요소 중에서 크기가 작아 더 작게 부서지기는 어렵지만 그럼에도 해당 종으로 충분히 동정할 수 있을 정도로 큰 부분을 가리킨다. 지수 계산에서는 어떤 한 부위에 대해서도 한 점의 뼈를 두 번 이상 세지 못하도록 해야 한다. 그러나 동시에 이때 세고자 하는 특징적 부위는 연구대상이 되는 모든 종에 걸쳐 존재하는 것이어야 하며, 각 부위의 집계는 별도로 기록해야 한다. 왓슨은 두개골, 사지 및 발 부위의 뼈에서 찾아낸 모두 88개의 '특징적 부위' 목록을 제시하였다. 표 1.4에 보이는 필자의 목록은 이보다 짧으나, 제시된 부위와 뼈는 골격 전체에 걸쳐 있다.

산 동물과 죽은 동물

고고학자는 어느 한 유적에 얼마나 많은 사람이 얼마나 오랫동안 살 수 있었던 것인지 판단하기 위해 뼈 자료가 얼마나 많은 동물이 있었음을 말해 주는지 묻곤 한다. 한 마리의 포유동물 골격은 200개가 훨씬 넘는 뼈로 구성되며, 뼈가 부서지면 이보다 더욱 많은 조각이 생기기 마련이다. 만약 각 종에 대해 골격 요소 하나하나를 그것이 좌우 어느 쪽 것인지 확인해, 다시 말해 '특징적 부위'를 확인해 총수를 파악할 수 있다면, '최소개체수(Minimum Number of Individuals [MNI])'를 확정하는 것이 가능하다. 예를 들어, 위앞다리뼈는 왼쪽과 오른쪽에 하나씩 두 개이므로, 만약 양의 위앞다리뼈 18개는 왼쪽, 23개는 오른쪽이라면 이 자료는 적어도 23마리의 양으로부터 온 것임에 틀림없다.

상이한 종의 최소개체수가 반드시 각 종이 차지하던 경제적 중요성을 알려 주는 것은 아니다. 동물에서 얻을 수 있는 고기의 양은 동물에 따라 차이가 있기 마련인데, 예를 들어 산토끼 200마리분과 소 10마리분의 뼈로 조성된 자료를 두고 산토끼가 주요 경제자원이었다고 평가하기는 어려울 것이다. 동물성단백질 공급량 같은 경제적 중요성에서 상이한 종이 차지하던 위치를 평가하는 방법의 하나로는 각 종에 속하는 개체수와 동물 몸체의 평균무게를 곱해 보는 것이다. 포유동물의 골격과 그 동물에서 얻을 수 있는 고기 양자의 무게는 직접적인 상관관계에 있다. 따라서 각 종에 속하는 동물의 뼈 무게는 해당동물이 사람의 식단에 기여한 정도를 보여 줄 것이라는 생각에서 몇몇 동물고고학자들은 발견된 모든 뼈의 무게를 측정한다. 물론 어떤 종의 동물이 부차적 산물, 예를 들어 소의 경우 우유나 축력을 이용하기 위해 이용되었다면, 문제는 좀더 복잡해진다고 하겠다. 마찬가지로, 뼈란 대개의 경우 단지 도살된 동물이 무엇인지만을 보여 줄 뿐이라는 점에 주의를 기울여야 한다. 즉, 뼈 자료가 반드시 사육되고 있던 동물, 즉 '살아 있는 동물군(life assemblage)'의 구성에 대해 말해 주는 것은 아니다. 예를 들어, 돼지보다 소를 많이 기르던 마을이 있다고 가정해 보자. 이때 암퇘지는 매년 새끼를 여러 마리 낳지만 소는 단지 한두 마리만을 낳을 수 있기 때문에, 이 마을에서 만들어진 '죽은 동물군(death assemblage)'에는 다수의 돼지 뼈가 들어가 있기 마련이다. 따라서 그런 자료는 단지 종 사이의 재생산율의 차이를 말해 줄 뿐이라고 할 수도 있을 것이다.

계측에 대하여

뼈의 동정과 관련된 입장이 다양하듯, 뼈의 계측에서 취하게 되는 방법에 대해서도 다양한 견해가 존재한다. 어떤 사람들은 한 종류의 뼈만을 계측하는데, 대개 이 경우에는 이빨을 대상으로 하는 경우가 보통이다. 이에 비해 또 다른 이들은 모든 뼈를 서너 차례씩 계측하기도 한다. 뼈를 계측할 때는 계측을 정확히 어떻게 했는지 설명하는 것이 무엇보다

도 가장 중요하다. 이러한 설명으로서 가장 좋은 방법으로는, 예를 들어 필자가 뼈를 계측하는 몇 가지 방식을 보여 주고 있는 그림 1.13과 같이, 캘리퍼스로 계측한 양 끝점을 연결하는 선을 뚜렷이 보여 주는 계측대상 뼈나 이빨 그림을 제시하는 것이다. 이러한 제시가 어렵다면, 골학적 계측의 표준방식을 그림으로 보여 주는 참고문헌을 인용하는 방법도 있겠다. 그러한 참고문헌으로서는 동물고고학사 초기에 간행된 Hue(1907) *Musée Osteologique* 및 Duerst(1928) *Vergleichende Untersuchungsmethoden am Skelett bei Saugern*가 있지만, 구하기 쉽지 않은 책이다. 좀더 최근에 간행된 문헌으로는 Driesch(1976) *Guide to the Measurement of Animal Bones from Archaeological Sites*를 꼽을 수 있다. 어떤 것이건 표준방식을 사용하면 여

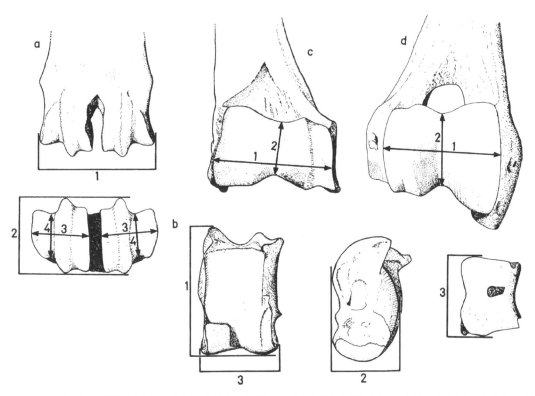

그림 1.13 근동지방 고고학 유적에서 흔히 발견되는 유제류 뼈에 대한 필자의 계측방식 몇 사례. (a) 소과/사슴과 발허리뼈 원위; (b) 소과/사슴과 복사뼈; (c) 소과/사슴과 위앞다리뼈 원위; (d) 돼지 위앞다리뼈 원위. 이런 뼈들은 상대적으로 명확한 기준에 따라 계측할 수 있다.

러 연구자들이 계측 결과를 서로 비교할 수 있다는 장점이 있다. 그러한 분석이 꾸준히 문헌에 발표되면 세월이 흐르며 표준화된 계량자료가 축적될 것이고, 그러한 자료축적과 더불어 시간과 공간적 위치 변화에 따른 동물의 신체크기 변화를 연구하는 데 더할 나위 없이 귀중한 원천자료를 갖게 될 것이다. 그런데 과연 계측은 도대체 왜 하는 것일까?

대부분의 포유동물 종은 몸 크기를 기준으로 그 특징을 규정할 수 있다. 어떤 경우에는 서로 밀접하게 연관된 종 사이에서 종의 구분은 크기를 가장 주요한 기준으로 삼는데, 그 좋은 예는 영양에서 찾을 수 있다. 즉, 형태적으로 드러나는 어떤 차이가 없을 때, 동물고고학자는 분석을 진행하기 위한 근거가 크기 이외에는 없는 셈이다. 그런 만큼 뼈를 계측하는 첫째 이유는 뼈의 동정에 도움을 받기 위함에 다름 아니라고 하겠다. 이에 더해 계측 결과의 출간은 비슷한 자료와 맞닥뜨리는 다른 연구자들에게 도움을 주게 된다.

크기 차이는 종과 종 사이에도 있지만, 하나의 종 내에서도 상당한 차이가 있는데, 이러한 사실은 동물고고학에서 특히 성적 이형성과 나이에 따른 변화와 관련되어 매우 중요하다. 'British Archaeological Reports', 약칭 BAR은 이 두 주제와 관련해 일련의 유용한 논문이 실려 있는 특집호를 최근 출간하였다(Wilson, Grigson and Payne, 1982 [eds.]).

이빨, 특히 초식동물의 이빨은 나이에 따라 상당한 차이가 있다. 예를 들어 다 자란 양의 아래턱 전체 치열은 그 길이가 동물생존기간 중 최고 15퍼센트까지도 줄어들 수 있는데, 왜냐하면 각각의 이빨이 기부를 향해 점점 가늘어지며 이빨간 마모가 발생하기 때문이다(그림 1.14). 그렇기 때문에 어떤 초식동물의 특징을 규정할 때 치열의 길이를 기준으로 삼는 것은 좋은 생각이 아니다. 그런데, 만약 계측하기 쉬운 어느 요소가 나이에 따라 잘 알려진 방

그림 1.14 나이에 따른 변화. 극심한 이빨 간 마모를 보여 주는 양의 아래턱. 특히 첫째와 둘째 큰어금니 사이에서 심한 마모가 보인다. 글로체스터셔 울리(Uley)의 웨스트힐(West Hill) 수습 자료. 사진 Bruce Levitan

식으로 크게 변화한다면, 우리는 이를 갖고 어떤 동물이 죽었을 때의 나이를 추정할 수 있다. 우리는 초식동물에 대해 바로 그런 요소를 확보한 셈인데, 높은 치관을 갖고 있는 어금니의 높이라는 요소가 그것이다. 초식동물의 어금니는 시간이 흐르며 점차 마모되므로, 이빨 자료가 충분히 있다면 과거에 사람들이 동물을 연령에 따라 어떻게 전략적으로 선택해 잡았는지 추론할 수 있다. 그러한 자료는 또한 분석대상이 야생종인가 혹은 가축인가를 판단하는 데 도움을 줄 수 있으며, 만약 후자라면 동물을 사육한 목적, 즉 고기 때문에 길렀는지 혹은 부차적 산물을 이용하기 위함이었는지에 대해 말해 줄 수 있다.

살아 있는 것들은 선천적으로 다양한 모습이기 마련이다. 이러한 선천적 변이의 이해는 우리가 표본과 시료를 비교할 때 특히 중요한 의미가 있다. 비교를 위한 객관적, 즉 과학적 수단 확보의 필요성은 통계과학의 한 분야로서 생물학적 연구대상물의 계측을 다루는 생물계측학의 탄생을 촉진시킨 요소였다.

일련의 시료에서 취한 어느 요소의 계측치는 평균치보다 크거나 작은 어느 한쪽에 놓이는 변이상을 특징적으로 보여 주는 경향이 있다. 많은 수의 시

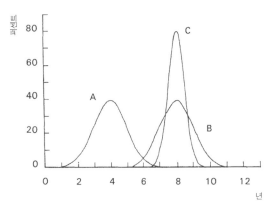

그림 1.15 생물계측치 예시; 특정 뼈의 길이 같은 계측치의 평균과 분산. 시료 (a)의 평균은 4, (b)는 8이나, 분산은 동일하다. 시료 (c)는 평균이 8이나 분산은 이보다 작다. 출전 Sokal and Rohlf, 1969, *Biometry*, fig 6.3, W. H. Freeman & Co.

료에서 얻은 생물학적 계측치를 그림으로 표시하면 대개 종과 같은 특징적 모습의 분포, 즉 가우스분포 곡선이 만들어지는데, 이 곡선은 평균값을 중심으로 대칭을 이룬다. 이 곡선의 형태는 변이의 정도를 보여 주는데, 곡선 폭이 넓으면 넓을수록 다루고 있는 변수의 변이가 그만큼 더 큰 것이다[그림 1.15].

물론 우리에게 주어진 시료는 많은 경우 소량에 지나지 않는다. 이때 계측은 시료가 유래한 전체 모집단의 실제 평균치를 적절히 추정할 수 있게 해 준다. 우리가 내린 추정이 적절할 확률은 가설검증이라고 하는 통계학 분야에서 다루고 있다. 이에 관한 자세한 사항을 알기 위해서는 생물계측학 교과서를 참조하는 것이 좋겠는데, 그런 책으로는 Simpson, Roe and Lewontin(1960) 및 Sokal and Rohlf(1969) 같은 것을 추천할 만하다.

나이에 따른 변이는 동물의 크기와 관련되어 우리가 생각해야 하는 또 다른 중요한 변수지만, 그 의미는 충분히 인정받고 있지 못한 형편이다. 포유동물의 경우, 사지 긴뼈는 뼈끝이 뼈몸통과 합쳐지는 뼈끝유합이 일어나면 성장을 멈춘다. 또 뼈끝과 같은 부위의 폭 방향 성장도 꼭 늘 그렇지는 않지만 대개 멈추게 된다. 그러나 힘줄 부착 부위 폭의 계측과 관련, 나이 많은 개체에서는 외골증으로 인해 힘줄 부착 부위점 주변에 원래 뼈에서 가외로 뼈가 자라나 그 폭이 더 크게 나타날 수 있다. 그러므로 뼈의 계측에서는 나이에 따른 변이를 통제하는 것이 중요하다.

사망 시점의 나이

개체 사이의 크기 차이에 이어, 이제 동물고고학 연구에서 아마도 종내 변이의 가장 중요한 원인이라고 생각할 수 있는 사망시점의 나이 문제에 대해 생각해 볼 차례이다. 나이에 대한 자료는 사냥 능력, 가축의 기원과 이용양식을 비롯해, 경제에 대해 많은 것을 말해 줄 수 있다. 나이를 판정하는 방법에는 두 종류가 있는데, (a) 뼈끝유합 혹은 유치 대 영구치 등의 기준을 이용해 어린 개체 대 다 자란 개체로 이분하거나 (b) 이빨나이군 설정을 통해 연속적으로 구분하는 것이 그것이다. 현재는 고대 양과 염소의 나이를 판정하기 위해 현생종 양과 염소 아래턱뼈에 대해 많은 연구가 이루어진 상황이다.

고고학 자료로 발견되는 뼈의 연대판정에서 두 방법은 모두 뼈의 보존 정도가 일정하지 않을 가능성에서 비롯되는 어려움을 안고 있다. 어린 동물의 뼈와 이빨은 골화가 불완전하게 이루어졌기 때문에 사후 파괴될 가능성이 더 크다. 그러므로 대개의 연구에서는 다 자란 개체 수에 대비한 어린 개체 수의 최소추정치를 얻는 정도만이 가능하며, 어린 동물의 이빨나이군 설정은 조심해서 다루어야만 한다. 아래에서는 나이 추정에 사용하는 다양한 방법을 조금 구체적으로 검토해 보자.

뼈끝유합

배아 상태의 뼈 발달과정은 다음 장에서 다루겠지만, 뼈끝유합이 발생하는 나이는 일정하지 않다. 즉, 대부분의 뼈에서 뼈끝은 새끼 단계가 끝날 무렵 유합하지만, 어떤 뼈는 생후 무렵 유합하는데, 예를 들어 양의 부리돌기는 생후 3-4개월에 어깨뼈와 유합한다. 따라서 부리돌기가 없는 어깨뼈, 다시 말해 부리돌기와 유합하지 않은 어깨뼈의 수를 세면 갓 태어난 새끼양을 얼마나 많이 선별적으로 잡았는지 알게 될 것이다. 한편, 발가락첫째마디뼈의 뼈끝은 생후 6-10개월에, 그리고 정강뼈 원위는 12-15개월 무렵 유합한다. 따라서 이 세 종류의 뼈에서 보이는 유합한 뼈의 개수를 센다면, 우리는 적어도 이론상 0에서 3-4개월, 0에서 6-10개월, 0에서 12-15개월 및 12-15개월 이상의 네 나이군 중 어느 군에 속하는 양을 더 많이 잡았는지 알 수 있을 것이다. 예를 들어, 대부분의 부리돌기와 발가락첫째마디뼈는 유합되었지만 많은 정강뼈가 유합되지 않은 상태라면, 이 양들은 만 한 살 무렵(즉 생후 6-10개월과 12-15개월 사이에) 선별적으로 잡은 것이라는 추측이 논리적으로 가능하다. 그렇지만, (a) 뼈끝유합이 이루어진 뼈와 그렇지 못한 뼈의 보존정도 및 (b) 골격의 상이한 부위별 보존정도가 항상 같을 수 없다는 문제 때문에 자료해석은 복잡해진다.

뼈끝유합 현상은 사람, 개 및 실험실 사육 설치류를 대상으로 많은 연구가 이루어졌다. 다양한 품종의 개를 대상으로 한 여러 연구에서는 뼈끝유합의 발생이 품종이나 암수 사이 혹은 심지어 개체와 개체 사이에서도 놀라울 정도로 차이가 없음이 밝혀졌다(예: Smith and Allcock, 1960). 이러한 현상이 가축이건 야생이건 유제류 전반에 걸친 것인지는 좀더 밝혀져야 한다. 해팅(Hatting, 1983)은 고틀란드 지방의 양에서 보이는 뼈끝유합을 연구해, 거세가 유합을 늦춘다는 가능성을 확인하였다.

아무튼 유합하지 않은 뼈끝과 유합한 뼈끝을 각각 세어 보면 도축에서 나이에 따른 선택을 실제 어떻게 했는지 그 양상에 매우 가까운 그림을 그릴 수 있게 된다. 위에서 설명한 바와 같은 방식으로 많은 종류의 유제류 앞발허리뼈 원위를 계측하면, 시료의 일부 내지 심지어 전부에 대해 자료 하나하나의 성별과 더불어 해당 개체가 도축 시점에서 아직 어린 개체인지 혹은 다 자랐는지, 즉 어떤 나이군에 속했는지 분류할 수 있기 때문에, 자료에 따라서는 나이와 성별을 연계시켜 해석을 내릴 수 있다. 즉, 어린 개체의 성별 비율을 다 자란 개체의 성별 비율과 비교해 볼 수 있는 것이다. 많은 목축 사회에서 동물의 도축이 선호되는 나이는 급속한 성장이 끝나 사료 투입량 대비 고기 획득량이 더 이상 증가하지 않는 시기인 미성년기의 끝 무렵이다. 또한 수컷은 대부분 어렸을 때 잡지만, 암컷은 새끼 내지는 경우에 따라 젖과 울을 얻기 위해 좀더 오래 살려두는데, 수컷은 번식을 위해 단지 소수만을 남겨 둘 뿐이다. 쿠르드 목축민들이 필자에게 말한 바에 따르자면, 자신들이 기르는 양과 염소 떼에서 다 자란 개체의 암수비는 수컷 한 마리당 암컷 10~30마리 수준이라고 한다. 그러한 성과 나이와 관련된 선택행위의 인식 능력은 동물 사육의 기원을 추적하는 데 도움이 될 것이다.

유감스럽지만, 뼈끝유합에 대한 우리의 지식은 아직도 특히 유제류를 비롯한 많은 가축과 더불어 야생동물 대부분에서 상당히 초보적인 수준에 머무르고 있다. 유합이 발생하는 나이도 부정확하게 알고 있으며, 유합 발생의 변이상이나 품종별 차이 혹은 영양상태에 따른 차이에 대해서도 아는 바가 거의 없다. 이에 대해 과거에 이루어진 연구 중 많은 것은 신뢰하기 어려운 형편이다. X선 분석에 기초한 자료도 신뢰하기 어려울 수 있는데, X선 건판에 유합하지 않은 것처럼 보이지만 실제로는 최근 유합되었

표 1.5 뼈끝유합이 발생하는 대략적 연령. 그레이하운드와 클룬양은 X선 분석 자료에 기초한 것이기 때문에 고고학적 목적으로는 아마도 신뢰하기 어렵겠다. 자료는 다음 문헌에서 취했다. Harris, 1978(붉은여우); Smith and Allcock, 1960(그레이하운드); Hatting, 1983(고트양(Goth sheep)); Smith(Noddle, 1974에 실림; 클룬양(Clun forest sheep)); Garcia-Gonzalez, 1981(아라곤양(Aragon sheep)), Noddle, 1974(야생화한 염소 및 일반 염소); Davis, 1980(이스라엘영양)

뼈/뼈끝	붉은여우 (주)	그레이하운드 (주)	고트양 (월)	클룬양 (월)	아라곤양 (월)	야생화한 염소 및 일반 염소 (월)	이스라엘영양 (월)
어깨뼈-부리돌기	9-11	-		4	3-4	9-11	3-6
위앞다리뼈 근위	29	-	24-30	27	30-42	23-48	
위앞다리뼈 원위	15-18	25-29	2-4	4-6	2-4	11-12	대략 2
노뼈 근위	20	-	2-4	4	1.5-3	4-9	대략 2
노뼈 원위	28	45-47	15-30	20	18-36	33-48	12-18
앞발허리뼈 원위	19-21	31 이전	15-22	15	12-18	23-30	10-16
넓적다리뼈 근위	28	대략 45	15-23	17-19	18-36	23-36	10-16
넓적다리뼈 원위	25-26	47 이전	15-23	18-20	24-36	23-48	10-18
정강뼈 근위	28	43-59	15-30	20-25	24-36	23-?36	12-18
정강뼈 원위	23-24	41-43	13-15	14	12-15	19-?24	8-10
발꿈치뼈-발꿈치뼈돌기	-	-	15-17	-	12-18	23-48	10-16
뒷발허리뼈 원위	20-22	37 이전	15-23	15	12-18	23-30	10-16
발가락첫째마디 근위	16-19	27 이전	6-9	8-10	6-8	11-24	5-8
（앞발	16-18						
뒷발	17-19）						

을 수 있고 또 그 반대의 경우도 있을 수 있기 때문이다. 비록 대부분의 연구가 소량의 표본에 기초한 것이지만, 양에 대해서는 Garcia-Gonzalez(1981)와 Smith(1967, Noddle 1974에 실림), 염소에 대해서는 Bullock and Rackham(1982), Noddle(1974), 돼지와 멧돼지에 대해서는 Bull and Payne(1982), 영양에 대해서는 Davis(1980) 등이 뼈끝유합에 대한 최근의 자료이다. 표 1.5는 이러한 자료의 일부를 요약한 내용이다.

이빨나이군

이빨의 마모상태는 동물의 나이를 판정하기 위해 사용된 가장 오래된 기법의 하나인데, 말을 살 때는 '말 입속부터 들여다본다'라는 말이 있듯, 특히 큰 초식동물에 사용할 수 있다. 지난 15년 동안 초식동물 아래턱의 나이를 판정하는 방법과 관련된 중요한 논문이 여러 편 출간되었다. 그중에서도 몇몇 연구는 이빨 발달 상태와 교합면의 특징을 바탕으로 분석대상 턱뼈의 나이를 특정한 나이군으로 분류하는 기준을 확립시켰다. 이러한 방법론 확립에 크게 기여한 연구자는 아나톨리아 지방에서 양과 염소를 연구한 데니즈와 페인이다(Deniz and Payne, 1982; 그림 1.16 및 1.17). 한편, 이 두 사람과 다른 방식의 연구법으로는 스피니지(Spinage, 1972; 1973)와 클라인(Klein; Klein and Cruz-Uribe, 1984)이 한 이빨 치관의 마모 속도에 대한 연구가 있다. 이 연구자들은 치관의 높이와 구석기시대인에게 중요한 육류 공급원이던 몇몇 동물의 나이를 연계시키는 계측방법을 고안하였다. 이제 이 두 방법 아래에 깔려 있는 원리에 대해 간단히 생각해 보겠다.

데니즈-페인 방법은 고고동물 자료로 발견된 양과 염소 아래턱뼈에 쉽게 적용할 수 있으며, 심지어 부서진 조각에 대해서도 쓸 수 있다. 이것은 이빨이 나오는 순서, 이빨의 대체 상태와 마모 상태를 분석의 기초로 삼는 방법이다. 즉, 어린 개체의 유치어금니는 자라고 나면 영구치 작은어금니로 대체되며, 다 자란 개체에서 큰어금니는 첫째 큰어금니(M_1), 둘째 큰어금니(M_2), 셋째 큰어금니(M_3) 순으로 발

그림 1.16 및 1.17   터키 중부지방에서 앙고라염소의 이빨 발달과 마모 상태를 검사하고 있는 페인과 데니즈. '조절 검경'의 사용으로 나중에는 시간당 20마리의 아래 큰어금니를 검사할 수 있었다. 촬영 Gail Bull, 사진 Sebastian Payne

아한다. 이빨이 일단 잇몸 밖으로 나오면, 각 이빨은 씹는 작용을 하며 마모하게 된다. 예를 들어 큰어금니에는 이빨 앞쪽과 뒤쪽에 각각 한 쌍씩 에나멜로 덮여 있는 네 개의 교두가 있으며, 각 쌍의 교두는 가운데 '골짜기'(누두부)에 의해 나누어진다. 교두의 마모와 더불어 표면을 덮은 에나멜도 닳아, 그 아래에 있는 이빨 속이 노출된다. 그림 1.18에서 보듯, 마모가 약간 진행된 양이나 염소 이빨의 교합면은 마치 'C'자 꼴을 이루며 초승달 형태 4개가 있는 듯한 모습이 특징적이다(윗 줄 가운데). 마모가 계속되면 가운데 누두부의 에나멜은 외곽의 에나멜로부터 분리되어 '골짜기'는 '호수'가 된다(둘째줄 가운데). 이러한 상태는 비교적 오래 지속되는데, 누두부는 마치 장갑 속의 손가락처럼 치관 아래로 계속 내려가기 때문에 앙고라염소의 첫째 아래큰어금니에

서 이 단계는 평균 16개월에서 40개월까지 지속되고 있다[그림 1.19]. 마모가 많이 진행된 이빨에서는 내부의 에나멜 '호수'가 완전히 사라져 버린다. 누두부가 완전히 상실되면 상아질만으로 채워진 이빨 속이 남게 된다. 마지막 단계로서 마모가 극심하게 진행된 이빨에서는 서로 떨어져 있는 작은 조각인 치근을 제외한 나머지 부분은 거의 모두 사라지게 된다. 이러한 큰어금니 누두부의 고립과 소멸 역시 이빨이 날 때와 마찬가지로 M_1, M_2, M_3의 순으로 일어난다.

데니즈와 페인은 이빨의 발아 단계와 교합면에 보이는 에나멜 주름의 정도를 기준으로 양/염소의 아래턱으로부터 모두 9개의 나이군을 설정할 수 있다고 보았다.

이빨이 나오는 연령은 대체로 유전적으로 결정된

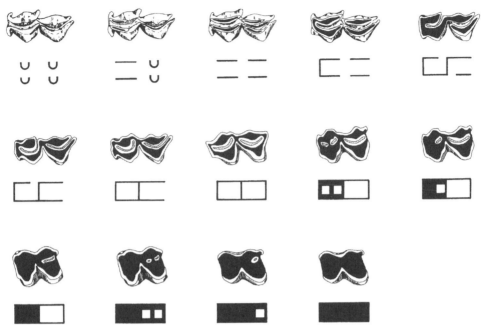

그림 1.18 양/염소 아래턱의 나이 확정을 위한 데니즈-페인법. 이 그림은 첫째 및 둘째 아래큰어금니의 전형적 마모과정과 각 마모 단계를 표시하는 속기 부호를 보여 준다. 이빨과 이빨 사이의 마손, 즉 이빨 앞쪽과 뒤쪽 부위의 에나멜이 옆에 있는 이빨 때문에 마모되며 이빨의 길이가 줄어드는 것에 주목하시오. 그림 G. Hill. 출전 Payne, 1973

M₁ — 암컷

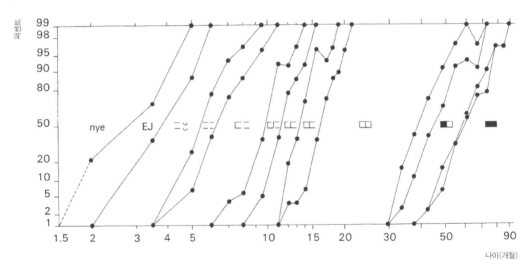

그림 1.19 양/염소 아래턱의 나이 판정을 위한 데니즈-페인법. 이 도표는 그림 1.18에서 보는 바와 같은 앙고라염소 암컷 M₁의 마모 단계에 따른 차이를 보여 준다. 데니즈와 페인은 갓 태어난 새끼에서 나이 먹은 염소에 이르기까지, 일정한 마모 단계에 다다른 염소가 전체 무리에서 차지하는 백분율과 각 개체의 나이를 생후 개월로 따져 보았다. 그림에서 'nye'는 '아직 나지 않았음(not yet erupted)'을 뜻하며, 이빨이 잇몸 밖으로 나오지 않음을 말한다. 'EJ'는 나고 있는 중인 이빨과 약간의 에나멜 마모만이 보이지만 상아질은 아직 보이지 않는 이빨을 가리킨다. 하나의 마모 단계에서 다음 단계로의 이행이 발생하는 평균 나이는 50퍼센트 선을 따라 알 수 있다. 염소의 경우 특정 마모 단계에서 다음 단계로 바뀌기까지 걸리는 시간에 상당한 차이가 있음에 주목하시오. 이러한 차이는 나이가 들수록 그 절대치가 커진다. 출전 Deniz and Payne, 1982

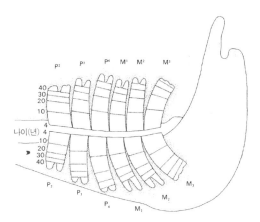

그림 1.20 초식동물 이빨의 마모 양상. 다 자란 말의 위, 아래턱의 이빨 마모율을 보여 준다. 점선은 각각 10, 20, 30, 40살 때의 치관의 높이를 가리킨다. 출전 Willoughby, 1974

다고 믿어지는데, 그렇다면 이빨의 발달양상은 여러 상이한 개체들에서 상대적으로 일정하게 나타나야 할 것이다. 데니즈와 페인은 무리 중에서 상대적으로 나이 어린 개체에서 실제로 이것이 사실임을 확인하였다. 두 사람의 관찰에서는 예상보다 단지 한두 달 정도의 편차만이 발생하였다. 그런 만큼, 아직 다 자라지 않은 어린 양/염소의 아래턱 나이를 꽤 정확하게 판단할 수 있다고 하겠다.

이빨의 마모 속도는 주어진 이빨이 한 마모 단계에서 다음 단계로 '이행하는' 나이로 측정하는데, 먹이의 거친 정도와 먹이에 끼어들기 마련인 흙에 포함된 모래의 양에 따라 크게 영향을 받는다. 그러므

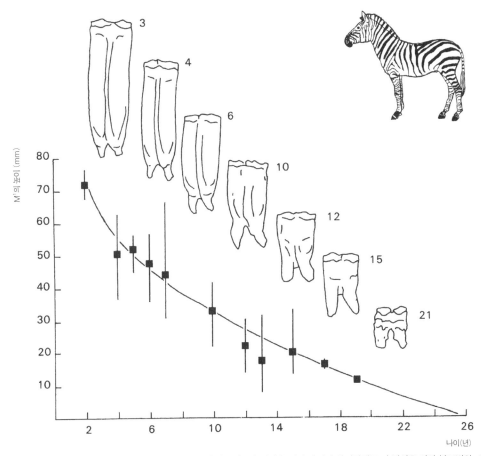

그림 1.21 초원 얼룩말(Equus burchelli boehmi)의 첫째 위큰어금니 치관 높이와 나이의 상관관계도. 수직선은 치관 분포범위, 치아 윤곽 스케치는 다양한 단계에 있는 M^1의 모습이다.

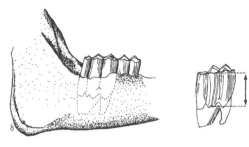

그림 1.22 치관 높이의 계측. 영양의 아래턱 뒤쪽 부분의 외면으로, M_3의 높이를 어떻게 잴 수 있는지 보여 준다. 그림 Judith Ogden

로 나이가 많은 개체들의 경우에는 이빨의 마모 단계와 실제 나이 사이의 관계가 모집단 사이에 상당한 차이를 보여 줄 수 있다. 예를 들어, 두 사람이 설정한 9단계 중, G단계에서 H단계로의 이행은 빠른 경우에는 7살에 일어나지만 늦은 경우에는 10살에 일어날 수도 있다.

얼핏 약점인 것처럼 보이는 이런 문제는 그러나 실제로는 연구에 이로울 수 있다. 왜냐하면 이빨이 나는 나이는 일정하지만 무엇을 먹는가에 따라 마모 속도가 다르다는 점에서, 우리는 고대에 양과 염소가 어떻게 풀을 뜯고 먹이를 먹었는지 조사하는 데 필요한 잠재적 수단을 갖게 되는 셈이기 때문이다. 예를 들어, 데니즈와 페인은 연구대상이었던 세 무리의 아나톨리아 염소 중 두 무리에서 M_2의 발아 및 마모 초기단계에 대비할 때 셋째 유치어금니가 훨씬 심하게 마모된 상태임을 관찰하였다. 이로부터 두 사람은 이 두 무리가 상대적으로 열악한 목초지대의 환경에 처해 있었다는 해석을 내렸다.

초식동물의 연령을 추정하는 또 다른 방법은 나이에 따라 변화 정도가 뚜렷한 이빨의 형태적 특징인 치관 높이의 감소 정도를 이용하는 것이다. 이 방법은 치근이 폐쇄되었고 치관이 길고 높은 이빨, 즉 고치성 동물에 적용할 수 있다. 여기서 치근이 폐쇄되었다는 것은 이빨의 성장이 일찍 끝나 치관 높이의 최대치가 확정되었으며, 개방된 치근을 가진 설

치류 앞니에서 보듯 치관 기부에 에나멜 추가 부착이 일어나지 않는다는 뜻이다. 이 방법은 구대륙의 많은 고고동물 자료에서 가장 많은 부분을 차지하는 포유동물인 말과 및 소과동물에 적용할 수 있는 이상적인 방법이다(그림 1.20, 1.21). 이 방법은 스피니지가 개발했으며, 클라인(Klein, 1979)은 이것을 남아프리카의 여러 석기시대 유적에서 발견된 얼룩말, 영양, 엘란드영양, 물소, 기린 및 코뿔소 자료에 적용하였다(제5장).

이 방법에서는 주어진 이빨의 치관 높이는 이빨 한쪽을 따라 교합면에서 치관-치근 접합부까지의 길이를 계측한다. 이때 아래턱에 난 이빨은 외면을 따라 길이를 재고(그림 1.22), 위턱에 난 이빨은 내면을 따라 잰다. 이빨 마모는 역 지수함수 곡선 형태로 진행하는 경향이 있어, 마모는 어렸을 때 빨리 일어나지만 나이가 들며 느리게 진행한다. 이빨이 완전히 닳아 버린 유제류 동물은 음식물 섭취가 불가능해 죽게 된다. 따라서 다량의 이빨 시료가 있으면 치관 높이 도표를 만들어 도살된 동물들, 즉 '죽은 동물군'의 나이 구성을 알 수 있다.

성별 차이

대부분의 포유동물은 성에 따른 형태 차이, 즉 성적 이형성을 보여 주며, 대개 수컷이 암컷보다 몸집이 크다. 예외적인 동물은 산토끼로서, 암컷이 수컷보다 크다. 염소나 소 같은 몇몇 동물에서 성적 이형성은 상당히 현저해 주어진 뼈 시료의 성별 구성비를 측정할 수 있게 해 준다. 그러나 거세동물의 존재는 문제를 복잡하게 만든다. 아마도 거세는 뼈끝유합의 진행을 지연시켜 긴뼈가 계속 길이 방향으로 자라도록 하는 듯한데, 이런 뼈는 길고 얇은 모습이 될 수 있겠다.

동물의 성별 구성비는 고대 경제에 대해 어떤 단서를 줄 수 있다. 따라서 골격의 어느 부위가 성별 판단을 할 수 있게 해 주고 어느 부위가 그렇지 못한가 하는 것은 우리가 관심을 기울여야만 하는 중요한 문제이다. 이와 관련해, 완벽하게 뿔이 난 우제류, 즉 발굽이 갈라진 유제류의 두개골은 대개 그 성별을 판단할 수 있다. 수컷의 뿔은 암컷보다 심부가 큰데, 암컷의 뿔에는 심부가 없을 수도 있다. 사슴과에 속하는 대부분의 종에서 수컷은 뿔을 갖고 있지만 암컷은 없다. 예외가 있다면 순록인데, 암수 모두 뿔이 있다. 그런데 유감스럽게도 고고학 유적에서 완전한 두개골을 보는 경우는 드물다. 그런 경우, 돼지 아래턱이 있다면 엄니처럼 생긴 송곳니로 수컷과 암컷을 구분할 수 있을 것이다. 마찬가지로, 말의 경우에 송곳니는 암컷보다 수컷에서 좀더 흔히 볼 수 있다. 그러나 일반적으로 포유동물의 아래턱과 이빨은 성적 이형성이 아주 미미하거나 전혀 보이지 않을 수도 있어, 치열의 길이나 이빨 낱개의 크기 비교로는 시료의 성별 구성에 대한 정보를 얻지 못할 것이다. 설치류와 식육동물의 수컷은 음경뼈를 갖고 있고, 어떤 새의 수컷은 뒷발허리뼈에 며느리발톱이 붙어 있으며, 많은 유제류에서 치골은 수컷이 암컷보다 더 튼튼한 모습이다. 그러나 음경뼈와 며느리발톱은 고고학 자료에서 잘 발견되지 않으며 골반은 대개 부서진 상태로 발견된다. 그렇다면, 성별 판단을 위해 동물고고학자에게 유용한 뼈는 어느 것일까?

이 문제와 관련해 현생종 동물표본의 성별 판단 연구는 화석 자료 해석에 도움을 주고 있다. 유제류의 경우, 모든 뼈 중에서도 발허리뼈는 성별 판단을 위해 가장 유용한 뼈임에 틀림없다. 왜냐하면 첫째, 이 뼈는 보존되는 경우가 많고 계측이 쉬우며, 둘째, 종 차원의 동정을 상대적으로 쉽게 할 수 있는 경향이 있고, 셋째, 유년기 끝 무렵 일어나는 뼈끝유합

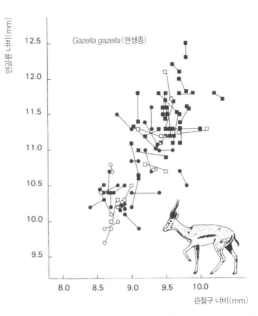

그림 1.23 이스라엘 북부 지역의 현생종 영양(*Gazella gazella*) 암수의 크기 차이. 두 개의 앞발허리뼈 관절구를 측정한 계측치로서, 그림 1.9에서 보는 방법으로 구했다. 각 개체의 관절구 계측치는 선으로 연결하였다. 그림에서 네모는 수컷, 원은 암컷을 표시한다. 또 뼈끝 원위가 유합된 앞발허리뼈는 검게, 그렇지 못한 것, 즉 어린 개체는 희게 나타나 있다. 암수 사이에 약 30퍼센트 정도의 중복이 있음에 주목하시오. 그림에서 보듯, 비록 단 한 점의 발허리뼈 원위 부위만으로는 성별 판단이 가능하지 않겠지만, 자료가 많다면 성비 구성이 드러나게 될 것이다.

을 기준으로 나이 어린 것과 다 자란 것을 쉽게 구분할 수 있기 때문이다. 그러나 이 경우에도 역시 거세는 문제를 복잡하게 만드는데, 왜냐하면 거세동물은 수컷과도 암컷과도 모두 구분하기 어렵기 때문이다. 독일의 '검정얼룩소(Schwarzbunte)' 품종을 대상으로 한 폭크(Fock, 1966)의 연구에 따르면〔그림 1.24〕, 성적 이형성은 앞발허리뼈 원위부 너비에서 어느 정도 나타나지만 길이에서는 차이가 거의 없다고 한다. 다시 말해 수컷의 앞발허리뼈는 암컷보다 듬직한 형태이다. 그러나 암수 사이에는 약간의 중복도 있어 일부 몸집이 큰 암컷은 여린 몸집의 수컷과 구별하기 어렵다. 이것은 단 한 점의 발허리뼈만으로는 동물의 성별을 절대적으로 확실하게 판명할 수 없음을 뜻하는데, 다만 시료가 충분히 많다

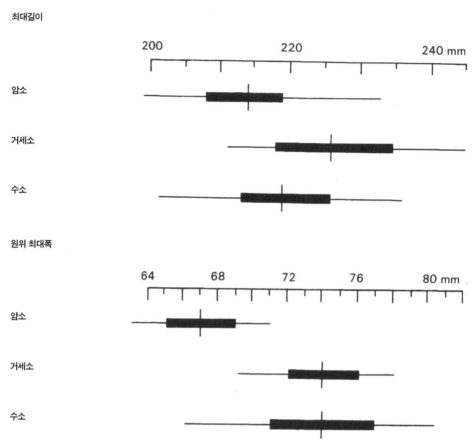

최대길이

원위 최대폭

그림 1.24 현생종 암소, 수소 및 거세소 사이에 보이는 크기 차이. 폭크(Fock, 1966)가 제시한 검정얼룩소군의 앞발허리뼈 계측치 자료임. 세 군 사이에 길이는 상당히 중복하는 모습이나, 폭에서는 비록 거세소와 수소는 서로 구분이 어려우나 암소와 뚜렷하게 차이가 있음을 볼 수 있다. 수직선은 평균값, 두터운 수평선은 평균값의 표준편차, 가는 수평선은 분포범위를 가리킨다. 출전 Grigson, 1982

면 실제와 좀더 가까운 성별 구성비를 추정할 수 있을 것이다.

필자는 이스라엘 북부에서 60점 이상의 현생종 영양 골격 자료를 수집한 적이 있다. 이 자료의 경우에도, 앞발허리뼈 원위에 대한 측정치는 암수 사이의 구분이 어느 정도 가능함을 보여 준다(그림 1.23). 이 그림에서 보이는 암수의 중복 정도는 그림 1.9에 도시한 페르시아 양 14마리의 앞발허리뼈 자료에서 보는 바와 비슷하다. 이렇게 암수 구분이 뚜렷하지 않은 양상은 그림 1.9에 보이는 그 차이가 잘 드러나는 21마리 염소 자료와 대비를 이룬다. 필자가 자

료로 이용한 양과 염소는 모두 가축으로 기르던 것으로서 이란의 도축업자에게 구입했으며, 도축과 사지 분해는 필자 감독 아래 이루어졌다. 한편, 이러한 자료들에서는 다 자라지 않은 몇몇 영양과 양, 염소의 계측치가 그림에서 암컷 영역에 분포함에 주목할 필요가 있다. 아마도 이러한 크기가 작은 개체들은 도축 시점까지 관절구가 아직 완전히 골화하지 않은 아주 어린 동물에 속하리라 여겨진다.

성에 따른 크기의 이형성을 고려하지 않을 경우, 연구자는 때로 다루고 있는 자료가 한 종이 아니라 두 종으로 구성되었다고 동정할 수도 있다.

종합

동물자료에 대한 예비 분석을 마칠 즈음이면, 동물고고학자는 자료를 구성하는 모든 동물의 종류, 빈도 및 크기, 성별 및 나이, 도축 흔적과 질병 등등, 자료에서 보이는 각종 정보를 확인하고 기록을 마치게 되었을 것이다. 이러한 모든 정보는 개별 시료의 층서 및 출토위치와 연결시킬 수 있어야만 한다. 이어, 가장 중요한 단계의 작업으로서 전체 자료를 종합하고 다른 유적의 자료와 분석결과를 비교해야 한다. 이로부터 환경 변화, 동물 종의 진화 및 인간 문화진화와 관련한 여러 가설을 만들어 낼 수 있다.

상이한 표본 규모에 따라 얼마나 많은 정보를 추출할 수 있는가 하는 질문에 대해 매우 거칠게 답한다면 다음과 같이 말할 수 있을 것이다. 즉, 동정이 이루어진 뼈 10점은 어떤 종을 이용했는지를 말해 줄 것이며, 동정이 이루어진 뼈 100점은 사람이 동물의 어떤 부분을 이용했는지 대체적으로 말해 줄 수 있고, 동정이 이루어진 뼈 1,000점은 연령군의 비율이나 성에 따른 선별도축 양상 같은 각각의 종에 대한 정보를 얻을 수 있는 양이 될 것이다. 또 동정이 이루어진 10,000점의 뼈로 구성된 자료에는 초식동물의 연속적 나이분포도를 그리기에 충분한 수의 아래턱이 포함되어 있을 것이다. 물론 10,000점 정도나 되는 대규모 시료는 예를 들어 유적을 구성하는 여러 층서 단위별로 나누는 것과 같이 좀더 작은 규모의 시료로 나눌 수 있다. 그렇게 나눈 시료도 나이군과 성별에 따른 더 자세한 분류에 충분한 양일 수도 있는데, 이런 경우라면 유적 점유기간 동안 모종의 변화가 발생했는지 파악하는 일도 가능할 것이다.

매우 많은 동물고고학적 추론이 유적 사이의 비교에 기초해 이루어지고 있기 때문에 동물고고학자는 연구 결과를 가능한 한 아주 자세히 발간해야만 한다. 뼈 자료 보고에서는 층위에 따른 각 종의 부위 수, 뼈 하나하나의 계측치, 도면과 사진, 체질에 사용된 체의 구멍 크기와 미세 시료 체질을 위한 준비 시료는 어떻게 취했는지 하는 문제를 포함해 분석에 사용한 여러 방법을 자세하게 기술해야만 한다. 유감스럽게도 이러한 종류의 자료를 모두 출간하는 학술지는 거의 없을 것인데, 단지 분석결과와 논의 내용만을 수용하고 기껏해야 예를 들어 평균과 표준편차 같은 계측치의 통계적 요약 정도만을 받아 줄 것이다. 그러한 경우에라도 전체 자료는 연구자들이 접근할 수 있는 도서관 등에 자료로 비치함으로써 다른 사람들이 접할 수 있게끔 해야만 한다. 하나의 대안으로는 모든 자료를 넣은 마이크로필름을 보고문 뒤에 덧붙이는 방법이 있다. 지난 10년 동안 특히 계측치를 중심으로 한 뼈 자료를 모종의 중앙전산정보처리로 모아서 정리하려는 시도가 계속 있었는데, 동물고고학 연구에서 이러한 부분은 아직 초기단계에 있으며, 앞으로 다가올 미래에 이것이 완성되기를 기다려야만 한다.

참고로, 동물고고학을 알고자 하는 이들에게 유용한 책으로는 다음과 같은 것이 있다.

Chaplin(1971), *The study of animal bones from archaeological sites.*

Hesse and Wapnish(1985), *Animal bone archaeology.*

Ryder(1968), *Animal bones in archaeology.*

제2장

뼈와 이빨이란 무엇인가?

고고학 유적에서 발견되는 동물 자료는 대부분 포유동물의 뼈와 이빨이다. 유적에서는 새나 파충류, 물고기 뼈 혹은 연체동물의 껍질이 발견되기도 하지만, 이것들은 보통 포유동물에 비해 단지 소량 존재할 뿐이다. 그렇다면, 뼈와 이빨은 어떤 물질로 구성되어 있고, 어떻게 만들어지는 것일까? 이 장에서는 성장하고 있는 동물에서 뼈와 이빨은 어떻게 발달하며, 현미경으로 보면 어떤 모습인지 설명해 보겠다. 뼈와 이빨이라는 경질조직의 생물학적 특징을 완벽하게 이해하지 못한다면, 고고동물 자료를 제대로 이해하기 어려운 법이다. 뼈와 이빨은 토기 조각이나 석기 부스러기가 아니기 때문이다.

박물관에서 보는 건조 상태의 뼈는 죽어 있고 변하지 않는 상태인 것처럼 보이기 때문에, 사람들로 하여금 뼈에 대해 착각하게 만든다. 뼈가 죽어 있고 변하지 않는 상태일 것이라는 생각은 살아 있는 동물에서는 사실과 거리가 먼 착각이다. 뼈는 결합조직으로서, 근육이나 신경, 혈액과 마찬가지로 살아 있는 물질이다. 겉으로는 단단한 것처럼 보이지만, 뼈는 가소성이 있으며 그 속은 혈관으로 채워져 있다. 동물의 생애 전반에 걸쳐 뼈는 끊임없는 재생과 복원 과정을 겪는다. 뼈는 외부의 자극에 반응하는 바, 많이 사용될 경우에는 골비대증이 일어나 과도하게 성장할 수도 있다. 이러한 골비대증의 예는 짐 나르는 짐승을 무리하게 부려 뼈를 혹사시켰을 때 잘 볼 수 있는데, 이런 짐승들에서는 혹사로 인한 뼈의 과성장, 즉 외골증이 나타난다. 반대로 사용하지 않으면 뼈는 위축된다. 예를 들어, 우주인들은 우주여행 중에 체중을 지탱하는 뼈의 골밀도가 최대 15퍼센트까지 감소한다고 하며, 장기간 침상에 누워 있는 환자에게서 이보다도 훨씬 크게 감소하는 사례가 흔히 있다(Goode and Rambaut, 1985).

뼈는 신체를 지탱하는 주 지지대로서, 여기에 근육이 붙게 된다. 또한 뼈는 머리와 가슴에 있는 생명

유지에 필요한 기관을 보호해 주며, 적혈구가 형성되는 골수를 감싸고 있다.

뼈는 언제라도 이용할 수 있는 칼슘염의 저장고로서, 이것은 혈액을 비롯한 체액의 칼슘염 농도 조절에 중요한 의미가 있다. 뼈의 구성물질은 끊임없이 재편된다. 실험에 따르자면, 다 자란 쥐에게 방사성 처리를 한 인산칼슘을 주입하자 골격에 축적된 인 성분 중 약 30퍼센트가 단 3주 만에 사라졌다(Le Gros Clark, 1971: 74). 임신한 암컷에서는 태중에 있는 새끼의 골격 발달을 위해 뼈의 칼슘염이 다량으로 태아에게 재공급되는데, 이런 칼슘 재공급은 뿔이 자라고 있는 사슴에서도 일어나 뼈의 칼슘염이 뿔로 이동한다. 최적량의 우유를 생산하는 젖소에서는 우유와 더불어 칼슘이 빠져나가기 때문에 뼈의 칼슘 결핍을 겪을 수 있다. 이것은 해당동물이 영양실조 상태에 있다면 매우 심각한 문제가 될 수 있다.

뼈의 전반적 구조[그림 2.1]

뼈는 모습이 원통형이거나(사지 긴뼈), 편평하거나(머리뼈, 각종 이음뼈, 갈비뼈) 혹은 불규칙한 모습(척추)이다. 길이 방향으로 잘랐을 때, 다 자란 포유동물의 긴뼈는 양 끝에 갯솜뼈(잔기둥뼈 혹은 해면뼈)가 붙어 있는 고밀도의 원통형 뼈인 치밀뼈, 즉 피질뼈와 내부의 골수강으로 구성되어 있다. 뼈막이라고 하는 긴뼈의 몸통 외부를 에워싸고 있는 막은 뼈와 뼈가 만나 관절을 이루는 활강, 즉 관절강 근처까지 이어져 있다. 따라서 관절을 이루는 긴뼈 끝 부위는 뼈막이 아니라 관절 운동을 위한 무마찰면을 만들어 주는 얇은 연골층으로 덮여 있다. 전체 관절은 활강 내에 들어 있는 활액에 담겨 있다.

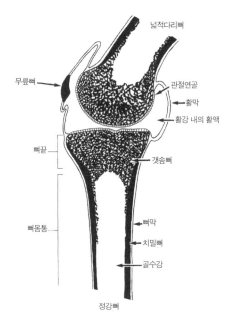

그림 2.1 무릎 윤활관절과 뼈의 주요 구조를 보여 주기 위한 모식도. 다 자란 포유동물의 넓적다리뼈 아래쪽(원위부)과 정강뼈 위쪽(근위부)을 통관하는 세로 단면을 모식적으로 보여 준다.

화학적 특징과 생물학적 광물생성작용

화학적으로 볼 때, 뼈는 무기질과 유기질의 결합물질이다. 무기질 요소는 '뼈 광물'로서, 이것은 광물인 인회석을 닮은 결정질 인산칼슘염이다. 유기질 요소는 아교질(콜라겐)과 기타 유기질 성분으로 구성되어 있다. 아교질은 분자 크기가 매우 큰 거대분자로 구성되었으며, 길이가 긴 섬유조직을 형성한다. 골화가 진행되며, 이 섬유조직으로 칼슘염이 침투해 고밀도의 기질이 만들어진다.

신선한 뼈는 대략 65퍼센트가 광물로 구성되어 있는데[표 2.1], 이 광물 성분이 뼈로 하여금 딱딱함과 압축강도를 갖게 해 준다. 35퍼센트를 차지하는 유기질 성분은 뼈가 탄성을 갖게 해 주며 강도를 추가적으로 높여 준다. 이 두 가지 주요 구성요소로 구성된 뼈는 유리와 수지라는 두 성분으로 구성된 유리섬유에 비견할 만한데, 유리섬유에 포함된 두 물질은 각각 원래의 특성과 매우 다른 특성을 갖게 된

표 2.1 포유동물 경질조직의 화학 조성 (무지방 건조시료 무게). 출전 Bloom and Fawcett, 1975

	유기질	무기질
뼈	35%	65%
상아질	20%	80%
법랑질	0.5%	99.5%

다. 뼈의 탄성은 아교질과 인회석의 중간 정도지만, 인장강도는 아교질이나 인회석보다 더 높다.

분자 차원에서 뼈의 형성은 어떻게 일어나는 것일까? 이에 대한 한 의견에 따르자면, 체액 속의 뼈 광물이 과포화 상태에 다다르게 된 다음, 뼈 광물이 결정체의 과성장을 뜻하는 '에피택시' 과정에 의해 아교질 섬유로 구성된 단백질 주형에 맞추어 결정화함으로써 뼈가 만들어진다는 것이다(Simkiss, 1975). 이런 과정이 동물계 전체에 걸쳐서 일어나는 석회질 구조 형성의 기본적 기제일 가능성이 있다. 예를 들어, 달걀껍질의 형성은 자그마한 단백질 핵 덩어리에서 시작되는데, 이 핵으로부터 모든 방향으로 결정이 자라나가며 소위 '구정'이라 불리는 것이 만들어진다(Simkiss, 1975).

그런데 조직이 어떻게 석회화할 수 있는가라는 질문은 왜 조직이 석회화하지 않는가라는 질문을 제기하는 것이기도 하다. 왜냐하면 아교질은 신체에 널리 퍼져 있는 단백질로서 부위와 부위를 연결하는 결합조직의 주요 구성물질의 하나이기 때문이다. 따라서 조직의 석회화가 왜 뼈에서만 일어나는가 하는 문제를 설명할 필요가 있다. 이와 관련해, 플레쉬와 뉴먼(Fleisch and Neuman, 1961)은 석회화 발생을 방지하는 억제물질이 신체에 전반적으로 존재한다는 가설을 제시하였다. 즉, 억제물질로 신체 여러 부위에서는 석회화가 일어나지 않는다는 것이다. 뼈가 만들어지려면 인산칼슘이 그 주위를 에워싸며 결정화할 수 있도록 해 주는 아교질의 존재와 더불어 석회화 억제물질이 파괴되어야 하는데, 두

사람은 혈액 속에 있는 억제물질이 모종의 효소, 즉 이 경우에는 인산가수분해효소의 국지적 작용에 의해 파괴될 것이라는 의견을 제시하였다.

뼈의 발생학적 분류

포유동물의 골격에서 뼈는 발생학적 기원을 기준으로 표피성인가 연골성인가로 나눌 수 있다. 표피성 골화로 만들어지는 진피뼈, 즉 막뼈는 척추동물 진화 초기단계에 물고기 비늘과 유사한 뼈 성분의 편평한 판으로부터 기원했을 가능성이 있다. 포유동물에서 진피뼈는 뇌를 감싸는 두개골 위쪽 일부를 구성하고 있다. 연골성 골화로 만들어지는 연골뼈는 포유동물 골격의 대부분을 구성하고 있는데, 예를 들어 두개골 내부 뼈, 갈비뼈와 척추, 빗장뼈를 제외한 각종 이음뼈뿐만 아니라 긴뼈나 손·발뼈와 손가락·발가락뼈 등의 사지뼈가 그것이다. 연골뼈, 특히 사지뼈는 가장 흔히 화석으로 보존되는 부분이기 때문에 고고학에 종사하는 우리에게 아마도 가장 중요한 뼈일 것이다. 그렇다면 뼈 조직은 현미경 차원에서 무엇으로 구성되어 있을까?

뼈의 조직학과 골화 과정 (그림 2.2)

뼈는 단단한 바탕질 속에 밀폐된 상태로 존재하는 세포로 구성되어 있다. 뼈를 구성하는 세포로는 뼈모세포, 뼈세포 및 파골세포라는 세 가지 주요한 종류가 있다. 뼈모세포는 뼈 바탕질을 방출하는데 결국에는 바탕질에 둘러싸여 그 속에 갇힘으로써 뼈를 더 이상 만들지 못하게 되며, 이렇게 된 상태를 뼈세포라고 한다. 파골세포는 뼈 표면에 놓여 있다. 파골세포는 크기가 큰 다핵성세포로서, 인회석을 산

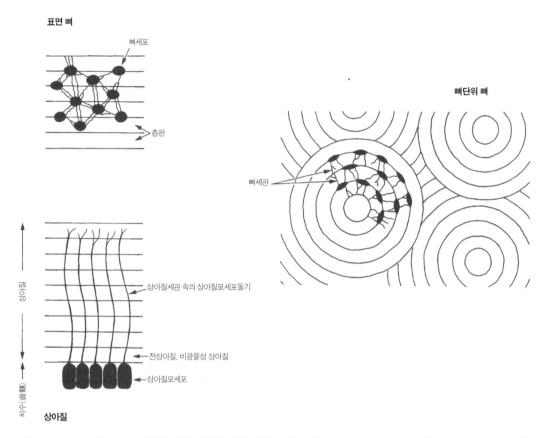

표면 뼈

뼈세포

층판

뼈단위 뼈

뼈세관

상아질세관 속의 상아질모세포돌기

전상아질, 비광물성 상아질

상아질모세포

상아질

그림 2.2 표면 뼈, 뼈단위 뼈 및 상아질에 보이는 세포와 뼈물질 배치 모식도. 출전 Alexander McNeil, *The Chordates*, Cambridge University Press, 1981 second edition fig. 3-17

으로 녹여 광물을 제거하고 효소로 소화시켜 뼈를 파괴한다. 국부적으로 일어나는 이 파괴로 뼈 표면에는 작은 흠집이 남게 된다.

막내골화 – 막 속에서 일어나는 뼈 형성과정

진피뼈의 발달과정은 상대적으로 단순해, 서로 연결된 조직에서 직접 만들어진다. 골화는 아교질 섬유와 뼈모세포가 집중된 중심부에서 시작해 바깥방향으로 퍼져 나가며 진행된다. 성장이 계속되며 뼈는 두꺼워지고 밀도가 더욱 높아지며 넓적한 '판' 모습

이 된다. 이 판은 계속 커지는데, 예를 들어 두개골뼈의 경우에는 인접한 판 가장자리에 닿을 때까지 커진다. 이때 판과 판이 만나는 부위를 봉합선이라고 한다. 봉합선의 대부분은 동물 성장의 늦은 단계에 완전히 봉합되며, 어떤 동물에서는 심지어 다 자라고 난 다음에도 한참 뒤에야 완전히 봉합되기도 하기 때문에, 봉합선의 상태는 주어진 두개골의 주인공이 죽은 나이를 판단하는 한 가지 수단을 제공해 준다.

연골성 골화 – 연골 내에서의 뼈의 형성

연골뼈는 태아 내에 이미 존재하는 연골 원형에서 부분적으로 만들어진다. 연골 원형 하나하나는 장차 만들어질 뼈의 축소판이다. 연골성 골화는 연골 원형에 이미 있던 연골이 퇴화해 사라지는 것에서 시작하는데, 연골세포가 사라지고 남은 공간에 뼈 물질이 분비되어 쌓이며 뼈가 만들어진다.

성장

뼈는 연골 대체 작용에 의해서도 만들어지지만, 뼈 외부와 내부 표면에서 뼈모세포에 의해서도 만들어진다.

신체를 구성하는 대부분의 다른 조직과 달리 뼈는 어떤 방식이건 크기의 확대라는 단순한 과정으로 성장할 수 없다. 뼈세포는 연골세포처럼 분열하고 성장할 수 없기 때문이다. 그러므로 뼈가 길이 방향으로 성장하는 것은 연골 구역 내에서 일어날 수밖에 없는 과정이다. 대부분의 파충류와 조류에서 이러한 성장구역은 뼈의 관절쪽 끝 부위에 위치하고 있으나, 포유동물에서는 아마도 관절과 관절의 표면이 정확하게 맞물릴 수 있기 위해서겠지만 뼈의 양끝과 몇몇 근육부착 부위가 생애 이른 시기에 이미 잘 형성되어 골화되어 버린다. 이 부분이 바로 뼈끝이다. 연골 증식이 일어나는 구역은 뼈의 말단, 즉 뼈끝과 뼈몸통 사이에 있는 얇은 원반이다. 이 연골형성 원반을 뼈끝판이라고 한다. 하나의 뼈에는 뼈끝이 뼈의 양쪽에 있거나 단 한쪽 끝에만 있으므로, 뼈끝판도 그렇게 둘 아니면 하나가 있게 된다. 그러나 앞발목뼈나 대부분의 뒷발목뼈 같은 몇몇 뼈에는 뼈끝이 없어 골화에 관한 한 하나의 덩어리를 이루고 있다고 할 수 있다. 이제 태아에서 다 자란 성체가 되기까지 하나의 사지뼈가 성장하는 과정을 살펴보기로 하자.

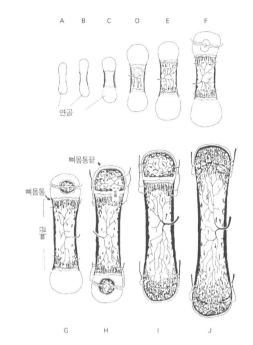

그림 2.3 태아에서 성체에 이르기까지의 포유동물 '연골뼈' 성장과정 모식도. 뼈는 검은색, 석회화한 연골은 점으로 표시되어 있다. 출전 Bloom and Fawcett, 1975. ('H' 단계의 단면 작은 부분이 그림 2.4에 확대되어 있다.)

그림 2.3은 사지뼈 발달과정의 여러 단계를 보여준다. 태아에서는 골화의 징조가 조금이라도 보이기 전에 이미 연골 원형이 만들어진다(A 단계). 이어 그 중심부에 있는 연골세포는 점점 커지는 반면, 주변의 연골 바탕질은 점점 줄어들며 광물화한다. 이와 동시에 연골 원형 중심부 바깥쪽에서는 뼈막조직 속에 있는 뼈모세포가 만든 뼈가 깃 내지 원통 형태로 침적한다(B 및 C 단계). 광물화한 연골은 연골파괴세포라는 특수한 세포의 활동으로 부서져 혈관이 안쪽으로 자랄 수 있는 공간이 만들어진다. 뼈 속으로 점점 침투해 들어오는 혈관은 뼈 중심부로 여러 세포를 운반해 오는데, 그중에는 이후에 뼈를 만들어 내는 세포인 뼈모세포가 있다. 일부 석회화한 연골은 기둥같이 열을 지으며 늘어선 연골세포들 사이의 경계에서 지지대를 이루며 남아 있게 되는데, 이 연골은 일종의 임시 뼈대 역할을 하는 것으로서

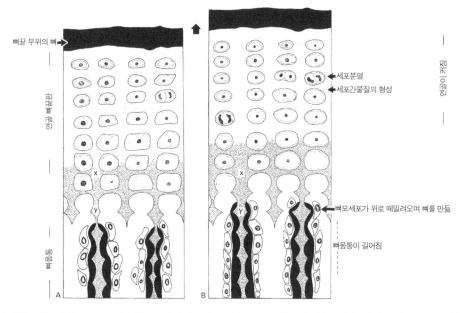

뼈끝 부위의 뼈

세포분열
세포간물질의 형성

뼈모세포가 위로 떼밀려오며 뼈를 만듦

뼈몸통이 길어짐

연골뼈끝판

뼈몸통

연골의 키 자람

그림 2.4 뼈의 성장과정 중 어느 짧은 기간 동안 일어나는 변화를 보여 주기 위한 뼈끝판과 뼈몸통 일부의 확대 단면도. 연골은 약한 점으로, 석회화한 연골은 강한 점으로, 뼈는 검게 나타냈다. 왼쪽 'A' 단계가 오른쪽 'B' 단계에 선행하며, x와 y는 고정점으로서 양쪽 그림 모두에서 같은 위치에 있다. 연골세포가 분열하고 새로운 세포간물질을 분비하며 뼈끝을 '밀어 올리는' 과정과 더불어, 석회화한 연골과 뼈가 동시에 높아지고 있음에 주목하시오. 출전 A. W. Ham, 1952, *Journal of Bone Joint Surgery* 34-A, 701

그 위로 뼈 바탕질이 쌓이게 된다. 이런 일이 발생하면 D 단계에 다다른 것이다. 뼈가 형성되는 이 중심부위를 '골화1차중심부'라 하며, 보다 늦은 시기에는 뼈 형성이 뼈끝 부위에서도 이루어지는데 이를 가리켜 '2차중심부'라 한다.

성장 진행과정

골화1차중심부에서 골화가 처음 시작된 다음, 1차중심부 양쪽 끝에 있는 연골세포는 많은 열을 이루며 급속히 분화한다. 이때 세포 열과 열은 막대 형태의 연골 바탕질로 그 경계가 나누어진다. 그리고는 위에서 1차중심부와 관련해 설명한 바와 같은 과정이 차례로 질서 있게 일어나는데, 이 단계에서는 그림 2.3의 E에서 보는 것처럼 뼈를 구성하는 여러 구역을 알아볼 수도 있게 된다.

1차중심부에서 조금 떨어진 구간에서는 연골세포 분열이 일어나는데, 뼈를 길이 방향으로 자라게끔

하는 부위가 이 구간이다[그림 2.4]. 이곳에서 뼈몸통 중심 쪽으로 보다 가까이에는 세포 크기가 커지는 성장구역이 있고, 이어져 세포 비대성장 구간이 있다. 이 부분은 (a) 매우 큰 세포가 있고 (b) 연골 바탕질 경계 막대(뼈대) 내에 칼슘염이 침적한다는 특징이 있는 구간이다. 뼈몸통의 길이 방향으로 세포 열 끝에 있는 열린 상태의 뼈세포방 속으로는 혈관이 운반해 온 뼈모세포가 침투하는데, 이 뼈모세포가 분비한 뼈 바탕질이 전술한 석회화한 연골 바탕질 뼈대를 덮으며 광물화시켜 버린다.

이러한 모든 과정의 결과를 요약하자면, 우선 뼈몸통 부위는 해당 뼈의 두 끝에서 급속히 분열하고 성장하는 세포들과 '보조를 맞추며' 길이가 늘어난다. 이런 과정에서, 뼈 부위는 그 범위가 점점 확대되는데, 뼈가 연골을 전이적으로 대체하는 부위를 가리켜 뼈몸통끝이라 한다. 이런 현상이 발생하는 단계가 E/F 단계이다.

골화 과정의 다음 단계는 골화2차중심부가 뼈의 양끝이나 한 끝에 나타나는 것으로서, 이때 뼈끝 부위의 연골 대부분이 뼈로 대치될 때까지 (1) 연골세포 비대성장, (2) 혈관 확산 및 (3) 골화가 진행되는데, H/I 단계가 이것이다. 이러한 과정이 지난 다음에는 단지 뼈끝과 뼈몸통을 구분하는 얇은 연골 원반인 뼈끝판만이 연골로 남는데, 바로 이 부분이 분화와 증식을 통해 뼈를 길이로 자라게 하는 연골세포 열이 있는 뼈의 성장구간이다. 증식하는 연골세포가 뼈몸통으로부터 점점 멀리 떨어져 나가는 현상과 뼈 바탕질에 의한 연골세포 대체라는 두 현상 사이에는 균형이 잘 유지되고 있다.

연골세포 증식이 멈추면 연골판은 사라지며(J 단계), 이를 가리켜 뼈끝이 '유합했다' 혹은 '폐쇄되었다'고 한다. 뼈의 길이 방향 성장은 이와 더불어 멈추게 된다. 사람의 다리뼈를 예로 들자면, 이런 일은 어른 키에 다다른 십대 후반에 일어난다.

포유동물 골격의 뼈끝 하나하나에서 이런 폐쇄 현상이 일어나는 나이는 뼈마다 이미 정해져 있는데, 태어나기 전부터 유년기 즉 성장기가 끝날 때까지 나타날 수 있다. 사람의 골격이 발달하는 시점은 잘 알려져 있는데, 여성은 남성보다 1년 내지 수년 앞서 뼈가 성숙한 단계에 다다른다. 그런데 불행히도 많은 종류의 가축에 대해서 우리는 믿을 만한 자료를 갖고 있지 못하다. 이런 사정이기 때문에, 고고동물 자료의 경우에는 유합된 것과 유합되지 않은 뼈끝의 수를 세어 나이에 따른 도축 선별행위를 막연히 추정해 보는 이상 그 무엇도 시도하기 어려운 사정이라 하겠다.

긴뼈의 둘레 성장과 구조변화[그림 2.5, 2.6]
뼈가 길이로 자라는 과정에서는 뼈막이라는 막 조직으로 둘러싸여 있는 뼈몸통과 뼈몸통끝 두 부분에서 상당한 구조변화가 일어난다. 이러한 구조변화

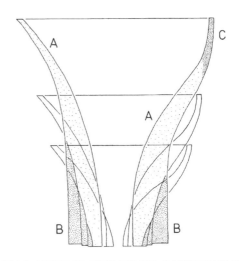

그림 2.5 성장하고 있는 긴뼈의 형태 변화. 뼈 물질은 단지 뼈 안팎 표면에만 분비되니, 그림에서 점으로 약하게 표시한 내부 표면이나 강하게 표시한 뼈막 주변에 분비된다. 내부에 형성된 뼈의 뼈몸통끝(A) 둘레는 크기가 차츰 줄어들지만, 뼈의 길이는 길어진다. 뼈몸통 둘레는 뼈막에 뼈가 침적하며 그 크기가 늘어난다(B). C 부위에서는 뼈막에 뼈가 침적하며 국지적으로 폭이 증가한다. 출전 Enlow, 1963; *Principles of bone remodelling*, Charles Thomas.

로 자라고 있는 뼈는 전체적인 모습을 유지할 수 있게 되는데, 그 양상은 다음과 같다.

(a) 뼈몸통. 뼈몸통 주위로는 뼈모세포가 뼈 표면에 일련의 치밀한 뼈 층을 연속적으로 침적시킨다. 따라서 몸통 부위는 뼈끝 부위에서 일어나는 길이 방향으로의 성장과 보조를 맞추며 그 둘레가 늘어난다. 동시에 뼈의 몸통 내부가 파골세포의 활동으로 흡수됨에 따라 골수강이 커지게 된다. 이러한 과정에서 외면 부착현상보다 내면 흡수가 약간 빨리 진행하는 것이 가능하도록 두 과정은 그 속도가 미묘한 균형을 유지하며 진행하게 된다. 그러므로 뼈는 폭이 넓어지고 몸통이 두꺼워진다.

(b) 뼈몸통끝. 뼈몸통이 뼈끝판에 인접한 뼈몸통끝 부분을 뼈몸통끝이라고 한다. 뼈몸통끝은 뼈몸통보다 폭이 넓기 때문에, 뼈몸통끝이 뼈몸통으로 이어지려면 뼈몸통끝이 상당한 정도로 '재성형'될 필요가 있는데, 특히 지름이 줄어들어야 한다. 이를 위

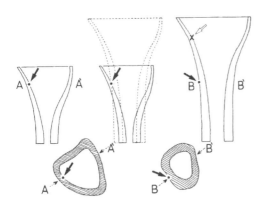

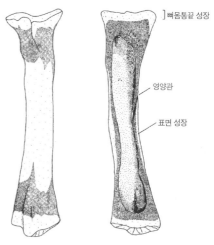

그림 2.6 성장 과정에 발생하는 치밀뼈 형태 변화. 뼈의 침적과 흡수는 뼈 표면에서만 일어날 수 있기 때문에, 치밀뼈의 모든 부위는 반드시 한때 표면으로 노출되어 있어야 한다. 그림 2.5를 참조할 때, A-A'선에서 뼈 내부에 있던 'A' 점은 얼마 지나지 않아 뼈가 길어지며 B-B'선에서 뼈 바깥쪽에 있는 'B' 점이 되고, 뼈몸통끝은 두께가 줄어들며 뼈몸통이 된다. 'x' 점은 원래의 'A' 점이 성장하기 전의 뼈에서 차지하던 상대적 위치를 보여준다. 출전 Enlow, 1963; *Principles of bone remodelling*, Charles Thomas.

그림 2.7 긴뼈의 성장과정을 보여 주기 위해 사용되는 꼭두서니염색법. 이 그림은 도살 당시 생후 282일 된 돼지의 사례인데, 이와 같이 아직 성장하고 있는 돼지에게 꼭두서니 사료를 먹이면 자라고 있는 뼈는 붉게 염색된다. 도살 30일 전부터 꼭두서니를 뺀 채 사료를 먹이면, 이 꼭두서니를 먹지 않은 시기 동안 만들어진 뼈는 단면이 희게 나타난다. 그림은 뼈몸통과 양끝의 성장구간, 즉 뼈몸통끝을 보여 주고 있다. 유합되지 않은 뼈끝은 제거된 상태이다. 붉게 물든 뼈 부분은 강한 점으로 표시하였다. 출전 Brash, 1934

해, 이미 설명한 뼈몸통 중심부에서 일어나는 성장과 형태 변화 과정이 역으로 일어난다. 뼈몸통끝의 형태 변화는 국부적으로 파골세포에 의해 발생하는 뼈막밑 흡수작용과 함께 뼈모세포가 만든 뼈가 내부 표면에 침적함으로써 일어난다. 이러한 형태 변화가 일어나지 않는다면, 뼈가 뼈 표면 전체에 걸쳐 동일하게 침착하며 성장하게 되어 결국 꼴사납게 둔중한 뼈가 만들어지게 될 것이다. 이런 일은 파골세포가 제대로 작용하지 않아 발생하는 희귀병인 뼈몸통 병적 조직연결(diaphysial aclasis)이라는 증상으로 나타난다(Le Gros Clark, 1971: 94).

뼈의 성장이 일어나는 방식을 보여주는 간단하지만 아주 정밀한 기법을 Brash(1934) 등의 연구자들이 사용하였다. 이것은 새로 형성된 뼈를 염색할 수 있는 알리자린 계통의 붉은 염료가 식용뿌리에 있는 꼭두서니를 사용하는 방법인데, 성장하고 있는 돼지에게 꼭두서니 사료를 먹인 다음 잡기 전까지 예를 들어 3주 동안은 이것을 먹이지 않는 방법으로서, '꼭두서니염색법'이라고 한다. 꼭두서니를 안 먹

는 동안 만들어진 뼈는 먹었을 때 만들어진 붉은색 바탕의 뼈 조직과 대비되는 흰색을 띤다(그림 2.7).

뼈의 길이 방향 성장은 뼈끝 유합과 더불어 끝나게 된다. 뼈끝 유합이 발생한 긴뼈는 최대길이에 다다른 것인데, 그러나 간혹 이후 발생하는 형태 변화로 몸통의 특정 부분에 변화가 일어날 수는 있다.

뼈 내부구조의 재조직화

뼈는 여러 매의 층판이 층층이 쌓여 형성되는데, 층판 하나하나의 두께는 수 미크론 정도이다. 뼈 세포와 세포 사이의 연결은 뼈세관이라는 아주 작은 구멍 속에 들어 있는 긴 세포돌기로 유지된다. 뼈 몸통부는 많은 수의 층판으로 구성될 수 있으며, 특히 뼈가 만들어지는 초기단계 및 구조 변화가 일어나는 동안 그런 구조를 갖는다. 동물이 성장하며 하버스뼈라는 새로운 종류의 뼈가 만들어지는데, 그 속에는 하버스관이라는 관이 다수 들어가 있다.

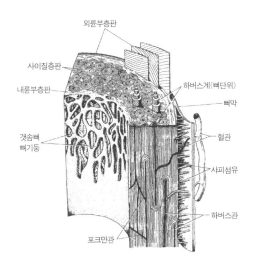

외륜부층판

사이질층판

내륜부층판

갯솜뼈
뼈기둥

하버스계 (뼈단위)

뼈막

혈관

샤피섬유

하버스관

포크만관

그림 2.8 뼈단위, 즉 하버스계 속의 층판, 사이질층판과 내륜부 및 외륜부 층판, 혈관의 배치를 보여 주는 긴뼈 몸통 단면도. 출전 Bloom and Fawcett, 1975

각각의 하버스관은 특징적으로 동심원을 이루는 일련의 뼈 원통이 에워싸고 있다. 이 동심원 원통을 갖고 있는 하나하나의 관을 2차뼈단위 혹은 하버스계라고 한다. 2차뼈단위는 파골세포가 바탕질을 소화해 관통하며 긴 터널을 만들어 내는 구조변화 과정의 일부로서 만들어진다. 그렇게 만들어진 터널은 혈관이 운반해 온 뼈모세포가 분비한 동심원형의 뼈 원통으로 채워진다.

뼈 조직은 일생 동안 계속 대체되는데, 다 자란 개체의 뼈에서는 선후관계에 놓인 서너 세대의 하버스계를 현미경으로 관찰할 수도 있다(그림 2.8). 성년 남성의 경우, 하버스계 하나는 약 4-5주면 생긴다고 알려져 있다. 뼈가 그 형태를 바꾸어 새로운 역학적 스트레스에 재적응할 수 있도록 해 주는 유연성은 바로 이렇게 끊임없이 일어나는 내부적 변화로부터 만들어진다.

포유동물의 골격

포유동물의 골격은 두개골, 척주, 흉곽, 사지이음뼈 및 사지라는 기능적으로 독특한 부분으로 나눌 수 있다(그림 2.9, 2.10).

두개골은 연골뼈와 진피뼈 모두를 갖고 있는 복합구조이다. 이것은 뇌, 눈 및 귀를 보호하며, 치아와 혀를 갖고 있는 입을 지탱해 주고, 턱 근육이 부착할 수 있게 해 준다.

척주는 일련의 척추뼈로 구성되어 있다. 척추뼈 하나하나는 고형 원반, 척수가 속을 지나가는 신경 고리(척추고리. 신경활 또는 신경궁이라고도 함)가 바깥쪽으로 있는 추체이다. 서로 맞물려 있는 일련의 관절과 힘줄은 중추로 하여금 견고함과 유연성을 모두 갖추게끔 해 준다. 척주는 신체를 지탱하는 주 버팀목으로서, 여기에 이음뼈로 연결된 사지와 갈비뼈가 붙어 있다.

갈비뼈 하나하나는 등 방향으로 등뼈에 붙어 있다. 모든 갈비뼈는 함께 하나의 우리를 만들어 심장과 폐, 즉 흉강 내에 있는 기관을 보호하는 역할을 한다. 흉곽은 그 근육조직과 횡격막이 마치 풀무와 같은 기능을 하는바, 폐에 공기를 불어 넣고 빼낸다.

앞발과 뒷발 사지는 각각 가슴이음뼈(앞다리이음뼈)와 뒷다리이음뼈에 연결된다. 이러한 이음뼈는 사지 근육이 부착하는 부위이며 사지와 몸뚱아리를 연결해 준다. 말이나 영양, 소와 사슴 같은 큰 주행성(走行性) 포유동물 및 육식동물에서 가슴이음뼈(앞다리이음뼈)는 판 형태의 어깨뼈만으로 이루어졌다. 이 뼈는 나머지 골격과의 연결 상태가 고정된 모습이 아니라 흉곽 외부에 있는 여러 근육 내에 '떠 있는' 양상이다. 따라서 이처럼 빨리 달리는 동물들은 어깨가 매우 유연하다. 이러한 구조는 또 걸음걸이가 빨라지게 하고 앞발이 지면에 닿을 때 겪는 두부의 진동 충격을 줄여준다. 이동을 위한 추력은 대

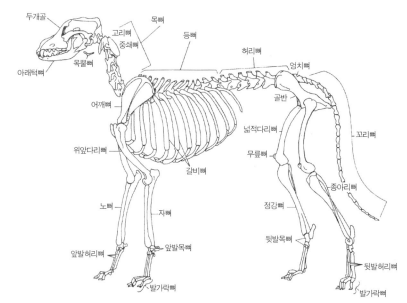

그림 2.9 개 골격도. 그림 Evelyn Davis

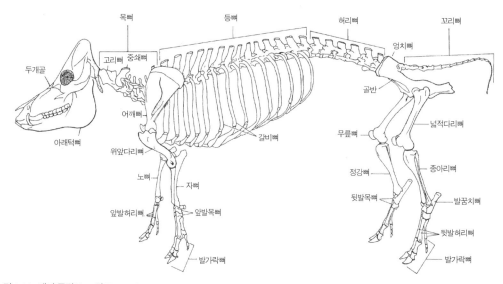

그림 2.10 돼지 골격도. 그림 Evelyn Davis

부분 뒷발에서 나오는데, 이 힘은 골반을 거쳐 척주로 직접 전달된다. 이를 위해 뒷다리이음뼈는 일련의 유합한 척추로 구성된 엉치뼈에 단단히 붙어 있다.

사지를 구성하는 뼈의 구조와 배치 양상은 앞뒤 사지가 기본적으로 유사하다. 그림 2.11에서 보듯, 신체 중심부에서 멀어지며 사지이음뼈에는 하나의 근위 뼈, 즉 위앞다리뼈와 넓적다리뼈가 연결되어 있다. 그 다음에는 두 개의 뼈, 즉 노뼈와 자뼈 및 정강뼈와 종아리뼈가 나란히 붙어 있다. 대부분의 몸집이 큰 주행성 포유동물 사지에서 이 두 쌍의 원위뼈는 어떠한 불필요한 회전운동도 일어나지 않게끔 유합되어 있는 구조를 이루고 있다.

사지를 따라 더 아래로 내려가면 앞 발목(사람의 경우에는 손목)과 뒤 발목, 즉 일련의 작은 뼈로 구성된 앞발목뼈와 뒷발목뼈에 다다른다. 발목뼈에는 앞발허리뼈와 뒷발허리뼈가 연결되며, 이 둘을 함께 발허리뼈라고 한다. 각 발허리뼈 끝에는 발가락뼈가 붙어 있다. 많은 포유동물은 진화과정에서 발허리뼈가 길어져 보폭이 커지게 되었는데, 이것은 사슴, 소, 영양, 말 등의 유제류에서 특히 잘 보인다. 게다가 이런 동물에서는 맨 끝 발가락마디뼈를 제외한 나머지 뼈가 지면 위로 떠 있는 형태로 변해 보폭이 더욱 커지게 되었으니, 사실상 '발끝으로 서서'

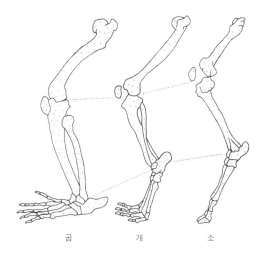

그림 2.12 포유동물 사지와 운동기관 배치의 세 가지 기본 양상. 왼쪽은 사람이나 곰처럼 발의 모든 부분이 지면과 닿는 발바닥보행동물이다. 가운데는 발가락만이 지면과 닿는 발가락보행동물로서, 대체로 발허리뼈의 길이가 늘어나 기능적으로 사지의 일부가 된바, 육식동물의 예에서 보듯 사지의 길이를 늘려줌으로써 보폭이 커지는 효과를 가져온다. 오른쪽은 대개 발굽으로 둘러싸여 있는 발가락 마지막 마디만이 땅에 닿는 발굽보행동물이다. 말, 소, 영양을 비롯한 이런 동물은 '발끝으로' 걸으며, 발가락 첫째와 둘째 마디는 기능적으로 사지의 일부가 되어 버려 보폭이 더욱 커지게 되었다. 빨리 달릴 수 있는 많은 유제류에서는 여분으로 남는 측면 발가락과 발허리뼈는 수가 줄어들었거나 심지어 모두 없어져 버렸다.

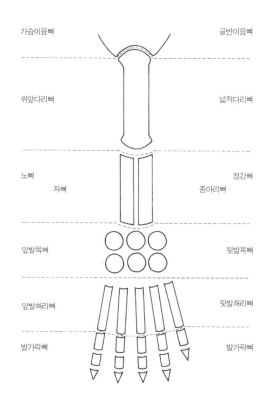

그림 2.11 포유동물 사지 뼈 배치. 앞다리(왼쪽에 표시)와 뒷다리(오른쪽에 표시)의 일반적 뼈 배치 양상을 보여 준다. 척추동물 진화과정에서 사지를 구성하는 여러 부위는 수와 상대적 크기가 다양하게 변하였다.

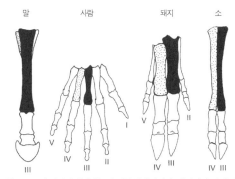

그림 2.13 발허리뼈가 유합 또는/상실되었거나 발가락이 상실된 정도에 차이가 있는 세 종류의 포유동물과 비교한 사람 손의 골격. 말의 경우, 가운데 발가락을 제외한 나머지 모든 발가락이 상실되었음에 주목하시오. 둘째 및 넷째 발허리뼈는 줄어들어 가는 조각이 되었다. 소는 영양, 양, 염소 등과 더불어 셋째 및 넷째 발가락만을 갖고 있다. 셋째 및 넷째 발허리뼈는 길이 방향으로 유합하였다. 돼지는 둘째 및 다섯째 발가락이 작아지긴 했지만 완전히 사라지지 않았으며, 가운데 두 발허리뼈가 유합하지 않았다. 그림에서 셋째 발허리뼈는 진하게, 넷째 발허리뼈는 약한 점으로 표시하였다. 출전 Clevedon Brown and Yalden, 1973

걷게 되었다. 이 동물들은 또 발 가장자리 쪽의 발허리뼈와 발가락의 수가 줄어들거나 사라짐으로써 발이 더 가벼워졌고, 이에 따라 이동하는 중에 이동에 따른 관성을 이겨 내기 위해 필요한 노력이 줄어들게 되었다. 사슴이나 소, 영양처럼 발굽이 갈라진 짝수발굽동물, 즉 우제류는 가운데 두 발가락을 이용해 걷고, 말 같은 기제류, 즉 홀수발굽동물은 가운데 발가락 하나만으로 걷는다(그림 2.12, 2.13).

이빨

물고기나 파충류처럼 끊임없이 이빨을 새로 갈아치우는 동물과 달리, 대부분의 포유류는 단지 한 차례만 이빨을 간다. 즉, 포유동물은 젖니(유치), 즉 1차 이빨과 영구치, 즉 2차 이빨이라는 두 벌의 치아를 갖고 있는 2생치 동물이다(그림 2.14). 진화과정에서 이빨 교환이 한 차례만 일어나게 된 것은 아랫니와 윗니의 정확한 배치와 교합과 관계된다. 이 말은 포유동물은 먹이를 삼키기 전에 오래 잘 씹을 수 있다는 뜻이다. 포유류와 대비되는 파충류의 경우에는 먹이를 입 속에 그리 오래 두지 않고 큰 덩어리를 게걸스레 삼킨다. 포유동물은 또 공기의 흐름이 입을 거치지 않게끔 하는 2차 입천장을 갖도록 진화했기 때문에 동시에 음식물을 씹고 숨을 쉴 수 있다. 먹이를 완벽히 씹는 일은 식물성 먹이의 세포벽을 깨뜨려야만 하는 초식동물에게는 특히 중요하다. 초식동

물은 씹는 기관과 소화관이 상대적으로 효율적임에도 불구하고 대부분의 시간을 먹는 일에 보내고 있으니, 소는 하루의 대부분을 풀을 뜯고 먹이를 되새김질하며 보내기도 한다.

포유동물의 이빨은 기본적으로 네 종류가 있으며, 각각은 턱의 특정한 위치에 놓여 있다(이빨 위치 설명에 사용되는 방향 기술 용어는 그림 2.15 참조). 이러한 위치에 따른 이빨 분화는 포유동물이 갖고 있는 특징의 하나이다. 네 종류의 이빨이란 (1) 입 앞 부위에 있는 앞니, (2) 송곳니, (3) 작은어금니 및 (4) 턱 뒤쪽에 있는 큰어금니이다. 앞니와 송곳니는 모두 젖니가 먼저 난 다음 영구치가 나오며, 작은어금니는 젖니 어금니(젖니 작은어금니라고도 함)를 물려받아 나온다. 그러나 큰어금니는 젖니가 없다.

진수류 내지 '고등' 포유동물에서는 네 종류 이빨이 모두 완전히 갖추어지면 위턱과 아래턱 각각 그 절반에 앞니 3개, 송곳니 1개, 작은어금니 4개, 큰어금니 3개가 있어, 이빨이 모두 44개이다. 어느 동물의 전체 이빨 수를 간단히 말해 주는 표시법을 '치식'이라고 하는데, 이것은 위아래 각 턱의 절반에 있

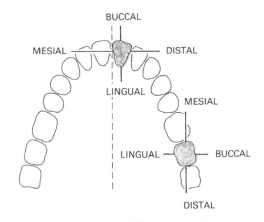

그림 2.15 이빨 설명에 필요한 방향 용어를 보여 주는 사람 아래턱 교합면 모식도(buccal = 볼쪽, lingual = 혀쪽, mesial = 입중앙쪽, distal = 입뒤쪽)*

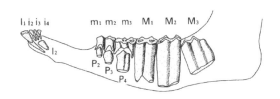

그림 2.14 어린 염소 아래턱의 젖니(소문자)와 그에 대응하는 영구치(대문자). 진화과정에서 소과동물은 첫째 작은어금니를 잃어버렸다. 출전 Payne, 1982

* 옮긴이 주: 원저에는 ( ) 안의 내용이 (buccal = labial = external, lingual = internal)로 되어 있음.

는 이빨 숫자를 분수 형태로 표시한다. 사람의 영구치 치식은 $\frac{2123}{2123}$ 으로서, 구대륙원숭이 및 유인원과 더불어 첫째와 둘째 작은어금니를 상실했다. 개는 치식이 $\frac{3142}{3143}$ 이며, 위턱 셋째 큰어금니가 사라졌다. 양, 염소, 소와 사슴은 위턱에 앞니와 송곳니가 없어 치식이 $\frac{0033}{3133}$ 이다. 포유동물은 진화과정에서 먹이 습성이 바뀜에 따라 이빨의 숫자가 줄어들게 된 것이다.

포유동물 이빨의 일반 구조

포유동물의 이빨은 (a) 치관, 즉 때가 되면 잇몸 위로 노출되는 구역과 (b) 치근, 즉 잇몸선 아래에 남아 있는 구역의 두 부분으로 이루어졌다(그림 2.16). 이 두 구역이 만나는 곳을 때로 치경이라고 부르기도 한다. 위턱과 아래턱에서 서로 대칭을 이루고 있는 치아가 만나는 치관 부위는 교합면, 즉 씹는 면이라고 한다.

치관은 그 대부분 내지 전체가 에나멜이라고 하

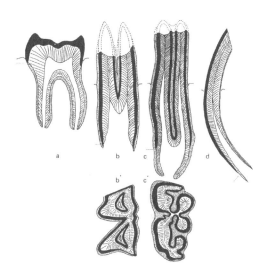

그림 2.16 포유동물 큰어금니의 길이 단면(위)과 교합면(아래). 에나멜은 검게, 상아질은 빗금, 시멘트질은 점으로 표시하였다. 이빨 좌우에 보이는 실선은 잇몸 상부, 점선은 치관과 치근의 경계를 가리킨다. (a)는 사람의 큰어금니로서, 낮고 둥근 교두를 갖고 있다. 나머지 그림은 치관이 높은 고치성 이빨로서, 각각 양의 큰어금니(b), 당나귀 큰어금니(c) 및 설치류 앞니(d)이다.

는 단단하고 흰 결정질 물질로 덮여 있다. 그런데 코끼리 엄니는 맨 끝 부위만 에나멜이 덮고 있으며, 설치류와 토끼에서도 앞니 내부 표면은 덮여 있지 않다. 에나멜 밑에서 치근 방향으로는 상아질이라는 뼈 같은 물질이 있다. 이것이 혈관, 신경 등이 들어찬 치수강을 둘러싸고 있다. 치근은 얇은 시멘트질 층으로 덮여 있는데, 경우에 따라 치관의 일부나 전부가 이것으로 덮여 있기도 하다. 이빨은 치조라고 하는 턱뼈 속의 공간에 들어앉아 있다.

치관과 교두(씹을 때 물리는 점 혹은 선)의 형태는 이빨을 기술하는 기준이 된다.

뾰족뒤쥐나 고슴도치 같은 식충류 포유동물은 아직도 약 1억9천만 년 전 등장한 최초의 포유동물과 유사한 치관 구조를 갖고 있다. 이런 동물은 먹이가 되는 곤충의 단단한 외골격을 부수기 위해 끝이 뾰족하고 날카로운 교두를 갖고 있다. 육식동물의 경우에는 먹이를 가위처럼 자르고 혹은 짓눌러 부숴 버리는 행위를 아주 효율적으로 할 수 있게끔 첫째 아래큰어금니와 넷째 위작은어금니 내부가 변하였다. 이런 이빨들이 고기를 자르는 데 사용되는 '절연치아'인 열육성 이빨, 즉 열육치이다.

약 2천만 년 전 마이오세에는 초원지대가 크게 확장하였다. 다육질인 나뭇잎과 달리 풀에는 이빨을 빨리 마모시키는 실리카가 들어 있다. 몇몇 포유동물군, 특히 소와 말로 대표되는 유제류가 이러한 초원환경에서 진화했는데, 이런 과정에서 많은 유제류는 급속한 치아마모 문제를 다음과 같은 방식을 채택함으로써 극복하게 되었다. 즉, (a) 높은 치관의 고치성 치아를 발달시키거나, (b) 이빨 바깥쪽의 에나멜 층을 주름지게 만들거나(이렇게 되면 이빨이 닳았을 때 교합면은 복잡한 패턴을 보여 주게 된다), (c) 치관을 뼈와 유사한 물질인 시멘트질 층으로 덮게 되었다(이것은 소과 및 말과동물 이빨에서 에나멜질이 잘게 깨져 떨어져 나가는 것을 방지하는 효과를 가져다 주었다).

이빨을 구성하는 물질에서 에나멜은 상아질보다, 또 상아질은 시멘트질보다 단단하기 때문에 세 성분은 상이한 정도로 마모한다. 따라서 초식동물 고치성 이빨의 씹는 면은 거친 상태로 유지되어, 교합면 위로 마치 목수의 초벌다듬이용 줄을 대충 흉내낸 듯한 날카로운 작은 능을 이루는 에나멜 주름이 솟아 나와 있는 모습이다. 어린 동물의 경우, 치관 대부분은 잇몸 아래에 숨어 있지만, 치관의 마모와 더불어 점차 위로 솟아오르며 닳아 없어진다. 그 결과, 예를 들어 아주 늙은 말의 경우에는 치관이 거의 남지 않게 된다. 이러한 치관 높이의 점진적 감소 현상은 동물 사망시점 나이를 대략적으로 추정할 수 있게 해 주어 고고학에 유용하다.

토끼, 산토끼와 설치류는 급격한 이빨 마모 문제를 모든 이빨이나 일부 이빨의 기저부에 에나멜과 상아질을 끊임없이 새로 추가함으로써 극복하게 되었다. 이러한 종류의 이빨을 묘사할 때는 '개방된 치근'이라는 표현을 쓴다. 이런 동물에서 치근은 새 치관으로 변한다. 그러나 대부분의 포유동물에서 이빨이 난 다음 곧 치근이 '폐쇄'되는데, 즉, 치관에 새로 에나멜이 추가되는 일은 일어나지 않는다.

이빨의 조직발생 (그림 2.17 참조)
배아발생 초기단계에서 구강 윤곽선을 만들고 있는 상피세포(외배엽층의 하나)는 나중에 이빨이 만들어질 부분에 잔주름을 만든다. 이 주름과 그 아래 놓인 간충조직(중배엽 조직)을 치뢰 또는 치배라고 한다. 파충류와 양서류의 치배는 생애 내내 계속 존속하며 끊임없이 새로 자라 나와 이빨을 만든다. 그러나 대부분 2생치를 갖고 있는 포유동물은 개개 이빨이 나올 자리에 단 하나의 치배가 만들어지며, 영구치 치배는 각 영구치에 상응하는 유치의 치배에서 자라 나온다.

치뢰는 그림 2.17의 C에서 보는 바와 같이 구강상피세포 아래에 일종의 홈을 만드는데, 그 아래에서는 일련의 중배엽 기원 세포가 모여 치아유두를 만들게 된다. 상아질모세포, 즉 상아질을 분비하는 세포는 바로 이 세포들로부터 만들어지게 되며, 치뢰 구성 세포들의 외배엽층인 에나멜기관은 이빨 외곽 부위의 에나멜층 구성물질을 분비하는 에나멜아세포가 된다. 발생학적 관점에서 에나멜은 외배엽 기원인 반면 상아질은 중배엽에서 기원하므로 하나의 이빨은 두 가지 기원을 갖고 있다고 하겠다.

치아유두와 에나멜기관 양자는 커 가며 장차 만들어질 이빨의 형태를 대략 갖추어 나간다. 치아유두를 구성하는 세포들은 상아질을 분비하기 시작하는데, 상아질이 점차 두꺼워지며 상아질모세포가 물러나고 상아질 내에는 세포질돌기들이 남는다. 뼈에서와 마찬가지로, 상아질은 섬유성유기질인 바탕질이 침적하고 곧 석회화한다. 이때가 되면 에나멜 상피 구성 세포들은 크기가 커지며 에나멜 분비를 시작한다. 포유동물의 에나멜은 다수의 프리즘으로 구성되어 있는데, 각 프리즘은 수많은 미소결정이 빽

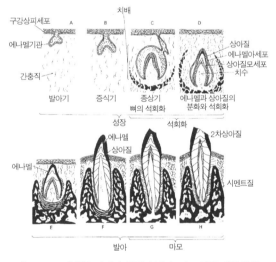

그림 2.17 포유동물 이빨의 성장과 발아. 이 그림은 사람의 유치를 보여 준다. 검은 부분은 뼈와 에나멜이다. 출전 Bloom and Fawcett, 1975

빽하게 밀집해 이루어져 있다. 이 프리즘들은 일반적으로 상아질 표면에서 이빨 외면을 향하는 방향으로 놓여 있다. 에나멜은 대체로 칼슘염으로부터 만들어진 큰 인회석 결정물 형태의 무기질로서, 신체에서 발견할 수 있는 물질 중 가장 단단한 것이다. 이빨이 나오고 바로 얼마 지나지 않아, 에나멜아세포의 표피층은 사라지며 이에 따라 에나멜은 더 이상 쌓이지 않는다. 그러나 상아질의 경우에는 치수속질공간 속에 있는 상아질모세포가 2차 상아질을 계속 침적시킬 수 있으며, 이에 따라 치수속질공간의 크기는 줄어든다. 2차 상아질은 마모와 질병으로 상실되는 상아질을 보충해 주기 때문에 중요하다.

뼈와 유사한 세 번째 물질인 시멘트질을 만드는 세포를 시멘트질아세포라고 한다. 시멘트질의 2차 침적은 동물이 살아 있는 동안 계속 이루어질 수 있으며, 시멘트질 침적 속도 및 그에 따른 불투명도는 계절에 따라 달라져 마치 매년 생기는 나무의 나이테와 같은 띠를 만들 수 있다(그림 2.18). 이것은 앞으로 고고학 연구에서 동물을 잡은 계절 판단에 도움을 줄 가능성이 있다(제4장). 말 종류라던가 우제류와 설치류 같은 몇몇 포유동물에서 에나멜 주름

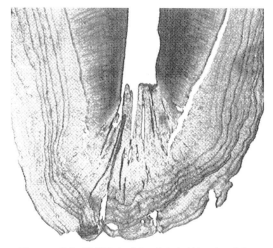

그림 2.18 시멘트질 침적띠. 덴마크에서 잡힌 붉은여우 아래송곳니의 치근 단면. 시멘트질 내에 9개의 침적선이 보인다. 사진 Helen Grue

은 매우 현저히 발달했는데, 시멘트질은 에나멜 부위까지도 포함해 넓은 부위를 덮고 있다. 이런 동물들의 이빨은 치근 시멘트질과 치관 시멘트질을 모두 갖고 있다. 치관 시멘트질은 씹는 과정에서 맞부딪침으로 많은 손상을 받기 마련인 에나멜주름을 보호해준다.

뿔과 녹용(Modell, 1969; Halstead, 1974 참조)

고고학 유적에서 흔히 발견되는 포유동물의 또 다른 골격 부위로는 사슴과동물의 뿔인 녹용과 더불어 다른 동물들의 각골, 즉 뿔 심부가 있다. 진화과정에서 많은 유제류는 녹용을 비롯한 뿔이라는 복잡한 생성물을 머리에 갖게 되었다. 녹용과 다른 동물의 뿔은 구조와 성장과정이 매우 다르지만, 모두 과시용 기관이자 방어용 기관으로서 기능하고 있다. 녹용과 뿔의 형태는 일반적으로 종에 따라 독특한 특징을 갖고 있으며, 따라서 발견될 경우 동물고고학자가 종을 제대로 동정할 수 있도록 도움을 준다. 기본적으로 일반적인 동물의 뿔은 뼈 심부를 죽은 상태의 각질 덮개가 에워싼 구조이지만, 녹용은 뼈가 돌출한 것이다. 뿔의 경우에는 대체로 새 뿔로 갈게 되는 일이 없지만, 녹용은 매년 옛 것을 버리고 새 것이 나는 해갈이를 한다. 녹용과 뿔은 뼈와 더불어 다양한 종류의 도구를 만드는 원료로서 오랫동안 사용되었다. 로마시대 이래 사용된 이러한 기술에 대해서는 MacGregor(1985) *Bone, antler, ivory and horn*에 설명이 잘 되어 있다.

뿔(그림 2.19)

뿔은 피부로부터 자라나며 뼈 성분의 심부를 에워싸고 있는 각질(케라틴) 덮개로 이루어져 있다. 각질은 손톱과 머리카락을 구성하는 물질이다. 뿔 그 자

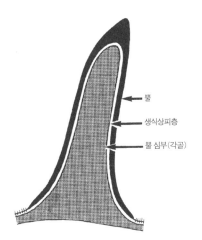

그림 2.19 뿔. 소과동물의 뿔 단면 모식도. 상피 기원의 뿔(검은색)이 뿔 심부(점)를 에워싸고 있다. 후자는 종종 그 내부에 빈 공간이 침투해 있다.

체는 죽은 상태지만, 이것이 에워싸고 있는 뿔 심부는 혈액을 원활히 공급받고 있는 살아 있는 조직이다. 포유동물은 대부분 수컷이 암컷보다 뿔이 크며, 몇몇 종의 암컷은 뿔이 없기도 하다. 일반적으로 뿔은 새 것으로 갈아치워지는 법이 없지만, 북아메리카의 가지뿔영양은 예외적인 경우로서 외부의 각질 덮개를 매년 새 것으로 간다. 또 다른 예외는 코뿔소의 뿔인데, 코뿔소는 뼈 성분의 뿔 심부가 없으며 갈이를 하지도 않는다.

뿔은 상대적으로 부드럽고 섬유질이며 유연성이 있다. 물에 담갔을 때 이것은 얇고 반투명한 여러 매의 판으로 나눌 수 있는데, 예를 들어 한때 등의 화창을 만드는 데 사용되기도 했다(Hodges, 1976 및 제8장 참조). 그러나 뿔은 뿔 심부와 달리 고고학 자료로는 거의 보존되지 않는다.

녹용 (그림 2.20)

녹용은 사슴과동물이 갖고 있는 특징이다. 녹용은 대개 수컷만 갖고 있지만, 북아메리카의 카리부를 포함해 순록은 암수 모두 녹용을 갖고 있다. 녹용은 해마다 연중 특정한 시점에 새 것으로 교체되는데,

이것은 주어진 녹용이나 사슴과동물 두개골이 연중 어느 때 채집되었는지, 즉 동물을 언제 잡았는지 확인하고 판단함에 있어 고고학에서 널리 사용되고 있는 특징이다.

녹용은 살아 있는 뼈 조직으로서, 해갈이 직전의 짧은 시기만을 제외한 나머지 기간 동안에는 혈액 공급이 원활하게 이루어진다. 성장하고 있는 녹용은 '벨벳'과도 같은 털이 난 피부로 덮여 있다. 녹용의 성장은 일종의 변형된 연골성 성장과정으로서, 소위 세포증식 부위라고 하는 끝 부위에서 성장한 연골이 이후 석회화하고 연골파괴를 거쳐 결국 뼈 조직으로 대체된다(Banks and Newbrey, 1983). 사지 뼈의 골화와 달리, 녹용은 성장 중인 식물뿌리의 성장점에서 보는 바와 유사하게 녹용의 맨 끝 부위에서 일어나는 침착 과정을 통해 성장한다. 성장과정에서는 형태변화도 발생하지 않는다. 녹용은 매우 빨리 성장하는데, 하루에 1cm가 자라기도 한다. 이러한 성장속도는 뼈에서 발생하는 암의 성장과 비견되기도 한다(Modell, 1969). 녹용이 다 자라면, 벨벳도 죽어 버려 저절로 벗겨지거나 비벼 떨어지게 되며, 사슴은 서너 주의 휴식기를 지나 성적으로 공격성을 띠게 된다. 이로부터 발정기, 즉 번식기가 시작한다. 발정기가 끝날 때, 파골세포가 두개골 이마에 있는 뼈 덩어리 내지 과성장 부위인 족상돌기와 붙어 있는 녹용의 기부를 다시 흡수하는데, 그럼으로써 녹용이 떨어져 나가게 된다. 족상돌기 위로 녹용이 떨어져 나간 상처 부위는 곧이어 피부가 덮게 되고, 적절한 때가 되면 새 녹용이 다시 자라기 시작한다(그림 2.20).

새로 떨어져 나온 녹용과 잡은 지 얼마 되지 않은 사슴에서 잘라낸 녹용은 비교적 무른 상태지만, 빠르게 단단해진다. 단단해진 녹용은 물에 오랫동안 담가둠으로써 일시적으로 무른 상태로 만들 수 있고, 그런 녹용은 상대적으로 쉽게 깎고 새길 수 있다

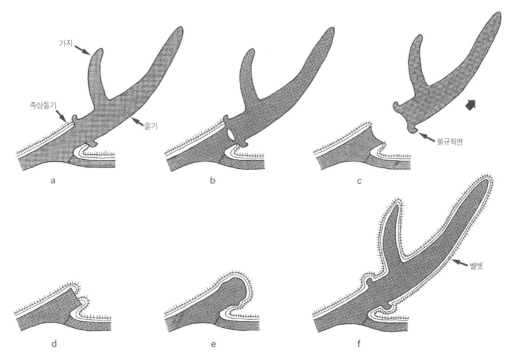

그림 2.20 사슴의 녹용 성장발달 과정. 녹용의 성장주기를 보여주는 단면 모식도. (a) 성숙한 녹용. (b) 재흡수가 녹용 기부에서 일어나기 시작하며, 그 결과 족상돌기와 기부의 불규칙면 사이에 빈 공간이 생김. (c) 녹용이 떨어져 나감. (d) 피부가 족상돌기 위의 상처를 덮음. (e) 새 녹용의 재생이 시작. (f) 새 녹용이 완전히 자라 벨벳이 벗겨지려 함. 출전 Schmid, 1972 Weber에 따름

(Hodges, 1976). 유럽에서 녹용 가공의 전통은 후기 구석기시대까지 거슬러 올라간다.

물고기, 연체동물 기타

고대에 식량자원으로 널리 이용되었을 뿐만 아니라 종종 고고학 자료로서 보존되는 동물로는 포유동물 이외에도 두 종류가 있는데, 바로 물고기와 연체동물이다. 하나는 척추동물이고 다른 하나는 무척추동물인 이 두 군의 동물에서는 포유동물의 일반적인 뼈 조직에서 볼 수 있는 바와 같은 신체 경질조직의 형태변화가 대체로 일어나지 않으며, 생애 내내 경질조직이 계속 성장한다. 더구나 기온이나 먹이 획득 가능성 등 여러 요소의 계절적 변이는 경질조직의 침적 속도에 영향을 끼치는 경향이 있다. 이러한 변이는 투명도에서 차이가 있는 일련의 고리 내지 선으로 나타나는데, 이러한 고리나 선은 생장량을 보여 준다. 뼈의 경질조직의 형태변화가 일어나지 않는 상황에서, 이러한 고리나 선은 그 동물의 생애에 대한 완벽한 기록이 된다. 계절적인 생장 고리의 계수나 측정은 해당 개체가 죽었을 때의 나이를 추정할 수 있게 해 주며, 최종적인 생장량의 특성을 자세히 검토함으로써 때로는 어느 계절에 죽었는지도 알 수 있다. 심지어 조간대에 서식하는 모종의 연체동물에서 보이는 미세한 생장선들은 매 차례의 조석운동을 말해 주기도 한다. 고고학 자료로 발간된 연체동물에서 보이는 그러한 조석운동의 생장선은 심지어 해당 개체가 죽은 시점을 수 주 이내의 오차에서 정확히 맞출 수 있게 해 주기도 한다(제4장).

이외에도 새 뼈와 심지어는 알 껍질이나 성게 껍질도 때로는 고고학 유적에서 발견된다. 새 뼈는 포유동물 뼈와 쉽게 구분할 수 있는데, 왜냐하면 살아 있을 때는 공기로 그 속이 채워지는 공간이 크게 자리 잡고 있기 때문이다. 고고학 유적에서는 곤충과 갑각류 및 심지어 기생충 알도 발견되고 있다(제3장). 이러한 자료의 동정은 고도의 전문가적 지식을 필요로 한다.

제3장

고환경 복원에 대하여

동물고고학 자료는 과거에 어떤 종류의 환경이 존재했는가에 대한 단서를 제공할 수 있다. 이와 관련한 기본적 가정은 주어진 동물이 선호하는 섭생과 기후는 예나 지금이나 같았다는 것이다. 동물 유해는 과거 환경이 삼림이었는지 탁 트인 초원지대였는지, 더웠는지 추웠는지, 해안에 가까웠는지 멀었는지, 또는 심지어 위생조건은 어떠했는지에 대해서도 알려 줄 수 있다.

이 장에서는 동물고고학 자료로부터 과거의 환경조건을 복원하는 데 사용하는 방법을 다음과 같은 네 항목으로 나누어 다루겠다. 즉,

(a) 성격이 뚜렷한 생태환경과 특정 동물의 존부 여부

(b) 뼈 조합에 포함된 각 동물 종의 풍부한 정도와 종의 다양성

(c) 신체 크기

(d) 신체 형태

한편, 간혹 발견되기도 하는 분뇨구덩이와 분석(똥 화석)은 고대 환경에 대해 의학적 측면에서 더 상세히 알 수 있게 해 준다.

동물 종의 존부 여부

유럽 중위도 지역에서 최후 간빙기 동물상은 특징적으로 멸종 곧은엄니코끼리(*Palaeoloxodon antiquus*), 멸종 삼림코뿔소(*Dicerorbinus mercki*), 하마(*Hippopotamus amphibius*), 멧돼지, 흰반점사슴 및 노루 같은 종으로 구성되어 있다(Butzer, 1971: 258). 최후 빙하기 동안 환경이 더욱 한랭화하자, 이런 종의 일부 혹은 전부는 좀더 남쪽에 있는 지중해 지역에서 발견되기도 한다. 이 시기에는 순록, 사향소, 북극산토끼, 나그네쥐와 북극여우 같은 전형적인 툰드라 종 및 아이벡스, 섀미, 산악 마

제3장 고환경 복원에 대하여 · 73

멋, 산악 들쥐 같은 고산지대 종이 자신들의 영역인 툰드라와 산악지역을 벗어나 멀리 퍼져 나갔다. 매머드(*Mammuthus primigenius*), 털코뿔소(*Coelodonta antiquitatis*), 초원지대의 들소와 거대한 엘크사슴(*Megaceros giganteus*)처럼 대체로 매우 추운 환경과 관련된 모든 동물은 빙하시대 동안 그 영역이 넓어졌다. 예를 들어 최후 빙하기 정점에 매머드의 영역은 스페인 북부에서 시작해 유럽과 아시아를 거쳐 알래스카에 이르고 다시 동쪽으로 뉴잉글랜드와 심지어 남쪽으로는 플로리다에까지 걸치게 되었다!

델페슈와 헹츠는 프랑스의 플라이스토세 유적에서 알려진 모든 종류의 사슴과 소 자료를 정리하였다(Delpech and Heintz, 1976). 이 자료는 순록이야말로 한랭 환경을 가장 잘 지시해 줌을 말해 주는 듯하다. 순록은 유럽의 민델, 리스 및 뷔름기라는 세 빙하시대에 속하는 모든 동물자료에서 발견되며, 간빙기에는 프랑스에서 사라진 것처럼 보인다. 실제로 순록이 최후 빙하시대에 프랑스에서 매우 풍부하게 발견되기 때문에 선사학자들은 이 시기를 '순록시대(Reindeer Age)'라는 용어로 부르기도 한다.*

영국에서 후기 플라이스토세 식생에서는 초본과 식물이 특징적으로 우세했는데, 이에 따라 말이나 털코뿔소 같은 풀을 뜯어먹는 동물이 흔했다. 간빙기는 광엽수림과 이러한 식생을 좋아하는 종의 확산이 특징적이었고, 이에 따라 흰반점사슴과 멧돼지가 널리 퍼졌다(Stuart, 1982).

영국에서 동굴 퇴적층의 연대측정뿐만 아니라 각 층과 관계된 기후 조건 판단에 동물자료가 사용된 구체적 사례로는 데본의 토뉴튼(Tornewton) 동굴이 있다(Sutcliffe and Zeuner, 1962; 제8장 참조). 이곳에서 발견된 포유동물 유해는 환경이 주기적으로 변화했음을 보여 준다. 최하층에서 발견된 순록과 울버린은 당시 환경이 빙하기였음을 뜻한다. 그 위

의 층에는 순록이나 울버린 대신 남방형 털코뿔소, 하마와 하이에나가 포함되어 있어, 두 연구자는 이것이 간빙기를 뜻한다고 생각했다. 그 위층에는 다시 순록과 함께 사슴, 말, 털코뿔소가 포함되어 있어, 한랭한 빙하기 환경이 되돌아왔음을 보여 주었다.

여러 종류의 나그네쥐도 매우 추운 환경조건을 잘 지시해 준다. 오늘날 나그네쥐 종류는 러시아, 스칸디나비아, 북아메리카의 북극권에만 제한적으로 살고 있다(그림 3.1; Yalden, 1982). 그러나 나그네쥐의 뼈는 영국 남부에서 몇몇 플라이스토세 늦은 시기 퇴적층에서 발견되었다. 프랑스에서는 샬랭(Chaline, 1976)이 설치류 자료로써 플라이스토세의 고기후 '곡선'을 만들었는데, 특히 기후변화를 잘 말해 주는 것은 나그네쥐의 두 속인 *Dicrostonyx* 및 *Lemmus*였다. 이 동물들은 여러 차례의 한랭기에 프랑스로 이주해 왔던 것처럼 보인다. 미국에서

그림 3.1 현생종 나그네쥐 종류 분포도. *Dicrostonyx torquatus*는 러시아의 툰드라에, 노르웨이 나그네쥐 *Lemmus lemmus*는 스칸디나비아에 분포한다. 이 두 설치류의 유해는 영국에서 후기 드라이어스기(Younger Dryas; 9000-8000bc)에 흔히 발견된다. 출전 Yalden, 1982

* 옮긴이 주: '순록시대'라는 용어는 민델, 리스, 뷔름기 등의 빙하시대 이름과 더불어 현재는 거의 쓰이지 않는다.

도 나그네쥐 뼈는 현재의 북극권보다 남쪽에서 보고되었다. 예를 들어 쿠르텐과 앤더슨은 연대가 9600 bc로 측정된 아이다호의 재규어(Jaguar) 동굴 최하층에서 나그네쥐 뼈를 발견했는데(Kurtén and Anderson, 1972), 발견된 뼈는 이곳이 과거에 툰드라 환경이었음을 말해 준다.

종의 상대 빈도

과거의 기후조건을 추정하는 데서 예를 들어 한랭기후 적응종이나 온난기후 적응종의 존부 여부를 기준으로 삼는 것은 자못 거친 방법이다. 이러한 접근보다 정제화된 방법은 여러 상이한 종의 유해를 세어 보는 것이다. 동물 유해가 다수 포함된 층이 몇 개 연속된 층서에서는, 식생이나 기후조건 같은 고환경에 대해 모종의 의미를 지닐 수 있는 일련의 도표를 만들 수 있다. 이러한 접근법의 선구적 사례로는 1930년대 베이트의 활동을 꼽을 수 있다. 그는 개롯이 1920년대에 카멜 산의 여러 동굴에서 발굴한 동물 뼈를 연구하였다. 이곳의 여러 동굴에는 후기 플라이스토세에 속하는 일련의 층이 연속해서 발달해 있었다. 그는 각 층에서 발견된 흰반점사슴과 영양의 빈도를 도식화하였다(Bate, 1937).

이러한 분석은 고대인이 사냥한 동물 종의 빈도 변화는 자연적인 빈도 변화를 반영한다는 묵시적 가정하에 이루어졌다. 이후 많은 고생물학자들은 이러한 가정에 문제가 있음을 지적했는데, 상이한 종이 차지하는 비율의 변화란 단지 특정 시점의 고대인의 특정한 사냥 습관을 반영할 뿐이라는 것이다. 즉 화석 시료란 사람이 주변 환경에서 택한 특정 동물을 말해 줄 뿐, 환경의 성격에 대해 꼭 어떤 단서를 제공한다고 할 수 없다는 것이다(Howell, 1959). 이에 맞서 베이트를 옹호하는 입장에서, 힉스

(Higgs, 1967)는 사냥 방식의 변화가 일어나는 것은 틀림없지만 그런 변화는 짧은 기간에 제한적으로 일어나며 또한 주로 농경이라는 대체 식량원을 갖고 있는 사람들에게서 일어난다고 주장하였다. 그에 따르자면, 동물고고 자료에 포함된 여러 종의 상대적 비중은 당시 그 지역에 살던 여러 종의 상대적 비중과 상관관계가 있다는 것이다. 즉, 사람이라는 영력이 축적시킨 뼈 자료는 그것이 무엇이건 사람이 환경에서 얻을 수 있던 것을 반영할 것이며, 비록 자료에 포함된 종의 비율이 그때그때 사냥이나 사냥철의 운이 어떤가에 따라 왜곡된다 치더라도 예를 들어 수천 년과 같은 긴 시간 동안 축적된 동물 유해는 이러한 왜곡을 무시해도 좋게끔 만든다는 것이다.

카멜 산의 여러 동굴에서 가장 흔히 발견된 두 종의 대형 포유동물은 메소포타미아 흰반점사슴과 영양이었다. 영양은 가까운 친척인 염소와 양처럼 거친 풀의 섭취에 잘 적응해 이빨의 치관이 매우 높다(제2장). 더구나 영양은 더위와 건조기후에 특히 잘 맞는 생리적 특성을 갖고 있다. 이에 반해 흰반점사슴은 치관이 낮으며 나뭇잎을 뜯어먹기 좋아한다. 즉 흰반점사슴은 이빨이 거친 풀 섭취에 적합하지 않으며 덥고 건조한 조건에도 잘 적응하지 못한 전형적인 삼림지대 동물인 것이다. 그러므로 베이트가 작성한 일련의 도표는 삼림 대 초원 서식지의 비율을 반영할 것이며, 이는 나아가 강수량을 반영할 것이라 생각해 볼 수 있겠다.

베이트는 사슴에 대한 영양의 비중이 최상부, 즉 연대가 약 10300-8500 bc인 엘와드(el Wad) B 단계인 나투피안 문화기에 가장 흥미롭게 증가한다는 결과를 얻었다(표 6 참조). 즉, 흰반점사슴은 대부분의 층에서 사슴과 영양 총수의 20-50%를 차지했으나, 최상부에서는 단지 '수%' 수준으로 급격히 줄어드는 양상이었다. 그는 이것을 근거로 레반트의 이

지역에서 나투피안 문화기는 건조기로서, 유럽의 후 빙기 온난화와 동시기일 것이라고 결론지었다.

나투피안은 양과 염소 같은 동물의 가축화가 시 작되었기 때문에 매우 흥미로운 시기이다(제6장). 이 시기에 건조화가 진행되었다면 이것은 고든 차 일드가 제시한 가축 기원에 대한 '오아시스 이론'을 뒷받침한다고 하겠다. 이 이론은 기후 건조화와 더 불어 수자원인 오아시스가 점점 줄어들며 그 가장 자리에서는 사람과 동물이 더욱 밀접히 접촉하게 되었고, 그 결과 동물과의 관계가 사냥에서 사육으 로 발달하게 되었다는 것이다(Childe, 1928).*

개롯의 발굴 이후, 몇몇 고고학자들은 이스라엘에 서 긴 시기에 걸친 동물 층서를 여러 곳에서 얻을 수 있었으며, 그중에는 나투피안기의 동물상도 포함되 어 있다. 또 고고학자들은 더욱 상세하게 나투피안 의 편년을 설정해 전기와 후기 단계로 나눌 수 있었 다. 필자는 이러한 나투피안 동물 자료를 연구할 기 회가 있었는데, 그 결과는 베이트의 결론을 확인시 켜 주고 있다(Davis, 1982). 즉, 나투피안 말기로 가 며 흰반점사슴은 보다 드물게 나타나는 것처럼 보 인다(그림 3.2). 그렇다고 완전히 멸종한 것은 아닌 데, 역사기록에 따르자면 이 사슴은 18세기라는 늦 은 시기까지도 팔레스타인 지역에 존재했다고 한 다. 나투피안 후기에 일어난 그러한 동물상의 변화 는 레반트 지역의 많은 포유동물 종에서 신체 크기 가 감소하는 현상과 동시에 발생했다(이 장의 끝 부 분 참조).

나투피안 사람들은 앞선 시기에 비해 문화적으로 보다 세련된 생활을 하였다. 이 사람들은 중동 지역 에서 원형의 주거구조를 만들어 생활한 최초의 집 단으로서, 그 주거는 아마도 영구정착마을의 효시 일 것이다. 이 사람들은 또 야생 곡물류를 폭넓게 이 용한 최초의 집단일 것이다. 만약 10000 bc 무렵 기

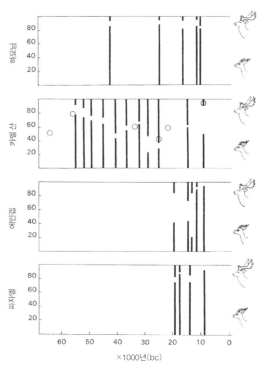

그림 3.2 이스라엘 북부의 하요님(Hayonim), 케바라(Kebara; 카멜 산) 및 에인겝(Ein Gev) 세 유적과 요르단 중부의 파자엘 (Fazael)에서 확인된 고고동물 층서에서 보이는 흰반점사슴과 영양 의 비율. 전자는 각 도면에서 위쪽, 후자는 아래쪽 막대로 표시되어 있다. 카멜 산의 타분(Tabun)과 엘와드 유적에서 얻은 베이트의 자 료(Bates, 1937)는 원으로 표시되어 있는데, 케바라 자료와 유사 한 양상이다. 흰반점사슴은 카멜 산, 에인겝 및 파자엘 유적에서 나 투피안기인 9000 bc 무렵으로 가며 그 수가 줄어들거나 사라지는 점에 주목할 필요가 있는데, 이는 아마도 삼림의 축소를 반영하는 현 상일 것이다. 출전 Davis, 1982

후가 더 건조해져 삼림이 줄어들고 초원지대가 확산 된 것이 틀림없는 사실이라면, 곡물과 영양을 더욱 많이 이용하게 된 이유를 좀더 쉽게 이해할 수 있을 것이다. 그런데 개러드(Garrard, 1982)는 영양의 숫 자가 증가한 것은 초원지대가 확산되었음을 시사해 준다는 점에는 동의하지만, 이것은 건조기후 때문 이 아니라 사람이 야생 곡물의 재배 확산을 위해 삼

---

*   옮긴이 주: 환경변화가 생계경제 양식과 긴밀한 관계에 있 지만, 농경은 차일드의 생각보다 훨씬 복잡한 양상으로 세 계 각지에서 발생하였음이 밝혀졌다.

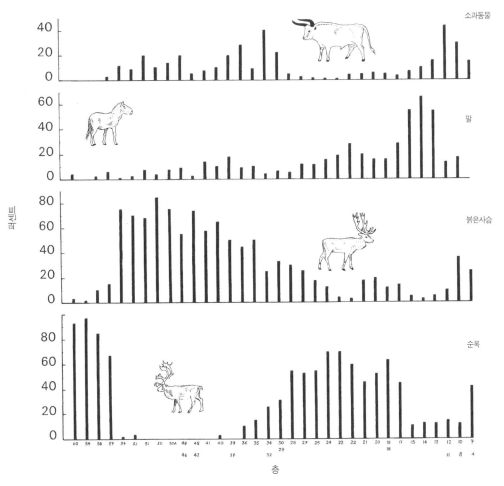

그림 3.3 프랑스 후기 플라이스토세 동굴 유적인 콤그레날 층서의 동물상 변화(Bordes and Prat, 1965). 소과동물, 말, 붉은사슴 및 순록 네 종류가 차지하는 비율을 주요 층에 표시하였다. 가장 오래된 층을 왼쪽에, 가장 최근의 층을 오른쪽에 나타냈다. 순록 비율이 정점에 달하는 제 60-57 및 34-17층 두 시기는 각각 리스빙하기 및 최후빙하기 제2빙기(뷔름2기)로 비정되었다.

림을 제거했기 때문에 발생했다는 설명을 대안으로 제시하였다.

다른 종류의 증거들은 무엇을 말해 주고 있을까? 플라이스토세 전문가인 지질학자 호로위츠(Horowitz, 1979)는 약 9000 bc 이후 기후는 정말로 훨씬 더 건조해졌다고 보았다. 마찬가지로 지질학자 골드버그(Goldberg, 1982)도 현재는 건조한 시나이 반도 몇 곳에서 12000-10000 bc 사이에 호수가 있었다는 증거를 발견하였다. 골드버그와 고고학자 바르요셉은 유적분포 양상을 근거로 건조

도가 10000-9000 bc 사이에 증가했다고 보았는데(Goldberg and Bar-Yosef, 1982), 사해의 고해수면 자료 역시 이 시기가 더 건조했음을 가리킨다(Neev and Hall, 1977).

프랑스 서남부의 도르도뉴에서 보르드와 프라는 아슐리안과 무스테리안 유물이 공반하는 콤그레날(Combe-Grenal) 동굴의 13m 퇴적층(총 64개 층)에서 발견된 동물 유해를 연구하였다(Bordes and Prat, 1965). 두 사람은 각 층에서 추운 환경에 특징적인 동물이 상대적으로 얼마나 많이 나타나는지

계산해 보았다. '한랭' 동물상을 갖고 있으며 서로 연결되는 층들은 하나의 빙하기에 속한다고 볼 수 있을 텐데, 두 사람은 퇴적층 전체를 일반적으로 인정되는 유럽 빙하시대 충서의 마지막 두 빙하기와 연결시킬 수 있었다. 이 연구는 동물 유해를 편년과 기후 해석에 복합적으로 사용한 예이다.

이 유적의 좀더 이른 시기를 구성하는 제60-57층에서는 압도적으로 순록이 많이 나타났다(그림 3.3). 두 사람은 이 층들이 끝에서 두 번째 빙하시대인 리스빙하기에 속한다고 보았다. 제54-35층에서 붉은사슴과 더불어 멧돼지와 노루가 많다는 것은 삼림환경을 뜻하는 것으로서, 그 연대는 최후빙하기인 뷔름기의 제1빙기(뷔름1기)와 제2빙기(뷔름2기) 초라고 판단했다. 이어 제34-17층에서 순록의 우세 현상이 다시 나타나는바, 뷔름2기의 혹독한 조건이 돌아왔음을 말해 주며, 마지막으로 제15-13층에서 말에 이어 소가 늘어나는 현상은 뷔름2기 말에 초원이 발달함을 뜻하는 것으로 해석할 수 있다고 보았다.*

델페슈는 도르도뉴 지역의 그 외 수많은 유적에서 나온 뼈를 조사해 보르드-프라 모델을 발전시켰다. 요약하자면, 그는 순록 분포 정점의 분포를 기준으로 한랭기가 더 있음을 확인했으니 뷔름3기와 뷔름4기가 그것이다. 한편, 뷔름3기 초기에는 붉은사슴, 노루 및 멧돼지가 시사해 주듯 보다 온난하고 습윤한 환경이 존재했고, 뷔름4기 말에도 한랭종이 삼림지대 동물로 대체되는 현상을 확인했다.

도르도뉴보다 남쪽으로, 바르셀로나에서 50km 북쪽에 있는 쿠에바델톨(Cueva del Toll) 유적의 후기 플라이스토세 퇴적층을 연구한 쿠르텐 역시 동물상과 기후 변화를 연결시킬 수 있었다(Donner and Kurtén, 1958). 이곳에서 있었던 기후 변화는 꽃가루 자료에서 이미 추정된 바 있었다. 도르도뉴와 달리 스페인은 빙하의 극심한 영향에서 멀리 벗어난 곳이다. 따라서 쿠에바델톨 '뷔름 본기' 층은

순록 같은 전형적 빙하환경 동물 대신, 붉은사슴, 하마, 코뿔소(*Rhinoceros mercki*), 멧돼지, 비버 등의 삼림동물로 구성되었다는 특징이 있다. '뷔름 초기'와 '뷔름 본기' 사이의 빙간기에 속하는 동물상은 들소, 원시소, 말, 아이벡스 등의 풀 뜯어먹는 동물로 구성되어 있어, 온난건조 조건의 개활지 환경임을 시사해 준다.

지난 15년 동안, 남반구의 동물고고충서에 대해서도 몇몇 연구 성과가 출간되었다. 이와 더불어 아프리카 남부와 오스트레일리아에서의 기후 변화를 이해하는 데 큰 도움을 받게 되었다.

클라인(Klein)은 남아프리카공화국의 수많은 선사시대 유적에서 수습된 동물, 특히 대형 포유동물 유해를 분석해 왔다. 대부분의 유적은 해안에 위치하지만 소수의 유적은 내륙에 있다. 유적 중 서너 곳에서는 최후빙하기와 후빙기까지 이어지는 퇴적층으로 구성된 긴 충서가 확인되었는데, 이른 시기의 층이 최후 간빙기까지 그 시기가 올라가는 곳도 있다. 클라인은 남아프리카공화국의 동물충서에는 일정한 경향성이 있음을 확인했는데, 그런 경향성은 환경요소, 특히 강우량과 해수면 변동이 작용한 결과라고 설명하는 것이 가장 그럴 듯하다고 보았다. 클라인의 기후 해석의 타당성은 기쁘게도 소형 포유동물(뾰족뒤쥐와 설치류)을 연구한 에이브리가 확인시켜 주었는데(Avery, 1982), 그의 연구결과 중 일부는 조금 뒤에 다룰 것이다(80-81쪽). 클라인과 에이브리 두 사람 모두가 연구한 자료로서, 내용이 가장 풍부하며 또 가장 긴 시기에 걸친 충서는 내륙에 위치한 봄플라스(Boomplaas) 동굴유적에서 얻은 것이다(Klein, 1983). 봄플라스 동굴은 오트쇼른

---

*   옮긴이 주: 74쪽의 주에서도 언급했듯, 빙하기와 간빙기의 명칭이나 시간, 환경조건과 관련해 1980년대까지 통용되던 많은 용어들은 고기후 변화가 극히 복잡한 양상이었음이 알려져 현재 사용되지 않고 있다.

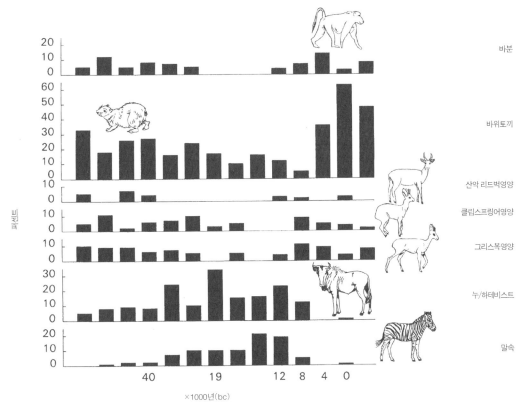

그림 3.4 남아프리카공화국 봄플라스 동굴 수습 대형 포유동물 유해. 최하부와 최상부의 여러 층에서는 삼림지대와 관목지대 동물이 주를 차지하는데 각각 최후 간빙기 및 현 간빙기(홀로세)에 속한다, 20000에서 10000 bc 사이 층에서는 초원지대에 더 전형적으로 나타나는 동물상이 나타나는데, 클라인은 이를 최후빙하기의 빙하 극성기에 비정하였다. 출전 Klein, 1983

(Oudtshoorn)의 캉고(Cango) 분지에 있으며, 현재 해안선에서 약 80km 북쪽으로 떨어져 있다. 이곳의 퇴적층은 약 8만 년 전부터 기원 500년까지에 걸쳐 형성되었다.

케이프 주 남부지역에서 클라인이 발견한 대형 포유동물 빈도의 가장 중요한 변화는 관목 및 삼림지대 동물상이 초원지대 동물상으로 변했다가 다시 되돌아온다는 사실이다(그림 3.4). 클라인은 이런 변화를 강우량이 많다가 적어졌다가 다시 많아짐에 따른 식생 변화와 연결시켜 해석하였다. 클라인이 연대를 최후 간빙기로 본 봄플라스 최하부의 여러 층은 최상부와 매우 유사한 관목 및 삼림지대 동물상을 갖고 있어, 당시의 환경조건이 후빙기, 즉 오늘

날과 유사했음을 말해 준다. 20000-10000 bc 사이의 연대를 지닌 층에서는 말과동물(역사시대에 멸종한 얼룩말의 일종인 콰가, 산악 얼룩말 내지 양자 중 어떤 것) 및 몸집이 큰 하테비스트아과동물(누, 하테비스트 내지 양자 중 어떤 것) 같은 초원지대 서식종이 절대 우세한 양상이다. 여기서 참고로 서로 밀접하게 연관된 몇몇 종은 동정과 구분이 어려움을 다시 말해 둔다. 10000 bc 이후에는 그리스복영양, 스틴복영양, 클립스프링어영양, 산악 리드벅영양, 바위토끼 및 바분 같은 관목지대와 삼림지대 동물이 점차 늘어나며, 4000-3000 bc 무렵이면 관목지대와 삼림지대 동물이 압도적이다. 이 후자의 관목지대 동물상은 가까운 역사시대에도 존재했다고 알려져

있다. 봄플라스에서 수습된 숯에 대한 분석에서도 10000에서 4000-3000 bc 사이의 식생은 그 이전과도 그 이후 시기와도 다르다는 것이 밝혀졌다. 그렇다면 넓게 보아 10000 bc 이후로는 초원이 점차 관목과 삼림 환경으로 대체되다가, 4000-3000 bc 무렵에는 관목과 삼림으로 완전히 바뀌었다고 볼 수 있겠다.

넬슨베이(Nelson Bay) 동굴은 동경 23도와 24도 사이에 펼쳐진 해안선상에 있는 유적으로서, 퇴적층이 다른 유적들에 비해 상대적으로 짧은 시기에 걸쳐 있다. 여기에서 클라인은 최후 빙하기의 마지막 부분인 16000 bc 무렵부터 홀로세에 걸친 동물층서를 확인하였다(Klein, 1975). 그는 16000에서 12000 bc 사이에는 누, 하테비스트, 스프링복영양, 거대 물소, 콰가 등의 풀 뜯어먹는 동물 종이 압도적임을 발견하였다. 가까운 역사시대에 이곳의 식생이 폐쇄된 상록 삼림지대였고 이런 동물들은 그런 환경에서 전혀 생존할 수 없음을 감안한다면, 과거 이곳에도 봄플라스처럼 오늘날에는 그 존재를 생각하기 매우 어려운 동물들이 살고 있었다고 하겠다. 클라인은 이러한 동물상의 차이는 해수면이 최대 120m까지 낮아졌던 최후 빙하기 동안 광대한 초원을 이루던 해안평야가 있었음을 말해 준다고 보았다(Klein, 1975). 해저 측심도를 보면, 해수면이 그 정도 낮아지면 해안선은 현재보다 80km 정도 물러났을 텐데, 이런 정도의 거리라면 현재의 해안선 부근에 살던 사람들은 물고기를 생계자원으로 이용하기 어려웠을 것이다. 10000 bc 무렵 해수면이 상승해 이 광대한 해안평야가 물에 잠기며 해안선은 넬슨베이 동굴에 더 가깝게 접근했을 것이다. 연대가 10000 bc 무렵으로 측정된 층에 처음 나타나기 시작하는 조개, 바닷새와 물고기 유해는 그 뒤 시기의 층에서 계속 엄청난 양이 발견되는 반면, 이른 시기 층에 특징적으로 나타나던 풀 뜯어먹는 동물은 사라졌다. 그런 동물을 대신해 등장하는 동물은 부쉬벅영양, 아프리카멧돼지, 그리스복영양을 비롯한 역사시대까지 살아남은 종들로서, 개활지 초원지대가 폐쇄된 식생으로 대체되었음을 말해 준다.

에이브리(Avery, 1982)는 남아프리카공화국 여러 유적의 후기 플라이스토세 층에서 올빼미가 토한 뼈와 털 덩어리가 쌓여 만들어진 것이 틀림없는 작은 포유동물 유해를 두 가지 접근법으로 분석하였다. 즉, 그는 각 층에 대해 (a) 소형 포유동물 집단의 종 다양성 및 (b) 각 종의 평균 크기를 계산해 보았다.

여기서 '종 다양성' 분석이란 환경이 좋은 지역에서는 환경이 열악한 지역보다 더 다양한 종의 포유동물이 발견된다는 생물학적 사실을 이용하는 것이다. 이 방법은 열대지역 동물상이 온대지역보다 더욱 풍부하고 다양하다는 관찰의 연장선상에 있는데, 다시 말해 어느 지역에서 종 다양성에서의 시간적 변화는 기후 변화를 반영한다고 생각하는 것이다. 에이브리는 자료에서 '일반다양성지표', 즉 'H 지표'라는 것을 계산했는데, 이것은 종 다양성을 구성하는 두 측면인 종수의 많고 적음과 각 종의 '중요성의 균등도'를 함께 고려하는 지표이다.

그는 봄플라스와 기타 해안 유적들에서 확인된 그 연대가 다른 소형 포유동물 집단 사이에는 그 구성에서 서로 상당한 차이가 있음을 인지할 수 있었다. 일반다양성지표 H는 빙하기 집단보다 간빙기 집단에서 훨씬 높게 나타났는데, 이것은 이미 알려진 기후 변화의 전반적 추이와 들어맞는 양상이었다. 따라서 그는 빙하기 환경이 후빙기나 간빙기보다 열악했음을 말해 준다고 해석하였다. 에이브리는 그러한 낮은 지표는 오늘날 사막과 같은 열악한 환경에서 나타나는 것이므로, 과거 자료에 보이는 그러한 변화는 예를 들어 강우량 증가 등 환경조건이 변화함에 따라 종 다양성이 증가하는 추세에 있음

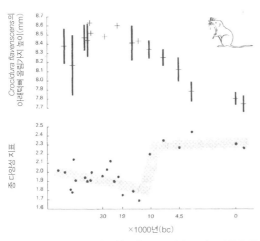

그림 3.5 남아프리카공화국 봄플라스 동굴 수습 소형 포유동물 유해. 종 다양성이 낮고 뾰족뒤쥐의 몸 크기가 상대적으로 크다는 사실은 모두 최후 빙하기의 추운 환경조건과 상관관계에 있다. 뾰족뒤쥐 시료의 평균값(수평선)과 신뢰도 ±95% 수준에서 평균값의 범위(굵은 수직선)가 나타나 있다. 출전 Avery, 1982

을 말해 줄 수 있다고 강조하였다. 그렇다면 이러한 경향성은 케이프 주 남부지역에서 관찰된 기후의 반복적 변화와 대비되는 양상이라고 하겠다.

에이브리는 봄플라스 A 유적에서 종 다양성 지표가 후빙기에 높지만 빙하기에는 낮게 나타나, 뚜렷한 차이가 있음을 보고하였다〔그림 3.5〕. 가장 낮은 지표는 최후빙하기 극성기의 시료에서 나타난다. 최후빙하기 극성기가 지나며 크게 개선된 기후조건은 이후 홀로세, 즉 현재의 간빙기에 이르기까지 내내 유지되었다고 해석되었다.

에이브리와 클라인 두 사람은 모두 자신들이 연구한 동굴 층서에 포함된 동물상이 단지 올빼미와 사람에 의해서만 쌓였다고 가정하였다. 그런데 우리가 남반구의 또 다른 지역인 태즈메이니아의 어느 중요한 유적으로 시선을 돌리면, 훨씬 더 복잡한 상황을 만나게 된다.

이곳에서 보들러(Bowdler, 1984)가 연구한 동물층서는 많은 점에서 클라인이 연구한 남아프리카 해안지역 층서와 유사하다. 그는 자신이 연구

한 23,000년에 걸친 동물층서에 가장 큰 영향을 끼친 것은 최후빙하기 말의 해수면 상승이라고 보았다. 보들러는 태즈메이니아 서북부 해안 가까이 있는 헌터(Hunter)라는 작은 섬의 케이브베이(Cave Bay) 동굴에서 수습된 동물상과 유물을 연구해, 21000 bc부터 16000 bc에 이르기까지 사람이 이곳에 살았다는 증거를 발견하였다. 이후 13400 bc 무렵 유적은 아주 잠시 점유되었지만 오랫동안 사람이 살지 않다가 4600 bc 무렵 해안환경에 잘 적응한 집단이 들어와 살았다. 마지막으로 유적은 유럽인이 진출하기 전 지난 1000년 이내의 어느 시점에 최종적으로 폐기되었다.

이 23,000년에 걸친 층서에서, 동굴은 내륙에 위

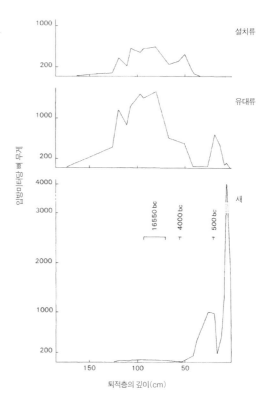

그림 3.6 태즈메이니아 헌터 섬 케이브베이 동굴의 동물상 빈도 분포표. 이 동굴의 제2 발굴구덩이 주요 층에서 수습한 세 가지 동물군의 빈도를 퇴적층 부피에 대한 그램 단위 뼈 무게로 나타냈다. 층의 연대는 왼쪽에서 오른쪽으로 가며 늦어진다. 출전 Bowdler, 1984

치한 유적에서 작은 섬의 해안에 있는 유적으로 입지가 바뀌었다. 발견된 동물 자료는 이러한 지리조건의 큰 변화를 (a) 특정 환경을 지시하는 동물의 존재, (b) 캥거루 등의 캥거루과 포유동물 대 설치류와 새의 비율[그림 3.6] 및 (c) 상이한 종의 빈도라는 세 가지 측면에서 확인해 준다. 그 구체적인 내용은 다음과 같다.

(a) 플라이스토세 퇴적층에는 개활지 환경을 선호하는 동물의 유해가 들어 있다. 그런 동물의 하나가 줄무늬주머니쥐로서, 아래쪽 층에는 매우 많지만 플라이스토세 이후에는 사라진다. 그 반면, 더욱 밀생한 식생을 선호하는 갈색주머니쥐는 4600 bc 이후 층에서 더 자주 발견되었다. 이 종은 아마도 최근까지 살아남았을 것이다. 오늘날 오로지 태즈메이니아의 열대우림에서만 서식하고 있는 설치류인 *Pseudomys higginsi* 역시 케이브베이 동굴에서 후대의 퇴적층에 더 자주 나타났다.

(b) 동굴 퇴적층 하부는 동굴이 내륙에 있던 때 형성되었다. 플라이스토세의 해수면 강하는 거대한 바시안(Bassian) 대륙붕을 노출시켜 태즈메이니아를 오스트레일리아 본토 동남부와 연결시켰다. 따라서 당시에 동굴은 바시안 평원의 작은 언덕 위에 놓이게 되었으며, 그 결과 왈라비와 파데멜론 같은 캥거루와 설치류가 플라이스토세 동물 자료의 대부분을 이루고 있다. 4600 bc 이후 해수면 상승에 따라 바시안 평원이 침수하자 태즈메이니아는 섬이 되었고, 헌터 섬은 태즈메이니안 본토에서 적어도 부분적으로 분리되었다. 케이브베이 동굴도 바다 가까이 놓이게 되었으며, 캥거루과와 설치류도 드문 존재가 되었다. 이런 동물들의 자리를 차지한 것은 많은 종류의 새, 그것도 주로 바닷새로서, 동굴에서 발견된 새 뼈의 대부분 내지 적어도 많은 부분은 아마도 옛날 사람들이 잡아먹은 새의 유해일 것이다.

(c) 섬에 서식하는 동물상은 개체 수가 많더라도 종 수에서 제한적 양상임은 널리 알려진 사실이다. 즉, '어떤 섬일지라도 그 섬이 본토의 일부를 이루었을 때 갖게 될 만큼 많은 수의 종을 갖고 있지 않다'(MacArthur, 1972: 79)는 것이다. 보들러는 포유동물 종의 감소는 부분적으로 '도서화'의 결과라고 설명하고 있는데, 헌터 섬은 많은 수의 육지 포유동물을 수용하기에는 크기가 너무 작은 섬이 된 것이다.

동굴에 뼈를 축적시키는 가장 주요한 영력은 일반적으로 큰 포유동물의 경우에는 사람, 설치류의 경우에는 올빼미라고 여겨진다. 그러나 케이브베이 동굴의 경우, 사람과 올빼미만이 유일한 포식자이자 뼈의 축적자는 아니었다. 보들러는 송골매와 태즈메이니아데빌도 그러한 영력의 후보로 꼽았는데, 플라이스토세 동안 대형 포유동물은 사람과 태즈메이니아데빌이 사냥했을 것이라고 생각했다. 사람은 왈라비와 아마도 파데멜론을 사냥했지만 태즈메이니아데빌은 보다 다양한 종류를 잡았을 것으로 보았는데, 이것들이 잡아먹은 동물의 뼈는 작고 일정한 크기가 되어 버리는 경향이 있기 때문에 구별할 수 있다. 이런 동물들과 함께 올빼미도 설치류 뼈를 축적시켰다. 그러나 홀로세에는 사람과 송골매가 가장 중요한 포식자였다. 태즈메이니아데빌은 사라졌고, 올빼미는 플라이스토세 말에 일대의 식생이 더욱 무성해지면서 동굴보다 나무에 둥지 틀기를 좋아했을 것이다. 올빼미는 나무가 없을 때 동굴에 둥지를 틀기 때문이다.

충분히 긴 동물 층서가 있고 시료가 풍부한 양이라면, 분석은 종종 단순한 동정과 계수 확인을 뛰어넘어 한 단계 더 나아갈 수 있다. 예를 들어, 포유동물 신체 크기는 흔히 기후와 함께 달라지므로, 동물 크기와 기후가 오늘날 어떤 관계인가를 알면 우리는 과거의 기후조건을 추정하는 하나의 방법을 갖게 되는 셈이다. 따라서 화석 포유동물 뼈와 이빨의 계측은 '고온도계' 역할을 할 수 있으니, 선사시대 어떤 시점에 대해서도 당시의 기온이 어떠했는지 읽어 낼 수 있는 기법이 된다.

신체 크기

동물학자들은 많은 종의 포유동물과 새에서, 혹은 서로 밀접하게 관련된 여러 종으로 이루어진 포유동물과 새 집단에서, 개체의 크기는 추운 기후에서 더 크고 더운 기후에서 작다는 것을 오랫동안 알고 있었다. 이를 두고 1847년 이러한 현상을 처음 기록한 동물학자의 이름을 빌려 베르그만효과(Bergmann effect)라고 한다. 예를 들어, 포유동물은 위도가 높아지며 신체 크기가 더 커지는 경향이 있는데, 스칸디나비아 늑대는 아라비아 늑대보다 크며, 매머드는 그 친척인 인도와 아프리카코끼리보다 크고, 북아메리카와 남아메리카의 퓨마는 적도 쪽으로 갈수록 크기가 작아진다(Kurtén, 1973).

이러한 현상은 기하학 기초 이론으로써 그럴 듯하게 설명할 수 있다. 열을 생산하는 몸의 체적은 길이의 세제곱으로 증가한다. 그러나 열을 발산하는 몸의 표면적은 길이의 제곱으로 증가한다. 그러므로 신체가 크면 표면적은 상대적으로 작게 되어, 추운 환경에서 열을 더 잘 보존하게 될 것이다. 예를 들어, 헤레드와 케슬이라는 두 생리학자는 몸무게를 두 배 늘림으로써 새와 포유동물은 단위무게당 열 손실을 30퍼센트까지 낮출 수 있음을 보여 주었다(Herreid and Kessel, 1967). 큰 신체는 또한 더 많은 지방과 긴 체모를 유지할 수 있다는 추가적인 이점을 갖고 있다.

베르그만효과가 법칙은 아닌데, 왜냐하면 많은 예외가 있기 때문이다. 신체 크기는 다른 요소들, 특히 식량의 구득가능 여부에 영향을 받는다. 그럼에도 불구하고 신체 크기 변화는 주어진 동물이 상이한

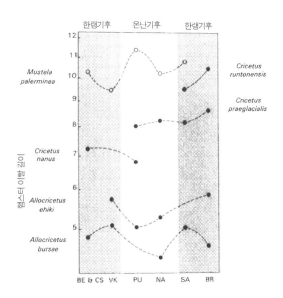

그림 3.7 헝가리의 여러 플라이스토세 유적에서 발견된 족제비과 동물 *Mustela palerminea* 및 *Cricetus* 속과 *Allocricetus* 속에 속하는 여러 햄스터의 크기 변화. 쿠르텐은 작은 족제비와 큰 햄스터는 두 차례의 추운 시기(어두운 부분)와, 큰 족제비와 작은 햄스터는 따뜻한 조건과 연계시켰다. 이빨은 mm 단위로 계측했다. 도시 자료는 다음의 유적에서 수습. BE & CS = Beremend 및 Csarnóta, VK = Villány Kalkberg, PU = Püspökfürdö, NA = Nagyharsány-berg, SA = Sackdilling, BR = Brassó. 출전 Kurtén, 1960

기온 상태에 적응할 수 있는 전략 중의 하나인 것이다(Mayr, 1956).

플라이스토세의 온도 변화 연구에 화석 포유동물을 선구적으로 사용한 연구자는 고생물학자 쿠르텐(Kurtén, 1960)이다. 그는 헝가리의 여러 플라이스토세 유적에서 발견된 북방족제비와 햄스터 이빨을 계측하여[그림 3.7], 시간의 흐름에 따라 이빨이 커졌다 작아졌다 하는 변화를 관찰하였다. 그의 자료에서 햄스터 *Allocricetus bursae*의 이빨 크기 변화의 파동은 $1\frac{1}{2}$ 주기의 폭으로 나타났다. 북방족제비의 경우, 변화는 햄스터와 반대방향으로 일어나 햄스터가 커질 때 작아지는 식이었다.

쿠르텐은 이어 현생종 북방족제비와 햄스터를 계측하였다. 그는 두 동물의 크기가 서로 반대방향으로 북-남의 경사를 이루며 변화함을 확인했다. 즉,

햄스터는 북쪽 것이 남쪽 것보다 몸집이 더 크지만, 북방족제비는 북쪽에서 더 작은 양상이었다. 이를 근거로 쿠르텐은 헝가리에서 플라이스토세 동안 있었던 일련의 춥고 더운 기후의 반복 현상에 대한 추론을 제시할 수 있었다.

그는 또 자신의 자료가 온도 변화에 대해 어떤 의미를 지니는지 계산해 보았다. 현생종 햄스터는 위도 10도 차이에 따라 크기가 20퍼센트씩 달라지는 양상이다. 다시 말해, 스톡홀름이나 리가에 사는 햄스터는 각각 뉘렘베르그나 부다페스트에 사는 햄스터보다 몸이 20퍼센트 더 크다. 헝가리에서 플라이스토세 동안 햄스터의 크기도 이와 동일한 정도로 주기적으로 변화하기 때문에, 쿠르텐은 플라이스토세에 중부 유럽에서는 온도 변화가 꽤 크게 일어났다는 결론을 내렸다. 또한 그는 다른 연구에서 유럽보다 남쪽에 있는 레반트의 경우 최후빙하기 이후에 여러 육식동물이 크기가 작아졌음을 보여 주었다(Kurtén, 1965).

필자도 이스라엘의 플라이스토세 후기에서 홀로세에 걸친 대형 포유동물의 크기 변화와 관련해 쿠르텐과 비슷한 연구를 하였다(Davis, 1981). 지난 이삼십 년 동안 이스라엘에서는 집중적인 연구를 통해 층서관계가 잘 나타난 일련의 선사시대 퇴적층과 연대가 정확히 측정된 고고동물 자료가 축적되었다.

후빙기에 들어 신체 크기가 감소한 동물은 어떤 동물이며, 또 감소했다면 어느 정도 감소했는가? 이러한 변화는 오늘날 넓은 지리적 범위에 걸쳐 살고 있는 동일한 종에서 볼 수 있는 크기의 변이와 어떻게 관계될 수 있는가? 필자는 이러한 문제와 관련, 시공에 따른 동물 크기의 자연적 변화와 사람의 직접적 영향, 즉 가축화(제6장 참조)에 따른 변화를 구분하기 위해 노력하였다.

이스라엘에 서식하는 영양, 원시소, 여우, 늑대, 멧돼지와 야생 염소 같은 많은 동물들은 플라이스토세 말기에 오늘날, 즉 홀로세보다 몸집이 더 컸다. 이러한 추세에서 예외적인 동물은 흰반점사슴인데 크기에 변화가 없었던 것처럼 보인다. 플라이스토세의 바로 마지막 시기에 해당하는 연대에 있는 후구석기시대(Epipalaeolithic)에 속하는 여러 유적에서 필자는 적어도 자료로 사용한 여우와 영양 두 동물에서 크기 감소가 정확히 언제 일어났는가를 판단하기에 충분한 양의 여우 이빨 및 영양의 이빨과 뼈를 구할 수 있었다[그림 3.8, 3.9]. 그 결과, 동물 크기의 변화는 10,000년에서 12,000년 전 사이에, 보다 좁게는 아마도 나투피안 문화 초기인 9500 bc 무렵 일어났다고 보인다.

흰반점사슴은 유럽에 서식하는 것이 메소포타미아 것보다 작기 때문에 '베르그만효과'에 반하는 것처럼 보이지만, 위에서 말했듯 이스라엘에서는 시간에 따라 크기가 변화하지 않았다. 그러나 오늘날 늑대, 여우와 멧돼지는 환경 온도가 낮아짐에 따라 몸집이 커진다. 예를 들어 스칸디나비아에 서식하는 늑대와 여우는 레반트와 아라비아에 사는 동종보다 훨씬 더 크다. 비록 영양과 야생염소가 유럽으로 퍼지지 않아 넓은 지리적 범위에 걸친 크기−온도 관계는 검토할 수 없지만, 요약하자면 이스라엘에서 크기가 변한 동물은 대부분 최후빙하기 이후 환경이 더 따뜻해지며 그런 모습이 된 것이다.*

오늘날 관찰되는 동물 크기와 온도 사이의 반비례 관계와는 별개의 문제로서, 여우와 영양의 크기가 감소한 시점은 대략 9000-10000 bc 무렵으로 최후빙하기 말에 있었던 범지구적 차원에 걸친 기온 상승과 매우 가깝게 일치한다[그림 3.8]. 두 변수 사이에 상관관계가 있다는 사실이 반드시 어느 하나

---

*   옮긴이 주: 본 단락은 원문의 오류 정정과 내용 전달을 위해 서술의 순서 및 내용을 원문과 약간 달리하였다.

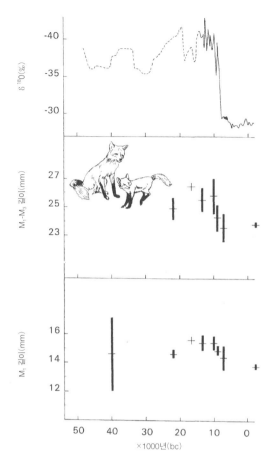

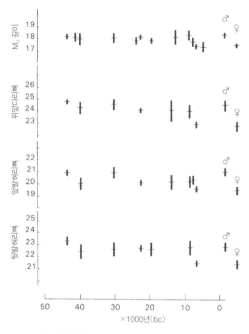

그림 3.8 이스라엘에서 플라이스토세 후기에서 홀로세에 걸쳐 나타나는 여우의 크기 변화. 어금니 치열(M₁-M₃) 길이와 열육치(M₁) 크기를 mm로 측정해 시간에 대비하였음. 시료의 평균값은 수평선, 신뢰도 ±95% 수준의 분포범위는 굵은 수직선으로 표시하였다. 10000-9000 bc 무렵 크기가 감소함에 유의할 것. 맨 위의 그림은 단스가르드 등이 그린랜드 빙하에서 구한 산소동위원소 도표로서(Dansgaard et al., 1969), 최후빙기 이후 온도 상승이 있었을 법한 시점을 보여준다. 출전 Davis, 1981

그림 3.9 이스라엘 북부지방에서 플라이스토세 후기에서 홀로세에 걸쳐 나타나는 영양(Gazella gazella)의 크기 변화. 셋째 아래어금니의 길이, 위앞다리뼈 원위의 폭, 앞발허리뼈 원위의 폭 및 뒷발허리뼈 원위의 폭을 mm로 도시하였음. 시료의 평균값은 수평선으로, 신뢰도 ±95% 수준의 분포범위는 굵은 수직선으로 표시하였다. 오른쪽 맨 끝은 현생종 가젤 자료이다. 9000 bc 무렵 나타난 크기 감소에 유의할 것. 출전 Davis, 1981

가 다른 하나의 변화를 유발했다는 뜻은 아니다. 그러나 이 경우에는 온도라는 변수가 단독으로 여러 포유동물의 진화에 있어 플라이스토세 말과 홀로세에 각각 더 큰 개체와 더 작은 개체가 선택되게 한 주요 요소로 작용했다는 결론을 내리고 싶어졌다.

다음 단계의 연구로서, 필자는 쿠르텐과 마찬가지로 크기-온도 관계를 계산하려 했다. 이를 위해 박물관 소장품과 출간자료에서 유럽과 중동에 현재 서식하는 여우, 늑대, 멧돼지의 이빨 계측치를 구한 다음, 이것을 예를 들어 1월 평균 온도같이 기상관측 자료에서 구한 환경 온도와 대비시켜 도시해 보았다. 이로부터 동물 하나하나마다 이빨이 환경 온도에 따라 얼마나 변할 수 있는지 파악할 수 있게 되었다〔그림 3.10〕. 이스라엘에서는 플라이스토세 말에 여우와 늑대의 열육치(M₁)가 각각 약 1.7mm와 4.3mm까지, 또 멧돼지 셋째 아래어금니는 5.9mm까지 줄어들었다. 오늘날 이러한 정도의 이빨 크기 차이는 멧돼지의 경우 섭씨 15도, 늑대와 여우의 경우 섭씨 16도의 환경 온도 차이가 있음을 의미한다. 세 동물이 모두 이렇게 비슷한 결과를 보여 준다는 사실은 놀라운 일로서, 고대에 동일한 환경적 요인에 대해 세 동물이 유사한 방식으로 대응했음을 말

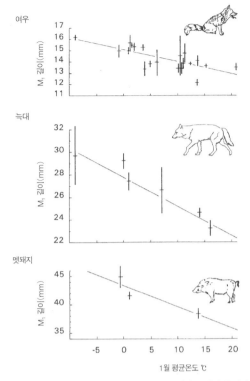

그림 3.10 몇몇 포유동물은 더 추운 지역에 서식하는 것의 몸집이 더 크다. 현생종 여우, 늑대, 멧돼지의 이빨 크기 평균값과 신뢰도 ± 95% 수준의 분포범위를 기상관측 자료에서 구한 1월 평균온도라는 환경 온도에 대비해 도시하였음. 출전 Davis, 1981

해 주는 강력한 증거인 셈이다.*

필자는 이러한 결과로부터 과거의 환경을 연구할 수 있는 일종의 '고온도계'를 갖게 된 셈이라는 희망적인 생각을 하게 되었다. 허나 유감스러운 일이지만 문헌을 훑어보고 또 상식적으로 생각해 보니, 필자가 계산한 12,000년 전 근동지역의 온도 변화는 너무나도 과도한 평가임을 깨닫게 되었다. 그런 계산에 따르자면 플라이스토세 말 그곳은 환경조건이 오늘날 스웨덴 남부와 같다는 뜻이 되기 때문이다. 대부분의 지질학자는 근동지역은 플라이스토세 말 온도가 단지 섭씨 5도 더 낮았다고 추산하고 있다. 생각건대 그러한 계산결과는 아마도 강우량과 같은 다른 요소들이 작용한 때문이겠다.

에이브리와 클라인 두 사람도 모두 남아프리카공

화국의 플라이스토세 후기에서 홀로세에 걸친 소형 및 대형 포유동물을 분석하며 유사한 접근을 시도하였다.

에이브리는 남아프리카공화국의 후기 플라이스토세 유적에서 얻은 소형 포유동물 자료가 보여 주는 크기 변화를 조사하였다(Avery, 1982). 그는 또 동일한 종의 현대 시료를 구해 오늘날 동물의 크기가 환경 온도에 따라 어떻게 변했는가를 조사할 수 있었다. 예를 들어, 뾰족뒤쥐 중에서도 *Crocidura flavescens*는 추운 기후에 서식하는 개체가 더 크지만 *Myosorex varius*는 추운 기후에 사는 것들이 더 작음을 확인했다. 그런데 봄플라스 동굴 플라이스토세 후기 퇴적층의 경우(그림 3.5), *Crocidura flavescens*는 더 컸고 *Myosorex varius*는 더 작았다. 따라서 만약 오늘날 이 동물들이 보여 주는 크기-온도 관계가 과거에도 같았다면, 두 종의 크기는 최후빙하기 극성기에 남아프리카공화국이 더 추운 환경이었음을 시사해 준다.

에이브리의 결과에 힘을 얻은 클라인과 크루즈-유라이브는 남아프리카공화국에 서식하는 몇몇 종의 육식동물과 소형 초식동물의 개체 크기 평균값을 구하기 위해 현대와 화석 자료 양자를 모두 조사해 보았다(Klein and Cruz-Uribe, 1984). 에이브리가 조사한 *Crocidura flavescens* 경우와 마찬가지로, 이들도 육식동물의 평균 크기는 온도가 낮아질수록 더 커진다는 걸 발견하였다. 그러나 소형 초식동물은 보다 복잡한 상황으로서, 잎 뜯어먹는 동물은 강우량이 증가하면 크기도 커졌지만 풀 뜯어먹는 동물은 크기가 작아졌다. 클라인과 크루즈-유라이브는 이것은 더 습윤한 환경에서는 어린잎이나

<hr />

* 옮긴이 주: 저자는 2007년도의 한 논문에서 토끼의 크기 변화를 지표로 삼으면 포르투갈은 2만 년 전의 최후빙하기 극성기에 현재보다 평균기온이 7도 가량 낮았다고 분석하였다.

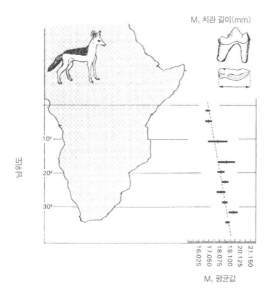

M, 치관 길이(mm)

10°
20°
30°

21.150
20.125
19.100
18.075
17.050
16.025

M, 평균값

그림 3.11 검은등자칼(*Canis mesomelas*)은 고위도에서 크기가 더 크다. 이 그림은 검은등자칼의 열육치 치관 기부 길이(mm)를 아 프리카 남부의 위도와 대비해 도시한 것이다. 수직선은 시료의 평균 값, 수평선은 신뢰도 95% 수준의 분포범위이다. 자료제공 Richard Klein

순 등 잎 뜯어먹는 동물의 먹이가 풀보다 상대적으로 증가했음을 말해 주는 것이라고 생각했다.

클라인과 크루즈-유라이브가 검은등자칼(*Canis mesomelas*)로부터 얻은 결과는 흥미롭다(그림 3.11). 오늘날 검은등자칼의 크기는 베르그만효과에 따라 변화하는 양상인데, 가장 큰 것들이 적도에서 가장 먼 아프리카 대륙 남단의 남아프리카공화국 케이프 주에서, 가장 작은 것들은 이 동물의 분포범위 북단인 동아프리카의 적도지대에서 발견된다. 그 사이 지역인 트란스발 같은 곳에서는 크기가 평균적으로 중간 정도이다. 그렇다면 남아프리카공화국에서 발견된 이 동물의 화석은 무엇을 보여 주고 있을까? 클라인과 크루즈-유라이브는 검은등자칼은 기후조건이 더 추웠다고 여겨지는 때에 크기가 실제 더 컸다고 보고하였다. 이 두 사람의 연구 역시 어떤 종의 포유동물 화석은 동물고고학자가 기후변화곡선을 만드는 데 유용한 도구를 제공해 줄 것임

을 보여 준다.

신체 형태 – 개고둥

고둥의 일종인 개고둥 *Nucella lapillus*는 느리게 움직이며 주로 따개비와 홍합을 먹고 사는 육식성 복족류 연체동물이다. 북대서양 암석해안에서 흔히 볼 수 있고, 다른 많은 연체동물과 달리 생장과정에서 플랑크톤 상태의 확산 단계를 거치지 않는다. 암컷은 캡슐에 싸인 알을 바위 표면에 낳고, 알에서 직접 새끼가 나온다. 이 종은 따라서 아마도 헤아릴 수 없이 많은 수의 고유한 번식군을 이루고 있을 것이며, 각 군은 해당 서식처에서 받는 자연선택의 압력에 반응하며 진화할 것이다(Crothers, 1978).

연체동물학자 크로더스(Crothers, 1978)는 이 개고둥이 파도 운동에 노출되는 정도에 따라 그 형태가 달라진다는 흥미로운 현상을 관찰하였다. 파도에 노출된 해안에 서식하는 개체들은 길이가 짧고 폭이 넓지만, 파도로부터 보호받고 있는 장소에서는 형태가 길쭉한 특징이 있다는 것이다. 크로더스는 길이를 개구부 높이로 나누어 구한 조개 형태 비율과 서남 웨일즈 지방의 암석해안이 파도에 노출된 정도 사이에 상관관계가 있음을 알게 되었다. 그는 이 비율을 사용해 주어진 해안이 파도에 노출된 정도를 판단할 것을 제시하였다.

1970년대에 멜라즈(Mellars)는 스코틀랜드 서해연안의 이너헤브리디스(Inner Hebrides) 군도의 오론세이(Oronsay) 섬에서 약 3300-2600 bc 내지 4100-3400 bc에 해당하는 중석기시대 패총 다섯 곳을 발굴하였다(그림 3.12; 제4장 참조). 대부분 삿갓조개로 구성된 조개껍질과 갑각류 및 물고기, 새, 포유동물 뼈와 함께, 패총에서는 개고둥 껍질도 많이 발견되었다. 부러진 것이 많았지만, 서너 곳에서

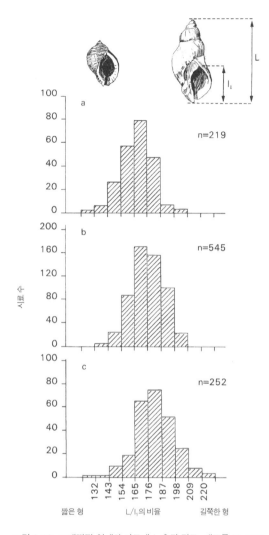

그림 3.12 조개껍질 형태와 파도에 노출된 정도. 개고둥 *Nucella lapillus*는 북대서양 암석해안에 사는 연체동물로서, 파도에 노출된 정도에 따라 형태가 다르다. 위 왼쪽의 작고 넓적한 형태의 고둥은 파도에 노출된 장소에 서식하며, 오른쪽의 길쭉한 고둥은 파도로부터 보호받고 있는 장소의 것이다. 그래프는 조개껍질 형태 각 유형의 빈도를 보여 준다. (a) 현재 파도에 노출된 스코틀랜드 오론세이 서해안. (b) 현재 파도에서 보호받고 있는 오론세이 동해안. (c) 오론세이 동해안의 중석기시대 패총 수습 자료. 3300-2625 bc(4,100-3,400 BC) 동안 이곳이 잔잔한 조건이었음을 보여 준다. 출전 Andrews et al., 1985

는 다행히도 완전한 형태의 것이 충분히 발견되어, 앤드류스와 그 동료들은 크로더스가 제시한 비율을 갖고 오론세이 해안선 일대가 과거에도 오늘날처럼 거친 환경조건이었는지 여부를 판단해 보았다

(Andrews *et al.*, 1985). 다른 종류의 자료는 과거에 바다 상태가 오늘날처럼 거칠지 않았을 것임을 시사해 주었는데, 예를 들어, 스코틀랜드 서북부에서는 대서양 해안보다 가까운 곳에 삼림이 발달했음이 밝혀진바 당시 바다가 더 잔잔했음을 말해 준다 (Lamb, 1977: 416). 결론적으로, 앤드류스와 그 동료들의 연구는 이러한 고식물학 증거를 지지해 주는 결과가 얻어졌다.

오론세이 일대 해안에서 오늘날 채집할 수 있는 개고둥은 해당 장소가 파도로부터 '보호받고 있는 상태'에서 '매우 노출된 상태'에 이르기까지 파도에 노출된 정도에 따라 형태가 다양하다. 그러므로 크로더스의 계측방법을 조금 바꿔 계측했을 때 그 비율은 예를 들어 크녹슬리고(Cnoc Sligeach)처럼 파도로부터 보호받고 있는 지점에서는 1.8 내외, 파도에 노출된 지점에서는 1.7 내외, 매우 노출된 지점, 즉 대서양을 마주하는 서부해안에서는 1.6-1.7 내외이다. 오늘날 오론세이 동해안의 여러 지점에서 수습한 개고둥에서, 이 비율의 평균값은 보호받고 있는 상태에서 약간 노출된 상태 사이에 걸쳐 있다. 그렇다면 패총에서 수습된 화석 개고둥은 어떤 양상일까?

이와 관련해, 섬 서해안의 프라이어리패총(Priory Midden)에서 얻은 시료는 안타깝게도 양이 너무 적어 무어라 판단하기 어렵지만, 섬 동해안의 여러 패총 자료 사이에는 전반적으로 차이가 없으며 오늘날 섬 동해안에 서식하는 개고둥보다 통계적으로 유의한 수준에서 약간 더 높은 비율로 나타났다. 다시 말해, 중석기시대의 개고둥은 조금 더 길쭉한 모습이었다. 이런 자료를 근거로 앤드류스 등은 5-6천년 전에 스코틀랜드 서해의 해양조건이 오늘날보다 약간 잔잔했다고 결론지었다.

기생충

지금까지 고환경에 대한 논의의 대상물은 크기가 어느 정도 큰 동물이었다. 그런데 현미경 수준에서 이루어지는 연구 또한 인간에게 매우 밀접한 환경인 위생상태가 과거에 어땠는가에 대해 밝혀 줄 수 있다.

사람을 포함한 척추동물 배 속에 사는 많은 기생충은 딱딱한 키틴질 껍질을 갖고 있는 단단한 알이나 낭종을 생애 주기 중 어느 단계에 생산하며, 이것들은 동물의 대변과 함께 몸 밖으로 배출된다. 위생상태가 나쁜 곳에서 기생충 알은 음식에 묻어서 들어오거나 땅 위에서 놀던 아이들이 우연히 먹게 되어 몸속으로 들어온다. 그런데 특정 조건하에서는 기생충 알과 포낭이 고고학적 퇴적층에 보존될 수 있다. 예를 들어, 흡충과 선충의 알이나 촌충의 알과 포낭은 많은 유럽 고고학 유적에서 발견되었다(Jones, 1982).

존스는 기생충 감염의 증거를 찾기 위해 잉글랜드 북부의 요크 시에서 로마, 바이킹 및 중세 시대 토양 시료를 조사하고 있다. 그가 발견한 증거는 사람들에게 약간 서늘한 느낌을 갖도록 만든다. 요크는 로마시대에서 14세기 중엽까지 번창하던 도시였지만 깨끗한 곳은 아니었는데, 1332년 에드워드 2세는 이 도시가 영국의 어느 도시보다 악취가 심한 곳이라고 규정하였다(Jones, 1982). 존스는 에드워드 2세의 생각을 확인해 주는 모종의 증거를 확인한 셈이다.

요크 시의 '로이즈뱅크 6-8 도로유적(Lloyds Bank 6-8 Pavement)' 발굴에서는 사람의 대변 화석으로 보이는 분석이 거의 완벽한 상태로 앵글로-스칸디나비아 시기 층에서 수습되었다. 분석을 조사한 존스는 사람에 기생하는 편충 *Trichuris trichiura*와 회충 *Ascaris lumbricoides*의 알을 다수 확인

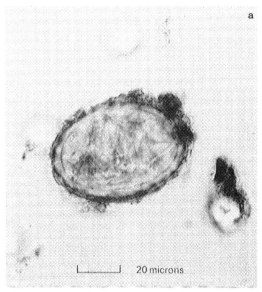

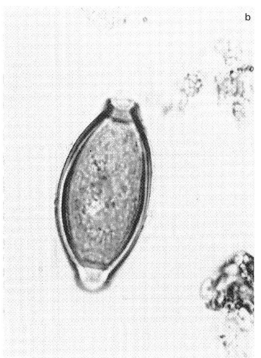

그림 3.13 앵글로-스칸디나비아 시기 요크 시의 '로이즈뱅크 6-8 도로유적 대변'에서 확인된 회충알(a)과 편충알(b). 길이 67 및 52 미크론. 축척 20미크론. 사진 Andrew Jones

할 수 있었다(그림 3.13). 즉, 그는 매 1그램의 대변 물질에서 66,000에서 68,000개에 이르는 편충알과 9,000에서 12,000개에 이르는 회충 알을 셀 수 있었

다. 원래 대변 속에 있던 알의 수는 이것을 두 배로 곱해야 한다. 이렇게 계산된 수를 오늘날의 기생충 감염환자에서 관찰된 바와 비교하며, 존스는 '이 도로 유적에 분석을 남긴 사람은 적어도 약간의 회충과 3, 4백 마리의 편충에 감염되었는바, 이러한 감염은 인간이 참을 수 있는 한계 이내의 상태이긴 하지만, 오늘날에는 틀림없이 심각한 상태로 분류될 것이다'라고 하였다(Jones, 1983). 현재 다른 연구자들도 고고학 유적에서 발견한 유사한 자료를 살펴보고 있는 중이다.*

이제까지 이 장에서 살펴본 몇몇 사례를 통해, 우리는 빙하시대에서 시작해 그리 멀지 않은 시기의 공중위생 환경에 이르는 각종 환경 자료 증거가 많은 동물고고 자료에 어떻게 보존되는지 이해할 수 있을 것이다.

* 옮긴이 주: 기생충 알 분석은 우리나라 역사시대 유적 조사에서도 종종 이루어지고 있다.

제4장

유적 사용의 계절성

선사학자는 주어진 유적을 두고 '사람들이 연중 어느 계절에 유적에서 살았을까' 하고 묻기 마련이다. 자그마한 규모의 유적을 두고는 계절적으로 구할 수 있는 자원을 이용하기 위해 일시적으로 사용했으리라 흔히 여기지만, 큰 유적, 예를 들어 상당한 규모의 건축 유구와 저장 구덩이를 갖고 있는 유적은 베이스캠프 혹은 영구적으로 일 년 내내 사용했을 것이라 여길 수 있다. 실제로 어떤 유적은 겨울이나 여름에만 사용했을 수 있는 반면, 어떤 유적은 영구적으로 사용했으며 얼마 떨어진 곳에 짧은 기간 동안 사용하던 위성 유적들을 거느리고 있었을 수 있다. 로울리-콘위(Rowley-Conwy, 1983)는 이 마지막 상황이 덴마크 중석기시대 에르테뵐레(Ertebølle) 문화의 수렵채집인의 거주양식에 해당한다고 보았다

좀더 일반적 수준에서 우리는 다음과 같은 질문을 던질 수 있다. 즉, 선사시대 우리 선조들은 이동

생활을 했는가? 만약 그렇다면 영구정착생활을 처음 시작한 것은 언제인가? 유목에서 정착생활로의 변화는 인구 문제와 관련해 중요한 위기상황을 가져왔을 수 있으니, 정착은 인구 증가를 유발했을 수 있다(아래 참조). 또 인구 증가로 기아의 위협 아래 놓인 상황은 동물의 가축화와 식물 재배의 채택이라는 기술적 변화를 자극했을 수 있다. 그렇다면 동물 유해는 우리 조상들의 생활양식의 계절성을 연구하는 데 어떻게 기여할 수 있을까?

동물 유해는 상황에 따라 일 년 중 어느 때에 특정 자원이 이용되었는지 말해 주며, 그러한 가능성의 연장선상에서 유적이 언제 점유되었는지도 말해 준다. 그러나 특정 계절에 유적이 점유되었음을 말해 주는 증거를 얻을 수 있더라도, 그 유적이 일 년의 나머지 기간 동안 점유되지 않았음을 증명하기는 어렵다. 다시 말해, 증거의 부재가 부재의 증거인 것은 아니다. 또한 특정 유적에서 어느 동물이 죽은

시점을 말해 주는 확실한 증거가 있을 때, 이것이 반드시 그 동물을 그 시점에 그 유적의 주민이 식량으로 먹었다는 것을 말해 주지는 않는다. 왜냐하면 동물을 잡고 나서는 고기를 저장하고 말린 다음에 교역했을 수도 있기 때문이다. 예를 들어 뉴질랜드에서 슴새는 비록 10월에서 4월 사이에만 서식하지만, 마오리 문화에서는 다량의 말린 슴새 고기가 상당히 먼 거리까지 교역되었다(Coutts and Higham, 1971; 저자들은 민족지 자료를 인용했음). 또 북아메리카 서북지역의 원주민들은 조개와 물고기를 훈제해 겨울 양식으로 사용했다고 알려져 있다(Vancouver, 1978).

이 장에서는 동물이 그 옛날 어느 계절에 죽었는지를 집어내는 몇 가지 방법에 대해 생각해 보겠는데, 경우에 따라서는 심지어 동물이 죽은 달까지도 알아낼 수 있다. 그러나 먼저 생각할 문제로서, 왜 선사학자들이 계절성이나 이동생활과 정착생활에 그렇게 관심을 기울이는지에 대해 알아 보도록 하자.

정착생활과 출생률

리(Lee, 1972)는 1960년대에 아프리카 남부 보츠와나에서 쿵(!Kung) 부시맨에 대해 광범위한 연구를 했는데, 이 시기는 많은 사람들이 영구적 마을을 이루고 사는 정착생활로 전환하는 과정에 있던 때였다. 그는 이동생활의 포기와 더불어 출생률이 높아진다는 사실을 알아냈는데, 이동생활을 하던 부시맨에서 터울은 평균 4년이지만 정착생활을 하는 이 사람들의 친척에서는 터울이 3년 내지 이보다 짧은 기간임을 확인하였다.

리는 부시맨 사회에서 인구 조절은 두 가지 주요한 요인이 좌우한다고 생각했다. 그 첫째 요인은 이

동중에 있는 여자는 자기 아이를 함께 데리고 다녀야만 한다는 점이다. 둘째 요인은 이동생활을 하는 사람들의 식단에서는 무르고 '흐물흐물한' 음식이 결여되기 마련이므로 따라서 길게는 3년 반 동안이나 유아에게 젖을 먹여야만 한다는 점이다. 수유가 배란을 억제하는 것은 잘 알려져 있는 사실로서, 모유를 계속 먹이면 결과적으로 터울이 길어지는데 이 경우 터울은 4년 정도가 된다. 일단 사람들이 영구적으로 정착하게 되면 이동에 따른 제약이 더 이상 존재하지 않게 되므로, 염소와 부드러운 채소를 기르며 정착생활을 하는 부시맨은 더 어렸을 때 젖을 뗄 수 있고 따라서 터울이 33-36개월까지 줄어들 수 있다.

고고학자들은 적어도 중동의 경우 식물을 처음 재배하고 동물을 가축화한 사람들은 그 이전 천년 내지 수천 년 동안 이미 정착생활을 하고 있었다고 믿고 있다. 이것이 사실이라면, 우리는 왜 사람이 동물 사육과 식물 재배를 그 시점에 시작했는지 설명할 수 있을 것이다. 동물 사육과 식물 재배는 단위면적당 토지에서 칼로리를 더 많이 생산하지만 수렵채집보다 훨씬 더 많은 노동력을 투입해야만 한다. 사람은 인구증가와 그로 인해 기아의 위협에 처한 결과 기술에서 혁신을 이루도록 강요받은 셈이다.

계절성의 증거

고고학 자료의 계절성과 관련된 증거를 제공해 주는 동물 유해 종류는 다음 네 군의 어느 하나에 속한다.

(a) 철새나 곤충 번데기처럼 특정 장소에 일 년의 특정 시점에만 존재하는 동물 내지 그런 동물의 생애주기 특정 단계

(b) 녹용이나 성장중인 긴뼈 혹은 나고 있는 이빨

같이 특정 계절임을 인식할 수 있는 모종의 변화를 겪는 골격 부위

(c) 바다조개껍질 가장자리 성장부위, 물고기 척추와 이석 및 포유동물 이빨의 시멘트질같이 계속 추가적으로 쌓이는 경질 조직

(d) 포유동물의 젖니처럼 알려진 속도로 '닳아 없어지는' 경질 조직

이빨의 성장에 대해서도 어느 정도 마찬가지지만 이빨의 마모에 대해 우리는 유감스럽게도 젖니에 한정되어 확실한 평가를 할 수 있는데, 영구치의 발아와 마모는 특히 셋째어금니의 경우 그 양상이 매우 일정치 않아 개체 사이에는 진행 정도에서 여러 달의 차이가 있다. 따라서 특정한 발아/마모 단계를 보여 주는 어느 동물의 이빨 한 점은 그 동물이 겨울에 죽었음을 지시하는 것일 수도 있지만 동시에 여름에 죽은 동물의 것일 수도 있다.

계절성 연구에서 많은 접근법은 두 가지 사항을 중요한 근거로 삼는다. 즉, 동물은 일정한 하나의 출산기를 갖고 있고, 신체조직 변화의 속도는 그것이 이빨의 발아나 마모이건 혹은 경질 조직의 추가적 증가이건, 현재 살고 있는 친척뻘 동물과 과거의 동물 사이에 별 차이가 없다는 전제이다. 아래에서는 계절적으로 변화하는 요소에 근거해 이루어진 몇몇 연구에 대해 살펴보겠다.

사우스다코타 원주민 무덤과 곤충

고고학적 자료로 남은 잔해에서 곤충의 유해는 매우 드물게 발견된다. 그러한 예외적 사례의 하나로는 미국 사우스다코타 코슨(Corson) 군에 있는 아리카라(Arikara)인디언 매장유적으로서 연대가 약 1802년에서 1832년 사이로 측정된 리븐워스(Leavenworth) 유적이 있다(Gilbert and Bass, 1967). 길

버트와 배스는 몇몇 골격의 안와와 복강 부위에서 파리 번데기를 찾았다. 발견된 파리는 검정파리 아니면 쉬파리라고 동정되었다. 이런 파리들은 생존기간이 24일로, 하나의 번식기간 중 서너 세대를 생산하며, 사우스다코타에는 3월 말이면 나타나 10월 중순이면 사라진다. 이에 따라 길버트와 배스는 유해의 주인공들이 여름에 죽어 매장되었다고 추론할 수 있었다.

마이엔도르프 – 뼈의 성장과 녹용 및 새

유적이 점유된 계절을 추정하기 위해 고고동물 자료가 처음 사용된 사례의 하나로는 독일 북부의 마이엔도르프(Meiendorf) 유적이 있다. 연대가 약 15000 bc인 이 후기구석기 유적은 함부르크 교외에 있으며, 1930년대에 알프레드 루스트(Alfred Rust)가 발굴하였다. 플라이스토세 말에 이 유적은 북유럽 빙하의 가장자리에 발달한 툰드라 가운데에 놓여 있었음이 틀림없다. 그립(Karl Gripp)은 대부분 순록으로 구성된 마이엔도르프의 뼈 자료를 연구했고, 루스트는 동물 자료, 특히 순록의 엉치뼈 계측치, 녹용 발달단계 및 오리와 거위 같은 친수성 조류의 존재를 근거로 마이엔도르프가 6월에서 10월 사이 2-3개월에 걸친 북극권의 짧은 여름 동안 점유되었다고 결론 내릴 수 있었다. 루스트는 마이엔도르프가 여름에 독일 중부에서 출발한 순록 사냥꾼들의 이동과정에서 북쪽 최종목적지였을 것이라고 보았는데, 이런 추정은 오늘날의 랍(Lapp)족이나 이누이트(Inuit)족 및 시베리아 여러 집단에서 보는 바와 비교해 내린 것이다.

영국 요크셔 스타카 유적 – 녹용과 이빨

중석기시대 초기 유적인 스타카(약 7572 bc; 제8장 참조)는 유럽에서 가장 잘 알려진 중석기 유적의 하나이다(Clark, 1972). 프레이저(Fraser)와 킹(King)은 스타카 유적이 겨울과 봄에 점유되었다고 보았다(Clark, 1954에 인용). 이 견해는 노루, 붉은사슴과 엘크 머리뼈에 붙어 있거나 떨어져 나온 녹용을 근거로 삼았다. 이 사슴들은 각각 연중 특정 시점에 뿔을 가는데, 엘크는 1월, 붉은사슴은 4월, 노루는 10월에 뿔을 간다. 프레이저와 킹은 106개의 붉은사슴 뿔 중에서 65개가 두개골에서 '깨져 떨어졌음'에 비해, 정상적인 뿔 갈이로 뿔이 떨어진 흔적은 단 3점의 수컷 두개골과 2점의 이마 조각에서만 보인다는 사실에 주목했다. 따라서 유적은 수컷이 머리에 뿔을 달고 있던 시기인 9월에서 3월에 걸친 겨울에 주로 점유되었다고 추정하였다. 또한 뿔 갈이로 떨어져 나온 수많은 붉은사슴 뿔이 존재한다는 사실은 뿔 갈이가 이루어지는 4월에 뿔을 수집했음을 시사해 준다고 보았다. 나머지 두 종의 사슴에 대해서도 이와 유사한 방식으로 해석이 이루어졌다. 그러나 그릭슨(Grigson, 1981: 119)을 비롯한 여러 사람들이 지적했듯, 녹용을 계절성 해석의 증거로 삼는 것은 위험한 일이다. 녹용은 어느 한 계절에 수집한 다음 다른 계절에 사용하도록 저장할 수 있는데, 녹용이 도구 제작에 가장 선호되던 원자재였음을 감안한다면 아마도 틀림없이 그런 수집과 저장은 이곳에서도 마찬가지로 있었을 것이다. 더구나 그릭슨(Grigson, 1981)은 여러 점의 학 뼈에 주목했는데, 학은 영국에서 여름 철새이므로 스타카 유적이 여름에 점유되었음을 시사해 준다.

스타카 동물상이 처음 연구된 이래, 사슴과동물의 이빨 발달과정에 대한 지식은 크게 늘어났다. 레지와 로울리-콘위(Legge and Rowley-Conwy, 1986)는 스타카 동물상을 완전히 재검토해, 계절성과 관련된 증거의 분석 결과 유적이 여름에 점유되었다는 상이한 결론을 내렸다.

두 사람은 노루 턱뼈가 두 군으로 뚜렷이 나누어지는 데 주목하였다. 유치 밑으로 영구치 작은어금니가 드러난 몇몇을 포함해 13개의 아래턱과 1개의 위턱은 유치가 매우 심하게 마모된 상태거나, 혹은 유치가 빠지고 작은어금니가 나기 시작하는 단계에 있었다. 이러한 일련의 턱뼈를 현생종 참고자료와 비교함으로써, 두 사람은 가장 나이 어린 턱은 가장 빨리 4월에 잡은 동물의 것이며, 모든 턱뼈가 길어야 서너 달밖에 되지 않는 제한된 기간 중에 잡힌 동물의 것임을 알게 되었다. 이어, 노루 이빨 발아순서에서 중간단계가 비어 있는바, 이것도 노루를 계절적으로 잡았다는 좋은 증거라고 보았다. 턱뼈 중에는 영구치 작은어금니와 M_3를 갖고 있는 발아단계 후기 자료나 영구치가 마모 단계에 있는 것은 없었다. 현생종 비교시료에서 이와 같은 단계는 나이가 $1\frac{1}{2}$살인 개체, 즉 생애 두 번째 겨울에 죽은 것들에게서 보이고 있다. 스타카에서 발견된 더 나이가 많은 모든 턱뼈는 작은어금니와 더불어 M_3 교합면의 주름이 잘 마모된 상태로서, 나이가 2살 이상인 동물의 것이다. 그러나 유감스럽게도 2살 이후에는 이빨 마모 정도가 개체에 따라 너무 다양하기 때문에 이빨로부터 계절성을 정확히 판정할 수 없다.

붉은사슴과 엘크 뿔이 도구 제작을 위한 중요한 원재료임은 확실하며 가공흔적을 많이 갖고 있지만, 노루 뿔의 경우에는 그렇지 않았는데 이는 아마도 크기가 작기 때문일 것이다. 노루 뿔에서는 가공흔적이 보이지 않았다. 레지와 로울리-콘위는 노루 뿔이 적절한 계절성 지시자가 될 수 있다고 보았는데, 떨어져 나가지 않은 77개의 노루 뿔은 이 유적이 4-11월에 점유되었음을 보여 준다고 해석하였다.

그 외의 다음과 같은 증거들도 스타카 유적이 여

름에 점유되었음을 말해 준다고 보았다. 즉,

(a) 엘크와 붉은사슴 신생아 뼈. 예를 들어, 한 점의 엘크 위턱에는 전혀 마모되지 않은 유치 어금니가 있다. 유치 어금니는 생애 매우 이른 시기부터 마모되기 시작하며 엘크가 5월 중순에서 6월 중순 사이에 태어나므로, 이 엘크는 틀림없이 여름에 죽었을 것이다.

(b) 뿔이 떨어져 나간 2점의 붉은사슴 두개골. 붉은사슴은 4월에 뿔을 가니까, 2점의 두개골은 뿔을 갈고 얼마 되지 않아 아직 새 뿔이 자라나기 전에 잡힌 동물의 것임이 분명하다.

(c) 유치 어금니가 남아 있는 서너 점의 붉은사슴 아래턱. 이 중 두 점에는 막 빠지려 하는 유치 m_3가 있고 다른 하나는 영구치 M_3가 나온 상태로서, 아마도 나이가 두 살로서 늦은 봄이나 여름에 잡혔음을 가리켜 준다.

이렇게 대부분의 계절성에 대한 증거는 스타카 유적이 늦봄/여름에 점유되었음을 가리킨다. 그렇다면 스타카 주민은 겨울을 어디서 보냈을까 하는 질문을 던질 수 있다. 이에 대한 해답은 아직 얻지 못했지만, 레지와 로울리-콘위는 해안지역과 같이 여기서 떨어진 곳이 아닐까 추측하였다.

프랑스 아브리파토 – 순록의 녹용과 태아 뼈 및 발아중인 이빨과 시멘트질 침적 띠

아브리파토(Abri Pataud)는 프랑스 서남부 도르도뉴 지방에 있는 대략 35,000년에서 20,000년 전 사이의 후기구석기시대 바위그늘 유적이다. 여기서 발견된 동물 유해를 분석한 이는 스피스(Spiess, 1979)로서, 특히 자료에서 가장 큰 몫을 차지하며 또 가장 중요한 순록에 관심을 기울였다. 그는 북아메리카에서 카리부, 즉 북아메리카 순록을 충분히 연구한 경험이 있어 순록 자료 분석에 제격인 연구자였다. 그는 연구를 위해 프랑스 서남부 지역에서 플라이스토세 후기에 살던 순록은 오늘날의 캐나다 카리부와 발정기(10월 15일경), 새끼 출산시점(5월 중순) 및 발달 속도에서 유사할 것임을 전제로 삼았다. 그런데 아브리파토에서 발견된 유해에는 어린 순록의 아래턱뼈와 태중에 있는 개체의 긴뼈가 포함되어 있어, 다 자란 개체들을 선택적으로 잡은 것이 늦가을에서 겨울을 거쳐 초봄에 이르는 시기였음을 말해 주는 증거를 얻은 셈이었다.

자료에서 녹용은 단 한 점만 있었는데, 다 자란 수컷 순록의 것이었다. 이 녹용이 아직 두개골에 붙어 있긴 했지만 곧 떨어질 것 같은 상태였기 때문에 따라서 이 개체는 11월이나 12월에 잡혔을 것이다. 그러나 계절성에 대해 좀더 유용한 자료가 된 것은 아직 태중에 있던 개체들의 긴뼈 16점으로서, 그는 이것을 모두 순록 뼈라고 가정하였다. 스피스는 박물관에 소장된 태중 순록 뼈의 개월에 따른 성장 도표를 만든 다음, 뼈몸통 부위의 골화가 이루어진 부분에서 추산한 출산 전 개체의 긴뼈 길이를 이 도표와 대비해 개월 수로 셈한 나이를 판단할 수 있었다. 이렇게 계산한 나이는 다시 달력상 날짜로 환산할 수 있었다. 예를 들어 3.99cm의 넓적다리뼈는 110일이 된 태중 개체일 가능성이 가장 높기 때문에, 순록 번식기인 10월 15일 전후 수태되었음을 가정할 때 이것은 10월 15일 + 110일, 즉 1월 말이나 2월 초에 죽었다고 계산할 수 있다. 이러한 분석 결과에서, 태중에 있던 순록들은 12월에서 2월에 걸쳐 죽었을 것이라는 판단을 얻게 되었다.

스피스는 첫째 혹은 둘째 유치어금니 중 어느 한 개 내지 두 개 모두가 나기 시작하는 유치 치열을 가진 아주 나이 어린 순록 턱뼈에 대해서도 유사한 추정을 하였다. 캐나다 순록 자료에 따르자면, M_1은 생후 3-5개월에, M_2는 10-15개월 사이에 나기 시작한다. 이로부터 아브리파토의 어린 개체 턱뼈는 생후 5-10개월군에 속한다고 판단할 수 있었다. 왜냐하면 많은 경우 M_1이 반만 나와 있어 충분히 3-5개월군이라고 볼 만하거나 혹은 M_1은 완전히 나왔지만 M_2는 아직 치낭 속에 있어 10-15개월군 이전 단계였기 때문이다. 다시 프랑스의 순록이 5월 중순에 새끼를 낳았다고 가정했을 때, 개체들이 5-10개월 연령군이라 함은 죽은 시점이 역시 겨울임을 뜻한다. 다른 세 점의 아브리파토 턱뼈는 좀더 나이 많은 두 번째 군으로 분류되었다. 이것들에서는 M_2가 $\frac{1}{4}$이나 그 이하 나와 있어, M_2 발아기의 이른 단계인 생후 10-11개월에 죽었음을 말해 주며, 다시 이것은 개체들이 3월 중순에서 4월 중순 사이에 죽었다는 뜻이다. M_2가 절반이나 $\frac{3}{4}$ 나온 것은 하나도 발견되지 않았는데, 이것은 생후 12개월 이상 시기에, 다시 말해 여름에 죽은 것이 없다는 뜻이다. 자료가 작은 규모였지만, 스피스는 이러한 턱-나이 자료를 볼 때 순록을 잡은 시기는 10월에서 3월 사이, 즉 겨울일 것이라고 생각했다.

이와 유사한 분석은 리히터(Richter, 1982)도 덴마크의 울케스트룹링오스트(Ulkestrup Lyng Øst)의 마글레모시안(약 6100 bc) 유적에서 발견된 어린 원시소의 턱뼈를 대상으로 실시하였다. 서너 점의 아래턱뼈에는 유치가 약간 마모된 흔적이 있어, 생후 4-10주 개체에 속함을 말해 주었다. 원시소가 아마도 3월이나 4월 새끼를 낳았을 것이므로, 이 울케스트룹에서 발견된 원시소 새끼들은 늦봄에 죽었을 것이다. 먼슨(Munson, 1984)도 인디애나의 한 유적에서 발견된 동물자료를 연구하며, 같은 방식의 추리를 어린 우드척 턱뼈에 적용하였다. 그는 프레리도그 또는 마멋같이 몸집이 큰 여러 다른 북아메리카 설치류도 이런 식으로 연구할 수 있다고 보았다.

지난 수십 년 동안 사냥동물을 연구하는 생물학자들이 주도적으로 개발한 실험기법으로서, 이빨의 시멘트질 침적 띠의 개수를 셈으로써 포유동물의 나이를 판정하는 방법이 있다(Grue and Jensen, 1979). 시멘트질은 포유동물의 일생 동안 이빨 치근부위에 얇은 층을 이루며 쌓이는 골질 조직이다(제2장). 단면을 현미경으로 관찰하면, 이러한 층은 나이테와 유사하게 밝고 어두운 일련의 띠가 반복하는 모습이다. 이 대비되는 띠는 식량 구득의 계절적 차이를 반영하고 있는데, 보통 어둡고 밝은 띠가 각 하나씩 매년 두 개의 띠가 추가된다. 만약 어둡고 밝은 띠가 어느 계절에 해당하는지 안다면, 외곽의 띠, 즉 죽기 직전에 만들어진 띠가 어떤 것인지 파악함으로써 그 동물이 일 년 중 어느 때 죽었는지 알 수 있을 것이다. 이러한 분석기법은 보존상태가 취약한 고고학 자료에 대해서는 적용하기 어렵다. 그럼에도 불구하고, 스피스는 자신이 볼 때 그 특성을 믿을 만하게 '읽을' 수 있는 외곽 시멘트질 침적 띠를 갖고 있는 순록 이빨 6점, 붉은사슴 이빨 2점 및 말 이빨 2점을 찾아냈다. 이 이빨들의 외곽 띠는 모두 어두운 색조였다. 오늘날 북극권과 반북극권의 순록에서 어두운 띠는 신진대사가 아주 느리게 이루어지는 시기인 12월에서 4월 사이에 만들어진다. 만약 이러한 계절성이 플라이스토세 말의 프랑스 서남부에서도 유사한 양상이었다면, 이 동물들은 겨울에 사냥되었음에 틀림없고 또 이것은 태중 개체의 긴뼈와 이빨에서 얻은 연대를 확인시켜 준다.

프랑스 서남부에 있는 오리나시안 문화에 속하는 또 다른 후기구석기 유적인 라키나(La Quina)는 아브리파토에서 80km 서북서쪽에 있는데, 여기에서 길렝과 앙리-마르탱은 어린 순록 턱의 이빨 발아 상태를 연구했다(Guillen and Henri-Martin, 1968). 두 사람의 M_1과 M_2 발아 자료는 이곳 역시 계절적으로 점유되었음을 보여 주었는데, 그러나 그 시기는 5월 중순에서 10월까지인바 이것은 아브리파토의 예상 점유시기인 10월에서 4월 사이의 기간에 보완적인 의미를 갖고 있다. 이로부터 두 유적이 혹시 하나의 이동생활 사냥집단이 남긴 겨울과 여름 캠프일 것이라 상상하고 싶어지기도 하는데, 그러나 이러한 방식의 해석을 진지하게 내리기 위해서는 먼저 프랑스 서남부 지역에서 계절성에 대해 훨씬 더 많은 연구가 이루어져야만 한다.

이스라엘 – 새끼 영양 유치

필자는 이스라엘 북부와 중부의 플라이스토세 말에서 홀로세 초에 걸친 고고동물 자료를 연구하며, 나투피안 문화기(10300 – 8500 bc) 내지 그 직전 시기에 새끼 영양의 뼈, 즉 뼈끝이 융합하지 않은 긴뼈 비율이 대략 26%에서 33%로 증가함을 발견했다(Davis, 1983). 이러한 현상은 북아메리카의 사슴수렵 원주민 집단과 관련해 엘더(Elder, 1965)가 판단한 바와 같은 사냥행위의 점진적 증대를 이유로 생각거나(제5장) 혹은 가축화의 결과라고 설명할 수 없었다. 따라서 필자는 다른 설명을 찾아 나섰다.

필자는 영양의 번식양상은 무스테리안에서 나투피안에 이르기까지 일정해 새끼가 봄에 집중적으로 태어났다고 가정했다. 나투피안의 테라스 유적*인 하요님(Hayonim; 약 9000 bc)에서 보이는 새끼 증가 현상에 대한 필자의 설명은 어린 야생 영양 개체 수의 계절적 변화에 기초하고 있다. 오늘날 이스라엘에서 영양 무리의 나이 구성을 보면 어린 개체의 비율은 겨울보다 여름에 더 높다. 이것은 출산이 봄에 집중되고, 새끼의 사망률이 겨울에 높기 때문이다.

필자는 하요님테라스보다 앞선 시기의 자료에서 도축된 어린 영양의 나이 구성은 자연 상태에서 겨울에 보이는 양상과 대체로 일치하지만, 하요님테라스 자료에서는 어린 개체의 도축이 증가한바 새끼의 구성비는 자연 상태에서의 일 년 중 평균 비율과 일치할 수 있을 것으로 생각한다. 후자에서 어린 개체가 증가하는 양상은 봄에 태어난 새끼들이 자료에 포함되기 때문인데, 조사 결과 실제로 하요님테라스의 많은 영양 뼈는 갓 태어났다고 보이는 개체들의 것이었다. 이어, 새끼 영양의 아래턱뼈를 자세히 관찰해 보았다.

이스라엘 북부와 중부의 현생종 영양 이빨의 발아와 마모에 대한 연구(Davis, 1980)에서는 *Gazella gazella* 종의 유치가 생후 약 13-15개월 사이에 빠지는 게 밝혀졌다.

거친 풀을 먹기 때문에 영양은 영구치뿐만 아니라 새끼의 유치도 치관이 높은데, 특히 가장 나중에 나오는 유치 어금니(m_3)가 그렇다. 이 이빨은 마모가 시작되기 전인 갓 태어났을 때의 '치관 높이'가 7-10mm 정도지만 점차 닳기 시작해 이것이 빠지고 P_4로 대체될 생후 13-15개월이면 단지 2-3mm에 불과하게 된다.

필자는 세 군의 대규모 고고동물 자료에서 유치에 바탕을 둔 계절성 연구에 충분한 양의 새끼영양 아래턱뼈를 얻게 되었다. 자료는 카멜 산 케바라(Kebara) 동굴의 여러 무스테리안(50000-40000 bc) 층, 갈릴리 서부 하요님 동굴의 여러 오리나시안(약 24000 bc) 층 및 하요님 동굴 밖에 있는 하요님테라스 나투피안(약 10000-9000 bc) 유적에서 얻은 것이다.

필자는 이 세 군의 자료에 있는 영양 m_3유치를 모두 계측하였다. 그림 4.1에 도시한 계측 결과는 이스라엘에서 고대인이 사냥한 어린 영양의 대략적 나이 구성을 보여 준다. 제한된 양의 시료 및 어찌 할

---

* 옮긴이 주: 테라스란 근동지방에서 장기간에 걸쳐 반복된 주거시설의 건축과 폐기로 만들어진 높고 편평한 단과도 같은 형태의 복합유적을 가리킨다.

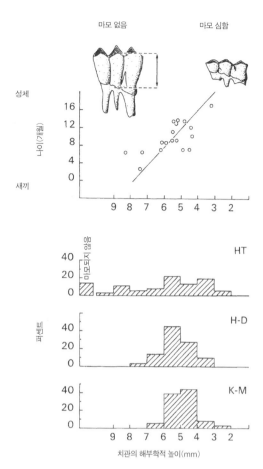

그림 4.1 선사시대 이스라엘에서 계절에 따른 영양(*Gazella gazella*) 사냥. 현생종 영양과 고고학 자료로 발견되는 영양의 유치 어금니에 대한 연구임. 위: 갈릴리 동부에서 계측한 18마리의 현생종 영양에서 보이는 mm 단위로 계측한 m_3 치관의 높이와 월령 나이 대비표. 나이를 먹은 새끼 영양일수록 치관이 낮다. 아래: 세 고고학 유적에서 보이는 치관 높이가 다른 영양 이빨 m_3의 비율.
　(1) HT = 하요님테라스, 나투피안(9000 bc) n=37
　(2) H-D = 하요님 동굴, 오리나시안(24000 bc) n=58
　(3) K-M = 케바라 동굴, 무스테리안(50000-40000 bc)
　　　n=36
K-M과 H-D에서 나이 분포는 제한된 범위에 있지만, HT는 몇 점의 마모되지 않은 m_3를 비롯해 연령대가 넓은 범위에 걸쳐 있다. 그렇다면, K-M 및 H-D에서 영양은 겨울에 사냥되었고 HT에서는 일 년 내내 사냥되었을까? 출전 Davis, 1983

수 없는 보존과 관련된 문제로 인해, 필자의 해석이 틀림없다고 확신할 수는 없다. 그럼에도 불구하고, 하요님 오리나시안과 케바라 무스테리안에서 m_3 치관 높이가 대부분 4-6mm 사이로서 생후 8에서 12

개월에 해당할 것이라 보여, 이렇게 비교적 좁은 범위로의 '집중현상'은 어린 영양의 도축이 상대적으로 짧은 기간 동안, 아마도 겨울에 이루어졌음을 말해 준다고 필자는 판단한다. 그러나 하요님테라스의 나투피안에서 m_3 치관 높이의 분포는 현격히 다른 양상이다. 이 경우에는 '집중현상'이 그리 뚜렷하지 않아, m_3 치관 높이가 4-6mm뿐만 아니라 마모의 모든 단계에 걸쳐 있다. 이는 하요님테라스에서 영양이 여름을 포함해 일 년 중 모든 계절에 걸쳐 사냥되었음을 말하는 것일 수 있다.

　그렇다면 우리는 비록 빈약하긴 하지만 선사시대 사람은 약 11,000년 전 나투피안 문화기에 이동생활에서 정착생활로 전환했으리라는 증거를 가지게 된 셈이다. 그렇지만 수렵과 채집은 여전히 나투피안 경제의 기초를 이루고 있었다. 나투피안은 수석제 세석기를 비롯한 매우 발달한 도구와 예술로도 유명하지만 돌로 벽을 만든 견고한 주거구조 유적으로도 유명한데, 이것은 레반트 최초의 영구적 건축물이다. 그리고 고고학자들은 오래 전부터 나투피안이 영구정착마을을 이루고 산 최초의 집단이라고 생각해 왔다. 나투피안 유적은 전 단계 문화보다 유적수는 적지만 그 규모는 대체로 훨씬 더 커, 이 역시 모종의 사회적 재구성이 발생했음을 시사해 준다.

　만약 나투피안에 대한 이러한 고고학적 사건의 재구성이 옳다면, 쿵 부시맨에 대한 리의 연구를 생각할 때, 우리는 왜 식용동물 사육과 식물 재배가 나투피안에 이은 신석기 문화기에 일어났는지 설명할 수 있다. 나투피안 초기의 여러 소규모 수렵집단은 아마도 11,000에서 12,000년 전에 영구적인 정착마을을 만들었을 것이다. 당시는 또 후빙기 기후변화의 시기로서, 그러한 변화가 어떤 영향을 주지 않았을까 여겨진다. 정착생활과 더불어 터울이 줄어들었을지 모르며 따라서 인구는 증가했을 것이다. 신석기시대가 되면 크게 늘어난 인구와 기아의 위협은 경제생활의 변화를 가져오지 않을 수 없게끔 해, 인간은 밀과 보리 같은 식물을 재배하고 염소와 양 같은 식용동물을 가축화하게 되었을 것이다(제6장).

캘리포니아 – 물고기

물고기나 연체동물과 같은 종류의 '냉혈동물' 유해를 다루는 고고학자는 육지 포유동물을 다루는 동료보다 자원이용의 계절성을 보다 성공적으로 판단할 기회가 클 것이다. 자신의 신체온도를 조절할 수 없는 동물 대부분에서 보는 바와 마찬가지로, 물고기는 주기적으로 성장한다는 특징을 갖고 있다(Nikolsky, 1978: 190). 즉 물고기는 좀더 따뜻한 시기처럼 먹이가 풍부한 때에는 빨리 성장하지만 특정한 먹이를 구하기 어려운 때에는 느리게 성장한다. 더구나 물고기는 포유동물과 달리 제2장에서 살핀 바와 같은 뼈의 성장과정에서 구조 재조정이나 조직 흡수 같은 현상이 일어나지 않는다. 이러한 두 가지 특징 때문에, 물고기 비늘과 대부분의 뼈 속에는 그러한 불균등 성장의 기록으로서 넓고 좁은 테가 번갈아 만들어져 영구적으로 남는다. 폭이 넓은 테는 반사광에는 어두우나 직사광에는 밝게 보이며, 좁은 부분은 그 반대로 반사광에는 밝으나 직사광에는 어둡게 보인다. 이 두 테는 각각 성장 촉진기와 지체기에 해당한다. 1684년 네덜란드의 박물학자 레원훼(Leewenhoek)은 이러한 테가 물고기의 나이 '판독'에 사용될 수 있을 것이라는 생각을 처음으로 하였다. 따라서 이빨의 시멘트질 침적 띠의 경우와 마찬가지로, 물고기 비늘이나 뼈의 가장 바깥 구역의 성격을 관찰함으로써 물고기가 죽은 계절을 알 수 있다. 그런데 물의 온도가 높은 열대나 아열대에서는 생식선 성숙과 같은 온도 이외의 여러 요소가 테의 발달양상을 복잡하게 만들 수도 있다. 그

러나 캘리포니아의 경우 좁은 테는 3월에서 6월 사이에 집중되는 산란으로 물고기가 받는 스트레스가 형성의 주원인으로 보인다(Casteel, 1972).

캐스틸(Casteel)은 캘리포니아에 서식하는 물고기 뼈 생장의 계절적 변이에 대한 그러한 지식을 바탕으로, 스톡턴 남쪽에 있는 프렌치캠프(French Camp) 매장유적의 두 무덤과 관련된 물고기 뼈 집중유구 네 곳에서 수습한 다량의 물고기 등뼈를 분석하였다. 발굴자는 유구와 무덤과의 관계에 대해 확실한 결론을 내리지 못했는데, 넷 중 셋은 한 무덤에 속하지만 네 번째 것은 어느 것과도 연관될 수 있는 양상이었다. 이에 카스틸은 (a) 물고기를 원래 어느 계절에 잡았으며, (b) 이러한 계절성 자료에서 네 번째 물고기 뼈 집중 유구가 어느 무덤에 속하는지를 판단하려 했다. 물론 이러한 연구는 두 무덤이 다른 계절에 만들어졌을 때에만 가능하며, 물고기를 잡은 다음 바로 묻었음을 가정하는 것이다.

캐스틸은 가장자리가 잘 보존된 596점의 척추 뼈를 분석해, 각각의 죽은 시점을 세 개의 군으로 분류하였다. 즉,

 (1) 가장자리에 좁은 테가 있는 척추: 3월-6월;
 (2) 좁은 테에 이어 약간의 성장 흔적이 있는 척추: 7월-10월;
 (3) 좁은 테에 이어 뚜렷한 성장 흔적이 있는 척추: 11월-2월.

그림 4.2에 보이는 그의 분석결과는 과연 b, c, d 군의 물고기가 대부분 동일한 계절, 즉 7월에서 10월에 잡혔음을 보여 주고 있어, 이것들이 하나의 동일한 무덤에 속할 것임을 말해 준다. 그러나 시료군 (a)는 11월에서 2월에 잡은 것으로 나타났고, 따라서 원래는 다른 무덤과 더불어 묻혔을 것이다. 이런 결과로부터 카스틸은 물고기를 언제 잡았는지 말할 수 있었을 뿐만 아니라, 이 유적에는 일 년 중 다른 계절에 매장이 이루어진 두 무덤이 있음을 보여 줄

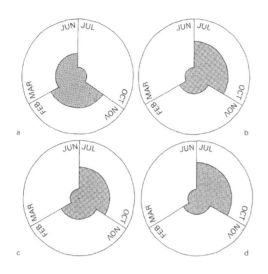

그림 4.2 캘리포니아의 매장유적에서 발견된 물고기 척추에 대한 카스틸의 분석(Casteel, 1972). 도표는 '물고기가 죽은 계절'을 보여 준다. (a)n＝445, (b)n＝41, (c)n＝89, (d)n＝21. (b), (c), (d)의 시료는 대부분 동일한 계절에 잡혔다. (a)는 아마도 11월-2월에 잡혔을 것이다.

수 있었다.

오론세이 섬의 물고기 이석

물고기 유해와 관련해 가장 주목할 만한 연구로는 스코틀랜드 서해안 이너헤브리디스 군도에 있는 오론세이 섬의 중석기시대 유적에서 수습한 북대서양대구(Pollachius virens) 이석에 대한 윌킨슨의 연구를 들 수 있다(Mellars and Wilkinson, 1980; 제8장). 윌킨슨은 물체질을 통해 3300-2600 bc(약 4100-3400 BC)의 연대를 갖고 있는 이 섬의 네 유적에서 물고기 이석을 다량 수습하였다.

이석은 대부분의 포유동물 속귀에서 발견되는 석회질 덩어리로서, 주로 평형감각과 관계된다. 경골어류의 이석은 다른 포유동물과 달리 매우 크며[그림 4.3 및 4.4], 매일 성장한다는 특징이 있다. 세 쌍의 이석 중에서 가장 크며 또 종과 모집단 차원에서 해

당 동물의 특징을 가장 잘 보여 주는 것은 평형석인데, 이것은 고고학 연구에서 계절성을 말해 주는 지시자로 사용할 수 있는 잠재적 가능성이 가장 높다.

북대서양대구는 태어나 첫 3년 동안 매우 빨리 자라며, 이석도 그렇게 자란다[그림 4.5]. 그러므로 이 시기에는 이석의 크기와 개체의 나이가 대체로 비례관계에 있다. 대부분의 물고기가 그렇듯 북대서양대구의 산란기도 일정하기 때문에, 어떤 시점에 무작위로 잡힌 개체들의 이석은 그 크기에서 반드시 두, 세 군으로 나뉘며, 각 군은 서로 다른 나이 군에 속한다.

크녹슬리고와 크녹코그(Cnoc Coig) 두 유적에서 수습한 이석은 길이가 두 개의 최빈수를 중심으로 분포하는 양상이었으며, 프라이어리패총에서는 최빈수가 하나였다. 네 번째 유적인 카스텔난길레안(Caisteal nan Gillean) 2유적에서는 길이가 더 고르게 분포하는 중간적 양상의 도표가 얻어졌다. 윌킨슨은 흥미진진한 추론을 통해 이러한 이석 길이의 분포 양상은 고대 어로작업의 계절성을 뜻한다고 해석하였다.

윌킨슨은 오론세이 연해에서 일 년 여러 시기에 북대서양대구를 잡아, 이석 성장 속도를 표로 만들었다[그림 4.5, 위 왼쪽]. 그는 5천 년 전 북대서양대구의 (a) 성장속도 및 (b) 산란기가 오늘날과 같았음을 가정해, 특정 크기의 이석이 일 년 중 어느 때에 해당하는가를 '읽어 냄'으로써 그에 따라 물고기가 잡힌 때를 판단할 수 있었다.

윌킨슨은 크녹슬리고 유적에서는 7, 8월 여름에, 크녹코그에서는 이보다 조금 늦은 9월에서 11월에 물고기를 잡았다고 보았다. 즉, 그림 4.5의 아래 왼쪽 분포도에서, 크녹코그에서 최빈수가 크녹슬리고보다 일정하게 1mm쯤 오른쪽에 있음에 주목할 필요가 있겠다. 크녹코그가 가을에 점유되었음은 헤이즐넛 껍질과 더불어 발견된 동물 뼈 중 가장 많은 양

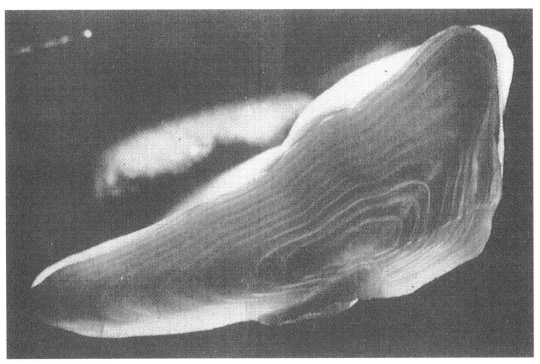

그림 4.3 1963년 1월 노르웨이 연안에서 잡힌 110cm 크기의 북대서양대구 이석의 단면. 대구의 나이는 12살로 추정되었다. 매년 늘어나는 성장선에 유의하시오. 사진 A. R. Margetts, Crown Copyright, Ministry of Agriculture, Fisheries and Food

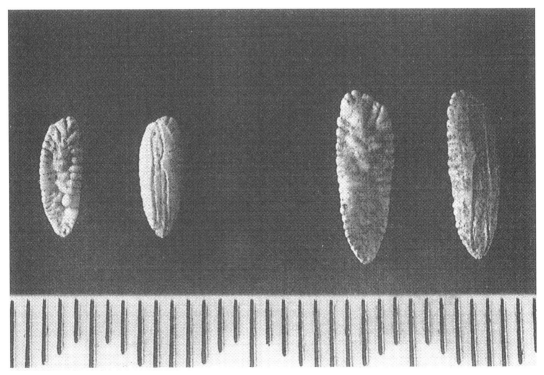

그림 4.4 북대서양대구 이석. 축척 밀리미터. 사진 Paul Mellars

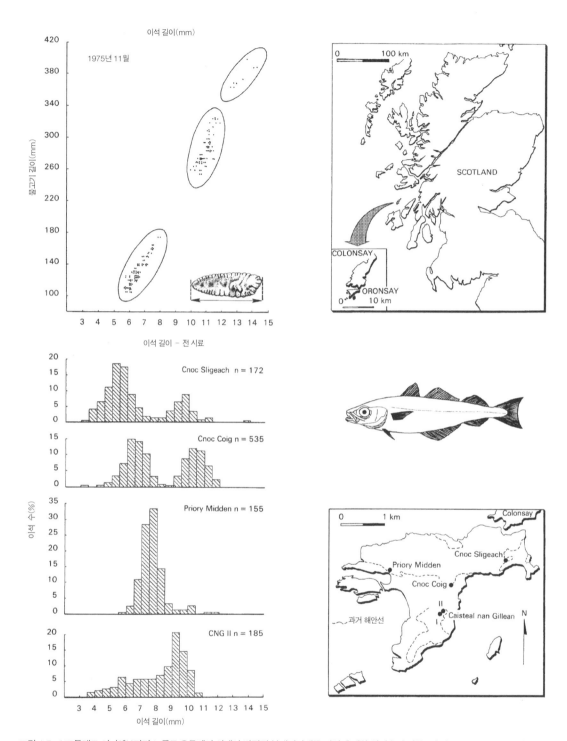

그림 4.5 스코틀랜드 이너헤브리디스 군도 오론세이 섬에서 발견된 북대서양대구 이석에 대한 월킨슨의 연구. 위 왼쪽: 1975년 11월 잡힌 북대서양대구의 몸체 길이와 이석 길이 사이의 관계. 도표에서 '1년생', '2년생' 및 '3년생 이상'의 나이 군이 나누어짐에 주목하시오. 아래 왼쪽: 오론세이의 네 중석기시대 유적에서 발견된 북대서양대구 이석의 크기 분포. 유적의 계절성에 대해 월킨슨은 〈7-8월 크녹슬리고, 9-11월 크녹코그, 겨울 프라이어리패총〉이라고 해석했다. 카스텔난길레안 2유적(CNG II)에서는 물고기를 더 오랫동안 잡았을 것이라 보이지만, 어로작업은 아마도 6-7월에 집중되었을 것이다. 출전 Mellars and Wilkinson, 1980, 1978

을 차지하는 회색물개 뼈가 말해 준다. 왜냐하면 물개 중에는 매우 어린 개체들도 들어 있는데, 물개는 이른 여름 번식을 위해 육지에서 무리를 이루고 있어 사람들에게 좋은 사냥감이 되기 때문이다.

파도로부터 보호받는 곳에 있는 프라이어리패총에서는 이석의 계측치가 하나의 뚜렷한 최빈수를 중심으로 분포하고 있다. 계측치 분포는 이곳에서 태어난 지 1년 이내의 물고기만을 초겨울과 초봄 사이에 잡았음을 보여 준다. 프라이어리패총이 겨울에 점유되었다는 사실은 또 조개에 비해 북대서양대구 뼈가 비정상적으로 소량이라는 점에서도 알 수 있다. 오늘날 나이 먹은 북대서양대구들은 한겨울에 깊은 물속으로 숨는다고 알려져 있는데, 그렇다면 고대의 어로기법으로는 이런 것들을 잡을 수 없었을 것이다. 그러나 1년생 북대서양대구는 겨울에 들어와서도 한동안 해안 가까이 머무르는 습성이 있으므로, 사람들이 잡을 수 있었을 것이다. 자료 중에 1년생이 압도적으로 많다는 점은 이런 배경에서 설명할 수 있을 것이다. 1년생 북대서양대구들은 겨울 후반 본격적으로 해안에서 멀리 떨어진 곳으로 이동하므로 이후에는 어떤 연령대의 북대서양대구도 매우 잡기 어려워졌을 것이다. 이러한 정황과 더불어, 프라이어리패총 이석 계측치가 보여 주는 낮은 분산도는 성장속도가 전반적으로 느린 시기인 겨울에 물고기를 잡았음을 지시하는 증거로 생각할 수 있다.

네 번째 패총인 카스텔난길레안 2유적에서 어로작업은 다른 유적에 비해 더 오랜 시기에 걸쳐 이루어졌다고 보인다. 그렇지만 그 중심 시기는 아마도 6월이나 7월일 것이다.

오론세이는 작은 섬으로서, 지금까지 발견된 고고학적 자료가 우리가 알고자 하는 문제에 대해 모든 답을 주지는 않았다. 그런 문제로는 예를 들어 다음과 같은 질문이 있겠다. 즉, 여러 패총은 다양한 자원을 수렵채집하며 계절적으로 지점을 달리해 살았던 동일집단의 사람들이 남긴 것인가, 아니면 쥬라(Jura)를 비롯한 이웃 섬에 살던 사람들이 일 년 중 몇 차례건 짧은 시기 동안 이 섬을 찾았던 것일까?

연체동물 달력

물고기 이외에도, 또 다른 냉혈동물인 연체동물 역시 개체가 죽은 계절에 대해 단서를 남길 수 있다. 물고기와 마찬가지로 연체동물도 일단 침적된 경질 조직을 재조직하거나 재흡수하지 않는다. 따라서 껍질에는 개체의 생애 전반의 양상이 기록으로 남게 된다. 또 물고기와 물고기 뼈의 성장도 그렇지만, 많은 연체동물의 껍데기는 겨울보다 여름에 더 잘 발달한다. 껍질의 성장은 겨울에는 심지어 완전히 멈추기도 한다.

생장선 분석

조간대에 서식하는 이매패 같은 몇몇 연체동물의 조개껍질 단면을 현미경으로 관찰하면 매우 가는 검은 선으로 구분된 좁은 성장 띠들을 볼 수 있다. 이것들은 각각 간조와 만조 때 만들어지는데, 한 해의 성장기 동안 최대 수백 개가 형성되는 것으로 알려졌다. '생장선 분석'의 첫 단계는 성장기 동안 만들어진 미세한 크기의 성장 띠 전체를 '만조 회수'로 나누어 보는 것인데, 만약 여름 성장기가 시작한 날짜를 안다면 이 '만조 회수'를 달력상의 날짜로 변환시킬 수 있겠다. 그런데 이러한 분석에서는 여름 성장기의 시작 시기가 옛날에도 오늘날과 대체로 같았으리라는 전제를 기본가정으로 취하고 있다. 물론 성장기의 시작은 위도뿐만 아니라 성장가능 기간의 길이에 따라 달라질 것이다. 따라서 화석 연체동물의 계절성에 대한 해석은 같은 지역에 현재 살고 있는 현생종의 성장 특징에 대한 완벽한 지식을 필요로 한다.

연구사례로서, 디스(Deith, 1983)는 스코틀랜드 파이프(Fife)에 있는 중석기시대의 모튼(Morton) 유적에서 꼬막이 일 년 중 어느 시기에 채집되었는지 알기 위해 스코틀랜드에서 쉽게 구할 수 있는 식용 꼬막인 *Cerastoderma edule*를 주의 깊게 연구하였다. 일본에서는 코이케가 선사시대 해안주민의 조개 어로 습관을 알기 위해 *Meretrix lusoria* 조개를 연구한 바 있다(Koike, 1975).

껍질의 성장

연체동물은 분비외투막이 껍데기 말단에 있는 성장부위 주변에 조개껍질 물질을 분비함으로써 새로운 껍질을 만든다. 리차드슨 등은 일련의 실험을 통해 평범한 식용 꼬막같이 조간대에 사는 연체동물은 만조 때 물속에 가라앉아 있을 때 새 껍질을 만든다는 것을 보여 주었다(Richardson *et al.*, 1979). 간조로 물이 빠진 동안에는 외투막이 움츠러들고 껍데기가 닫혀 껍질은 성장을 멈추는데, 이때 검은 선이 만들어진다. 이렇게 조수작용으로 만들어지는 이러한 일련의 성장 띠는 껍질 단면에서 현미경으로 관찰할 수 있다(그림 4.6, 4.7, 4.8).

중위도 지역에서 껍질은 겨울이 다가오며 성장이 점차 느려져, 늘어나는 양이 줄어든다. 코이케는 자신의 *Meretrix* 시료 껍질 단면의 성장 띠를 측정하였다. 사람 머리카락 지름이 대체로 50에서 70미크론임에 비해, 성장 띠는 여름에는 50미크론, 12월에는 15미크론이며, 일본에서 해수 온도가 가장 낮은 2월에는 단지 12-5미크론에 불과했다. 아래에서 곧

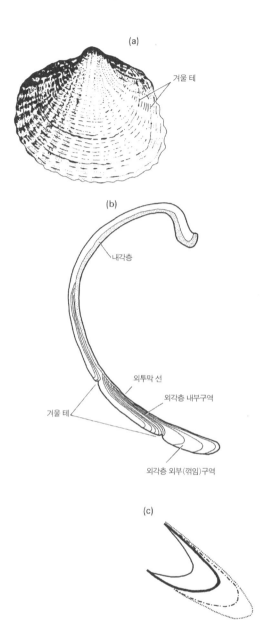

그림 4.6 조개껍질의 성장과 계절성. (a) 꼬막의 일종인 *Cerasto-derma edule* 껍데기로서, 겨울에 형성된 테가 두 개 있다. (b) 같은 껍데기 단면으로서, 겨울에 형성된 테로 인해 만들어진 홈이 보인다. (c) 위 (b)의 가장자리에 있는 성장부위의 모습으로, 장차 성장할 부분을 긴 점선과 짧은 점선으로 차례대로 표시했다. 그림 Sue Wanek, 제공 Margaret Deith

살피겠지만, 매우 찬 물에서는 디스가 스코틀랜드에서 발견한 바와 같이 성장이 점차 느려져 성장 띠 하나하나의 구분이 불가능한 수준까지 되어 버리며,

겨울에는 껍질의 성장이 완전히 멈추어 버렸다.

이러한 겨울 동안의 성장 감소 내지 중지로 껍질 표면에는 육안으로도 볼 수 있는 홈, 즉 '성장후퇴 테'가 만들어진다. 껍질에 보이는 최후의 겨울 테는 따라서 그 이후에 일어난 모든 성장을 측정하고 이를 달력상의 날짜로 변환함에 필요한 참조 기준이 된다.

화석 조개껍질에서 계절성을 해석하기 위해서는 성장 띠 하나하나가 만들어지는 시간이 얼마나 오래 걸렸으며 성장기가 시작하는 날짜는 언제인가를 아는 것이 필요하다. 그러한 사례의 하나가 스코틀랜드 동부 파이프의 해안에서 채집한 꼬막에 대한 디스의 연구이다. 그는 1979년에서 1981년까지 3년에 걸쳐 여름 성장기의 여러 다른 시점에 조개를 채집해 자신의 연체동물 달력을 만들 수 있었다. 그는 성장 띠를 구분해 주는 성장선을 5월 채집 꼬막에서

는 평균 90개, 9월 채집 꼬막에서는 283개 셀 수 있었다. 다시 말해, 101일 동안 193개의 성장선이 만들어졌던 것이다. 이 기간 동안 해안선을 덮은 만조는 195회 있었다. 이러한 만조 횟수와 성장 띠 개수 사이의 상관관계는 매우 높은 것으로서, 성장 띠 형성이 조수의 영향을 받고 있음을 뚜렷이 확인시켜 준다. 디스는 역산을 통해 성장부의 성장이 시작된 때가 대략 4월 22일경, 즉, 5월 31일에서 45일 전임을 계산할 수 있었다. 어느 한 성장기에 만들어지는 성장선의 총 수는 어느 정도 차이가 있지만 300개 내외로서, 만들어지는 기간은 약 21.5주, 즉 4월 22일에서 9월 25일까지 사이에 해당한다고 계산되었다. 디스는 이 두 날짜가 '평균 예상일'로서 아마도 날씨 조건에 따라 해마다 조금 차이가 있을 터이므로, 따라서 꼬막이 죽은 날짜는 약 1주일 이내의 정확도로서 판단할 수 있다고 보았다. 그런데 이러한

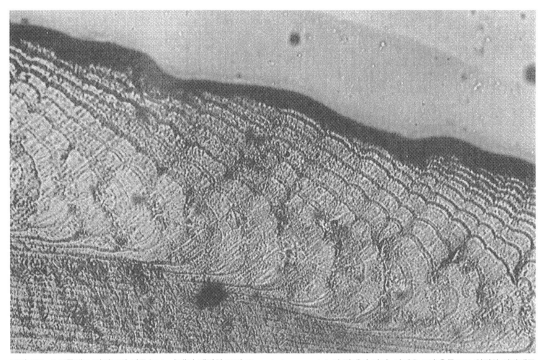

그림 4.7 스코틀랜드 파이프의 이든(Eden)에서 채집한 꼬막 *Cerastoderma edule*의 껍데기 단면. 사진은 조수운동으로 침적한 성장대를 보여 준다. 투과광을 이용한 아세테이트 접지 사진. 확대 배율 약 750배. 사진 Margaret Deith

그림 4.8 노퍽의 스티프키(Stiffkey)에서 채집한 꼬막 *Cerasto-derma edule*의 껍데기 단면. 조수운동으로 침적한 성장대를 보여준다. 축척 20μm（1μm＝1/1000mm）. 전자주사현미경(SEM) 사진, 제공 Margeret Deith

판단은 물론 5개월의 여름 성장기 중 죽은 꼬막에 대해서만 적용할 수 있겠다. 겨울에 채집한 꼬막에 대해서는 껍질이 성장을 중지했기 때문에 단지 '겨울 채집'이라고만 할 수 있는바, 스코틀랜드에서 꼬막을 이용한 계절성 분석이 갖고 있는 큰 한계이다.

디스는 이어 파이프의 모튼에 있는 중석기시대 패총의 꼬막을 분석하였다. 2개의 겨울 성장후퇴 테 사이에서 셀 수 있던 성장선은 평균 298개로서, 이것은 오늘날의 시료에서 보이는 300에 매우 가까운 숫자인바, 꼬막이 7천 년 전에도 매년 동일시기 동안 성장했음을 말해준다. 모튼에서 수습된 자료에서는 꼬막의 79%가 겨울에 채집되었으나 21%에서는 여름에 채집되었음을 말해 주는 '여름 말단부위'를 뚜렷이 갖고 있었다. 최후의 '겨울 성장후퇴 테'에서 이 '여름 조개'의 말단 성장부위까지 사이에 있는 성장선 수를 달력으로 환원한 결과, 조개는 6월

말/7월초에 채집되었다고 계산되었다. 그런데 오차를 감안한다면 혹시 조개가 모두 하루에 다 채집되었을 수도 있을 것이다. 디스는 모튼 패총은 '현장캠프' 유형의 유적으로 가끔씩 잠시 점유되었을 뿐 영구적으로 점유된 것이 아니며, 또 계절에 따른 특정 자원을 전문적으로 이용하기 위해 점유된 것도 아니라고 결론지었다. 실제로 연체동물 이외에도 모튼에서는 사슴, 멧돼지, 소, 물고기, 바닷새 등의 유해가 수습되어, 광범위한 자원을 기반으로 한 경제활동이 있었음을 말해 준다.

코이케(Koike, 1975)는 일본 치바 현의 조몽 후기 (2000-825 bc 혹은 2500-1000 BC) 유적인 미야모토타이(宮本台)의 7개 층에 포함된 *Meretrix* 조개가 늦겨울에서 봄에 걸쳐 채집되었다는 결론을 얻었다. 그러나 도쿄 만에서 3km 떨어진 에도 강 동안에 있는 고분시대 후기(약 500-700년)의 나츠미타이(夏見台) 유적에서는 *Meretrix*가 연중 내내 채집되었고 특히 늦겨울과 봄에 집중적으로 채집되었다고 나타났다. 여기에서는 늦가을과 초겨울에 채집된 것은 거의 없었다(Koike, 1979).

디스 및 코이케는 성장선 연구의 가능성을 보여 주었다. 그러나 뚜렷하고 확실히 분간할 수 있는 성장부가 없는 조개에 대해서는 이런 종류의 분석을 시도해 볼 수 없을 것이다.

산소동위원소 분석

삿갓조개나 고동처럼 조수 영향 기원의 성장선이 없거나 뚜렷하지 않은 연체동물에 대해, 섀클턴 (Shackleton)과 디스는 또 다른 접근법을 사용하였다. 이 방법은 산소동위원소의 변이를 이용해 조개 껍질 말단 성장부가 만들어지던 당시의 수온을 측정하는 것이다.

대부분의 지각 구성 원소는 화학적 성질은 동일하지만 원자량이 다른 두 '종류' 이상의 원자로 이루어졌는데, 이것들을 동위원소라고 한다. 예를 들어 탄소는 주로 원자량 12인 원소로 구성되어 있지만, 원자량 12인 원소와 대략 90:1의 비율로 원자량 13인 탄소가 소량 존재하며, 다시 불안정한 방사성 동위원소 ^{14}C가 이보다도 훨씬 적은 양 존재하는데 바로 이것이 고고학에서 유기물 연대측정에 매우 유용한 동위원소이다.

산소의 경우, 몇 개의 동위원소 중에서 지질학과 고고학 연구와 관련해 중요한 것은 좀더 가벼운 산소 16과 좀더 무거운 산소 18 두 종류의 안정 동위원소이다. 지각, 대양, 대기 및 생물을 구성하는 모든 물질에는 산소 원소가 평균 ^{16}O 5000개당 ^{18}O 하나의 비율로 들어 있다. 우리에게 관심거리가 되는 것은 이 비율의 변화이다.

밀도가 상이한 물질은 열역학적 특성이 다르다. 어레이(Urey, 1947)는 두 산소동위원소의 비율이 기온에 따라 변하며, 살아 있는 유기체가 만든 탄소 산화물인 탄산염으로 이루어진 지질시료에서 이 비율을 측정함으로써 고기온을 측정할 수 있을 것이라는 견해를 처음 제시하였다. 이것이 가능한 이유는 왜냐하면 조개껍질의 석회화 과정에서는 주위환경으로부터 취한 산소 원자가 조개껍질을 구성하는 결정의 격자 구조에 집어넣어져야 하는데, 이때 기온 차이에 따른 약간의 편차로 어느 한 동위원소가 다른 것보다 더 잘 흡착될 수 있기 때문이다. 수온이 따뜻할수록 만들어진 탄산염에는 ^{18}O이 그만큼 덜 들어가 가벼워진다. 따라서 연중 내내 껍질 구성 물질을 만드는 연체동물은 일 년 주기로 해수 온도 변화를 기록하는 셈이다. 그렇다면 이 연속적으로 기록된 자료로부터 일정하게 적절히 떼어낸 시료를 분석해 얻은 도표는 해수 온도 변화곡선에 대응하는 변화를 보여 줄 것이며, 껍질 말단 성장부위에서

채취한 탄산염의 동위원소 값은 그 조개가 연중 어느 시기에 채집되었는지 알려 줄 것이다.

질량분석기를 이용해 산소동위원소를 측정하는 기법은 온도의 계절적 변이를 충분히 찾아낼 수 있을 정도로 민감하다. 고고학 조개 자료에 대한 '성장선 분석'과 동일한 원리를 갖고 새클턴(Shackleton, 1973)은 조개껍질 말단 성장부위의 산소동위원소 비율을 그에 앞서 만들어진 부위와 비교함으로써 해당 조개가 채집된 시기를 판단할 수 있었다. 왜냐하면 '따뜻한 조건'의 비율은 여름에, '차가운 조건'의 비율은 겨울에 채집한 것임을 가리켜 줄 것이기 때문이다.

새클턴의 방법에서는 조개껍질의 말단 성장부위로부터 시작해 거슬러 올라오며 구멍을 뚫어 0.2-0.5mg 정도의 미량 시료를 여럿 구한 다음, 각 시료는 처리과정을 거쳐 질량분석기를 이용해 ^{18}O 함유 비율을 검사하게 된다. 이렇게 함으로써 '산소동위원소 분포'의 도표를 작성할 수 있다.

이 방법은 탄산칼슘을 일 년 내내 침적하는 연체동물에 대해서만 쓸 수 있는 방법이다. 왜냐하면 겨울에 껍질을 전혀 만들지 않는 종에서는 개체가 겨울에 죽더라도 말단의 성장부위에 겨울철 온도에 대한 기록이 남지 않을 것이기 때문이다. 이 방법은 또 조개껍질에 포함된 산소 원자가 그대로 껍질 속에 남아 있어야만 가능한 방법으로서, 껍질이 만들어진 다음 다시 재결정화가 일어났다면 사용할 수 없다. 새클턴은 남아프리카에서 1971년 겨울(7월)에 삿갓조개의 일종인 *Patella tabularis*를 채집하였다. 그는 조개를 반으로 자른 다음, 자른 면을 따라 일정하게 2mm 간격으로 구멍을 내 미량시료를 얻었다(그림 4.9a). 분석 결과, 말단 성장부위에서는 '추운 조건'이라는 산소동위원소 판독 결과가 얻어져, 이 조개들이 정말로 겨울에 채집되었음을 보여 주었다(그림 4.9b). 보다 위쪽 부위에서 취한 미량

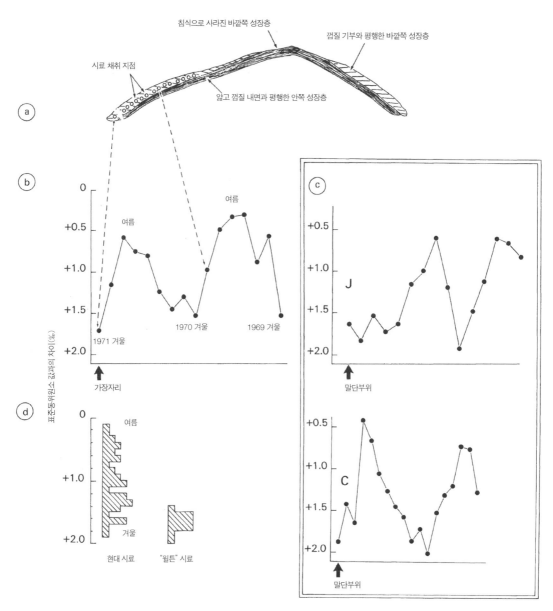

그림 4.9 산소동위원소의 계절적 변이. (a) 남아프리카공화국에서 채집한 삿갓조개 *Patella tabularis*의 단면. 섀클턴은 산소동위원소 단면도를 얻기 위해 조개껍질 말단의 성장부위에서 시료를 채취했다. (b) 그림의 삿갓조개는 겨울인 7월에 채집했고, 따라서 말단부 시료의 동위원소 구성은 추운 조건을 보여 준다. (c) '월튼패총'의 선사시대 삿갓조개 2점. 각각 패총 J(위)와 C(아래)의 것으로서, 말단부의 동위원소 비율은 이것들이 겨울에 채집되었음을 보여 준다. (d) 오른쪽 도표는 '월튼패총'의 삿갓조개 시료 15점의 말단에서 취한 시료의 분석 결과로서, 동위원소 구성은 왼쪽에 있는 현생종 삿갓조개 *Patella tabularis* 시료 42점에서 관찰되는 겨울철 동위원소 분포범위 내에 있다. 출전 Shackleton, 1973

시료는 먼저 '따뜻한 조건'(채집시점 직전 여름)으로 갔다가 다시 '추운 조건'(1970년 겨울)으로 움직인 다음 다시 '따뜻한 조건'을 거쳐 마지막으로 '추운 조건'(1969년 겨울)으로 다시 움직였다. 동위원소 구성비 변화의 전반적 범위는 1.4‰로서, 이것은 섭씨 7도 정도의 변화에 해당하며, 시료는 대략 2

년 동안에 걸친 성장을 보여 주었다. 이 2년의 기간에 평균 해수온도는 섭씨 약 13도에서 20도까지 변하였다. 그러므로 '산소동위원소 분포'는 해수온도 변화와 밀접한 관계를 맺고 있다고 할 수 있으며, *P. tabularis*는 계절성에 대해 믿을 만한 기록을 제공해 준다.

새클턴은 이어서 남아프리카공화국의 케이프타운에서 동쪽으로 530km 떨어진 넬슨베이 동굴의 '윌튼(Wilton)' 문화(약 7000-3000 bc)에서 나온 동일한 삿갓조개 종을 살펴보았다. 그 결과 얻은 두 도표는 유적이 겨울에 점유되었음을 보여 준다〔그림 4.9c〕. 패총 J의 삿갓조개는 겨울 전 기간을 났을지 모르고 따라서 11월에 채집되었을 수 있다. 모든 시료에 대해 이런 분포도를 만드는 것은 비용이 많이 드는데, 다량의 조개를 보다 손쉽게 분석하는 방법은 조개껍질 말단 성장부위에서 단지 한 점의 소량 시료를 채취해 분석하는 것이다. 새클턴은 넬슨베이 동굴 삿갓조개 자료에서 이렇게 채취한 '말단부위 시료' 15개를 분석했다〔그림 4.9d〕. 모든 시료에서는 산소동위원소 비율 분포 범위에서 '추운 조건' 쪽에 속하는 판독 결과가 얻어져, 조개가 겨울에 채집되었음을 보여 주었다. 남아프리카공화국에 살던 수렵채집인들이 겨울에 조개에 의존했던 것은 단지 다른 식품을 찾기 어려웠기 때문일까, 아니면 겨울은 해안 가까이에서 보내고 여름은 내륙에서 보내는 반 이동생활을 했기 때문일까?

디스는 스페인 북부 칸타브리아(Cantabria) 지방에서 같은 방법을 사용해 분석을 실시하고 있다(Deith 1983). 그는 중석기시대인 아스투리안(Asturian; 6700-4850 bc) 기에 속하는 페니시알(Penicial), 라리에라(La Riera)와 마자쿨로스(Maza-culos) 세 유적에서 얻은 *Monodonta lineata*라는 고둥을 시료로 분석하였다. 세 유적의 고둥 '말단부위 시료'에서는 모두 주로 겨울철에 해당하는 범위에 속하는 산소동위원소 비율이 얻어졌다. 디스는 비록 일부는 가을에 채집되었지만 이것들은 12월과 4월 사이 어느 때인가 채집되었을 것이라고 보았으며, 어떤 시료에서도 여름에 속하는 비율 분포범위는 나타나지 않았다.

디스는 아스투리안 조개 자료에 대해 여름에는 다른 자원들이 있기 때문에 조개를 그저 먹지 않았을 뿐이라는 해석이 가장 그럴 듯하다고 보았다. 그러나 이런 해석에도 불구하고 서너 가지 다른 가능성을 배제할 수는 없다. 즉, (1) 그 지역에는 여름에 사람이 살지 않았거나, (2) 채취 양상이 계절에 따라 달라, 예를 들어 여름에는 살을 먹고 난 빈 껍질을 바닷가에 버렸지만, 겨울에는 전체를 따뜻한 베이스 캠프로 갖고 왔을 가능성이 있거나, 혹은 (3) 일군의 유적들을 하나씩 차례대로 돌아가며 이용했을 수도 있겠다.

이러한 대안적 해석은 계절성에 대한 추론을 끌어내는 데서 한 가지 증거만을 이용할 때의 문제가 무엇인지 강조해 준다. 단 하나의 종에 대한 분석에서 우리는 단지 그것이 언제 채집되었는지만 알 수 있을 뿐, 그 유적이 일 년 중 그 외의 다른 때에도 점유되었는지 여부를 밝힐 수 있는 것은 아니다.

현재까지 계절성을 말해 주는 가장 좋은 자료는 수생동물, 즉 물고기와 연체동물이 제공해 주고 있다. 그러나 수산자원의 대대적 이용은 근동이나 아프리카, 유럽에서는 적어도 12,000년 전까지는 시작되지 않은 것처럼 보이므로, 조개와 물고기를 계절성 분석에 이용할 수 있는 고고학적 시기에는 일정한 제약이 있다고 하겠다.

제2부

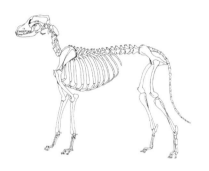

제5장

사냥의 역사[*]

이 장에서는 오스트랄로피테쿠스라는 우리의 조상을 포함한 '이른 시기의 사람'과 동물 사이의 상호관계에 대해 초점을 맞추고 있다. 대상 시기는 수백만 년 전부터 사람이 동물을 사육하기 시작한 때에서 끝난다.

사람과 동물 사이의 가장 최초의 관계는 그 성격이 무엇이었으며 누가 누구를 지배했던가? 그때 사람은 고기를 먹었던가? 만약 그렇다면 고기는 사냥으로 얻었을까 아니면 버려진 사체에서 얻었을까? 사냥을 했다면, 얼마나 집중적으로 했으며, 얼마나 능숙했고, 어떤 기술을 사용했을까? 마지막으로, 선사시대가 끝날 무렵, 특히 오스트레일리아, 아메리카, 마다가스카르, 뉴질랜드와 지중해의 많은 섬에서 헤아릴 수 없이 많은 종의 대형동물이 멸종한 것은 사람에게 책임이 있을까? 이러한 여러 질문에 대해서는 아직 명확한 답을 얻지 못하고 있으며, 아직도 갈 길이 멀다고 하겠다.

그러므로 이 장에서는 지난 수백만 년 동안 사람과 동물이 어떤 관계였는가에 대해 생각해 보겠다. 사람-동물 관계의 진화가 어떤 맥락이었는지 이해하기 위해서는 오스트랄로피테쿠스에서 호모 사피엔스에 이르는 인류 진화의 주요한 측면을 간략히 살필 필요가 있다. 한마디로 말해, 우리 조상들의 진화 계보는 오스트랄로피테쿠스 아파렌시스, 호모 하

---

[*]   옮긴이 주: 인류 진화에 대한 지식은 1990년대 이래 새로운 화석 발견과 유전자 연구 성과에 힘입어 크게 바뀌었으며, 특히 진화계통에 대해서는 제한된 지면으로는 설명하기 어려울 정도로 복잡한 내용이 되었다. 그 단적인 예로서, 오스트랄로피테쿠스보다 앞선 화석인류도 발견되었으며, 사람은 침팬지와 유전자 구성에서 매우 가깝다는 사실이 밝혀져 고등영장류 분류체계와 용어도 바뀌게 되었다. 그런 만큼 인류의 계보는 이 장에서 설명하듯, 오스트랄로피테쿠스에서 현대인에 이르기까지 단순한 과정이 아니었음에 주의할 필요가 있다. 나아가 현대인과 각종 화석인류의 분류학상의 위치와 명칭 및 연대도 여기서 제시된 바와 많이 바뀌었음을 인식하기 바란다.

빌리스, 호모 에렉투스, 네안데르탈 그리고 마지막으로 현대인의 순으로 정렬할 수 있겠다. 이 중에서 마지막 둘은 호모 사피엔스의 아종이다.

가장 이른 시기의 인류 진화, 즉 마이오세의 원 인류단계에서 오스트랄로피테쿠스에 이르기까지의 과정에 대한 화석자료는 보잘것없으며 따라서 그 내용도 잘 모르고 있다. 그럼에도 불구하고 가장 이른 시기의 인류 진화는 아프리카에서만 있었던 것처럼 보인다. 아마도 우리들의 조상은 이 대륙의 삼림지대에서 나무에 기어올라 살던 어느 영장류에게서 기원했을 것이다. 대부분의 고생물학자들은 이 조상이 과일을 먹고 살았다고 생각하는데, 그러나 몇몇 학자들(예, Teleki, 1975)은 잡식성이었을 것이라고 보기도 한다. 그 후손인 오스트랄로피테쿠스는 삼림지대를 벗어나 초원지대에서 살았다. 이러한 생활지역의 변화가 정확히 언제 일어났는가는 수수께끼지만, 그러나 아마도 천만에서 5백만 년 전 사이에 일어났을 것이다. 아무튼 확실한 것은 약 3백만 년 전 아프리카에는 오스트랄로피테쿠스가 직립보행을 하며 살고 있었다. 2백만 년보다 조금 전에는 신체적으로 더 든든한 형태의 또 다른 오스트랄로피테쿠스 집단이 진화했는데, 이 오스트랄로피테쿠스는 초식성으로서 약 백만 년 전에 멸종했다고 보이는바, 아마도 진화의 곁가지였을 것이다.

오스트랄로피테쿠스가 돌과 막대기를 도구로 사용한 것은 틀림없지만, 도구 제작과 관련된 가장 이른 시기의 증거인 자갈로 만든 석기는 그 연대가 175-220만 년 전까지 거슬러 올라갈 수 있는데, 오스트랄로피테쿠스의 후손인 호모 하빌리스와 연관된다.* '북경인' 또는 '자바인'이라는 이름으로도 알려져 있는 호모 에렉투스는 현대인을 향한 진화의 다음 단계를 대표하며, 아프리카 밖에서 알려진 우리들의 가장 오래된 조상이다. 호모 에렉투스의 도구는 더욱 발달했으며 그 속에는 소위 아슐리안 주먹도끼가 포함된다. 즉, 호모 에렉투스는 직립보행을 하고 도구를 만들었을 뿐만 아니라, 유라시아와 아프리카라는 구대륙의 두 세계에 걸쳐 살았다. 우리 현대인, 즉 호모 사피엔스는 30만에서 10만 년 전 사이에 호모 에렉투스로부터 진화하였다. 호모 사피엔스의 초기 형태의 하나(모종의 인종[?] 내지 아종)라고 여겨지는 네안데르탈은 주로 유럽과 중동지방에서 알려졌다. 네안데르탈은 작은 키에 딱 벌어진 몸집을 하고 있었으며, 박편석기 내지 무스테리안 석기를 사용했고, 아마도 매장 의례를 실시했던 최초의 사람들이었을 것이다. 이때부터 시작해 사람들의 문화 발달 속도는 생물학적 진화의 속도를 추월하기 시작했다. 4만 년 전이 되면 보다 세련된 돌날 석기, 즉 후기구석기를 가진 현대인이 등장하였다. 도구, 예술 및 의복을 비롯한 세련된 문화적 능력은 당시까지 사람이 살지 않았던 새로운 세계를 개척할 수 있게 해 주었으니, 이 현대인은 오스트레일리아에 이어 아메리카 대륙으로 확산해 나갔다. 곧 살피겠지만, 현대인의 확산은 이러한 지역에 살던 많은 대형동물에게 치명적인 결과를 가져다주었다.

리와 드보어는 지금까지 지구상에 등장했던 800억 명의 사람 중 90% 이상이 수렵채집인으로 살았고 단지 6% 정도만이 농경에 의존했으며, 그 나머지 소수가 산업사회에 살았다고 추정하였다(Lee and DeVore, 1968).

고고동물 유해는 이러한 인류 진화 단계의 이른 시기에 있었던 사람-동물 관계에 대해 무엇을 말해 주는 것일까? 요약하자면, 리와 드보어는 다음과 같은 변화가 일어났을 것이라고 보았다.

---

* 옮긴이 주: 현재까지 발견된 가장 오래된 실물 증거는 2011년 케냐에서 발견된 176만 년 전의 석기이다.

(1) 아프리카에서 주로 과일을 먹고 살던 우리의 조상 오스트랄로피테쿠스는 대형 육식동물의 먹이였다.

(2) 약 2백만 년 전 도구를 제작하는 사람속(호모)의 등장은 사람속이 동물계의 다른 존재보다 우위에 서게 됨을 뜻하는 사건이었다. 또한 이때부터 육류는 아마도 인류의 식단에 더 많이 포함되기 시작했을 것이다.

(3) 오스트랄로피테쿠스에서 호모 에렉투스에 이르는 진화 계보의 어떤 단계에서, 버려진 동물 사체에서 동물 고기를 식량으로 구하던 것이 사냥에서 구하는 전환이 일어났다.

(4) 인류가 새로운 영역으로 확산하고 개척해 나간 것이 반드시 많은 대형동물의 멸종을 가져오지는 않았더라도 그 시점은 일치하고 있다.

(5) 사람과 동물의 관계에서 최후의 중요한 변화는 다음 장에서 다룰 목축의 등장이다.

매우 이른 시기의 유적에서 동물 뼈가 초기 인류의 유해와 함께 발견되었을 때, 이를 두고 고인류가 잡아먹은 먹이의 잔해라고 가정할 수 없을 뿐만 아니라, 심지어 인류가 큰 몸집의 동물들보다 압도적인 입장이었다거나 그런 동물의 고기를 먹었음을 말해 주는 증거라고 생각할 수도 없다. 신체적으로 든든한 형태인 로부스투스 계열의 오스트랄로피테쿠스 치아에 남아 있는 긁힌 흔적을 분석한 워커(Walker, 1981)는 이것들이 주로 과일에 의존해 살았다고 결론내렸다. 그런가 하면, 브레인은 오스트랄로피테쿠스는 다른 큰 동물을 잡기는커녕 그 자신이 그런 동물의 사냥감이었다고 했는데, 다시 말해 유적에 동물 뼈가 쌓이게끔 한 주요한 영력은 인류가 아니라 육식동물이었다는 것이다.

브레인(Brain, 1981)은 남아프리카공화국에 있는 여러 동굴에서 오스트랄로피테쿠스 및 초기 사람속의 유해와 함께 발견된 동물 뼈를 연구하였다. 특히 그는 뼈의 파쇄양상, 육식동물 대 유제류의 비율 및 육식동물의 이빨흔적을 분석하였다. 육식동물은 뼈에 특징적인 씹은 흔적을 남기는 경향이 있으며, 사람에 비해 다른 육식동물을 잡아먹는 비율이 더 높다고 알려져 있다. 그는 이 동굴들은 원래 육식동물의 소굴이었으며, 그 속에 쌓인 동물과 고인류 뼈는 오스트랄로피테쿠스가 먹고 버린 잔해가 아니라 그런 대형 육식동물이 잡아먹고 버린 것이라는 결론을 내렸다. 뼈를 남긴 동물은 주로 하이에나와 더불어 표범이나 멸종 검치호 *Dinofelis*를 비롯한 고양잇과동물이었을 것이다. 그러므로 오스트랄로피테쿠스는 사냥꾼이기는커녕, 맹수들의 사냥감이었던 것이다. (이와 유사한 방식으로 육식동물 대 유제류의 비율을 조사한 스트라우스(Straus, 1982) 역시 네안데르탈과 함께 발견된 스페인 무스테리안 동물자료를 남긴 데에는 육식동물이 중요한 역할을 차지했다고 보았다. 네안데르탈은 동물성 단백질을 현대인보다 버려진 동물 사체에서 더 많이 얻었고 사냥은 보다 기회주의적으로 이루어졌을 것이다.)

트란스발에 있는 스터크폰테인(Sterkfontein)과 스와트크란스(Swartkrans) 두 동굴 유적에서 발견된 자료는 특히 흥미롭다. 여기에서 발견된 많은 고인류와 영양 뼈에는 이빨 흔적을 비롯해 동물이 씹었음을 말해 주는 흔적이 잘 남아 있어, 자료 형성에 적어도 어느 정도 '육식동물이 개입했음'을 말해 준다. 오스트랄로피테쿠스 어린아이 두개골 정수리에는 33mm 간격을 두고 구멍이 두 개 나 있는데(표본 번호 SK 54; 그림 5.1), 구멍 위치는 표범 아래턱 송곳니 간격 배치와 잘 맞아 떨어진다. 브레인은 따라서 이 뼈에 보이는 훼손 흔적은 표범 내지 이와 비슷한 크기의 아직 다 자라지 않은 대형 육식동물이 사냥해 잡은 오스트랄로피테쿠스 어린 개체를 천천히 먹기 위해 머리를 문 채 외딴 곳까지 끌고 가는 과정에

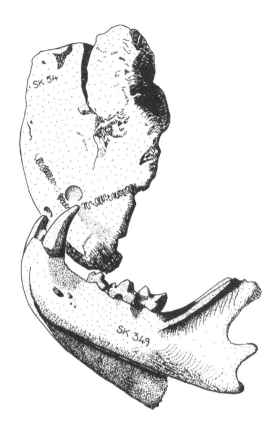

그림 5.1 남아프리카공화국 남부 스와트크란스 유적의 초기 인류 뼈 자료에서 보이는 '육식동물 개입'의 흔적. 오스트랄로피테쿠스 어린아이 두개골(표본번호 SK 54)에 있는 두 구멍은 표범의 아래턱 송곳니 배치와 매우 잘 맞아떨어진다. 출전 Brain, 1981 fig. 221

서 만들어졌을 가능성이 있다는 해석을 제시하였다.

전반적인 육식동물의 존재감에도 불구하고, 브레인은 이 유적들에서 인류가 동물보다 점차 우위를 차지해 나감을 시사해 주는 모종의 흥미로운 변화가 일어났음을 확인하였다. 즉, 그는 스터크폰테인에서 제4층 및 그 위로 50-100만 년 정도 뒤에 쌓인 제5층 사이에 중요한 차이가 있음을 발견하였다. 제4층에는 동물 이외에도 오스트랄로피테쿠스 계보 중에서 호리호리한 형태, 즉 사지가 긴 오스트랄로피테쿠스 아프리카누스가 많이 포함되어 있었고, 도구는 발견되지 않았다. 제5층에서는 동정할 수 있는 고인류 뼈 조각은 단 몇 점만이 다수의 찍개와 함께 발견되었는데, 이것들은 잠정적으로 사람속으로 분

류되었다.

제4층과 5층의 동물 유해를 비교한 브레인은 몇 가지 흥미로운 결론을 도출하였다. 우선, 동물상의 변화는 오스트랄로피테쿠스의 소멸 및 도구를 제작하는 사람속의 등장과 동시에 발생했던 것처럼 보인다는 것이다. 예를 들어, 한 가지 중요한 변화가 육식동물 대 유제류 비율에서 보이는데, 이 비율은 스터크폰테인 제4층에서 48%로서 상대적으로 높은 값이지만, 그 위 제5층에서는 15%로 떨어진다. 브레인은 제4층에서 보이는 값은 육식동물에 의한 동물 사냥과 사체 이용을 의미하지만, 5층에서 보이는 훨씬 낮은 비율은 그전까지 육식동물이 차지하던 우세한 위치를 사람속 고인류가 차지하게 되었음을 시사해 준다고 해석하였다. 참고로 이 비율은 스와트크란스에서 오스트랄로피테쿠스 로부스투스 층인 제1층에서는 37%, 사람속 층인 제2층에서는 12%로 줄어든다.

스터크폰테인 제4층에서 발견된 영양은 대체로 중간 크기에서 큰 크기지만, 거의 모두 아직 다 자라지 않은 개체로 구성되어 있어 아마도 잡아먹혔을 것임을 말해 준다(Vrba, 1975; 아래 참조). 그 위 제5층에서는 어린 개체의 비중이 훨씬 낮고, 무게에서 아주 다양한 것들로 구성되어 있다. 이 층에서는 최소한 한 점의 뼈에 날카로운 날을 가진 도구로 만들어진 것이 틀림없는 자른 흔적이 보이고 있어, 사람속 고인류가 이런 동물 뼈를 식량으로 이용했을 가능성을 말해 준다. 사람속 고인류는 사냥을 했던 것일까, 아니면 죽은 동물의 사체를 이용했던 것일까? 아래에서는 이 답하기 어려운 문제에 대해 동아프리카 밖의 지역에서 이루어진 몇몇 연구를 다루며 논해 보겠다.

스터크폰테인과 스와트크란스의 하부와 상부 층 사이에 보이는 차이를 함께 생각해 볼 때, 좀더 이른 시기의 층은 주로 고양잇과에 속하는 큰 동물처럼

동물 사체를 먹어치우는 육식동물이 축적시킨 뼈로 구성되었지만, 후대에는 도구를 제작할 수 있는 사람속 고인류가 자료형성의 주요 영력이었다고 여길 수 있다. 즉, 그는 대형 육식동물의 위협에서 벗어나 자신의 안전을 스스로 책임질 수 있게 되었는데, 지능이 높아지며 단순하나마 도구를 확보하게 되며 힘의 균형은 사람속 고인류 쪽으로 유리하게 기울었을 것이라고 브레인은 판단하였다. 그러나 이렇게 위험을 극복하는 능력을 갖게 되었음에도 불구하고, 아직까지도 식량이 되는 고기를 스스로 사냥해 얻을 능력이 없어 다른 육식동물의 사냥 능력에 의존하고 있었다.

남아프리카공화국에서 알려진 이른 시기의 고인류에 대해서는 이 정도에서 마쳐도 충분할 것이

다. 이에 못잖은 많은 연구가 동아프리카에서도 이루어지고 있는데, 여기에서는 탄자니아의 올두바이(Olduvai) 협곡, 케냐의 체소완자(Chesowanja), 올로게세일리(Olorgesailie)와 쿠비포라(Koobi Fora) 및 에티오피아의 멜카쿤투레(Melka Kunture)와 가데브(Gadeb) 여섯 지역에서 모두 40곳이 넘는 플라이스토세 이른 시기의 유적이 발견되었다(Isaac, 1983). 이런 유적에서는 석기와 더불어 음식 찌꺼기일지도 모르는 상당한 양의 큰 포유동물 뼈가 발견된다. 동물 뼈에 대한 자세한 연구도 몇 곳에서 이루어졌는데, 특히 올두바이, 올로게세일리 및 쿠비포라가 그러한 사례이다.

직립보행의 시작과 마찬가지로 사람들이 언제부터 고기를 먹기 시작했는지는 안개에 싸인 수수께

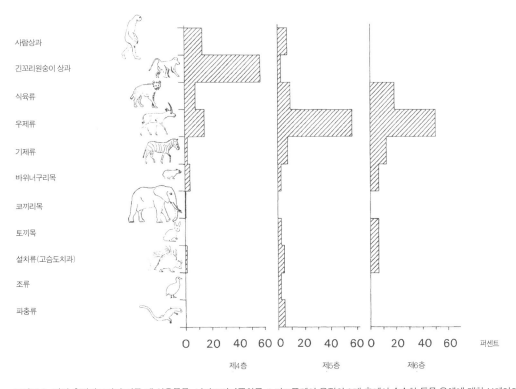

그림 5.2 뼈의 축적자로서의 인류 대 식육동물. 남아프리카공화국 스터크폰테인 유적의 3개 층에서 수습한 동물 유해에 대한 브레인의 분석 결과. 제4층에서 동물 뼈는 오스트랄로피테쿠스 아프리카누스, 제5층에서는 사람속과 함께 발견되었다. 상이한 동물군이 전체 자료에서 차지하는 비율의 차이는 제4층과 5층 사이에 변화가 일어났음을 말해 주는바, 오스트랄로피테쿠스는 사냥감이었을 가능성이 있지만 사람속 고인류는 환경을 보다 잘 장악했을 가능성이 있다.

끼이다. 고고학 자료에서 식물의 잔해는 드물며 특히 아주 이른 시기의 유적에서는 더욱 그러하기 때문에, 우리는 동물자원에 대비한 식물자원의 중요성을 계량화하는 수단을 갖고 있지 못하다. 고고학 연구자들이 취하고 있는 하나의 공통된 가정은 고기 획득을 위한 노력이 인류 진화의 과정을 만들어 나가는 데 중요한 역할을 했다는 것이다. 그러나 고기 섭취가 어떻게 또 언제 시작되었는지 우리는 아직 알지 못하고 있다(Klein, 1979). 플라이스토세 후기 및 그 이후의 유적에서 동물 뼈는 음식 쓰레기로 흔히 발견된다. 동물 뼈는 화덕자리나 집자리 또는 폐기된 유물 등을 비롯한 각종 인간 행위와 확실한 연관 관계를 맺으며 발견된다. 그러나 인류 진화의 더 이른 단계로 거슬러 올라가면 갈수록 인간행위와 동물 뼈의 연관성은 점점 희미해진다. 리차드 클라인이 필자에게 말한 바와 같이, 플라이스토세 전기나 중기를 비롯한 여러 이른 시기의 유적은 동물 뼈와 유물이 단지 우연하게 층위적 연관성을 맺게 되었을 가능성이 있는 호수나 하천 가장자리 지점에 불과한 것이다.

고인류는 과연 고기를 먹었을까? 만약 그것이 사실이라면, 동물을 사냥했을까, 아니면 단지 죽은 사체를 이용했던 것일까? 다시 말해, 고인류와 동물 사이에는 어떤 성격의 관계가 있었을까? 아직까지 이 두 질문에 대해 우리는 확신을 갖고 답할 수 없다. 일반적으로 말해, 큰 포유동물의 뼈와 많은 유물이 함께 발견되면 고인류가 동물을 식용 목적으로 이용했다는 강력한 증거라고 여겨지지만, 그러나 이것이 그런 관계를 증명하는 것은 아니다.

유적에서 발견되는 동물을 실제로 잡은 것이 고인류인지 아닌지를 밝히기는 어렵지만, 몇몇 연구자는 아무튼 죽어 있는 동물 사체에 무슨 일이 어떻게 가해졌는가 하는 문제를 다루었다. 이러한 연구에서는 위에서 살펴본 남아프리카 동굴의 경우와 마찬가지로 고인류 및 사자나 하이에나 같은 큰 육식동물 양자 모두가 사체에 여러 영향을 끼쳤을 가능성을 고려해야만 한다.

동아프리카 자료를 연구하며 몇몇 연구자는 주사전자현미경을 사용해 대형 포유동물 뼈에서 발견되는 긁힌 흔적이 석기에 의한 것임을 확인하였다(예: Bunn, 1981; Potts and Shipman, 1981). 이런 증거는 석기와 뼈 사이의 관계가 우연히 사후에 만들어진 것이 아니라 직접적으로 관계를 맺고 있음을 강력히 말해 준다.

쉽맨(Shipman, 1983)은 그러나 동물 뼈에 보이는 자른 흔적을 고기 섭취의 증거로 삼는 것에 대해 조심해야 한다고 경고한다. 그에 따르자면, 자른 흔적은 단지 우리의 고인류 조상들이 동물 사체로부터 조직을 제거하기 위해 석기를 사용했음을 보여 줄 뿐이다. 자른 흔적은 고인류가 이후에 잘라낸 조직을 갖고 무엇을 했는지 말해주지 않는다. 예를 들어 초기 인류의 일차적 관심사는 주머니를 만들기 위해 힘줄과 가죽을 벗기는 것이었을 수도 있다. 그렇지만, 번(Bunn, 1981)은 자르는 행위뿐만 아니라 골수가 들어 있는 뼈를 깨뜨려 부순 증거도 발견했는데, 그런 행위는 골수를 먹기 위함일 것이다.

이러한 이른 시기에 있었던 고기 섭취 행위를 좀 더 직접적으로 보여 주는 증거는 찾기 어렵지만, 비록 미약하나마 이를 해결하기 위해 두 가지 접근이 시도되고 있다. 그 하나는 고기 섭취에 따른 병리현상의 연구이며, 다른 하나는 함께 발견되는 석기에 대한 사용흔 연구이다.

워커 등의 연구자는 그 연대가 약 160만 년 전으로 측정되었고 거의 완벽한 상태로 쿠비포라 유적에서 발견된 호모 에렉투스의 뼈 단면을 현미경으로 관찰하였다(Walker et al., 1982). 뼈에서는 비타민 A가 너무 많이 포함된 음식을 먹었을 때 전형적으로 나타나는 만성 질환인 비타민과다증의 징후가 확인되었는데, 이것은 동물의 간, 그중에서도 특히 식육동물의 간을 과다하게 먹었을 때 발생할 수 있는 병이다. 이런 비타민과다증은 북극곰과 에스키모 개의 간을 식량으로 삼은 초기 북극권 탐험가들이 겪기도 했다.

킬리와 토스 두 연구자도 쿠비포라에서 발견된 약 150만 년 전의 석기 사용흔을 조사하였다(Keeley and Toth, 1981). 두 사람의 견해로는 석기에 남겨진 사용흔이 고기 및 기타 재료를 실험적으로 잘랐을 때 만들어진 것과 유사하다고 한다. 만약 그렇다면, 워커와 그 동료들 및 킬리와 토스의 연구는 주로 과일에 의존하던 오스트랄로피테쿠스의 식단이 150만 년 전 호모 에렉투스 단계에 들어와 어느 정도 고기가 포함된 식단, 즉 잡식성 식단으로 변화했을 것임을 시사해 준다.

그런데, 이때 고기는 버려진 사체에서 얻은 것일까 아니면 사냥의 결과일까?

고인류: 사냥꾼인가 혹은 버려진 사체의 뒤처리자인가?

브르바(Vrba, 1975)와 쉽맨(Shipman, 1983)은 여러 포유동물에게서 얻은 지식을 바탕으로, 사냥으로 잡은 동물에서 얻은 뼈 조합과 다른 동물이 잡아먹고 버린 사체를 이용했을 때 만들어지는 뼈 조합을 구분하는 기준을 제안하였다. 그 기준이란 대상 동물의 나이, 크기 및 종의 습성 세 가지이다.

포식 동물은 대체로 나이 어린 개체를 목표로 사냥을 한다. 그러나 예를 들어 고인류가 이미 죽은 동물을 이용했다면 유적에 남겨진 뼈 조합에 그렇게 많은 어린 개체가 들어 있을 가능성은 적기 마련이다. 왜냐하면 동물이 죽어 있는 곳을 고인류가 찾기 전에 다른 포식자가 이미 어린 개체들 대부분을 재

빨리 처리해 버리기 때문이다.

포식자는 크기가 일정한 범위에 있는 먹이를 집중적으로 사냥하는 경향이 있다. 한편, 버려진 사체를 이용한다는 것은 무작위적이며 기회주의적으로 대상을 선택한다는 뜻이므로 이용된 동물의 크기는 변이의 폭이 크기 마련이다. 그러나 그렇더라도 크기 분포는 더 큰 쪽으로 치우치는 경향이 있다. 왜냐하면 예를 들어 하이에나의 경우 어린 개체 같은 크기가 작은 먹이를 잡았을 때는 이것을 아주 짧은 시간 내에 완전히 먹어치워 그 흔적을 남기지 않기 때문이다(Kruuk, 1972: 126).

초기 고인류가 사냥을 했다면 한 종류의 동물을 '목표'로 삼았을 것이다. 그런데 버려진 사체를 이용했다면 넓은 범위에 걸쳐 서식하는 다양한 동물들을 이용했을 가능성이 더 클 것이다.

쉽맨은 올두바이에서 발견된 자른 흔적이 있는 뼈 자료가 속하는 동물의 나이와 크기 구성을 살펴보았다. 동물들은 자그마한 소과동물에서 기린에 이르기까지 그 크기가 넓은 범위에 걸쳐 있지만, 대체로 제3군이라 명명된 크기군 내지 그보다 큰 쪽으로 치우치는 경향을 보여 주었다. 이에 속하는 동물들은 소과·말과·기린과로서, 습성도 서식환경도 다양한 양상이다. 비록 표본 규모가 작고 어린 개체 뼈의 보존 상태가 불량해 '나이' 판단이 어려웠음에도 불구하고, 자료에서 어린 개체는 매우 드물었다. 그러나 아무튼 쉽맨은 올두바이에 살던 이른 시기의 고인류 사이에서는 '버려진 동물 사체 이용이 고기 획득의 주요 수단이었을 가능성이 매우 크다'고 보았다. 그렇다면 자른 흔적은 동물 사체의 처리와 관련해 무엇을 말해 주는 것일까?

올두바이의 동물 뼈에서 자른 흔적은 대부분 관절 주위가 아니라 장축 가운데 부분에 남아 있었는데, 이는 고인류가 동물 사체로부터 고기를 가능한 빨리 떼어 냈음을 시사해 준다. 관절 주변에 자

른 흔적을 남기며 다리를 몸통에서 떼어 냈다면, 고인류는 떼어 낸 다리를 들고 갈 때 다른 포식동물의 큰 위협 아래 놓이게 되었을 것이다. 불은 하이에나나 사자 같은 다른 포식자들이 접근하지 못하게끔 하는 가장 좋은 수단인데, 불을 갖고 있지 않던 이른 시기의 고인류에게 동물 사체의 처리와 고기의 비축은 심각한 문제였을 것이다.

비록 약간의 논란은 있으나, 불을 사용했음을 말해 주는 가장 이른 증거로는 체소완자에서 올두바이공작 석기와 함께 발견되었고 연대가 140만 년 전으로 측정된 불 탄 진흙덩어리가 있다(Gowlett et al., 1981 참조). 그 다음으로 오래된 증거는 이로부터 백만 년이 지나 50만 년 전 무렵 나타나는데, 중국 주구점(周口店)에서 발견되었다. 아프리카에서 불의 사용을 말해 주는 틀림없는 증거로는 수많은 중기석기시대(Middle Stone Age, 약 20-3만 년 전) 유적에서 발견되는 화덕자리가 있다(Klein, 1983). 이런 증거를 볼 때, 요리는 좀더 늦은 시기의 발명품일 것이다.

아프리카 남부와 동부 지역에서 거둔 연구 성과를 요약하자면, 오스트랄로피테쿠스는 이미 죽은 동물의 사체를 이용했을 텐데 그 자신이 종종 고양잇과에 속하는 큰 동물들에게 잡아먹혔으며, 하이에나에게도 잡아먹혔을 가능성이 있다. 좀더 후대에 이르러 도구를 제작하게 되며 인류는 더 이상 잡아먹히지 않았고 자신을 방어할 수 있었다. 우리 조상의 진화과정에서 이러한 이른 단계에 식량은 아마도 죽은 동물의 사체를 이용함으로써 획득했을 것이다.

쉽맨(Shipman, 1983)은 동아프리카에서 고인류가 죽은 동물 사체 이용에서 사냥으로 어떻게 전환했는지 설명을 제시하였다. 이러한 전환은 아마도 100만 년에서 200만 년 전 사이에 일어났을 것인데, 당시의 화석 자료는 그때 다음과 같은 세 가지 놀라운 변화가 일어났음을 보여준다. 즉,

(1) 더 크고 복잡한 두뇌와 더 큰 신체를 지닌 호모 에렉투스가 등장했다.

(2) 고인류는 불을 조절할 수 있게 된 듯하다.

(3) 더 발달하고 다양한 내용의 아슐리안 석기공작을 발달시켰다.

이러한 변화는 고인류가 일단 확보한 동물 사체를 간수하는 능력을 증대시켰을 것이며, 따라서 사냥으로의 전환을 촉발시켰을 것이다. 그러나 진실을 말하자면 우리는 아직도 고인류가 정확히 언제 사냥을 시작했는가에 대해 아는 바가 거의 없다. 짐작컨대 이것은 아마도 100만 년 전 이후의 어느 때일 것이다(Blumenberg, 1979 참조).

사냥은 인간 사이의 협력에 매우 중요한 가치를 부여하게 되었음에 틀림없다. 큰 포유동물을 사람들 사이의 잘 짜인 협력 행위 없이 잡는다는 것은 상상하기 어려운 일이다(Washburn and Lancaster, 1968).

유적에서 발견된 뼈가 육식동물이 아닌 사람이 사냥하고 고기를 나눈 흔적인지의 여부를 확인하기 위한 연구가 이루어진 이른 시기 동아프리카 유적의 하나로는 케냐의 올로게세일리 유적이 있다. 이 아슐리안 주먹도끼 유적은 나이로비에서 남서쪽으로 약 60km 떨어져 있다. 유적은 루이스 리키(Louis Leakey)와 메리 리키(Mary Leakey) 부부가 발견했고, 나중에 발굴을 실시한 아이작(Isaac, 1977)은 유적의 연대를 70에서 40만 년 전 사이로 평가했다. 고인류 뼈는 발견되지 않았지만, 이 유적은 아마도 호모 에렉투스가 남겼을 것이다. 동물 뼈와 석기가 발견된 층은 개울과 같은 유로에 형성되었다는 해석이 내려졌다. 동물 유해 중 가장 많은 것은 *Theropithecus oswaldi*라는 멸종 겔라다비비로서, 몸집은 암컷 고릴라 크기와 비슷해 틀림없이 몸무게 65kg 정도였을 것이다. 쉽맨, 보슬러, 데이비스는

올로게세일리에서 발견된 이 뼈를 연구해 여기서 고인류가 이것을 사냥해 잡아먹었는가 아닌가 하는 어려운 질문에 과감히 도전하였다(Shipman, Bosler and Davis, 1981).

영장류 화석은 매우 드물게 발견되기 때문에, 영장류 뼈가 그렇게 풍부히 발견되었다는 사실은 그 자체로서 세 사람의 연구자에게 주체가 누군지는 모르지만 사냥이 이루어졌음을 말해 주는 증거로 받아들여졌다. 더욱이 신체 모든 부위의 뼈가 발견된다는 사실은 뼈를 쌓은 영력이 흐르는 물이었을 가능성이 없음을 말해 주었다. 따라서 연구자들은 이를 사냥하고 몸뚱아리를 해체한 주체가 누구인가 하는 질문을 던지게 되었다.

많은 수가 발견된 이빨은 *Theropithecus* 유해의 나이 '분포'를 파악할 수 있는 자료가 되었다. 자료에 포함된 90마리분에서 다 자란 개체, 즉 세째어금니가 마모된 개체는 단지 14마리에 불과했다. 이렇게 어린 개체가 많다는 사실은 *Theropithecus*가 사냥되었음을 말해 주는 또 하나의 단서이다.

올로게세일리에 남겨진 뼈가 사람이 잡은 것인지 동물이 잡은 것인지 알기 위해, 세 연구자는 뼈의 빈도와 파쇄 방식을 검토하고, 다른 동아프리카 초기 유적들에서 발견된 사람이 아니라 육식동물이 남겼다고 보이는 뼈와 비교하였다. 그 결과, 첫째, 두 군의 동물 자료에서는 여러 골격 부위의 빈도가 매우 다르게 나타났으며, 둘째, 올로게세일리 자료에서는 특정한 양상의 파쇄흔적이 관찰되었다. 그중에서도 특히 인상적인 파쇄흔적은 넓적다리뼈 근위 내면에 남겨진 '둥그런 함몰부' 형태의 훼손 흔적이었는데, *Theropithecus* 뼈의 92%에서 이런 종류의 흔적이 발견되었다. 연구자들이 관찰한 또 다른 특징적 파쇄현상은 발꿈치뼈 아랫면이 제거되었다는 점이었다.

올로게세일리의 *Theropithecus* 뼈에서 자른 흔적이 없었음에도 불구하고, 세 연구자는 고인류가 주먹도끼를 사용해 사체를 해체했다고 확신하고 있는 듯하다. 자료에서 체계적으로 찾을 수 없는 부위의 뼈는 아마도 잘게 조각나 동정이 불가능하게 되었을 것이다. 즉, 고인류가 비록 '외과수술 같은 정확성'을 갖고 도구를 사용하지는 않았지만 비비 사체를 효과적으로 해체했던 것이다.

연구자들은 아마도 고인류가 *Theropithecus*를 해체했을 것임은 확인했지만, 스스로 인정하듯 사냥도 다른 동물이 아닌 고인류가 했음을 말해 주는 증거는 매우 미약하였다. 즉, 이를 뒷받침하는 증거는 신체의 모든 부위가 없다는 사실뿐이었다. 오늘날 여러 육식동물은 신체부위를 파괴하는 방식이 상이하다고 알려졌는데, 고인류 사냥유적이 아니라고 보이는 동아프리카 이른 시기 동물화석지점에서 발견된 *Theropithecus* 뼈의 신체부위 빈도는 올로게세일리와 상이한 양상이다.

만약 지난 100만 년 동안 우리 조상들이 큰 포유동물을 사냥했다면, 이런 행위를 어떻게 수행했을지 무언가 추측해 낼 수 있을까? 우리 조상들은 시간이 흐르며 사냥에 더욱 능숙해졌을까? 사람의 사냥 능력을 말해 주는 고고동물 증거를 구하려면 우리는 아프리카의 플라이스토세 중기에서 후기로 뛰어넘어 가야 한다.

클라인은 13만 년 전에서 현재에 이르는 남아프리카공화국의 동물 자료를 연구해 왔다. 이곳은 긴 시기에 걸쳐 연속적인 고고동물 층서가 확인되는 세계에서 몇 안 되는 지역의 하나이다. 이곳의 고고동물 층서는 남아프리카 고고학에서 '중기석기시대' 및 '후기석기시대(Late Stone Age)'라고 하는 두 개의 주요한 문화기에 걸쳐 있다. 대략 20만 년 전 시작한 중기석기시대의 석기공작은 대형 박편과 돌날이 특징적이다. 장신구는 발견되지 않았으며 뼈 도구도 드물다. 후기석기시대에는 보다 작은 도구와 장신구 및 뼈 도구, 쉽게 말해 좀더 세련된 도구 조합이 나타난다. 후기석기시대는 아마도 3만에서 4만 년 전 처음 나타났으며, 16세기에 유럽인이 도착했을 때에도 후기석기시대 유물을 만드는 사람들이 아직 살고 있었다. 클라인은 이 13만 년에 걸친 시기 동안 사람들의 사냥 능력이 더욱 효율적이 되었다고 생각한다. 그의 연구는 (a) 자료를 구성하는 여러 종이 상대적으로 풍부한 정도가 지니는 의미 및 (b) 사람들이 잡은 개개 동물의 나이 구성이라는 두 측면에서 특히 괄목할 만하다.

종별 상대빈도

후기석기시대 유적에서 발견되는 자료에는 성질이 사나운 아프리카흑멧돼지나 아프리카멧돼지 같은 특히 위험한 몇몇 동물이 많이 포함되어 있지만, 좀더 이른 중기석기시대 유적에서는 이보다 덜 위험한 종, 특히 온순한 엘란드영양이 상대적으로 더 자주 발견된다. 중요한 점은 이러한 동물상의 변화가 환경 변화로 초래되었음을 시사해 주는 어떠한 증거도 없다는 사실이다. 클라인은 남아프리카의 후기석기시대 사람들은 원거리에서 동물을 잡을 수 있는 기술을 갖고 있었다고 생각하는데, 아마도 덫이나 활 및 창던지개 같은 발달한 도구를 사용했을 것이다. 클라인은 필자와의 사신에서 이러한 주장을 지지해 주는 증거를 전해 주었다. 복합도구인 화살의 부품으로 해석할 수 있는 유물은 후기석기시대에 들어와 알려지고 있다.

나이와 사망률의 양상

앞의 제3장에서는 플라이스토세 후기에서 홀로세에 걸친 동물층서에 나타나는 종의 명단을 만들고,

보다 흔히 발견되는 몇몇 종이 각각 얼마나 자주 발견되는가를 파악한 클라인의 연구에 대해 살펴보았다. 이러한 연구에 더해 그는 또 동물의 사망률 특성을 이빨 치관 높이를 측정함으로써 재구성해 보았다(제1장 참조). 포식자와 그 희생물을 자세히 연구해 온 동물학자들은 이제 하나의 무리를 구성하고 있는 여러 나이군의 생존확률이 얼마인지 알고 있으며, 이러한 자료로부터 동물의 '생명표'를 만들 수 있다. 예를 들어, 유제류는 나이 어린 새끼와 늙은 개체들이 포식에 가장 취약한 반면, 다 자라 혈기왕성한 개체들은 포식자로부터 자신을 좀더 잘 방어할 수 있다. 클라인의 연구는 동물계에서 보이는 이러한 상황과 고인류 사냥집단 사이에 흥미로운 유추를 제시해 준다.

그는 동물자료의 나이 구성에 두 가지 기본 패턴이 있음을 인지하였다(Klein, 1979; 그림 5.3). 첫째로, 석기시대 사냥꾼들은 채 만으로 한 살이 되지 않은 어린 동물과 생애주기 마지막에 다다른 늙은 동물을 집중 사냥한 반면, 한창 때의 개체는 거의 잡지 않았다는 점이다. 소모적(attritional)이라고 일컬어지는 이러한 패턴은 푸른영양, 얼룩영양, 케이프물소와 최근에 멸종한 거대한 물소인 *Pelorovis antiquus*에서 특징적으로 나타났다. 두 번째 패턴은 어린 개체를 상대적으로 덜 잡는 대신 한창 때의 개체들을 좀더 많이 잡는 양상이다. 이것은 잡종하테비스트와 특히 엘란드영양에게서 관찰되었다. 이 두 번째 패턴은 재생산 능력이 있는 연령대에 속하는 다 자란 젊은 개체의 비중이 더 큰, 살아 있는 동물 무리의 나이 구조를 매우 잘 반영하고 있으며, 재앙적(catastrophic) 패턴이라고 한다.

클라인은 나이와 관련된 이 두 가지 서로 크게 다른 사냥 패턴을 두고 어떤 해석을 내렸을까?

첫 번째 패턴은 케이프물소를 잡아먹는 사자와 같은 포식동물에게서 관찰되는 바와 밀접하게 닮아

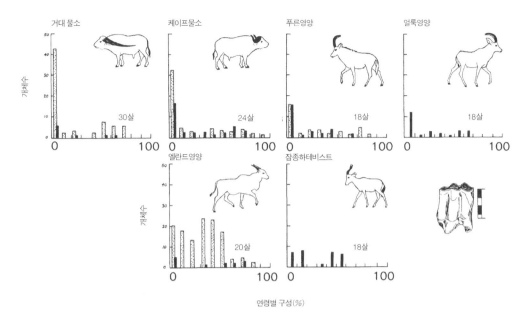

그림 5.3 클라지스리버마우스 유적의 중기석기시대인 및 넬슨베이 동굴의 후기석기시대인이 사냥한 소과동물의 연령대별 구성(각각 점 및 검은 막대로 표시). 이러한 연령 분포는 이빨 치관 높이로 추정했으며, 생애주기에서 차지하는 비율로 표시했다. 자료는 다음과 같은 두 가지 양상으로 나눠진다. 즉, (1) 물소 및 푸른영양과 얼룩영양의 경우에는 최성기의 개체를 상대적으로 거의 잡지 않았으나, (2) 엘란드영양과 잡종하테비스트의 경우에는 최성기의 개체가 잡힌 비율이 더 높다. 클라인은 이 두 군 사이의 차이는 상이한 사냥 전략을 반영한다고 보았다. 출전 Klein, 1979

있다(Sinclair, 1977). 다 자란 물소는 매우 덩치가 크다. 물소 무리는 매우 공격적일 수 있어 사자와 같은 포식자를 공격하며 돌진하는데, 그 결과 포식자는 대개 포기하기 마련이다. 따라서 사자가 잡은 사냥물에는 절정기 물소가 드물다. 그 반면 매우 어린 물소는 작고 느리고 행동도 굼뜨기 때문에 특히 취약하기 마련이며, 매우 늙은 개체의 경우에도 마찬가지이다. 그러므로 아주 어리거나 늙은 동물은 살아 있는 무리에서 실제로 차지하는 비중보다 훨씬 많이 잡히기 마련이다. 사자의 사냥물과 중기 및 후기 석기시대인의 사냥물 사이에 보이는 유사성을 두고 클라인은 석기시대 사람들은 '사자가 물소를 사냥할 때 사자의 행동을 제약하는 요소와 동일한 요소에 의해 제약받았다'고 해석했는데, 이 말은, 즉 석기시대인은 주로 아주 어리거나 아주 늙은 개체를 사냥했다는 것이다. 물소 및 푸른영양과 얼룩영양을 사냥할 때, 사람들은 아마도 사냥감 몰래 뒤를 밟아 개별적으로 잡았을 것이다.

엘란드영양과 잡종하테비스트에게서 관찰되는 두 번째 패턴, 즉 재앙적 패턴은 무엇을 말해 주는가? 이런 동물들의 사망률 패턴은 살아 있는 동물 무리 전체의 나이 구조를 잘 반영하고 있는바, 한창 때의 다 자란 개체들이 다수를 차지하고 있다. 클라인은 이러한 동물들의 무리는 몰아서 절벽 아래로 떨어뜨려 잡았을 것이라고 설명하였다. 잡종하테비스트와 엘란드영양은 몰이에 특히 잘 넘어간다고 알려져 있는데, 무리 전체가 이런 방식으로 쉽게 걸려들었을 것이다. 클라인은 이런 종류의 사냥전략을 말해 주고 있는 그림 증거도 인용했는데, 트란스케이(Transkei)에 있는 후기석기시대의 바위그림에는 원주민 사냥꾼들이 엘란드영양을 절벽 아래로 모는 광경이 묘사되어 있다.

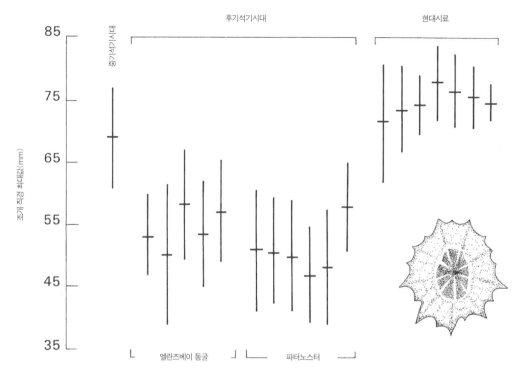

그림 5.4 남아프리카공화국 해안유적에서 보이는 식량획득 활동의 강도. 삿갓조개의 일종인 *Patella granatina*는 중기석기시대(씨하비스트 패총)의 것이 후기석기시대(엘란즈베이 동굴과 파터노스터)보다 더 큼이 확인된다. 씨하비스트에서 조개 채취는 더 낮은 강도로 이루어졌다. 수평선 = 평균, 수직선 = 평균치 기준 위아래 1 표준편차 범위. 출전 Klein, 1979

이와 유사한 해석은 고생물학 자료로 발견되는 자연적, 비문화적 자료군에 대해서도 내려졌다. 부어리스(Voorhies, 1969)는 멸종한 가지뿔영양 *Mery-codus furcatus*가 포함되어 있는 네브라스카의 마이오세 후기(약 1200만 년 전) 동물화석지점에서 발견된 동물 조합을 연구하였다. 자료의 나이 구성은 살아 있는 영양 무리와 매우 닮아 있었다. 이를 두고 그는 동물 무리가 갑자기 밀어닥친 홍수와 같은 모종의 재난을 만나 떼죽음 당했다고 해석하였다.

식량획득 활동의 강도

대형 포유동물 이외에도, 남아프리카공화국의 선사시대 주민들은 조개, 물고기와 물새 같은 해양자원

을 이용하였다. 클라인은 삿갓조개가 중기석기시대보다 후기석기시대에 더 집중적으로 이용되었음을 말해 주는 몇몇 증거를 확인하였다.

삿갓조개는 바위해안에서 흔히 발견되는데, 대부분의 연체동물과 마찬가지로 조개껍질 말단에 탄산물질을 침적하며 성장한다. 즉 나이가 많은 것의 껍질이 더 크다. 사람들이 더 큰 삿갓조개를 선호했다고 가정할 때, 계속적인 집중 채취로 삿갓조개의 평균 크기는 감소하게 되었을 것이다.

씨하비스트(Sea Harvest)와 헤지스펀트(Hoedjies Punt)라는 두 해안 유적은 케이프타운에서 북쪽으로 120km 떨어져 있는데, 아마도 약 7만 년 전 최후 간빙기 말에 해당할 것이다. 클라인은 이 두 유적에서 발견되는 화석 삿갓조개 *Patella granatina*의 크기는 오늘날 사람의 채취행위가 상대적으로

없는 해안에서 발견되는 것과 유사한바, 껍데기 크기가 크다는 사실을 확인하였다(그림 5.4). 그러나 연대가 8천에서 1만 년 전 사이에 속하는 엘란즈베이(Elands Bay) 동굴과 파터노스터(Paternoster) 유적에서 발견되는 후기석기시대의 화석 삿갓조개는 크기가 상당히 작았다. 클라인은 이것이 후기석기시대 동안 사람들이 더 집중적으로 삿갓조개를 채취했음을 가리키며, 아마도 인구 증가의 결과일 것이라고 생각하였다.

클라크와 스트라우스(Clark and Straus, 1983) 역시 식량획득 활동의 강도와 삿갓조개의 크기 사이에 관계가 있다는 가능성을 스페인 북부의 라리에라 유적에서 확인했는데, 이곳에서는 삿갓조개를 비롯한 각종 식용 바다조개가 발견되었다. 18000-13000 bc 사이의 솔루트레안과 마그달레니안 초기에는 삿갓조개의 '최대직경 평균'은 약 38-46mm이고, 포유동물 뼈 무게에 대비한 조개껍질 무게의 비율은 상대적으로 낮았다. 그런데 이후 약 12000-5000 bc 사이의 아질리안(Azilian)과 아스투리안 시기에는 삿갓조개의 '최대직경 평균'이 크게 줄어들어 22-28mm 정도가 되었으나, 뼈에 대비할 때 조개가 차지하는 비율은 매우 높아졌다. 즉, 삿갓조개의 크기와 풍부한 정도라는 두 지표는 연체동물을 더 많이 이용하게 되었음을 말해 준다. 그러나 이후대 시기에는 해수면이 상승했기 때문에 해안선이 유적에 더 가까이 다가와, 유적에서 해안선까지의 거리가 아마도 10km에서 2-3km 정도로 줄어들었을 것이다. 따라서 감성돔과에 속하는 물고기나 크기가 더 작은 해안서식 삿갓조개인 *Patella inter-media* 같은 해양자원의 이용이 증가한 것이 단지 해안까지의 거리 변화 때문인지 아니면 인구증가 때문인지(혹은 양자 모두 때문인지) 하는 문제는 논란거리다(예를 들어 Bailey, 1983 참조).

현대인의 진화: 현대인이 환경에 미친 영향

이제까지 우리는 이른 시기의 사람 및 플라이오세와 플라이스토세에 살았던 사람의 조상인 고인류에 대해 생각해 보았다. 이러한 긴 시기에 사람은 예를 들어 두뇌 크기가 증가한 것처럼 생물학적으로 진화했으며 또한 문화적으로도 진화해 더 뛰어난 도구 제작자가 되었다. 클라인의 남아프리카공화국 동물 자료에 따르자면, 이러한 변화는 사람이 사냥한 동물의 종에 반영되고 있는데, 사람들은 더 능숙한 사냥꾼이 되었다.

신대륙으로의 이주*

아프리카와 유라시아에 이어, 오스트레일리아는 사람이 처음 들어가 살기 시작한 큰 땅덩어리이다. 이곳에 사람이 들어간 것은 적어도 3만 년 내지 아마

---

* 옮긴이 주: 이 장에서 많은 부분을 차지하고 있는 클로비스 문화의 담당주민에 의한 과잉학살에 따른 아메리카 거대동물상 멸종 이론은 1960년대 이래 널리 알려진 주장이다. 그러나 이에 대해서는 많은 논쟁이 있어 왔다. 본문의 내용이 시사하듯, 이 주장은 자료의 한계로 사실임을 증명하는 데 한계가 있을 수밖에 없지만, 오랫동안 흥미롭고 그럴 듯하며 가능성이 있는 가설로서 계속 이어져 왔다. 이 이론은 아메리카에서 가장 오래 된 고고학 자료가 클로비스문화라는 전제에서 출발한다. 일각에서는 클로비스 이전의 자료가 존재한다는 주장을 꾸준히 제기했지만, 제시된 증거는 여러모로 문제가 있었기 때문에 20세기 말까지 관련 자료로서 전문가들이 인정할 수 있는 연대나 층위 자료는 찾기 힘들었다. 그러나 21세기에 들어오며 신뢰할 만한 자료들이 조금씩 축적되었다. 그 결과, 이제 많은 연구자들은 클로비스에 앞서 아메리카대륙에는 사람들이 살고 있었던바, 소위 "선클로비스(Pre-Clovis)" 혹은 "클로비스이전(Older-Than-Clovis)" 단계가 존재했다고 보고 있다. 이러한 이른 시기의 고고학 증거에 대해서는 아직 밝혀져야 할 점이 많지만, 사람은 이미 적어도 15,000 BP 무렵이면 아메리카대륙에 존재했다고 보인다. 그 기원지는 아시아일 것이다.

도 4만 5천 년 전으로서, 70km 정도에 달하는 바다를 건너야 했다. 그 다음은 아메리카 대륙이었다. 초기 인류는 엄혹한 환경의 시베리아 북동부에 터를 잡는 데 필요한 정도로 발달한 문화적 능력을 갖추지 못했던 반면, 현대인, 즉 *Homo sapiens sapiens*는 약 4-5만 년 전 알래스카에 잇닿은 시베리아를 성공적으로 개척할 수 있는 지적 능력을 갖고 있었다. 시베리아에서 현대인은 마지막 빙하기의 극성기에 육지로 노출된 베링해협을 건널 수 있었다. 알래스카에 사람이 도착한 것은 10000 bc 이전이겠지만, 아메리카 대륙 나머지 지역에 사람이 진출하려면 코딜레란(Cordilleran) 빙하와 로렌타이드(Laurentide) 빙하 사이에 록키산맥 동쪽을 따라 얼음이 없는 통로가 열리는 것을 기다려야만 했다. 그러나 일부 학자는 아메리카대륙에는 이보다 훨씬 전부터 사람이 살았다고 생각하고 있는데, 이것에 대해서는 지금도 논쟁이 뜨겁게 진행중이다. 그러면 신대륙에 정착한 사람은 누구인가?

북아메리카에서 발견된 가장 이른 시기이자 가장 연대가 잘 알려진 인류 유해는 '클로비스찌르개(Clovis Fluted Point)' 문화에 속하는데, 이 이름은 특징적 형태의 투사용 찌르개 이름에서 명명되었다(Haynes, 1980). 클로비스문화는 9500-9000 bc로 연대가 측정되며, 이어 '폴솜(Folsom)찌르개'를 표식으로 하는 폴솜문화가 9000-8000 bc에 등장한다. 클로비스 유물군은 놀라울 정도로 유사해, 석기 형식에서 지역적 다양성이 거의 없는바, 급속하게 확산되었음을 시사해 준다. 신대륙에서 문화적 다양성은 9000 bc 이후부터 증가하는데, 이때부터 초기 아메리카 원주민들은 좀더 정착적인 생활양식을 취했을 것이라고 여겨진다. 클로비스문화는 그 조형이라고 여겨지는 구대륙의 문화와 서로 밀접하게 연결된다는 주장이 제기되었는데, 시베리아의 유적에서 보이는 바와 유사성이 있다(Haynes, 1980). 클로비

스 등장 이후 1천 내지 2천 년 이내에 북아메리카와 남아메리카 양 지역에는 모두 사람이 살게 되었다.

지중해 지역에서는 키프로스, 크레타, 말타, 코르시카 및 발레아레스 군도를 위시한 여러 섬에 사람이 처음 들어간 증거는 7000 bc 이후에나 발견된다(이 장 마지막 부분 참조).

마다가스카르에는 서기 500년 무렵 사람이 도착했으며, 뉴질랜드는 태평양의 섬 중에서 사람이 마지막으로 도착한 곳으로서 서기 750년에서 1000년 사이에 폴리네시아인들이 정착하였다(Bellwood, 1978).

신천지 개척과 플라이스토세의 동물 멸종

이제껏 사람이 살지 않던 지역에 석기시대 사람이 들어가 살게 됨으로써, 특히 오스트레일리아와 아메리카의 경우 제4기 고생물학에서 가장 논란거리가 되는 주제에 대해 생각하지 않을 수 없게 만들었다. 그것은 바로 급작스럽게 발생한 것처럼 보이는 특히 큰 포유동물과 육지서식 조류를 중심으로 한 수많은 대형동물의 멸종 문제이다(몸무게 추정치가 44kg 이상인 동물은 흔히 '거대 동물(megafauna)'로 분류한다).

무엇이 어디에서 사라졌나

일찍이 1839년에 찰스 다윈은 지금으로부터 그리 멀지 않은 과거에 아메리카에 살던 네발동물에 대해 생각하며, 다음과 같은 글을 썼다. 즉, 아메리카대륙은 과거에

아프리카 남부 지역에서 보는 바와 같이 거대한 야

그림 5.5 고인디언(Palaeoindian)의 과잉 수렵 결과 멸종했을지 모르는 북아메리카 플라이스토세 말의 몇몇 포유동물 복원도. (a) 신대륙 검치호 *Smilodon*; (b) 긴 코 페카리 *Mylohyus*; (c) 뿔 넷 달린 가지뿔영양 *Stockoceros*; (d) 납작머리 페카리 *Platygonus*; (e) 거대 비버 *Castoroides*; (f) 말 *Hippidium*; (g) 샤스타땅늘보 *Nothrotheriops*; (h) 마스토돈 *Mammut*; (i) 북아메리카낙타 *Camelops*. 각 동물과 함께 표시한 축척은 1미터이다. 출전: Martin and Wright(1967)에 실린 Martin and Guilday의 글 및 Martin and Klein(1984)에 실린 Anderson의 글에 소개된 Peter Murray의 그림. 자료 제공 Paul Martin 및 The University of Arizona Press

그림 5.6 미국 로스앤젤레스 란초라브레아(Rancho la Brea)의 플라이스토세 물웅덩이 일대의 모습 복원도. 그림 찰스 나이트(Charles Knight). 그림에는 거대 땅늘보, 검치호, 독수리, 매머드 및 큰늑대가 그려져 있다. 출전 Department of Library Services, American Museum of Natural History, Neg. No. 39442

수가 우글거리던 곳이었음에 틀림없지만, 지금은 단지 테이퍼, 과나코, 아마딜로와 카피바라만을 찾을 수 있는바, 이 동물들은 과거 여기서 살았던 것들에 비하면 단지 피그미에 지나지 않는다. 이 멸종 네발 동물 중 많은 것 내지 전부가 매우 가까운 시기에 살았으며, 그중 많은 것이 현존하는 연체동물과 동시기에 살았다. 이런 동물들이 사라진 때부터 이 나라의 자연에는 어떠한 매우 큰 외형적 변화도 일어나지 않았다. 그렇다면 무엇이 그렇게 많은 생명체를 몰살시켰을까?(Darwin, 1839: 210)

그림 5.5와 5.6에서 보는 멸종 북아메리카 동물에는 그것이 남긴 똥 퇴적물로 유명한 샤스타땅늘보(*Nothrotheriops*)가 포함되어 있다. 이 동물은 다 자랐을 때 무게가 아마도 135kg에서 180kg 사이였을 것이다. 이보다 더 큰 제퍼슨땅늘보(*Megalonyx jeffersoni*)는 황소만한 크기였다. 이 동물의 유해가 처음 논의된 1797년도의 American Philosophical Society 모임은 북아메리카에서 고척추동물학의 시작을 말해 주는 사건이었다(Kurtén and Anderson, 1980). 최후빙하기인 위스콘시니안(Wisconsinian)

빙하기가 끝난 9000 bc 무렵이면 여러 검치호 종류와 언월검치호(*Homotherium*), 크기가 흑곰만한 거대 비버(*Castoroides*), 여러 종류의 말, 각종 페커리, 북아메리카낙타(*Camelops*), 긴 다리 라마(*Hemiauchenia*), 산악 사슴(*Navahoceros*), 서너 종류의 가지뿔영양(*Capromeryx*, *Stockoceros* 및 *Tetrameryx*), 마스토돈(*Mammut*) 및 매머드(*Mammuthus*)를 비롯해, 34개 속에 달하는 대형 포유동물이 이미 모두 멸종해 버렸다. 이렇게 멸종한 동물은 속 단위로 따질 때 북아메리카 대형 포유동물의 3분의 2에 달한다.

다른 곳에서도 그랬지만, 멸종은 북아메리카에서도 이보다 앞선 시기에도 발생했으며, 일부 연구자들(예: Webb, 1984)은 마이오세 말의 멸종은 최후의 사건인 플라이스토세의 멸종보다 더욱 광범위하게 일어났음을 지적하였다. 그러나 우리는 이 마이오세의 멸종이 있었던 시점의 연대를 정확하게 측정할 수 없으며 따라서 그것이 발생한 속도를 파악할 수 없다. 그렇지만 플라이스토세 말 대략 11,000년 전, 즉, 동물층서에서 란초라브레안(Rancholabrean)기에 일어난 멸종은 그 이전의 300만 년 동안에 일어

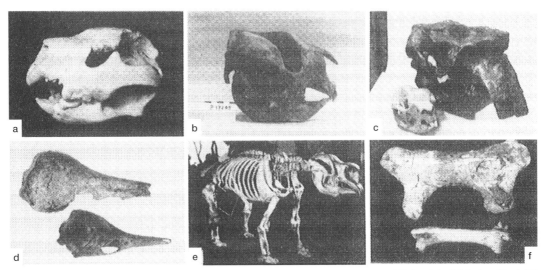

그림 5.7 오스트레일리아의 몇몇 플라이스토세 동물. (a) 육식성 유대목 사자 *Thylacoleo carnifex*의 두개골. (b) 거대한 짧은 얼굴 캥거루 *Simosthenurus occidentalis*의 두개골(플라이스토세 후기, 사우스오스트레일리아 남부; 축척 cm). (c) 거대 웜뱃 *Phascolonus gigas*의 두개골 대 현생종인 털 많은 코 웜뱃 *Lasiorhinus latifrons*의 두개골. (d) 거대 바늘두더지 *Zaglossus ramsayi*의 두개골(플라이스토세, 사우스오스트레일리아) 대 현생종 바늘두더지 *Tachyglossus aculeatus*의 두개골. (e) 발견된 유대목 중 가장 큰 동물인 코뿔소 크기의 초식동물 *Diprotodon optatum*의 골격 복원 모습. (f) 현생종 에뮤 *Dromaius novaehollandiae*의 넓적다리뼈(아래) 대 사우스오스트레일리아의 플라이스토세 멸종 에뮤 *Genyornis newtoni*의 넓적다리뼈(위). 사진 촬영 Neville Pledge, R. Ruehle, 사진 제공 South Australian Museum

났던 다른 멸종 사건들에 비해 아주 극단적인 양상이었다. 이 시기에 사라진 동물은 34개 속으로, 이에 앞서 블랑칸(Blancan)기에 10개 속, 어빙토니안(Irvingtonian)기에 7개 속, 선위스콘시니안 란초라브레안(pre-Wisconsinian Rancholabrean)기에 3개 속이 소멸한 것과 크게 비교된다(Spaulding, 1983).

남아메리카에서는 비슷한 무렵 46개 속 정도의 동물이 멸종해, 이 지역 대형 포유동물의 80%에 가까운 것들이 사라졌다. 사라진 동물 중에는 재빠르지 못한 빈치류(땅늘보, 아르마딜로와 개미핥기가 포함된 포유동물 목)로서 뾰족한 비늘로 덮인 엄청나게 큰 거북 등껍질 같은 단단한 판 속에 몸체와 앞발이 들어가 있는 중무장 상태인 *Glyptodon*, 길이가 6m에 달하는 거대한 땅늘보인 *Megatherium* 같은 것들이 있다(후자는 1795년 퀴비에가 처음 발견하였다). 그 외의 동물로는 신대륙 검치호의 일종인 *Smilodon*, 설치류에 속하는 거대한 카피바라의 일종인 *Neochoerus*, 남아메리카 말인 *Hippidion*과 *Onohippidium*, 코끼리처럼 생긴 곰포시어 *Cuvieronius*와 더불어, 하마 같은 습성이 있고 짧은 다리의 코뿔소처럼 생긴 거대한 기니피그라고 묘사되기도 하는 *Toxodon*이 있다.

오스트레일리아에서는 플라이스토세가 끝날 무렵까지 모두 19개 속의 동물이 멸종한바, 다시 말해 대형 유대목동물, 파충류와 조류로 구성된 거대동물상의 86%가 멸종하였다(그림 5.7). 멸종동물은 대부분 아마도 움직임이 느리고 따라서 새로 도착한 사냥꾼에게 취약한 동물이었을 것이다. 그중 많은 것이 캥거루과의 캥거루와 왈라비 종류이다. 거대한 왈라비의 일종인 *Protemnodon*은 현재 살아 있는 어떤 캥거루보다 더 큰 동물로서, 키 3m의 큰 몸과 짧고 넓은 얼굴을 가진 동물이었다. 위쪽으로 휘어진 아래 앞니와 깊은 홈이 진 거대한 어금니를 가진 이 동물은 아마도 관목과 나무를 뜯어 먹었을 것이다. 이 중에서도 크기가 코뿔소만한 *Diprotodon*은 가장 큰 동물로서, 생김새가 웜뱃 같은 잎 뜯어 먹는 동물이었다. 유대목에 속하는 대부분의 과에서는 적어도 하나 이상의 거대 동물이 사라졌다. 사라진 동물 중에는 크기가 현생종 웜뱃의 두 배이고 무게가 $\frac{1}{2}$톤 내지 그 이상인 거대 웜뱃 *Phascolonus gigas*가 있다. 거대 바늘두더지 *Zaglossus*도 사라졌다. 또 다른 사라진 포식동물인 *Thylacoleo*, 즉 유대목 사자는 크기가 표범만하고 크고 강력한 이빨과 엄청난 발톱을 가진 앞발을 갖고 있었다. 거대한 포유류와 조류도 역시 사라졌다. 거대한 큰도마뱀인 *Megalania*는 길이가 6-9m로서 전 세계를 통틀어 현재 살아 있는 어느 도마뱀보다 컸으며, 날지 못하던 *Genyornis*는 아마도 뉴질랜드에 살던 모아와 비슷한 새였을 것이다. 요약하자면, 오스트레일리아에서 5만 년 전에 살고 있던 동물의 약 3분의 1이 13000 bc 무렵이나 심지어 어쩌면 이보다도 훨씬 이전에 사라졌던 것이다. 머레이에 따르자면, 오스트레일리아의 동물상은 3만 년 전 무렵이 되면 기본적으로 '현대적' 양상이 되었다(Murray, 1984).

뉴질랜드에서는 날지 못하던 거대한 모아 새를, 마다가스카르에서는 코끼리새와 거대 여우원숭이들을 잃어버렸다. 마다가스카르에서는 또 영장류 7개 속이 사라졌는데, 모두 몸집이 매우 컸으며 아마도 낮에 활동하는 동물이었을 것이다(Dewar, 1984). 그중 가장 큰 것은 수컷의 몸무게가 50에서 100kg 사이로 추정되는 *Megaladapis edwardsi*이다. 멸종한 영장류로서 가장 작은 크기의 종은 현재 살아 있는 가장 큰 종과 크기의 분포범위가 겹치지만, 다른 모든 종들은 현재 살아 있는 여우원숭이들보다 더 컸다. 몇몇 멸종 종은 살아 있는 여우원숭이에서는 볼 수 없으며 코알라와 비슷한 '육상 네발걷기(terrestrial quadrupedalism)'와 '느릿느릿하게 똑바로 오르기(ponderous vertical climbing)' 같은

이동 패턴을 갖고 있었다. 이런 동물들은 특히 사람들에게 손쉬운 사냥감이 되었을 것이다. 살아남은 것들은 대체로 밤에 활동하거나 낮에 활동하더라도 크기가 자그마한 수목생활동물이다. 마다가스카르에서 사라진 또 다른 동물로는 가장 큰 것은 크기가 타조와 비슷하며 날지 못하는 '코끼리새' 2개 속, 피그미하마, 땅돼지의 한 지역형 및 거대 거북이가 있다.

북부 유라시아에서는 단지 몇 개의 속만이 사라졌을 뿐인데, 털코뿔소, 매머드, 곧은엄니코끼리, 거대 사슴, 들소와 하마가 사라졌다. 마찬가지로 아프리카에서도 단지 7개 속만이 사라졌다.

멸종의 원인: 사람인가 기후인가

플라이스토세의 멸종 원인에 대해, 19세기 초에는 노아의 대홍수와 빙하기 도래 같은 사건이 원인일 것으로 추정하였다. 오늘날에도 멸종의 원인에 대한 의견은 일치하지 않는다. 이러한 일치된 의견이 없는 것은 고인류가 '고귀한 야만인(noble savage)'인가 아니면 '자연의 유일한 실수(nature's sole mistake)'인가 하는 판단과 관련된 20세기적 관점에서 그 이유의 일부를 찾을 수 있다. 어떤 연구자들은 멸종의 원인은 전적으로 사람에게 있다고 생각한다. 반면, 어떤 연구자들은 사람과 기후 양자가 플라이스토세의 동물에 영향을 끼쳤다, 즉, 이미 스트레스 상태에 놓인 생태계가 갑자기 발달한 능력을 가진 사냥꾼의 등장으로 위기에 빠졌다고 생각한다.

이 문제의 해결에 필요한 증거는 양과 질 모두에서 지역에 따라 차이가 있다. 북아메리카와 유럽의 자료는 오랫동안 자세히 검토되었지만, 남아메리카와 마다가스카르에서 고고동물 자료에 대한 진지한 연구는 이제 겨우 시작되었다.

사람과 기후라는 두 요인이 각각 얼마나 큰 영향을 끼쳤는가 하는 점은 대상 지역이 어디인가에 따라 다르다. 뉴질랜드의 모아와 마다가스카르의 거대 여우원숭이와 날지 못하는 새들의 멸종에는 아마도 인간이 주도적 역할을 했을 것이다. 그렇지만 오스트레일리아에서 거대한 유대목동물이 멸종한 것은 극심한 건조 환경 때문일 가능성이 충분히 있다.

오스트레일리아와 북아메리카 두 경우 모두, 사람 대 기후 둘 중 어느 쪽의 편을 들어야 할지는 결정하기 어렵다. 왜냐하면 기후변화와 인간의 도착이라는 두 사실이 아마도 거대동물상의 멸종과 동시에 일어났을 것이기 때문이다. 지금까지 북아메리카에서 얻은 방사성탄소연대에 따르자면, 사람의 도착과 최후의 플라이스토세 멸종은 동시에 일어난 과정이었다(Meltzer and Mead, 1983). 그러나 관련 연대 중에서 믿을 만한 것은 그나마 드물며, 따라서 멸종이 북아메리카에 사람이 등장한 시점과 정확히 일치하는지 아닌지에 대해서는 아직 판단을 내릴 수 없다. 상관관계와 인과관계는 매우 다른 문제인 것이다. 실제로 북아메리카의 경우, 해수면 강하에 이어지는 플라이스토세 최후 시기의 온난화라는 기후의 작용이야말로 사람으로 하여금 (a) 베링 육교를 건너 (b) 록키산맥 이동의 무결빙 통로를 관통해 남쪽으로 내려갈 수 있게 한 궁극적 요인이었다. 이 주제에 대한 다양한 입장은 폴 마틴(Paul Martin)과 리차드 클라인이 편집한 제4기 멸종(*Quaternary Extinctions*)에서 찾아볼 수 있다(Martin and Klein, 1984).

거대동물상의 멸종: 기후의 역할

구스리(Guthrie, 1984)는 플라이스토세 말과 그 이후 일어난 기후변화는 많은 육상동물을 광범위하게 멸종시키기에 충분할 정도로 큰 규모였다고 주장하고 있다. 그의 연구는 주로 북아메리카에 대한 것인데, 그의 견해에 따르자면 최후빙하기와 후빙기 동안의 온난화는 플라이스토세 동안 그 이전까지 전혀 겪지 못했던 오늘날과 같은 상대적으로 혹독한 환경을 가져다주었다는 것이다. 변화는 매우 급격히 일어나, 동물상은 '전례 없는 큰 충격'을 받게 되었다고 한다. 북아메리카에서는 식물의 종 다양성이 줄어든 넓디넓은 초원지대가 만들어졌는데, 이것은 아마도 사상 초유의 일일 것이라고 보았다. 이러한 초원지대는 들소 같은 동물에게 이상적인 조건이 되었으며, 이런 동물들은 활동범위를 플라이스토세 종식 이후에도 상당히 넓혀 나가게 되었다. 그러나 되새김질을 하지 않으며 소화계통이 상대적으로 덜 발달한 코끼리, 땅늘보 및 말과동물은 더 다양한 식물을 필요로 하므로 단지 몇 종의 풀만을 먹는 생활을 이겨 낼 수 없었으며 따라서 멸종하였다는 것이다. 구스리는 또 홀로세에 들어와 더욱 뚜렷해진 계절성으로 식물의 성장기간이 더 줄어들었음을 지적하였다. 환경 악화는 멸종을 초래했을 뿐만 아니라, 어째서 많은 계보의 대형 포유동물의 몸집이 작아졌을 뿐만 아니라 뿔과 엄니 크기도 줄어들었는지 설명해 줄 수 있다는 것이다(제3장).

기후변화는 좀더 일찍 시작해 더 늦게까지 계속되었지만, 구스리는 주요한 변화가 10000에서 9000 bc 사이에 매우 급격히 일어났다는 증거를 인용하고 있다. 이 시기는 클로비스문화가 북아메리카로 파급된 바로 그 천년기이다. 킹과 손더즈는 북아메리카에서 마스토돈(*Mammut*)의 왜소화와 궁극적 멸종을 10000에서 8000 bc 사이에 일어난 가문비나무 숲의 붕괴와 연결시키고 있다(King and Saunders, 1984). 두 사람은 마스토돈이 이런 환경변화에 적응할 수 없었다고 믿는데, 왜냐하면 그 이전의 플라이스토세 식생변화와 달리 10000 bc에 일어난 변화는 너무나 갑작스러워, 마스토돈의 적응력이 전혀 감내할 수 없는 속도로 발생했다는 것이다.

호튼은 '건조환경 확산모델'을 통해 오스트레일리아에서 있었던 극심한 멸종의 파도는 오스트레일리아 중앙부의 사막이 바깥쪽으로 확산된 결과 발생했다고 설명하였다(Horton, 1984). 인간은 아마도 31000 bc 아니면 심지어 45000 bc 무렵 오스트레일리아에 처음 도착했을 것이다. 그러나 호튼이 인용하고 있는 몇몇 자료에 따르자면 대형 포유동물의 멸종은 오스트레일리아가 극심한 건조 기후에 시달리던 24000-13000 bc 무렵에 그 절정에 다다랐다. 물웅덩이는 말라 버렸을 텐데, 마치 아프리카의 가뭄을 연상하는 상황이 도래하였다. 호튼은 오스트레일리아나 심지어 태즈메이니아의 어떤 곳도 대부분의 플라이스토세 대형 유대목 동물에게 피난처가 될 수 없었다고 평가하는데, 피난처를 찾은 동물일지라도 몸집이 작아진 다음에야 살아남을 수 있었다고 보았다. 대륙 전체가 광대한 건조 사막이 되었던 것이다. 그러나 건조 조건에 잘 적응한 붉은 캥거루는 살아남았을 뿐만 아니라 서식범위를 확장해 나갔다. 증거가 미약함을 인정해야겠지만, 따라서 오스트레일리아에서 동물상에 재난이 닥쳤을 가능성을 말해 주는 증거가 약간 있다고 하겠다.

오스트레일리아 동남부의 '랜스필드(Lancefield) 늪'에서 발견된 뼈 퇴적층에서는 1만 마리분의 멸종 동물 유해가 확인되었다(Gillespie et al., 1978). 대부분의 유해는 크기가 오늘날의 회색 캥거루의 두 배에 달할 것이 틀림없는 Macropus titan이라는 캥거루에 속하며, 7%는 Protemnodon anak에 속하는 것이었다. 치아의 발육과 마모 상태에 대한 분석은 Macropus의 80%가 나이 7살 이상이며 단지 8%만이 2살 이하임을 알려 주었다. 어린 개체가 드물다는 사실은 서너 해 동안 번식이 이루어지지 않은 집단임을 말해 주는바, 이런 상황은 건조 기후조건으로 발생했을 것이다. 랜스필드늪 자료에 대한 해석은 많은 부분 추측성이라 할 수 있다. 그렇지만 이 자료는 멸종을 둘러싼 논쟁과 관련해 무엇보다 중요한 두 가지 증거를 갖고 있으니, 즉 (a) 석기 유물이 함께 발견되었으며 (b) 오스트레일리아에서 사람과 관련된 가장 이른 시기의 자료보다 늦은 시기인 24000-7000 bc 사이에 해당하는 두 개의 ^{14}C 연대가 얻어졌다. 단지 두 점에 불과하지만 발견 유물이 정말로 동물자료와 연관되며 연대측정치가 정확하다면, 마틴이 아메리카의 상황과 관련해 제시한 바와도 같은 '과잉사냥' 때문에 오스트레일리아에서 멸종이 일어났다고 하기는 어려울 듯하다.

거대동물상의 멸종: 인간의 역할

19세기의 위대한 고생물학자 리차드 오웬(Sir Richard Owen)이 처음 연구를 시작한 대상은 오스트레일리아의 플라이스토세 포유동물이다. 그는 오스트레일리아의 거대한 유대목동물들의 소멸을 설명해 줄 수 있는 기후변화에 대한 어떠한 증거도 찾을 수 없었으며, 사람이라는 적대적 세력이 '현재도 살고 있으며, 물러남이 날쌔고, 도약에 능하고 야행성인 캥거루들보다 더 큰 몸집을 가진 모든 독특한 포유동물을 (중략) 궁극적으로 멸종시켰음'에 틀림없다고 하였다(Owen, 1877).

마틴은 오래 전부터 플라이스토세 말과 그 이후 일어난 육상동물의 멸종은 사람의 책임이라고 주장해 왔다. 그는 그전까지는 사람이 없던 지역에 살고 있던 플라이스토세의 대형 포유동물들이 인구가 급격히 증가하던 사냥꾼 집단에 의해 집중적이며 매우 효과적으로 잡아먹히는 상황에 갑자기 맞닥뜨리는 모델을 20년 동안 발전시켜 왔다. 이것이 그가 제시한 '전격전'에 따른 과잉사냥(overkill-by-'blitz-

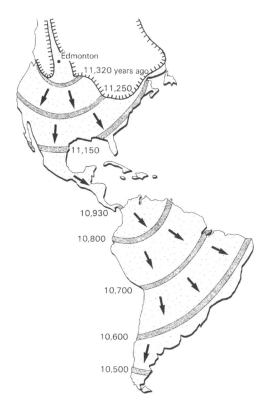

그림 5.8 마틴의 '거대동물상 과잉사냥' 가설. 최후 빙하기가 끝날 무렵 북아메리카에 도착한 수렵 집단은 곧 임계밀도에 다다랐다. 이로부터 많은 종의 대형동물이 멸종하기에 이르렀다. 수렵인의 '전언'은 남쪽으로 퍼져 나갔다. 이러한 진출은 오늘날의 에드먼턴 가까운 곳에 있던 무결빙 통로 남단에서 시작해, 천년에서 3천년 뒤에는 남아메리카 남부에 다다랐다. 출전 Martin, 1973

krieg') 가설이다(그림 5.8). 그의 주장은 다음과 같은 일곱 가지 관찰에 근거하고 있다.

(1) 플라이스토세 말에 멸종한 포유동물들은 모두 과거의 기후변화는 이겨냈는데, 그 이전에도 최소한 여섯 차례의 한랭-온난 혹은 건조-습윤 조건의 주기적 기후변화가 있었다. 이러한 이른 시기의 기후변화가 플라이스토세 종말기와 같은 정도로 극적이었는가 하는 질문에 대한 해답은 아직 제시되지 않았다. 구스리는 그렇지 않다고 주장하고 있지만, 마틴은 그중 몇몇은 아마도 같은 정도라고 보고 있다. 마틴이 옳다면, 플라이스토세 최후의 동물상, 즉 북

아메리카의 란초라브레안동물상은 그러한 환경적 혼란에 잘 적응해 살아남았어야만 한다. 마틴은 그렇다면 왜 그 이전의 기후변화에서는 동물상 멸종이라는 극적인 변화가 일어나지 않았지만 최후빙하기-후빙기의 기후변화는 그러한 변화를 일으켰는가 하고 묻고 있다. 북아메리카에서 멸종이 일어난 9000 bc 무렵 있었던 단 하나의 유일한 사건이란 '클로비스'문화를 가진 선사시대 대형동물 사냥꾼의 도착이라는 것이다(그림 5.9).

(2) 지난 350만 년에 걸친 북아메리카의 고생물학 자료를 검토해 보면, 멸종이 모든 종에 걸쳐 일어나지 않았음을 명백히 알 수 있다. 플라이스토세 말에 대형동물은 설치류 같은 소형동물보다 훨씬 높은 비율로 멸종해 버린 경향을 볼 수 있다. 예를 들어, 북아메리카에서는 코끼리 3개 속, 거대 땅늘보 같은 거대 빈치류 6개 속, 유제류 15개 속 및 다양한 거대 설치류와 식육동물이 사라졌다. 플라이스토세 최말기의 란초라브레안동물상은 그 3분의 2가 사라졌고, 그 결과 들소, 사향소, 와피티사슴, 말코손바닥사슴, 산악 염소와 양, 사슴 및 가지뿔영양이 이 대륙의 '토박이' 동물상을 대표하는 동물로 남게 되었다(Mosimann and Martin, 1975). 헤인즈(Haynes, 1984)는 미국 서남부 지역 몇 곳의 동물층서를 연구했는데, 9500에서 8500 bc 사이에 있었던 거대동물상의 멸종은 9500에서 9000 bc 사이로 측정되는 클로비스문화의 연대와 매우 가까이 일치해 일어났음에 주목하고 있다. 헤인즈의 말을 빌릴 때, '사냥꾼의 존재를 말해 주는 최초의 가시적 증거와 거대동물상……최후의 유해들이 층서에서 동시에 나타난다는 사실은 아주 흥미로운 일이다'. 미드와 그 동료들은 애리조나에서 해링튼산악염소와 샤스타땅늘보가 사라진 연대로 9210과 9068 bc라는 두 개의 방사성탄소연대를 제시했는데(Mead *et al.*, 1986),

그림 5.9 북아메리카의 플라이스토세 낙타 *Camelops*를 사냥하는 고인디언. Jay Matternes 그림, National Geographic Society ⓒ 제공

두 연대는 클로비스문화에 매우 가깝게 일치하는 연대이다.

멸종동물의 유해와 이것들을 파멸시켰다고 여겨지는 집단의 문화적 잔존물 사이의 연관관계를 잘 보여 주는 증거로는 10여 사례가 있다. 미국 서남부와 서부의 11개 지점에서는 매머드 유해가 9200에서 9000 bc 사이로 연대가 측정된 사람이 남긴 유물과 명확하게 공반한다고 알려져 있다(Saunders, 1980). 손더즈는 하나의 가족 단위로 구성된 북아메리카의 매머드들은 '클로비스 사냥꾼에 의해 맞닥뜨리게 되고, 도주로가 차단된 다음, 재난적으로 수확되었다'고 보았다. 클로비스인들은 확실히 대형동물을 사냥해 먹고 살았는데, 특히 매머드와 들소를 이용하였다. 동물 유해가 남아 있는 모든 클로비스 유적에서는 매머드가 나타나며, 많은 수의 클로비스 뼈 도구가 이 동물의 뼈와 엄니로 만든 것이다.

매머드 사냥유적에서, 사체는 단지 부분적으로 해체되어 사지 몇 점만을 떼어 낸 모습으로서, 부분적으로만 이용되었음을 보여 준다. 이에 비해 들소는 대체로 해체가 더 많이 이루어진 모습으로서, 더 완전한 도살과 고기 이용이 있었음을 말해준다(Haynes, 1980). 그러한 사례의 하나로는 애리조나 남부에 있는 나코(Naco) 유적이 있다. 이곳에서는 매머드 뼈가 클로비스찌르개 8점과 함께 발견되었는데, 이 석기들은 아마도 창끝이었을 것이다(Haury *et al.*, 1953). 찌르개들은 두개골 바닥과 흉곽 앞부분 사이에서 발견되었다. 아마도 이 매머드는 사람으로부터 벗어나긴 했지만 얼마 못 가 곧 죽어 버린 것일까?(Haynes, 1980).

가까이 있는 레너랜치(Lehner Ranch) 유적에서는 아홉 마리의 아직 덜 자란 매머드 및 말, 테이퍼, 들소 뼈 속에서 주로 클로비스찌르개로 이루어진 투사기 끝날 13점, 도살용 도구 8점 및 두 곳의 화덕자리와 숯이 발견되었다(Haury *et al.*, 1959). 클로비스찌르개 중 하나는 어린 매머드 갈비뼈 사이에 박혀 있었다. 이 레너유물군은 화석으로 남은 하천바닥에 놓여 있었고, 9000-10000 bc 사이의 연대가 하나 얻어졌다. 하천은 매머드를 잡기 위한 함정으로 사용된 것일지 모른다. 실제로 대부분의 매머드사냥은 샘, 계곡 가장자리 혹은 연못 같은 저지에서 이루어져, 동물이 물 마시는 장소에서 기습당했음을 보여 준다(Haynes, 1980).

에이젠브로드(Agenbroad, 1984)는 늦은 시기의 매머드가 발견되고 연대측정이 이루어진 48개 북아메리카 지점의 자료를 취합하였다. 그의 자료는 북아메리카에 사람이 들어왔다고 여겨지는 시점과 어느 정도 일치하는 이른 시기의 주요 매머드 사냥유적에서 시작해 사냥유적의 분포가 후대로 가며 모든 방향으로 확산하는 양상임을 보여 준다.

(3) 아프리카, 유럽과 아시아는 사람과 동물이 오래 전부터 관계를 맺고 있던 대륙으로서, 거대동물상의 멸종과 관련해 사라진 동물 속의 수가 훨씬 뚜렷하지 않은 양상이다. 유럽과 아시아의 온대 지역에서 사라진 늦은 빙하기의 대형 포유동물은 4개 속인데, 매머드(*Mammuthus*), 털코뿔소(*Coelodonta*), 거대 사슴(*Megaceros*) 및 사향소(*Ovibos*)가 그것이다. 그곳에서 살던 동물들은 사람이 발전시켜 나가는 사냥기술에 대해 적응하는 시간이 있었을 것이다. 유라시아에서는 플라이스토세에 시간이 흐르며 점차 발전하는 사냥기술이 동물상에게 점진적으로 선택 효과를 가져다주었을 것이다. 사람의 포식행위를 견딜 수 없던 종들도 백만 년이나 그 이상의 시간에 걸쳐 적응해 나갔거나 서서히 멸종해 버렸을 것이다.

북아메리카에서 살아남은 들소, 사슴과 사향소 같은 동물들은 유라시아에서 기원하였다. 이런 동물들은 사람과 익숙했으며, 불규칙한 계절적 이동과 날렵한 체격을 특징으로 하는데, 이 두 속성은 사람에 의한 대량 사냥을 견딜 수 있는 능력에 힘이 되어 주었을 것이다.

(4) 마다가스카르와 뉴질랜드는 의심의 여지 없이 사람이 늦게 도착한 곳인데, 동물상의 멸종은 사람의 도착과 더불어 있었거나 도착 이후 일어났다. 멸종은 매우 갑자기 발생했는데, 그 시점에 어떤 자연적 변화, 즉 환경변화가 있었다는 증거는 없다.

마다가스카르의 여러 유적에서 얻은 방사성탄소연대에 따르자면, 900년 전이면 이미 멸종이 완전히 이루어졌다. 처음 도착한 사람들은 아마도 보르네오로부터 온 사람들로서 목축을 했다고 여겨지는데, 서기 1세기 이전에 오지 않은 것은 확실하며 아마도 이보다 몇 세기 뒤에 도착했을 것이다. 드위(Dewar, 1984)는 사냥과 숲을 태워 버린 것이 멸종의 부분적 원인이지만 주요 원인은 이곳에 들어온 소, 양, 염소라는 가축과의 경쟁이라고 보았다.

뉴질랜드의 쓰레기더미 유적에서 발견되는 모아뼈를 보면 사람들이 이 새를 닥치는 대로 잡아먹었음을 알 수 있다. 방사성탄소연대는 사우스아일랜드가 북쪽 섬보다 먼저 점유되었음을 보여 준다. 트로터와 맥컬록(Trotter and McCulloch, 1984)은 집중적인 모아 사냥은 800년 전에 정점에 다다라 300년 정도의 시간이 흘러 500년 전이 될 때까지 점차 섬 남단으로 옮겨가는 소위 '정점 이동' 양상임을 보여 주었다(그림 5.10). 이것은 비록 작은 규모에서 벌어진 것이긴 하지만 북아메리카에 대해 마틴이 제시한 선사시대 과잉사냥 모델과 잘 맞아떨어지는데, 뉴질랜드에서는 300년이라는 상대적으로 긴 시간에 걸쳐 사냥이 이루어졌다는 점도 쉽게 설명할 수 있다. 즉, 뉴질랜드 주민들은 사냥만 했던 것이 아니

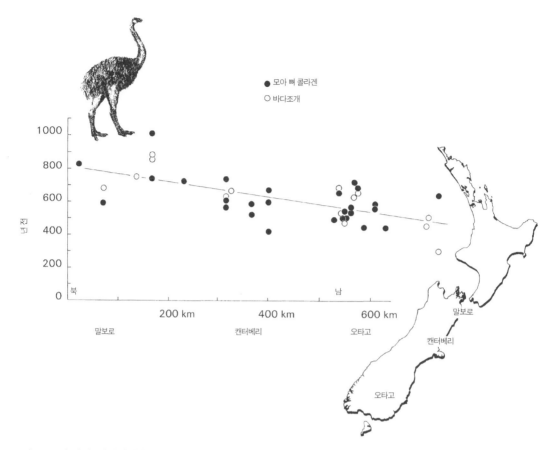

그림 5.10a 뉴질랜드에 살던 날지 못하는 멸종 새 모아 *Dinornis giganteus*의 복원도. 이 새의 키는 2.5-3m에 달했다. 그림 Cristina Andreani, Augusto Azzaroli 제공

그림 5.10b 뉴질랜드에서의 모아의 멸종. 사우스아일랜드 동해안에 있는 모아 사냥꾼 유적의 연대는 약 300년 이내에 '모아 멸종 전연'이 북에서 남으로 이동했음을 보여 준다. 연대는 모아 뼈와 바다조개에 대한 방사성탄소 분석에서 구한 것이다. 출전 Trotter and McCulloch, 1984. University of Arizona Press 제공

라 식량도 재배했고 풍부한 해안 자원을 이용했기 때문에, 아메리카에서처럼 빨리 이동해야 할 필요가 없었다.

(5) 멸종은 동시적으로 일어나지 않았다(그림 5.11). 멸종은 상이한 지역에서 상이한 시기에 발생하였는데, 매머드가 중국에서는 18000 bc 이후 발견되지 않지만(Liu and Li, 1984), 북아메리카에서는 9000 bc까지 살아남았음을 우리는 알고 있다. 다시 말해, 매머드는 북유럽과 중국에서는 북아메리카에 앞서 멸종했는데, 매머드 멸종의 파도는 사람의 움

직임을 따르고 있다. 플라이스토세-홀로세의 기후변화는 적어도 북반구에서는 모든 지역에서 동시적으로 일어났으므로, 만약 기후변화가 원인이라면 멸종도 동시에 있었어야 할 것이다.

머레이(Murray, 1984)도 멸종의 원인으로 고대인을 지목하고 있다. 그는 멸종이 통시적 변화임을 말해 주는 증거를 찾았는데, 오스트레일리아에서 멸종은 사람의 도착에 이어 일어났고, 이어 태즈메이니아에서도 사람이 도착하고 멸종이 있었다. 태즈메이니아에서 좀더 전문적으로 적응한 동물들은 약 28000 bc 무렵에 이미 멸종했으나, 동물상 전반에

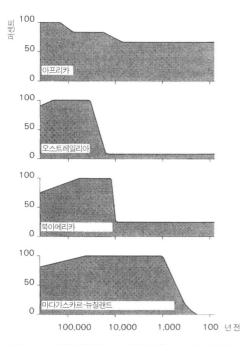

그림 5.11 마틴의 '거대동물상 과잉사냥' 가설. 세 대륙과 두 개의 큰 섬에서 지난 10만 년 동안 살아남은 대형동물의 백분율. 멸종은 아프리카에서 덜 심하게 일어나 지난 10만 년 동안 단지 7개 속이 사라졌지만, 오스트레일리아에서는 지난 4만 년 동안 19개 속이 사라졌고, 북아메리카에서는 70개 속이 사라졌는데, 후자의 경우 이 중 대부분 아니면 아마도 전부가 지난 15,000년 동안에 사라졌을 것이다. 마다가스카르와 뉴질랜드 역시 멸종이 심하게 일어났다. 출전 Martin, 1984

걸친 멸종은 이보다 1만년 정도 뒤에 일어났다. 이것은 사람들이 바스(Bass) 해협을 건널 수 있게 된 때인 18000 bc라는 연대와 일치하는 시점이다. 마찬가지로, 가장 이른 시기의 점유 흔적이 발견된 월란드라(Willandra) 호수지대와 퍼스 지역 같은 곳에서 거대동물상이 먼저 사라졌다고 보인다(Flood, 1983).

뉴사우스웨일즈 서부에서 멸종은 25000 bc 혹은 30000 bc 이전에 발생했는데(Flood, 1983: 155), 지질학적 증거에 따르자면 멸종은 거기에 있던 월란드라 호수지대의 호수면 상승 시기에 발생하였다. 이런 사정은 전술한 멸종에 대한 초건조환경 모델과는 전혀 일치하지 않는다. 뉴사우스웨일즈에서 멸

종이 있기 전 내지 진행되는 시기에 있던 유일한 사건이란 인간이 여기 도착했다는 사실 뿐이다(Flood, 1983: 115 참조).

중간 크기의 식육동물인 테즈메이니아데빌과 태즈메이니아주머니늑대는 오스트레일리아 본토에서 더 후대에 별도로 일어난 멸종의 희생물이었다(Flood, 1983: 153). 이 둘째 단계의 멸종은 사람들이 약 4천 년 전 내지 그 이전 오스트레일리아 본토에 효율적 사냥꾼인 육식동물 딩고(개)를 도입하며 일어났다. 태즈메이니아에 딩고가 없다는 사실은 태즈메이니아가 해수면 상승으로 오스트레일리아 본토로부터 분리된 9000 bc 이후에 딩고가 도입되었음을 말해 준다. 더구나 이 사실은 태즈메이니아주머니늑대와 태즈메이니아데빌 양자가 아주 최근까지 여기서 생존할 수 있었던 이유를 설명해 주는데, 태즈메이니아데빌은 아직도 생존하고 있다. 딩고의 계보와 친연관계는 수수께끼로 남아 있지만(Macintosh, 1975), 애완동물이자 온기를 제공해 주는 동물로서 밤이면 담요 역할을 하기도 한다. 오지의 추운 밤은 아직도 '개 다섯 마리가 필요한 밤(five-dog-night)'이라고 일컬어지기도 한다(Manwell and Baker, 1984).

오스트레일리아에서 멸종을 가져온 이유로서 때로 사람으로부터 유래한 또 다른 요인이라고 일컬어지는 요인으로는 불을 들 수 있다. 커쇼(Kershaw, 1984)는 퀸즐랜드 북동부 린치 분화구의 퇴적물 층서를 연구하며, 40000에서 24000 bc 사이에 열대 우림이 화재에 적응한 유칼리나무 숲으로 대체되는 고식물학적 증거, 즉 꽃가루 증거를 발견하였다. 그가 제시한 화재 가설은 약 38000 bc 무렵에 숯가루가 극적으로 증가한다는 사실이 지지해 준다. 숯의 집중적인 출현은 다른 유적들에서도 보고되었고, 오스트레일리아 원주민들의 불 사용에 대해서는 잘 알려져 있다. 커쇼는 거대동물상의 멸종을 가져오기

에 충분한 정도의 서식지 변화가 화재로 인해 일어 났을 수 있다고 보았는데, 아마도 동물들은 이미 다른 환경조건의 변화로 스트레스를 받고 있었던지도 모른다.

(6) 멸종은 종의 대체 없이 일어났거나, 혹은 종이 대체되었어도 대체 종은 오스트레일리아의 딩고 사례처럼 사람이 도입한 것이었다.

(7) 멸종에 대한 고고학적 자료는 불확실하다. 마틴은 이를 가리켜 '낮은 고고학적 가시도'라고 명명하였다. 그는 이 현상을 어떻게 설명하는가? 그와 모시맨(Mosimann and Martin, 1975)은 플라이스토세 과잉사냥 모델을 다듬었다. 두 사람은 컴퓨터를 사용해 9500 bc라는 시점에 100명의 사냥꾼이 시베리아로부터 베링 육교를 건너 캐나다 서부 에드먼턴에 다다른 다음에, 그리고 아메리카 대륙 전체로 확산한 다음에 어떤 일이 발생할 수 있을지 시뮬레이션 분석을 시도해 보았다(그림 5.6). 이 침입자들은 긴 계보를 이루고 내려온 '수십만 년에 걸친 구석기시대의 생활경험을 축적한 능숙한 사냥꾼 집안' 출신이었을 것이다. 그러나 아메리카대륙의 거대동물상은 그러한 포식자들을 그전에 전혀 겪어본 적이 없었다. 따라서 사람이 무섭다는 것을 알아채기 전까지 짧은 기간 동안 손쉬운 먹잇감이 되었을 것이다. 이와 관련, 사람이 살지 않는 섬에서 진화한 동물들이 보여주는 '어리숙함'에 대해서는 잘 알려져 있다. 사람과 처음 만났을 때, 그런 동물들은 쉽게 접근할 수 있으며 심지어는 만질 수도 있다. 이런 사실로서 그전까지 사람이 살지 않던 지역, 특히 뉴질랜드, 마다가스카르, 피지, 하와이 같은 섬에서 먹잇감이 되는 종들이 급속하게 소멸한 사정을 설명할 수 있겠다(Cassels, 1984).

모시맨과 마틴은 사람 침입 이전의 거대동물상의 양, 거대동물상의 세대 대체 속도, 인구증가 속도 등의 요소를 계산에 고려하였다. 입력 변수를 바꿔 봄으로써 두 사람은 매해 늘어난 사냥꾼의 수, 아메리카대륙에서의 확산 속도, 확산의 '전연'이라고 명명한 지역 내의 사냥꾼의 인구밀도, 사냥꾼들이 잡아먹었을 먹이단위 개수 및 거대동물상의 멸종에 걸리는 시간을 시뮬레이션하였다. 두 사람은 이 사냥꾼들의 새로운 서식처는 좋은 조건을 지녔기 때문에 높은 인구증가를 유발했을 것인데, 연간 3.5%라는 높은 성장률도 가능했다고 가정하였다.

분석결과는 놀라운 것이었다. 오늘날의 동아프리카 자료를 기초로, 두 사람은 초기 거대동물상 생물량이 1억5천만 동물단위에 이르렀다고 가정하였다. 여기서 1동물단위는 생물량 450kg에 해당한다. 여러 차례 이루어진 시뮬레이션의 한 예를 들자면, 우선 두 사람은 100명의 고인디언 사냥꾼이 에드먼턴에 등장했음을 가정했는데, 사냥은 4인으로 구성된 가족당 평균 한 사람이 매주 한 마리의 동물을 잡는 비율로 이루어지며, 잡은 동물의 절반은 그대로 버려진다고 보았다. 이럴 경우, 이 가족은 평균 매년 한 사람당 13 단위를 잡는 셈이다. 그러한 손쉬운 사냥의 결과, 해당 부족의 인구수는 매 20년마다 두 배로 늘어나며 이에 따라 거주지역 일대의 동물은 씨가 마르게 되어, 새로운 영역으로 확산해 나갈 필요가 생기게 된다. 그 결과 궁극적으로 높은 인구밀도의 인구 전연이 만들어져 에드먼턴으로부터 남쪽으로 확산하며 이동하게 되는데, 인구 전연 후방에서 거대동물상은 전멸했다는 것이다. 인구 전연은 220년이 지나 콜로라도에 다다르고, 다시 73년이 흐른 뒤에는 북아메리카의 나머지 1천 마일에 걸친 지역을 통과하게 된다. 이런 식으로 293년 동안 30만 명 내외의 선사시대 사냥꾼이 1억 마리의 대형동물을 몰살할 수 있었다는 것이다.

이상의 내용이 모시맨과 마틴이 제시한 북아메리

카에서의 과잉사냥에 대한 기본 시나리오이다. 변수를 달리한 시뮬레이션에서도 그 결과는 대체로 거대동물상이 급속히 씨가 마르는 결과가 얻어졌다. 두 사람은 '전격전'이라는 용어를 사용했는데, 아메리카대륙 위로 사냥꾼들이 짧은 기간이지만 재앙적인 결과를 남기며 지나가는 동안, 수석제 석기와 같은 문화적 잔존물은 매우 제한된 양만을 남기게 되어 보존될 수 있는 증거는 매우 적었을 것이므로, '낮은 고고학적 가시도'는 당연하다고 설명하였다.

모시맨과 마틴은 평방마일당 1인의 인구밀도에 인구 전연이 매년 10마일 전진했다면 사냥꾼들이 하나의 거점지역을 모두 지나가는데 12년 정도 걸렸을 것으로 보았다. 이렇게 이동한 집단의 증거를 찾으려면 고고학자들은 '매 평방마일당 한 사람이 12년 이내의 기간 중에 버린 11,000년 된 유물을 찾아야만 할 것'인데, 더구나 이런 유물은 이후의 11,000년 동안 모든 후속 문화가 남긴 다른 모든 유물로부터 구분되어야만 할 것이다.

북아메리카 플라이스토세의 최후 시기, 즉 란초라브레안기에 속하는 어느 뼈 한 점이 사람이 사냥해 잡은 동물에 속할 확률은 천에 하나꼴이다. 플라이스토세 최후 시기의 퇴적층 노두를 조사하는 고고학자가 멸종 동물을 발견할 확률이 꽤 높다 해도, 짧은 기간 동안 있었던 과잉사냥에서 희생된 동물의 유해를 발견할 기회는 낮다. 그러한 발견의 가능성은 뼈와 유물의 보존에 영향을 끼치는 여러 위험요

소 때문에 더욱 줄어든다. 모시맨과 마틴은 이렇듯 거대동물상과 사람의 공반관계를 보여 주는 증거는 가시도가 낮다는 점을 충분히 예상할 만하다는 점을 강조하고 있다. 관련 증거가 거의 발견되지 않는다는 사실이 두 사람이 제시한 북아메리카에서의 과잉사냥 모델을 반대하는 주요한 이유의 하나이기 때문이다.

맥도날드(McDonald, 1984)는 동물의 재생산 능력의 관점에서 북아메리카 거대동물상에 속하는 다양한 속의 동물들의 멸종뿐만 아니라 생존에 대해서도 설명하고 있다(표 5.1). 멸종한 분류학적 동물군들은 오스트레일리아의 예에서 잘 볼 수 있듯 살아남은 가장 가까운 친척뻘 동물에 비해 크기가 대체로 큰데, 따라서 아마도 재생산 속도가 더 느렸을 것이다. 크기에 따른 멸종 현상의 좋은 예로서, 페커리의 경우를 생각해 보자. 다섯 종의 페커리 중, 몸집이 가장 큰 둘(*Platygonus*와 *Mylohyus*)이 멸종했고, 그 결과 크기가 더 작은 차코페커리와 흰입페커리 및 목도리페커리 셋이 살아남았다(Sowls, 1984). 여러 말과동물과 코끼리의 경우, 들소와 사슴은 살아남았는데 왜 멸종했을까? 오늘날 말속 *Equus* 암컷은 18-24개월의 터울로 새끼를 낳는 반면, 들소는 매년 새끼를 낳는다. 들소는 말보다 2.3에서 16배 생물량을 더 많이 생산하는 것이다. 마찬가지로, 노새사슴속 *Odocoileus* 암컷 한 마리는 코끼리 암

표 5.1 코끼리, 말, 들소 및 북아메리카사슴의 잠재적 재생산력. 이 자료는 효율적이고 닥치는 대로 잡아먹는 포식자가 갑자기 도달했을 때 매머드나 말처럼 세대 회전이 느린 동물들이 어떤 영향을 받을 수 있는지 보여 준다. 재생산 능력이 매우 높은 사슴과 들소는 살아남을 수 있었을 것이다. 출전 McDonald 1984 : table 18.5.

	성적 성숙 도달 시점의 암컷 나이 (단위 년)	임신기간 (단위 일)	터울 (단위 년)	매년 가질 수 있는 새끼 수	생식력 저하 연령	25년 동안 암컷 한 마리가 생산하는 새끼의 수	25년 동안 태어날 수 있는 암컷 한 마리의 잠재적 자손의 총수	대략적 체중 (kg)	잠재적 자손의 생물량 (kg)	코끼리속 대비 생물량 비율
코끼리속	18	640	4	0.25	〉25	2	2	3080	6150	1
말속	2	330-360	2	0.5	15	7	198	265	50930	8
들소속	2	275	1	1.0	15	13	1361	675	813700	132
노새사슴속	0.5	200	1	1.8	10	16	74502	80	5905890	960

컷 한 마리가 생산할 수 있는 생물량의 1000배를 25년 내에 생산할 수 있는 잠재적 능력을 갖고 있다 (McDonald, 1984).

체구가 더 작은 동물의 경우에, 나이를 가리지 않고 잡아들이는 사냥방식은 모든 연령계층에 속하는 개체를 제거해 재생산이 늘어나도록 자극을 줌으로써 실제 출산율을 높이게 해주었을 것이다(McDonald, 1984). 체구가 좀더 큰 동물들은 성적 성숙단계에 이르기까지 더 긴 시간이 필요하기 때문에, 개체들의 사냥이 계속되며 집단의 크기는 급속히 줄어들게 되었을 것이다. 그러므로 사람들의 사냥 효율은 이러한 재생산이 느린 동물들에게 큰 영향을 끼쳤을 것이며, 이런 동물들의 제한적인 잠재 재생산능력에 큰 부담을 주었을 것이다. 이러한 부담은 얼마 되지 않아 동물들이 집단 규모를 회복할 수 있는 지탱능력의 한계를 넘어 버려, 완전한 붕괴에 이르게끔 했을 것이다. 날지 못하는 큰 새인 뉴질랜드의 모아는 재생산율이 낮았다고 여겨진다. 개체 수가 감소할 때, 이 동물은 잘해야 느린 속도로 집단 규모를 회복할 수 있을 뿐이다(Trotter and McCulloch, 1984). 사람에 의한 학살을 견뎌 낼 수 있는 동물은 재생산이 빠른 소위 'r-전략동물(r-strategist)'이라고 불리는 것들뿐이다.

그런데 거대한 크기의 사향소와 큰 몸집의 테이퍼는 이러한 설명에서 예외가 되는 동물이다. 맥도널드에 따르자면, 이 동물들은 각각 먼 북쪽 극지방과 중앙아메리카 열대우림이라는 상대적으로 뚫고 들어가기 힘든 지역을 서식처로 삼고 있어 살아남았다는 것이다.

필자는 사람들이 플라이스토세의 많은 대형동물의 멸종에 주도적 역할을 했다고 생각한다. 기후변화, 특히 플라이스토세 말에 있었던 변화는 몇몇 종에게 큰 스트레스가 되어 그 분포범위가 줄어들도록 했을 것이다. 이런 일은 더 이른 시기의 여러 빙하기 동안에도 틀림없이 발생했지만, 그러나 거대 동물상의 멸종을 가져온 최후의 일격은 플라이스토세 말 발달한 사냥기술을 가진 사람들이 더 넓은 지역에 확산되었다는 사실이었다. 사람과 동물 사이의 관계가 길게 유지되었던 아프리카와 유라시아 같은 지역에서는 여러 큰 동물 종들이 사람에게 적응할 시간이 있어, 갑작스런 멸종의 파도는 발생하지 않았다.

북아메리카의 들소 사냥집단

재생산이 느리게 이루어지는 북아메리카의 거대동물들이 11,000 내지 12,000년 전에 멸종한 다음에도 아메리카 원주민들은 수렵과 채집생활을 계속하였다. 유럽인들이 말을 도입하기 전까지 북아메리카 평원에서 많은 수로 가장 넓은 지역에 퍼져 살던 대형 동물은 들소였다. 초기 유럽인 탐험가들의 기록은 아메리카 원주민들이 전문적인 들소 사냥에 능숙했음을 보여 준다. 가장 장관을 이루었던 것은 들소몰이로서, 울타리몰이(pounds)와 절벽몰이(jumps) 두 방법이 있었다. 몰이는 집단적 행위로서, 하나 혹은 여러 가족 단위 집단들이 함께 모이는 일 년 중 어느 한때에만 이루어졌을 것이다. 몰이는 연중 여러 시기에 이루어졌을 것이나, 가장 선호하던 때는 10월이었을 것이다(Frison, 1971).

울타리몰이는 들소 떼를 길이가 0.5에서 4마일 정도인 긴 깔때기 구조 속으로 유인해 울타리 속으로 몰아서 잡는 것이다(그림 5.12). 절벽몰이는 들소 떼를 절벽에서 뛰어내려 죽게끔 모는 것이다. 헨리 힌드(Henry Hind)라는 탐험가는 1857년 대평원지역의 크리(Cree) 원주민을 방문하고, 이 원주민들이 어떻게 '들소를 가지고 오는지' 다음과 같은 생생한 기록을 남겼다. 즉,

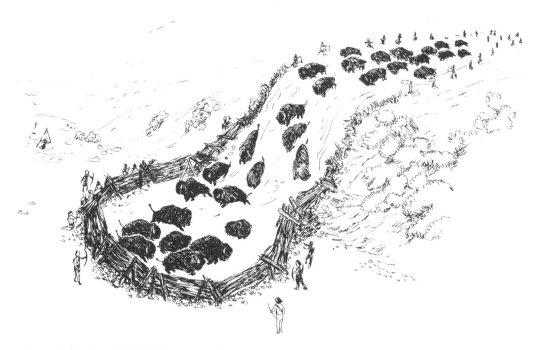

그림 5.12 캐나다 사스캐치완 걸레이크(Gull-Lake)에서의 들소몰이 상상도. 시설을 어떤 식으로 설치해 이용했는지 보여 준다. 그림 Robert Frankowiak, 제공 Thomas Kehoe

능숙한 사냥꾼들이 들소 떼를 대초원으로부터 데려오려 할 때, 사냥꾼들은 움푹 꺼진 곳이나 작게 패인 공간에 숨어 있는 동료들을 이용해 경계심을 품은 이 동물들이 뛰어가는 방향을 조정하는데, 숨어 있는 이들은 '죽은 사람들'을 배치해 정해 놓은 공간을 벗어난 쪽으로 들소가 가려는 것처럼 보이면 잠시 모습을 드러내 걸친 옷을 흔든 다음 바로 다시 숨어버린다. 그러면 들소는 약간 방향을 바꾸는데, 동물들이 '죽은 사람들'이 서 있는 줄과 줄 사이에 다다랐을 때 다시 이를 피해 그 사이로 빠져 나가려 하면 '죽은 사람' 하나하나마다 그 뒤쪽 여기저기에 배치된 인디언들도 거기에 맞춰 같이 행동한다. 그렇게 함으로써 동물들을 서로 만나는 두 선 내부의 좁은 공간에서 빠져 나가지 못하게 한다. 울타리 입구에는 지상에서 한자 정도 높이에 튼튼한 나무 하나를 놓아두며, 그 안쪽은 들소가 일단 울타리에 들어오면 다시 뛰어나올 수 없을 정도로 충분히 깊이 파 놓

는다. 울타리 입구의 나무를 넘는 치명적인 도약을 한 들소들은 곧 빠져 나갈 기회를 엿보며 둥그런 울타리를 따라 빙빙 돌며 계속 뛰지만, 울타리 밖에서는 들소 떼 전부가 울타리 속으로 들어올 때까지 울타리의 모든 열린 틈 사이마다 여자와 아이들이 절대적인 침묵을 유지하며 걸친 옷을 손에 잡고 서 있다. 그리고는 울타리 꼭대기로 기어올라 들소 떼를 뒤에서 바짝 쫓아오던 사냥꾼들과 함께 이 놀라 어쩔 줄 모르는 동물들에게 창을 던지거나 화살을 쏘거나 총을 쏘아 대는데, 우리 속 좁은 공간에 갇힌 동물들은 바로 분노와 공포로 정신이 나가 우왕좌왕한다. 곧이어 혼란과 살육의 끔찍한 광경이 계속되는데, 좀더 약한 동물들은 나이 많고 튼튼한 동물들에 밟혀 죽거나 내던져지고, 흥분한 인디언들의 환호와 비명이 수소들의 으르렁거리는 소리와 암소들의 울음과 송아지들의 애처로운 신음 위로 솟아오른다. 한군데 몰려 있는 그렇게 많은 수의 거대하고 강한

동물들이 사투하는 모습은 역겹고 소름 끼치는 광경을 연출하며, 그 과도한 잔인함과 생명의 낭비는 공포심을 자아내게 하며 또 때로는 놀라운 야생의 힘과 분노를 보여 준다. 그 반면, 미개하고 교육받지 못한 야만 상태의 사람은 그 행위와 표현 모두에서 그가 그렇게도 멋대로 잔인하게 파괴하는 고귀한 야수보다 그리 우월한 존재가 아님을 보여 준다.(Hind, 1860: 358-9)

이러한 소위 '들소 획득 복합유적(bison procurement complex)'과 관련된 북아메리카의 고고학 증거는 플라이스토세 말 고인디언 시기까지 소급해 올라간다. 아래에서는 지난 수십 년 동안 북아메리카에서 고고학자들이 조사한 잘 알려진 들소사냥 유적 몇몇에 대해 간단히 언급하겠다.

프리즌(Frison, 1982: 2)은 이러한 유적들은 '유리한 환경 지점에서 있었던 동물들과 우연히 만나 이루어진 결과라기보다 정형화한 인간행위'를 대표한다고 믿고 있다. 대부분의 유적들은 아마도 대규모 집단사냥의 결과로서, 하천이나 말라버린 소하천바닥인 아로요(*arroyo*)에 만들어졌다.

그러한 유적 가운데 가장 이른 시기에 속하는 것의 하나가 와이오밍 동부에 있는 어게이트분지(Agate Basin) 유적으로서, 프리즌이 발굴한 이 유적에서는 수많은 투사기 끝과 들소 뼈가 출토하였다. 어게이트분지의 가장 이른 문화층은 대략 9500 bc의 연대를 갖는 클로비스문화로서 매머드와 낙타 같은 멸종 동물 서너 마리 분의 뼈가 발견되었다. 어게이트분지 문화기라 불리는 연대가 8000 bc경인 후대의 층에서 수습한 들소 머리뼈에서 보이는 발아 상태에 대한 세심한 분석 결과, 이 동물들은 겨울에 잡은 것임을 알게 되었다. 그렇다면 고기는 얼려서 단기간 동안 보존하고 보관했을 것이다.

휘트(Wheat, 1972)는 콜로라도에서 올슨처벅(Olsen-Chubbuck) 들소 함정 유적을 발굴했다. 연대가 8000 bc로 측정된 이 유적에서는 190마리가 넘는 들소 유해가 발견되었는데, 이 동물들은 한 좁은 아로요로 유인되어 한꺼번에 몰려 죽음을 당했을 가능성이 있다. 이 엄청난 유적에서는 수많은 뼈 속에서 단지 47점의 유물만이 발견되었는데, 그중 27점이 투사기 끝으로 대부분 버드나무 잎 형태의 것이다. 휘트는 동물 유해가 전반적으로 어떻게 배치되어 있는지 기술하였다. 뼈는 세 개의 층을 이루고 있었는데, 전신이 다 갖추어진 것이 바닥에, 거의 대부분이 있는 것이 그 위에, 그리고 마지막으로 이 두 층 위에는 골격 부분부위의 뼈 더미들과 해체되어 흩어진 뼈들이 함께 놓여 있었다. 휘트는 이것들

그림 5.13 걸레이크 들소몰이 유적의 들소 뼈 발굴 광경. 사진 제공 Thomas Kehoe

그림 5.14 와이오밍 캐스퍼 유적 발굴에서 드러난 들소 뼈. 사진 제공 George Frison

이 부분적으로는 들소몰이 그 자체, 또 부분적으로는 이후의 도살 행위에서 만들어진 거대한 퇴적이라고 보았다.

또 다른 들소몰이 유적으로는 케호(Kehoe, 1973)가 발굴한 사스캐치완 서남부의 걸레이크 유적이 있다. 이곳에서 들소는 아마도 자연적으로 만들어진 우리 속으로 몰아 넣어졌을 것이다. 케호는 옆으로 수백 피트에 걸쳐 있는 퇴적층을 거의 7미터 가량의 두께로 발굴했으며 대략 서기 50년에서 1400년에 걸친 연대를 얻었다. 석기는 1,855점이 발견되었는데, 절반을 조금 넘는 것이 박편으로 만든 옆에 홈이 있는 삼각형의 투사기 끝이다. 거의 모든 뼈가 들소 뼈로서, '믿기 어려울 만큼 많은 양'이었다(그림 5.13). 예를 들어, 가장 위층에 있는 뼈는 대략 900마리분이라고 계산되었다. 더 이른 시기의 층에는 이보다 적은 양이어서 아마도 층당 300마리 정도가

있을 것이다. 많은 사지 뼈가 온전한 상태로서, 일부 뼈만이 부분적으로 해체되었고 척추는 대체로 원상태를 유지하고 있었다. 이러한 양상은 대규모 살육과 더불어 사냥된 동물이 상당히 낭비되었음을 말해 준다.

프리즌은 캐스퍼(Casper) 유적을 발굴했는데(Frison, 1974), 이곳은 중부 와이오밍 동부 고원에 있는 또 다른 중요한 이른 시기의 들소 사냥 유적이다. 연대는 8000 bc 정도로 측정되었는데, 뼈와 함께 수습된 60점 가량의 투창기 끝을 근거로 프리즌은 이 유적이 소위 '헬갭(Hell Gap)' 문화기에 속한다고 결론지었다.

프리즌은 70마리가 넘는 들소 유해를 발견했는데(그림 5.14), 이것들은 함정으로 사용되었음에 틀림없는 자연적으로 만들어진 '타원형 사구' 지형, 즉 모래로 된 큰 그릇 속에 놓여 있었다. 이 지역에는

그림 5.15 와이오밍에서 고인디언이 들소 함정으로 이용했다고 여겨지는 것과 같은 유형의 '타원형 사구'. 사진 제공 Geoerge Frison

오늘날에도 그런 사구가 많이 있는데, 사구 측면은 특히 꼭대기로 가며 경사가 매우 급해 큰 유제류 동물들이 벗어나기 어려운 경우가 많다(그림 5.15).

여기서 발견된 들소 이빨의 발아와 마모 상태를 분석한 리허(Reher)는 도살이 연중 어느 때 있었는지 밝힐 수 있었다. 예를 들어, 34개의 송아지 아래턱 첫째어금니 대부분은 제1교두가 적당히 마모되었지만 제2교두는 마모되지 않았거나 약간 마모된 상태였다. 현생 들소에서 이러한 발아/마모 단계는 생후 6-7개월에 해당한다. 들소가 새끼를 봄에 낳는 점을 감안할 때, 캐스퍼 유적은 대부분의 들소 사냥 유적과 마찬가지로 가을, 아마도 11월에 이용되었음에 틀림없다. 리허는 또 캐스퍼와 다른 두 유적에서 발견된 좀더 나이 많은 5-12살짜리 들소의 아래턱 첫째어금니 치관 높이를 계측했는데, 치관 높이는 5.6년, 6.6년 식으로 뚜렷하게 나이 군을 이루며 나누어지는 듯한 양상이었다.

발정기가 지나고 가을이 오면, 수컷들은 대부분 자기들끼리 군을 이루고 산다. 리허는 바로 그렇기 때문에 캐스퍼 유적에는 암컷과 어린 개체가 압도적으로 많은 이유를 알 수 있다는 것이다. 실제로

자료에서 수컷은 단지 세 마리뿐이었다. 캐스퍼 유적의 뼈와 이빨 분석에서 얻은 일반적인 결론은 새끼를 거느린 암컷 무리가 가을에 죽음의 덫으로 몰렸다는 것이다. 프리즌은 매년 가을에 사람들이 집단 사냥을 위해 모여든 다음 다시 작은 규모의 무리로 흩어졌을 것이라는 가정을 제시하였다(Frison, 1974: 107). 이러한 행동양식은 고인디언 시기부터 유럽인에 의해 말이 들어올 때까지 유지되었다. 역사시대에 들어와서는 인간 집단의 규모가 더 커지며 겨울 비축용 고기를 다 소진하게 되자 봄에도 사냥을 하게 되었다.

이러한 들소몰이 유적은 특히 미국과 캐나다의 대평원지대 북부에 널리 분포하고 있다. 북부 평원에서 들소몰이는 대부분 가을에 이루어졌고 수소보다는 암소를 선호해 잡았다. 이 시기에 암컷의 상태는 최상이지만, 수컷은 가을 발정기를 지나 상대적으로 좋지 않은 상태에 있다. 암컷은 새끼를 난 봄이 상태가 좋지 않은 시기로서, 이러한 계절에 따른 상태 변화가 가을 사냥에서 암컷이 선호되었던 이유를 설명해 준다. 스페스(Speth, 1983)는 뉴멕시코 동남부의 간지(Garnsey) 유적을 조사하며 서기 15

세기 말에 속하는 일련의 들소 사냥 지점에서는 수소를 선택했으며, 이빨에 나타난 증거에서 사냥이 봄에 이루어졌음을 확인했다.

스페스는 상이한 골격 부위에서 확인할 수 있는 암수 비율을 더 자세히 조사하는 과정에서 꽤 놀라운 결과를 얻게 되었다. 고기를 많이 얻을 수 없는 두개골 같은 부위에서는 사냥 대상인 들소의 자연 성비와 비슷하게 60:40의 비율로 수컷이 더 많았는데, 고기와 지방이 많은 몇몇 사지 뼈에서는 암컷이 70:30 비율로 더 많았다. 이와 더불어, 더 많은 것을 얻을 수 있는 그런 부위의 경우에는 도축으로 완전히 부서진 정도가 암컷 뼈에서 더 낮았다. 이러한 발견을 두고 그는 수컷의 사체, 특히 더 많은 것을 얻을 수 있는 부위가 좀더 선택적으로 발라져 간지 사냥유적에서 밖으로 운반되어 나갔다고 해석하였다. 그렇다면 왜 암컷을 덜 선호했을까?

봄이 될 무렵이면, 원주민들이 지난해 여름에 저장해 놓은 '식물에너지', 즉 탄수화물 자원이 고갈되었을 것이다. 이때 고기를 많이 섭취해 에너지를 확득하는 것은 효율적이지 않고, 단백질 중독 같은 장애를 가져올 수 있다. 그러나 지방은 고농축 에너지원인데, 스페스는 사냥집단에게 지방이 지니는 중요성을 강조하는 많은 민족지 사례를 인용하고 있다. 그는 간지 유적의 원주민들은 지방 함량이 상대적으로 높은 최상의 상태에 있는 수소에 일차적으로 관심을 갖고 있었으며 따라서 유적에는 봄철 분만기를 겪어 마르고 지방이 소진된 암컷의 뼈가 대부분 그대로 남겨지게 되었다고 보았다.

말의 도입과 더불어 들어온 각종 유럽 물품은 대평원 원주민의 문화를 변화시켰고 궁극적으로 그곳에 살던 들소를 멸종시켰다(Frison, 1971). 원주민들은 새로 도착한 유럽인들과 거래하며 페미컨(pemmican)을 거래물자로 내세울 수 있었는데, 이것은 마른고기가루를 지방과 마른 과일에 섞어 만든 오래 보관할 수 있는 음식이다. 페미컨은 특히 먼 북쪽에서 원주민과 거래하던 유럽인들에게 인기가 있었다.

북아메리카에 유럽인 정착지가 확대되며 상업적 기회도 확대되어 고기와 가죽을 다루는 시장이 생겼다. 또 총기가 도입되며 아메리카의 야생동물들이 받는 압력은 크게 증가하였다. 북아메리카에서 유럽인의 존재를 말해 주는 소위 '접촉후시기(post-contact)'의 고고학적 증거는 흔히 말의 이빨, 총 및 금속도구의 형태로 발견된다. 엘더(Elder, 1965)는 아메리카원주민과 유럽인 정착민 사이의 거래관계를 말해 준다고 볼 수 있는 고고동물 증거를 제시한 바 있다.

아메리카원주민과 사슴 사냥

엘더는 미주리의 선사시대 유적 3곳과 '역사시대' 유적 2곳에서 나온 사슴 턱뼈를 조사했다. 그는 이빨 발아 및 마모 정도를 사용해 사슴의 연령분포도를 작성하였다. 선사유적들은 1000 bc에서 서기 1750년 사이에 점유되었다. 여기서 발견된 사람이 잡은 사슴의 연령분포는 구성이 안정 상태인 유제류 모집단에 가까운 양상으로서(그림 5.16), 자료에는 적절한 수의 나이 많은 개체와 노년기 개체가 들어 있었다. 그러나 서기 1725년에서 1780년 사이에 점유되었던 2곳의 '역사시대', 즉 '접촉후시기' 유적에서 발견된 뼈는 대부분 막 성년에 다다른 개체로서, 나이 많은 개체나 노년기 개체는 거의 들어 있지 않았다. 이러한 종류의 연령분포는 세대교체가 급격히 일어나고 있는 집단의 특징적 양상인데, 그러한 교체는 포식행위의 심화로 인해 유발될 수 있다.

엘더는 이윤이 많이 남는 사슴고기 거래와 총기와 말을 이용한 효율적 사냥이 후대에 사슴의 세대

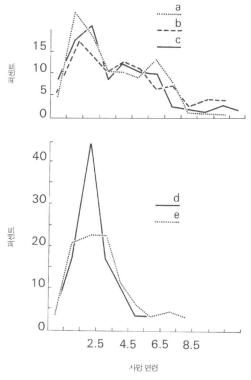

그림 5.16 미국에서 사슴고기 수요 증가에 따른 사슴 사냥 증가 양상. 선사시대(위) 및 역사시대(아래) 미주리 원주민이 잡은 사슴의 년 단위 연령 구성.
(a)아놀드연구(Arnold Research) 동굴 (1000 BC – AD 1000, n = 95)
(b)틱크리크(Tick Creek) 동굴 (AD 800-1200, n = 280)
(c)우쯔(Utz) 유적 (AD 1500-1750, n = 92)
(d)검보포인트(Gumbo Point) 유적 (AD 1750-1777, n = 29)
(e)브라운(Brown) 유적 (AD 1725-1780, n = 153)
출전 Elder, 1961

교체가 더 잦아지게 만든 두 주요 요소라고 보았다.

동유럽과 우크라이나의 동물 뼈 유구

여기에서 잠시 주제를 벗어나 '뼈 건축(osteo-architecture)'이라는 용어로 더 잘 알려진 분야에 대해 생각해 보겠다. 고고학자들은 특히 우크라이나와 또 그 서쪽으로 폴란드 남부에 이르는 지역에서(Kubiak, 1977), 엄청난 양의 매머드 뼈를 갖고 있는 플라이스토세 말의 유적을 여럿 발견하였다(그림 5.17, 5.18, 5.19 및 5.20). 매머드 뼈는 심지어 '우크라이나 고대인 유적의 대표'라고까지 불리고 있다(Klein, 1973: 52; 클라인은 러시아 문헌을 영어로 유용하게 요약해 주고 있다). 이런 유적 중 많은 것은 그 연대가 매머드가 멸종해 버린 빙하시대의 바로 끝 혹은 후빙기로 측정된다. 그러나 그중 어느 유적도 매머드를 잡은 장소라고 분명히 말할 수 있는 곳이 아니다. 그 대신, 이러한 매머드 뼈 무더기는 대부분 정형적 배치 양상을 보여 주고 있어 건축구조의 폐허임을 시사해 주는데, 뼈는 건축자재로 사용되었던 듯하다. 유적을 구성하는 뼈에 특정 골격 부위가 매우 불균형적으로 들어가 있다는 점은 그러한 가능성을 높여 준다.

대부분의 뼈는 아마도 자연적으로 죽은 동물로부터 구했을 것이다. 이러한 생각을 뒷받침해 주는 증거는 뼈에 대한 화학적 분석에서 얻을 수 있다. 예를 들어, 우크라이나 체르니고브(Chernigov) 지역에 있는 구석기시대 말의 메진(Mezin) 유적에서는 지질학적 연대가 상이한 최소 116마리분의 매머드 뼈가 매머드 뼈 '유구' 한 곳에서 발견되었다.

이러한 매머드 뼈 주거지로서 가장 일찍 발견된 사례는 오데사에서 북서쪽으로 약 380km 떨어진 몰로도바(Molodova) 1유적이다. 이 무스테리안 유적을 발굴한 사람은 A. P. 체르니쉬(Chernysh)이다. 여기에서는 큰 매머드 뼈가 10×7m의 구역을 둥글게 감싸도록 배치되었고 그 속에서는 29,000점의 수석제 석기와 음식물 잔해로 보이는 수백 점의 동물 뼈 및 노지 15군데가 발견되었다. 체르니쉬는 큰 뼈를 두고 나무 틀 위에 걸친 가죽을 눌러 놓기 위해 그 위에 얹은 추라고 해석하였다(Klein, 1973: 69). 만약 그렇다면, 그가 발견한 둥근 뼈 구조는 어떤 유적과 비교해 보더라도 아주 오래된 '건축 유구'일 것이다.

그림 5.17 폴란드 남부 크라코우(Cracow)의 구석기시대 말 매머드 사냥꾼의 주거 유적 조사 광경. 사진 제공 Henryk Kubiak

그림 5.18 G. 자크르쥬스카(Zakrzewska)가 복원한 구석기시대 말의 매머드 뼈 주거지. 사진 제공 Henryk Kubiak

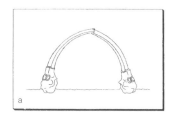

피도플리치코(Pidoplichko, 1969; 1976)는 우크라이나에서 지금까지 발견된 뼈 '유구' 중에서 가장 볼 만한 것을 발굴하였다. 예를 들어, 체르카시(Cherkassy) 지역에 있는 메지리치(Mezhirich)에서 그는 지름 4-5m의 둥근 구역을 덮고 있는 385점의 매머드 뼈로 구성된 '유구'를 발견하였다(그림 5.19, 5.20). 뼈 아래에서 그는 4,600점의 수석제 유물과 노지일 가능성이 있는 재가 들어찬 원형 구덩이를 발견하였다.

피도플리치코는 이 건물이 츄코트(Chukot)족의 야랑가(Yaranga) 내지 오늘날의 '가죽 텐트'와 유사한 벌집과 같은 형태라고 복원하였다. 구조물의 기부에는 25점의 매머드 머리뼈가 둥글게 원형을 이루고 있는데, 각각의 머리뼈는 앞머리가 안쪽을 향하도록 배치되었다(그가 발견했을 때 뼈들은 그런 모습이었다). 기부를 구성하는 또 다른 요소는 땅에 수식으로 꽂혀 있는 20점의 매머드 엉덩이뼈와 10점의 사지 긴뼈이다. 이 뼈들 위에는 다시 12점의 머리뼈, 30점의 어깨뼈, 20점의 긴뼈, 15점의 엉덩이뼈 및 7벌의 척추 여러 부분이 놓여 있었다. 다시 그 위로는 아마도 나무 틀 위에 덮어 놓은 가죽을 눌

그림 5.19a 우크라이나 메지리치의 매머드 뼈 주거지. 이 주거지 구조를 지지하기 위해 매머드 두개골과 엄니가 어떻게 사용되었을 수 있는지를 보여 주는 피도플리치코(Pidoplichko)의 복원도.
그림 5.19b 발굴된 메지리치의 주거지 평면도. 출전 Pidoplichko, 1976

그림 5.20 우크라이나 메지리치의 매머드 뼈 주거지(사진 왼쪽에 서 있는 사람이 I. G. 피도플리치코임). 사진 제공 N. K. Vereshchagin

러 놓기 위한 목적에서인지 35점의 엄니가 놓여 있었다. 기초부의 일부 구간 주위로 줄지어 쌓아 놓은 95점의 매머드 아래턱은 아마도 구조물 가장자리에 설치한 옹벽 역할을 했을 것이다.

지중해의 여러 섬 – 사례 연구

육상동물이 대양의 섬에 우연히 다다르는 것은 드문 일이다. 어느 종의 동물이 뿌리를 내리려면 새끼를 칠 수 있는 암수 한 쌍이나 혹은 새끼를 밴 암컷이 섬에 도착할 필요가 있다. 그러므로 대양에 있는 섬의 동물상은 종의 수에서 보잘것없는데, 특히 육지에서 멀리 떨어진 섬에서 그렇다.

섬에 도착한 동물들은 이후 경쟁관계에 있는 종과 관련해 육지와는 매우 다른 환경에서 진화하게 될 것이다. 곧 보겠지만, 그 결과 진화는 종종 매우 기이한 산물을 만들어 낸다. 찰스 다윈과 알프레드 월러스를 효시로 진화생물학자들은 대양에 있는 섬의 생물학적 양상에 깊은 관심을 기울여 왔는데, 그런 섬들은 '자연적 실험실'이라고 여길 수 있기 때문이다.

지중해는 대부분 매우 깊어 플라이스토세의 해수면 하강에도 불구하고 발레아레스 군도, 코르시카, 사르디니아, 시실리, 크레타와 키프로스 같은 많은 섬이 계속 고립 상태로 남아 있었음에 틀림없다. 그러나 계속된 해수면 강하로 섬들이 서로 붙게 되며, 마요르카-미노르카-이비자 섬, 코르시카-사르디니아 섬, 시실리-말타 섬, 중앙 에게해 육괴(키클라데스 제도) 및 남부 에게해 원호상 육괴, 즉 크레타-카르파토스-카소스 섬 같은 '초대형 섬'들이 만들어졌을 것이다. 북부 에게해의 여러 섬을 비롯한 그 외의 섬들은 깊은 바다에 둘러싸이지 않아 틀림없이 육지에 연결되었을 것이다.

그림 5.21 마요르카의 멸종 '쥐-염소' *Myotragus balearicus* 복원도. 어깨 높이는 40-50cm에 달했다. 그림 Cristina Andreani, 제공 Augusto Azzaroli

지중해 여러 섬의 고생물학 탐사는 고고학자이며 말타기사단(Knights of Malta) 지휘관이던 죠바니 프란체스코 아벨라(Giovanni Francesco Abela)가 1647년 말타에서 큰 네발동물 뼈를 발견하면서 시작되었다. 그때부터 많은 고생물학자가 지중해 섬의 포유동물에 깊은 관심을 갖게 되었다. 필자 역시 르 브륑(Alain le Brun)이 이끈 고고학 탐사와 관련을 맺으며 키프로스 동물상의 역사를 공부해 왔다.

6000 bc 무렵 사람이 진출하기 이전까지 아주 오랫동안 섬으로 남아 있던 지중해의 여러 섬들을 차지하고 있던 주인은 그 모습이 괴이하다고 볼 수 있는 '지역 고유' 동물들이었다. 이 동물들은 눈에 띄게 뚜렷한 변화를 겪었는데, 유제류나 코끼리처럼 큰 포유동물들은 왜소해졌고 설치류나 식충류처럼 작은 동물들은 크기가 커져 몇몇 경우에는 '거대동물'이 되었다. 그러한 사례로는 발레아레스 군도에 사는 작은 영양인 *Myotragus*(소위 '쥐-염소'; 그

그림 5.22 두 종의 피그미 지중해 섬 코끼리 복원도. 플라이스토세 중기와 후기에 유럽대륙에 살았으며 어깨 높이가 3-3.5m인 두 종의 조상 *Elephas(=Palaeoloxodon) antiquus*와 비교한 것이다. 오른쪽이 어깨 높이 160-180cm로 플라이스토세 중기와 후기에 시실리와 말타에 살던 *Elephas mnaidriensis*, 왼쪽이 시실리와 말타에서 플라이스토세 후기에 살던 어깨 높이 90-100cm의 *E. falconeri*이다. 그림 Cristina Andreani, 제공 Augusto Azzaroli

그림 5.24 왜소화한 두 종의 지중해 섬 사슴 복원도. 유럽 대륙에서 플라이스토세 중기 초에 살던 조상으로 어깨 높이가 145-160cm인 *Megaceros(=Praemegaceros) verticornis*와 대비하였다. 앞쪽이 어깨 높이 80-100cm인 플라이스토세 후기 사르디니아의 *Megaceros algarensis*, 왼쪽이 어깨 높이 55-65cm인 플라이스토세 말기-홀로세 크레타의 *Megaceros cretensis*이다. 손다르와 동료들(Sondaar *et al.*, 1986)은 사르디니아에는 예외적으로 구석기 시대에 사람이 살았기 때문에 사르디니아 사슴은 지중해 다른 섬에 사는 사슴과 같이 크기가 작아지지 않았다고 보았다. 그림 Cristina Andreani, 제공 Augusto Azzaroli

그림 5.23 플라이스토세 후기 크레타의 피그미 하마 *Hippopotamus creutzburgi*의 복원도. 시실리 피그미 하마보다 작으나 현재 라이베리아에 살고 있는 *Choeropsis liberiensis*보다 크다. 그림 Cristina Andreani, 제공 Augusto Azzaroli

Prolagus 등이 있다(그림 5.26, 5.27; Petronio, 1970; Boekschoten and Sondaar, 1972; Symeonides and Sondaar, 1975; Dermitzakis and Sondaar, 1978; Azzaroli, 1981, 1982; Zammit Maempel and de Bruijn, 1981).

대부분의 지중해 섬들에서 살던 멸종 동물상에는 크기가 큰 육상 포식동물이 없었고, 일부 섬에서는 작은 포식동물마저 없었다. 이러한 사실과 더불어 섬에서는 종 다양성이 전형적으로 낮다는 점에서 섬 서식 동물들의 특이성을 설명할 수 있을 것이다.

지중해의 여러 섬 이외에도, 괴이한 멸종 동물은 다른 지역에서도 알려져 있다. 그러한 예로는 캘리포니아 해안에서 떨어진 산타바바라 제도에 살던

림 5.21; Waldren, 1982) 및 이와 가까운 친척인 사르디니아의 *Nesogoral*(사르디니아 '염소'; Gliozzi and Malatesta, 1980), 키가 90cm까지 작아져 래브라도 개만한 크기가 된 피그미 코끼리(그림 5.22)를 비롯해, 사르디니아, 시실리, 말타, 크레타와 키프로스에 서식하며 크기가 작은 것은 돼지만큼이나 작은 피그미 하마가 있다. 이 지중해 섬 동물상의 또 다른 기이한 성원으로는 지금은 모두 멸종한 난쟁이 사슴(그림 5.24), 거대 생쥐, 거대 겨울잠쥐(그림 5.25), 거대 뾰족뒤쥐 및 '쥐를 닮은' 산토끼인

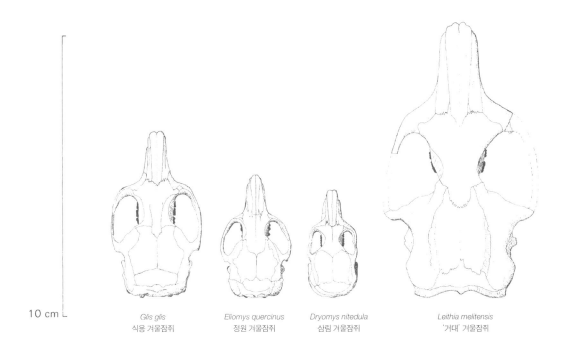

10 cm

Glis glis
식용 겨울잠쥐

Eliomys quercinus
정원 겨울잠쥐

Dryomys nitedula
삼림 겨울잠쥐

Leithia melitensis
'거대' 겨울잠쥐

그림 5.25 유럽 본토의 세 현생종과 비교한 시실리 스피나갈로(Spinagallo) 동굴 발견 '거대' 겨울잠쥐 *Leithia melitensis*의 머리뼈. 출전 Petronio, 1970

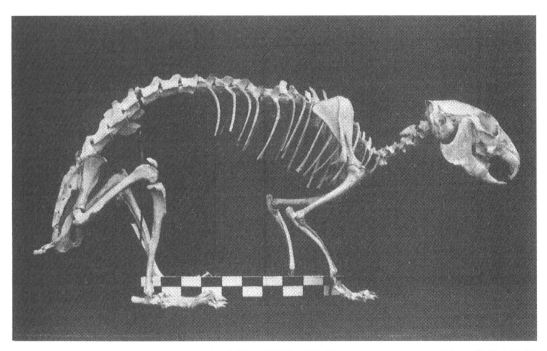

그림 5.26 플라이스토세와 홀로세 동안 코르시카와 사르디니아에 살던 '쥐를 닮은' 산토끼 *Prolagus sardus*. 코르시카 고고학박물관 전시품. 사진 제공 Jean-Denis Vigne

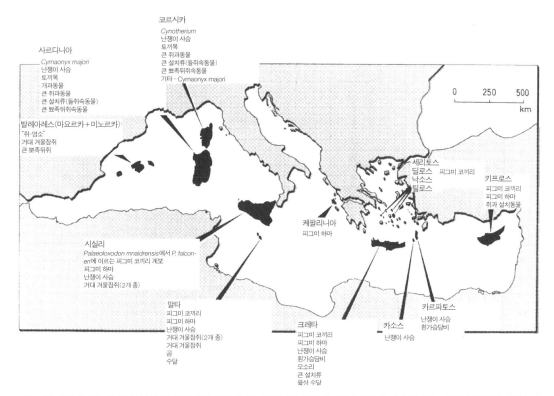

사르디니아
Cyrnaonyx majori
난쟁이 사슴
토끼목
개과동물
큰 쥐과동물
큰 설치류(들쥐속동물)
큰 뾰족뒤쥐속동물

발레아레스(마요르카+미노르카)
"쥐-염소"
거대 겨울잠쥐
큰 뾰족뒤쥐

코르시카
Cynotherium
난쟁이 사슴
토끼목
큰 쥐과동물
큰 설치류(들쥐속동물)
큰 뾰족뒤쥐속동물
기타 - *Cyrnaonyx majori*

세리토스
딜로스
낙소스
틸로스
피그미 코끼리

키프로스
피그미 코끼리
피그미 하마
쥐과 설치동물

케팔리니아
피그미 하마

시실리
*Palaeoloxodon mnaidrensis*에서 *P. falconeri*에 이르는 피그미 코끼리 계보
피그미 하마
난쟁이 사슴
거대 겨울잠쥐(2개 종)

말타
피그미 코끼리
피그미 하마
난쟁이 사슴
거대 겨울잠쥐(2개 종)
거대 겨울잠쥐
곰
수달

크레타
피그미 코끼리
피그미 하마
난쟁이 사슴
흰가슴담비
오소리
큰 설치류
육상 수달

카소스
난쟁이 사슴

카르파토스
난쟁이 사슴
흰가슴담비

그림 5.27 지중해 여러 섬에 8천 년이나 9천 년 무렵 신석기시대 사람들이 도착하기 이전에 살던 몇 가지 고유종 포유동물 목록 및 지중해 지도. 고유종의 많은 것이 왜소화했거나 거대화했다. 많은 섬에 대한 지질학적 층서에 대한 이해가 불완전하기 때문에 여기 열거한 종의 일부는 좀더 이른 시기의 동물들로서 이후에 진화적 변화를 겪은 것인지 모른다. 많은 고유종은 이른 시기 신석기 정착민들을 만났을 것이며, 그중 일부는 얼마 동안 사람들과 함께 공존할 수 있었다(그리스의 여러 섬에 대한 더 구체적 정보는 Dermitzakis and Sondaar 1978 참조).

북아메리카 매머드의 후손인 작은 코끼리 및 카나리 제도의 거대한 쥐과 설치류 *Canariomys*가 있다. 말레이 열도에서 고생물학자들은 작은 코끼리와 거대 쥐의 유해를 찾았으며, 마다가스카르에는 거대 여우원숭이 *Megaladapis*가 살고 있었다(이외에도 Sondaar, 1987 참조).

그렇다면 이러한 괴이한 모습의 지역 고유종들의 조상은 지중해 여러 섬에 처음 어떻게 도착했을까? 이에 대해서는 다음 세 가지 경로가 예상되고 있다.

(1) 서쪽 섬에 서식하는 *Myotragus*나 거대 겨울잠쥐 *Nsogoral* 혹은 큰 뾰족뒤쥐 *Episoriculus* 같은 몇몇 동물은(Azzaroli, 1981) 550만 년 전 지중해가 육지로 드러났을 때 도착했을 수 있다(Hsu, 1978).

(2) 몇몇 동물은 여러 빙하시대 동안 해수면이 낮아지며 만들어진 임시적인 육교를 건너갔을 수 있는데, 사슴이나 하마 종류가 그런 동물일 수 있다. 아자롤리는 이런 일이 코르시카, 사르디니아와 시실리에서 가능했을 것이라 보고 있다. 크레타도 지구 조운동으로 플라이스토세 동안 그리스 본토와 연결되었을 가능성이 있다(Malatesta, 1980). 이런 일이 있었다면, 항상 섬이었던 키프로스에 비해 어째서 이러한 여러 섬에서 동물상이 상대적으로 풍부한지 설명할 수 있을 것이다.

(3) 세 번째로는 동물들이 헤엄쳐 건너갔을 가능성이다. 코끼리는 40km나 되는 거리를 무사히 헤엄쳐 건널 수 있다고 알려져 있다(Johnson, 1978). 더미자키스와 손다(Dermitzakis and Sondaar, 1978)

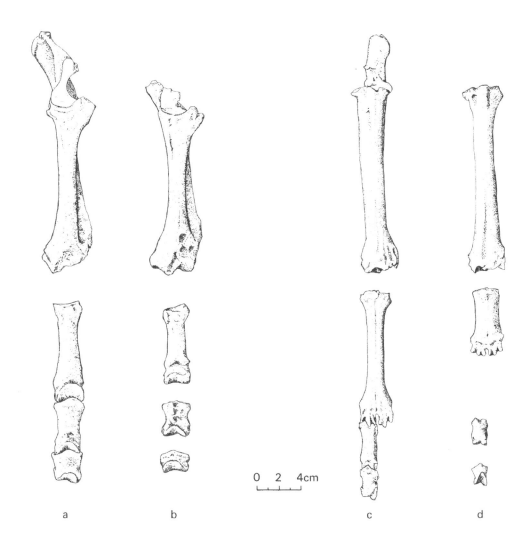

그림 5.28 섬에 서식하는 포유동물들의 '저속 기어' 이동양식. 두 종류의 섬 포유동물의 앞발 뼈(노뼈, 앞발허리뼈, 제1 및 제2 발가락뼈)를 육지 서식 근친 동물과 비교한 그림. (a) 서아프리카에 사는 작은 현생종 하마 *Choeropsis liberiensis*; (b) 키프로스의 플라이스토세 피그미 하마 *Phanourios minor. Phanourios*의 상대적으로 짧은 앞발허리뼈와 발가락뼈는 느린 이동 동작을 보여 줌에 주목할 것. (c) 현생종 염소; (d) 마요르카의 멸종 고유종 소 *Myotragus balearicus. Myotragus*의 매우 짧은 앞발허리뼈와 발가락뼈 역시 보호받는 환경에 살던 동물의 느린 움직임을 말해 줌에 주목하시오. 출전 Sondaar, 1977

는 사슴과 하마의 수영 능력에 대한 기록들을 사례로서 인용하였는데, 그렇지만 아마도 사슴은 코끼리나 하마만큼 헤엄을 잘 치지는 못했을 것이다. 코끼리와 하마가 뭍에서 상당히 떨어진 키프로스에 건너갔지만 사슴이 그러지 못한 것은 이러한 사실로써 설명할 수도 있겠다.

이 여러 섬에 사는 포유동물들의 사지 긴뼈에 대

해서는 자세한 연구가 이루어졌다(Leinders and Sondaar, 1974; Sondaar, 1977; Houtekamer and Sondaar, 1979; Waldren, 1982). 피그미 하마는 사지를 주로 앞뒤 방향으로 움직였으나 옆으로는 움직일 수 없었다. 이러한 종류의 이동양식은 이 동물이 서식지로서 물을 버리고 포식자가 없어 매우 안전하게 살 수 있던 육지 생활에 적응했음을 말해 준다.

Myotragus 및 크레타에 사는 난쟁이 사슴은 모두 다리에 있는 서너 개 뼈의 길이가 짧아지고(그림 5.28) 서로 융합하였다. 이러한 특징은 사르디니아 '염소'라 불리는 *Nesogoral*에게서는 보이지 않으며, 운동양식이 단지 느릿느릿 걷는 움직임, 즉 '저속 기어' 이동으로 후퇴했음을 말해 준다. 이것은 영양이나 사슴에서는 보기 드문 일인데 이런 동물들은 빠른 속도를 무기로 포식자에게서 벗어나는 것이 보통이다. *Nesogoral*은 발허리뼈의 길이가 줄어들지 않았는데(Gliozzi and Malatesta, 1980), 이런 현상은 혹시 사르디니아에는 예외적으로 족제비과와 개과에 속하는 두 종의 작은 육식동물이 존재하기 때문 아닌가 하는 의문을 갖게 한다. 더구나 두개골 구조에서 판단할 때, *Myotragus*의 눈확은 앞을 향하게 되어 있는데, 이것은 옆 방향을 보는 시각과 뒤에서 노리고 있는 잠재적 포식자를 지각하는 능력을 제한하는 요인이었을 것이다. 그러나 월드런(Waldren, 1982)에 따르자면 시각이 전면을 향하게 됨으로써 *Myotragus*는 사물에 대한 초점을 입체적으로 더 잘 맞추게 되어 거친 바위투성이인 마요르카의 지표에서 먹을 것을 찾는 능력이 증진되었을

것이라 한다. 그는 또한 이 동물의 개체들에서 부러진 뼈가 다시 붙은 사례들을 보고하였는데, 일반적인 상황에서 이런 동물들은 육식동물의 먹이가 되었을 것이다.

그렇다면 거대 겨울잠쥐에 대해서는 어떻게 말할 수 있을까? 설치류는 흔히 갈라진 틈 사이에 숨어 버림으로써 포식자를 피하는바, 따라서 크기가 작은 것이다. 그렇다면 지중해의 여러 섬에 육식동물이 없다는 사실은 크기가 좀더 큰 개체들이 살아날 수 있게 했을 것이며, 몸이 커야 제한된 식량자원을 두고 벌이는 경쟁에서 더 성공할 수 있었을 것이다. 그 결과 '거대한' 몸체의 겨울잠쥐가 진화할 수 있었다.

동남아시아의 섬에서 다람쥐를 연구한 히니(Heaney, 1978)는 제한된 식량공급과 종 사이의 경쟁도 몸체 크기를 결정하는 중요한 요인임을 밝혔다. 또 손다(Sondaar, 1977)는 크레타의 한 플라이스토세 지점에서 수습한 난쟁이 사슴의 뼈가 대부분 튼튼하지 못하고 기형임을 발견했는데, 이것은 항시적 영양결핍에서 비롯된 골다공증이라는 질병을 앓고 있는 상황이었음을 보여 준다. 포식자가 없는 상황에서 동물의 개체수가 폭발적으로 늘어나는 일이 반복됨에 따라 대규모 기아도 함께 발생했을

표 5.2 키프로스의 시대별 포유동물상

플라이스토세	무토기신석기시대(키로키티아 및 안드레아스 카스트로스 곳)	오늘날의 야생 포유동물
피그미 하마	피그미 하마 – 현생종 혹은 화석종?	
피그미 코끼리		
	메소포타미아 흰반점사슴(중세까지 생존했으리라 추정)	
	무플론/양	무플론
	염소	
	돼지	
	개	
	여우 ·	여우
	고양이	
생쥐(2개 종)	생쥐(집쥐)	집쥐
		가시쥐
		시궁쥐
뾰족뒤쥐	뾰족뒤쥐	뾰족뒤쥐(2개 종)
		큰 귀 고슴도치
		산토끼
		박쥐(7개 종)

것이다. 그러므로 코끼리와 사슴 같은 큰 포유동물의 경우, 먹이를 덜 필요로 하는 상대적으로 몸집이 작은 개체들이 자연선택되었을 것이다. 또 살고 있는 종이 제한적이던 섬 환경에서는 더욱 넓은 범위의 먹이를 취할 수 있도록 몸집이 더 큰 설치류가 진화할 수 있었을 것이다.

6000 bc 무렵부터 대부분의 지중해 섬에는 사람이 들어와 살기 시작했다(Cherry, 1981).* 사람이 지중해의 여러 섬에 처음 들어간 것은 신석기시대로서 예외가 없으며, 다만 시실리는 좀더 이른 시기에 육지와 연결되어 사람이 일찍 들어갔을 가능성이 있다. 사람은 섬에 몇 가지 종의 사육동물(표 5.2)과 농경을 퍼뜨렸으며, 이때 도입된 동물은 대부분 이미 가축화된 종이었을 것이다. 그런데 사람은 이미 이보다 3, 4만 년 정도 전에 80-100km의 바다를 건너 오스트레일리아에 도착했지만, 지중해의 섬에는 왜 그렇게 늦게야 건너갔을까? 지중해 여러 섬에 사람이 들어간 것은 근동지방에서 농경과 동물 사육이 시작되고 천년 이상의 시간이 지난 뒤의 일이다. 아마도 지중해 여러 섬에 사람이 퍼진 것은 신석기시대에 인구가 엄청나게 증가해 이주를 자극했기 때문일 것이다. 에반스(Evans, 1977)는 지중해 여러 섬에 사람이 정착한 것은 좀더 많은 농경지를 얻기 위한 욕구를 말해 준다는 해석을 제시하였다.

그렇지만, 사람들이 신석기시대 이전에 섬을 찾았음을 확실하게 보여 주는 증거가 적어도 한 섬에서 알려져 있다. 그리스 아르골리드(Argolid) 반도 남부에는 23000-3000 bc 사이에 속하는 층서가 있는 프랑크티(Franchthi) 동굴이 있는데(이 유적의 동물 층서는 제6장 참조), 이곳에서 고고학자들은 연대가 약 7500 bc로 측정된 층에서 도구 제작에 매우 가치 있는 화산 유리인 흑요석을 발굴하였다. 흑요석의 미량원소분석을 실시한 딕슨은 이것이 여기서 서남쪽으로 130km 떨어진 밀로스(Milos) 섬에서

왔다는 결과를 얻었다(Dixon and Renfrew, 1973). 딕슨과 렌프류에 따르자면, 밀로스는 심지어 플라이스토세 후기에도 섬이었기 때문에 사람이 7000 bc 이전에 밀로스에 다다랐음은 배를 이용했다는 사실을 말해 주므로, 이 흑요석은 지중해 지역에서 항해술과 관련된 가장 오래된 분명한 증거가 된다. 흑요석이 발견된 프랑크티 유적의 중석기시대 층에서는 큰 물고기의 뼈가 여러 점 함께 발견되었다. 페인(Payne, 1975)은 이 뼈들이 항해활동을 말해 주는 증거로서, 항해활동은 아마도 이러한 이른 시기에 이루어졌으리라 추정되는 흑요석 거래와 연관될 수 있을 것이라고 보았다.

섬의 고유 동물상을 구성하던 괴이한 형태의 동물들은 어떻게 되었을까? 신석기시대 사람들이 이곳의 여러 섬에 갖고 들어온 각종 가축은 그 이전부터 살던 동물들을 대체하였다. 섬의 고유종을 구성하던 피그미 코끼리, 피그미 하마, 피그미 사슴, *Myotragus*, 각종 거대 설치류 등등이 사라졌으며, 오늘날 섬의 '야생' 포유동물을 이루고 있는 것은 단지 이때 수입된 가축의 후손들로서, 코르시카와 사르디니아의 '야생' 멧돼지, 크레타, 지우라(Gioura)와 안티밀로스(Antimilos)의 '야생' 염소 및 코르시카, 사르디니아, 키프로스의 무플론을 비롯한 각종 여우, 쥐, 생쥐 등이 그것이다.

이전에 섬에 살던 많은 고유 포유동물이 어떻게 되었는지에 대해서는 확실히 알지 못하고 있다. 현재까지는 다만 마요르카와 코르시카에서만 이 고유

포유동물들과 사람의 활동이 서로 겹친다는 분명한 증거가 알려졌을 뿐이다. 월드런(Waldren, 1982)은 마요르카 물레타(Muleta) 동굴의 동물상을 연구했는데, 사람과 *Myotragus*의 존재가 2,800년 정도 겹쳐 있음을 확인하였다. 예전에는 *Myotragus*가 2만년 전보다도 이전에 멸종했다고 생각했지만, 월드런은 2200 bc 층에서도 이 동물을 발견하였다. 마요르카에 처음 건너온 사람들은 육류 자원을 주로 *Myotragus*와 물고기에 의존했을 것이다. 왜냐하면 월드런은 육지에서 온 양, 염소, 돼지, 소 같은 가축의 존재를 말해 주는 증거는 3000 bc가 조금 지난 시점부터 발견할 수 있었기 때문이다.

코르시카 남부에 있는 아라귀나-세뇰라(Araguina-Sennola) 바위그늘유적의 신석기시대 초기(6000-5000 bc) 층에서 뷔뉴(Vigne) 등은 당시 사람들이 우는토끼의 일종인 *Prolagus sardus*를 사냥해 잡아먹었음을 말해 주는 확실한 증거를 발견했다(Vigne et al., 1981). 이 유적 제17층에서 발견한 *Prolagus*의 사지 뼈 중 많은 것이 부러졌고 한쪽 끝은 불에 탄 상태로서(그림 5.29), 이 동물을 코르시카의 신석기시대 개척민들이 잡아 구워 먹었음을 말해 주고 있다. 뷔뉴는 또 코르시카에서는 *Prolagus*와 함께 고유종 뾰족뒤쥐 한 종류(*Episoriculus*)와 거대 설치류 두 종류(*Phagamys*와 *Tyrrhenicola*)가 사람과 수천 년 동안 공존하다가 불과 2, 3천 년 전에야 완전히 사라졌다고 보았다(Vigne, 1983).

암브로세티(Ambrosetti, 1968)는 시칠리아 시라큐제 부근의 스피나젤로(Spinagello) 동굴에서 수습한 매우 많은 양의 난쟁이 코끼리 자료를 연구하며, 뼈가 불에 탔을 가능성을 말해 주는 증거인 검게 탄 흔적을 일부 자료에서 발견했다. 이것은 빈약하나마 사람이 이 자그마한 코끼리와 같은 시기에 시칠리아에 존재했음을 말해 주는 증거가 되고 있다.

뷔뉴(Vigne, 1983)는 코르시카에서 고유종 동물

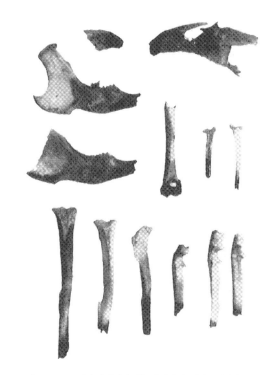

그림 5.29 코르시카 아라귀나-세뇰라의 초기 신석기시대 층에서 발견된 코르시카와 사르디니아에 살던 쥐를 닮은 산토끼인 *Prolagus*의 뼈. 이른 시기의 이주민들이 잡아먹었음을 말해주는 증거로서, 뼈 끝 부위에 보이는 불에 탄 흔적에 주목하시오. 사진 제공 Jean-Denis Vigne

의 멸종에 기여한 요인으로, (a) 대형 설치류, 식충류와 *Prolagus*를 몰락시킨 사람과 사람이 갖고 들어온 개에 의한 사냥 및 (b) *Crocidura*(뾰족뒤쥐), *Apodemus*(밭쥐), 집쥐 및 시궁쥐를 비롯한 경쟁 관계에 있는 소형 포유동물의 유입이라는 두 요소를 꼽고 있다. 키프로스에서 피그미 하마와 피그미 코끼리가 몰락한 것은 아마도 사람의 직접적인 사냥 및 새로 도착한 포유동물과의 경쟁이라는 두 요소가 함께 영향을 미쳤기 때문일 것이며, 사람이 데리고 온 동물의 일부는 사람 손을 벗어나 야생집단을 만들게 되었을 것이다. 돼지와 하마 두 동물은 분류학상 모두 멧돼지아과에 속하며 실제로 서식처의 생태조건도 유사하기 때문에, 피그미 하마의 가장 큰 경쟁상대는 틀림없이 야생돼지였을 것이다.

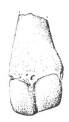

그림 5.30 키프로스의 안드레아스카스트로스 곶 신석기유적에서 출토한 화석 피그미 하마 앞발허리뼈. 왼쪽에서 오른쪽 및 위에서 아래로 가며, 각각 옆, 가운데, 앞쪽, 뒤쪽, 위쪽 및 바닥 부위의 모습이다. 축척은 3cm이다. 그림 Odile le Brun. 이것은 신석기시대 키프로스 사람들이 피그미 하마를 사냥했음을 말해 주는 증거일까? 아니면 당시 사람들이 고생물학적 관심을 갖고 있었음을 말해 주는 것일까?

그리고 둘 사이의 경쟁에서는 야생돼지가 승리하였다. 따라서 하마는 새로 들어온 육지 동물에 의해 밀려나게 되었으며, 이와 비슷한 방식으로 코끼리도 밀려났을 것이다. 그런데 이러한 가설을 지지해 주는 뼈 증거는 1984년까지 발견되지 않았다. 키프로스에서 한 타스 넘게 발견된 피그미 하마 뼈 자료에서 자른 흔적이 있는 뼈나 석기같이 사람의 존재를 말해 주는 증거는 전혀 포함되어 있지 않았으며, 신석기시대 유적에서도 섬에 고유한 플라이스토세 동물의 유해는 전혀 발견되지 않았다. 그러던 중 1984년 여름에 다행히도 키프로스에서 가장 이른 시기 유적의 하나인 안드레아스카스트로스 곶(Cape Andreas Kastros) 무토기신석기시대 유적에서 르브뤼니 수습한 동물 유해 중에서 한 점의 피그미 하마 발뼈(앞발허리뼈 원위 반 토막; 그림 5.30)가 발견되었다. 이것은 물론 미약하긴 하지만 아마도 사람과 피그미 하마가 8천 년 전에 함께 존재했음을 말해 주는 최초의 증거일 것이다. 그러나 아직 이곳 신석기

시대 사람이 살아 있는 하마를 실제로 사냥했다고 단정할 수는 없는데, 이 뼈가 과거의 생물에 대해 예리한 안목을 지닌 어느 신석기시대 사람이 수집한 화석일 가능성도 있기 때문이다.

운이 따른다면, 르브뤼니 발굴하고 있는 또 다른 키프로스 무토기신석기시대 유적인 키로키티아의 가장 이른 시기 층에서도 이 섬에 살다 멸종한 여러 난쟁이 동물들에 대한 수수께끼를 풀어 줄 더 많은 단서가 얻어질지 모른다.

최근 손다와 그의 팀은 사르디니아의 코르베뒤(Corbeddu) 동굴에서 아주 흥미로운 구석기시대 사람의 유해를 발견하였다(Sondaar et al., 1986). 발견된 자료는 일반적인 모습을 벗어난 사람의 옆머리뼈 한 조각과 더불어 V자 모습의 선을 그었으며 자른 흔적과 마연 흔적이 있는 여러 점의 사슴 뼈이다. 이러한 증거로부터 그는 사람이 사르디니아에 도착한 것은 빠르면 플라이스토세 중기일지도 모른다고 생각하고 있다. 그렇다면 우리는 지중해 여러

섬에 사람이 정착한 시기에 대해 갖고 있는 생각을 일부 바꾸어야 할지도 모르겠다.

8천에서 만 년 전 무렵이 되면 수렵채집 집단은 대륙 내부로 널리 확산하였다. 그리고 이러한 확산은 사람과 사람의 환경을 이루는 동식물 사이의 많은 관계에 근본적 변화를 가져온 무대 역할을 하게 되었다. 이러한 변화를 생각하며, 다음 장에서는 동물의 가축화라는 주제에 대해 논의하겠다.

제6장

수렵인에서 사육자로: 가축동물의 기원

아프리카에서 고인류가 처음 등장한 수백만 년 전부터 시작해 상대적으로 가까운 과거에 이르기까지, 우리 조상은 죽어 있는 동물에서 먹을 것을 구하거나 사냥이나 채집을 통해 생계를 유지하였다. 오스트레일리아 원주민이나 아프리카 남부와 남서부의 부시맨 혹은 남아메리카 아마존 유역의 사냥집단이나 북아메리카 이누이트족 등의 사례에서 보듯, 아직도 세계 몇몇 지역에는 일차적으로 수렵과 채집에 의존해 살고 있는 사람들이 있다. 그런데 현재까지의 증거에서 볼 때, 식물 경우에는 좀더 오래되었을 수도 있지만 동물 사육과 식물 재배의 역사는 단지 1만 년 정도 전까지 거슬러 올라갈 뿐이다. 이것은 지구상에 사람이 존재한 전 기간의 1퍼센트에도 미치지 못하는 시간이다. 인구증가, 사회변화, 도시화에서 치즈나 우리가 입는 옷과 같은 평범한 일상의 물건에 이르기까지, 인류문명사의 대부분은 동물의 가축화와 농경에서 비롯되었다. 가축화는 자연으로부터 단지 취하는 것에서 벗어나 자연을 조절할 수 있게 되었다는 중요한 변화를 뜻한다. 이것은 그 중요성에서, 불의 발견 및 도구의 발명과 그 위치를 나란히 하는 혁신이다.

왜 사람은 동물을 가축화했을까? 어떤 동물이 처음 가축이 되었으며, 그 시기와 장소는 언제, 어디인가?

이러한 질문에 대한 답을 찾는 노력은 동물고고학자에게 가장 흥미로운 도전임에 틀림없다. 고고학 유적에서 얻은 약간의 뼈 조각과 이빨을 갖고, 특정한 화석 종의 위치, 즉 그것이 야생동물인지 가축인지 어떻게 판단을 내릴 수 있는 것일까? 이 장에서 필자는 가축동물의 유해를 그 야생의 선조와 구별할 수 있게 해 주는 몇몇 중요한 고생물학적 기준에 대해 논의하려 한다.

우선, 가축화란 무슨 뜻일까? 재배종이 된 식물의 경우에도 마찬가지겠는데, 가축이 된 동물이란 번식이 대체로 사람에 의해 조절되는 동물이다. 따라서 가축 동물종의 진화는 주로 인공선택의 결과로 일어나며, 자연선택은 단지 부차적인 역할만을 한다. 가축화 과정이란 기르고 있는 동물들을 선조 야생동물로부터 부분적으로 혹은 완전히 격리시킴을 뜻한다. 메도우(Meadow, 1984)에 따르자면, 가축화란 사람들이 죽은 동물에 대한 관심보다 살아 있는 동물의 가장 중요한 생산물인 새끼를 확보하고 선택적으로 유지하는 일에 보다 관심을 돌리게 되는 과정이라고 정의할 수 있다.

구대륙에서 가축화의 역사는 서너 단계로 이루어져 있다. 그러한 단계는 우리 조상들의 사회경제적 발달과 밀접하게 연관되는데, 한 단계에서 다음 단계로 전이가 반드시 갑자기 일어난 것은 아니다. 우선 등장하는 것은 개로서, 아마도 사냥꾼 집단이 가축화했으리라고 여겨진다. 다음으로 가축화한 것은 우리에게 경제적 중요성이 가장 큰 가축동물인 양, 염소, 소 및 돼지라는 네 가지 축산업종 동물이다. 이것들은 아마도 처음에는 고기, 가죽 등 1차 산물이나 도축 부산물을 얻기 위해 가축화되었을 것이다. 말, 당나귀와 낙타는 훨씬 늦게까지 나타나지 않

았으며 틀림없이 주로 사람과 짐을 운반하고 무거운 것을 끌기 위한 목적에 이용되었을 것이다. 이 세번째 단계는 사람들이 축력, 젖, 울과 배설물 등의 2차 산물을 얻기 위해 동물을 이용하기 시작했던 때로서, 다음 장에서 다룰 것이다.

고대 이집트인들은 오릭스영양과 하이에나를 포함해 서너 종의 동물을 길들였으나(Zeuner, 1963), 가축화했다고는 알려지지 않았다. 5천에서 1만 5천년 전 사이에 사람에게 알려진 모든 동물 중에서 단지 한줌의 종만이 성공적으로 가축이 되었다. 표 6.1은 그중에서도 가장 중요한 것의 목록으로서, 대형 포유동물이 많이 포함되어 있다. 그렇다면 고대에 사람들에게 알려진 모든 대형 포유동물 중, 양이나 염소, 늑대같이 단지 한줌의 동물만이 가축화를 위해 선택된 것은 무슨 이유 때문일까? 사슴이나 영양, 자칼 같은 다른 종들은 우리가 아는 한 결코 성공적으로 가축이 되지 못하였다. 이에 대한 대답은 동물의 행태를 생각함으로써 그 중요한 단서를 찾을 수 있다.

클러튼-브록(Clutton-Brock, 1977)은 동아프리카에서 현대에 들어 이루어진 오릭스영양과 엘란드

표 6.1 우리에게 가장 중요한 몇몇 가축 동물과 그 조상이라 여겨지는 동물 및 이것들이 처음 가축화된 지역과 발생가능 시기

개	늑대	Canis lupus	중동	약 10000 bc
양	아시아 무플론	Ovis orientalis	중동	7000 bc
염소	위석염소	Capra aegagrus	중동	7000 bc
소	원시소	Bos primigenius	중동	6000 + bc
돼지	멧돼지	Sus scrofa	중동	6000 + bc
당나귀	야생나귀	Equus asinus	중동	3500 bc
말	타르판	Equus ferus	러시아 남부	약 4000 bc
고양이	야생고양이	Felis silvestris	중동	약 6000 bc
낙타	야생낙타	Camelus ferus	아라비아 남부	약 3000 bc
라마	과나코	Lama guanicoe	안데스고원	4000 bc 이전
알파카	과나코	Lama guanicoe	안데스고원	4000 bc 이전
페럿	야생긴털족제비	Mustela putorius	아프리카 북서부/이베리아	?
기니피그	야생기니피그	Cavia aperea	페루	? 5-1000 bc
토끼	야생토끼	Oryctolagus cuniculus	이베리아	? 1000 bc
닭	붉은정글새	Gallus gallus	인도-버마	? 2000 bc
칠면조	야생칠면조	Meleagris gallopavo	멕시코	

영양의 가축화 시도를 예로 들며, 가축화한 동물과 그렇지 못한 동물 사이에는 서너 가지 중요한 차이가 있음을 지적하고 있는데, 위 두 동물에 대한 가축화 시도는 아직까지 성공을 거두지 못하고 있다.

영양은 독립적으로 활동하며 강한 영역성이 있는 동물로서, 특히 발정기에 더 그런 특징을 보인다. 영양은 먹이를 구하는 과정에서 너른 지역에 걸쳐 움직이며 개체 사이에 넓은 간격을 유지한다. 이러한 특징으로 이것들을 몰아서 잡아 무리를 건사하는 것은 여간 어려운 일이 아니다. 이에 비해, 양과 염소는 영역성이 큰 동물이 아니다. 이것들의 사회구조는 특히 수컷 사이에서 두드러지게 나타나는 매우 뚜렷한 지배적 위계관계에 기초하고 있으며, 그런 관계는 신체나 뿔 크기 같은 시각적 단서를 통해 확립된다. 이 동물들은 군거하며 개체 사이에 거리를 두지 않고 뭉쳐 다닌다. 이러한 요인들로 양과 염소는 무리로 거느리고 가축화하기 쉬운 동물이 된다.

사람이 가축화한 동물은 대부분 사회적 동물이다. 동물행태 연구의 선구자인 콘래드 로렌츠(Konrad Lorenz)가 처음 조사한 바와 마찬가지로, 사회적 동물의 행태에서 중요한 특징의 하나는 유아기가 길다는 것으로서, 유아기 동안 어린 개체와 어미 사이에 혹은 어린 개체와 무리의 다른 성원 사이에 사회적 유대관계가 발생한다. 이러한 사회적 유대관계 형성과정을 로렌츠는 '각인(imprinting)'이라고 명명하였다. 로렌츠는 친어미를 떼어 놓음으로써 갓 부화한 새끼 오리들이 친어미보다 자신을 따라 다니는 정도가 되도록 자신을 각인시킬 수 있었다. 마찬가지로, 갓 태어난 새끼 늑대도 사람과 유대관계를 맺을 수 있도록 각인시킬 수 있다. 오늘날 뉴기니에서는 이와 유사한 일들이 일어나고 있으니, 사람들은 종종 야생 새끼돼지에게 사람 젖을 물리곤 한다. 돼지는 잡식성이기 때문에 사람에게 이상적인 반려동물이 될 수 있기 때문이다. 돼지는 또 자기 가족집단 성원들과 신체접촉을 하기 좋아해, 한군데 웅크려 있기를 좋아한다는 습성도 있다.

자칼과 같은 독립생활을 하는 동물들은 자기가 속한 종의 다른 동물들과 강한 사회적 유대를 만들 필요성을 느끼지 않으며, 유대관계가 있다 해도 약할 뿐이다. 그러므로 이런 동물들의 경우, 동물의 사회적 유대관계망에 사람이 인위적으로 끼어드는 것은 어렵거나 불가능한 일이다.

이런 일반적인 결론에서 예외적인 동물은 고양이다. 고양이는 상대적으로 혼자 활동하는 동물로서, 서로 간에 관계를 맺기보다 맹렬하게 자기영역을 지키려 하며 자신의 구역과 강한 관계를 형성한다. 그러므로 '가축화된' 고양이는 사람 그 자체가 아니라 사람의 거주영역과 유대를 맺고 있다고 하겠다. 따라서 고양이는 주인 다리에 체취 분비샘을 문질러 자신의 냄새를 옮김으로써 주인의 다리를 자신의 영역 내에 포함시킬 뿐이다.

동물은 어디에서 처음으로 가축화되었을까? 중심지에 대한 가설*

오늘날 무리를 이루며 생활하는 가축동물의 기원

* 옮긴이 주: 여러 야생동물이 언제, 어디에서 처음 가축이 되었는가에 대해 우리가 알고 있는 바는 1980년대보다 그리 크게 달라지지 않았다. 이것은 가축의 기원지로서 가능성이 큰 주요 지역에서 고고학 조사가 불안한 정치군사적 여건으로 제대로 이루어지지 못했기 때문이다. 본문에서 많은 지면을 할애하고 있는 양과 염소의 경우, 아직도 본문 내용과 그리 다를 바 없이 9천에서 1만 년 전 무렵 근동지방에서 서식하던 야생 무플론과 위석염소에서 각각 기원했을 것이라고 추정하고 있을 뿐이다. 이러한 사정은 돼지, 소, 물소, 낙타를 비롯한 구대륙의 주요 가축뿐만 아니라, 라마나 알파카, 칠면조 같은 아메리카대륙 가축의 경우에도 마찬가지이다. 다만 말은 21세기 들어 카자흐스탄에서 6천 년 전 무렵 가축화되었다는 고고학적 증거가 발견되었는데, 타르판이 그 조상인지 여부는 아직 확실하지 않다.

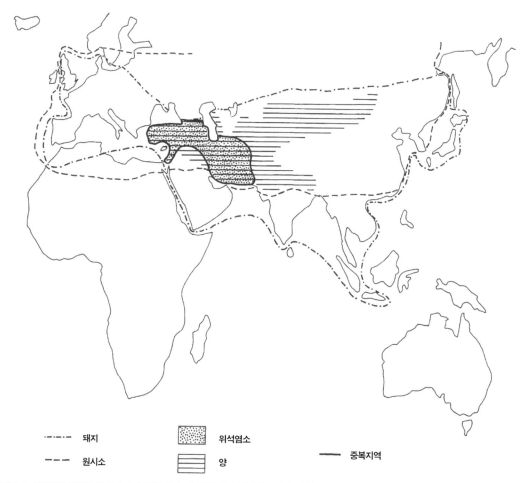

—·—·—	돼지	위석염소	
———	원시소	양	——— 중복지역

그림 6.1 구대륙의 가축화 중심지. 네 종류의 주요 가축동물들의 잠재적 조상의 원 분포지역은 근동에서 겹치고 있다. Isaac, 1970 fig. 7을 다시 그림

을 연구한 19세기의 경제지리학자 한(Hahn, 1896)은 메소포타미아와 '비옥한 초승달 지대'가 곡물 농경의 최초 중심지 내지 그 요람이었으며, 무리동물은 초기농경과 떼어 생각할 수 없다고 보았다. 실제로 오늘날 우리에게 중요한 가축 동물인 양, 염소, 소, 돼지의 야생 선조동물들이 홀로세 초기에 어떻게 분포했는가를 그려 보면, 이 지역에서 겹치고 있음을 볼 수 있다(그림 6.1).

근동에서 농경은 처음에 양, 염소, 밀과 보리에 의존하였다. 좀더 동쪽에 있는 중국과 동남아시아에서는 돼지를 비롯해 돼지보다 아마 후대에 사육되었

을 물소, 제부, 반텡 같은 몇몇 소과동물, 그리고 닭, 쌀과 수수가 주요 식량자원이 되었다. 동물의 가축화에 대한 오늘날의 중심적 견해는 가축화는 하나의 구대륙 중심지에서 이루어진 것이 아니라 근동과 동아시아에서 대체로 동시에 시작했다는 것이다. 아메리카에서는 이와 별도로 가축화가 일어났다.

신대륙 동물은 대부분 구대륙의 동물과는 매우 다르다. 아메리카의 옛 주민들이 가축화한 세 가지 주요 동물은 라마와 알파카의 공동 조상이라고 여겨지는 남아메리카의 낙타과동물 과나코와 설치류 기니피그, 그리고 북아메리카의 새 칠면조이다(그림

Rio de las Balsas

그림 6.2 아메리카대륙에서의 동물 가축화. 1532년 이전의 과나코 (약한 검은색), 기니피그(사선) 및 야생 칠면조(검은색)의 원 분포가능지역을 보여 주는 지도. 출전 Wheeler, 1984 및 Crawford, 1984

6.2). 그런데 이 세 동물의 역사에 대해서는 아직 매우 불완전하게 알고 있다. 아마도 동물 가축화의 중심지는 멕시코의 어느 곳과 안데스의 어느 곳, 두 곳일 수도 있으며, 심지어 어떤 연구자는 초기 아메리카 문명은 동물에 의존하는 바가 컸던 구대륙 고대 문명과 달리 절대적으로 식물자원에 의존했을 것이라고 추측하기도 했다.

동물학적 연구는 어느 동물의 가축화가 어디에서 이루어졌는지에 대해 중요한 단서를 제공해 준다. 연구에서는 첫째 야생종 선조의 정확한 동정과 원 분포양상의 확실한 파악이 필요하다. 이러한 파악에서, 예를 들어 염소는 야생 위석염소 *Capra aegagrus*, 고양이는 야생 고양이 *Felis silvestris*, 돼지는 멧돼지 *Sus scrofa*에서 기원한 것을 비롯, 몇몇 동물의 경우에는 그 기원관계가 분명해 혼란이 있을 수 없다. 그렇지만 야생동물을 좀더 자세히 연구하며, 같은 종에서도 지역집단 사이에는 상당한 변이가 있음을 알게 되었다.

어느 동물이 원래 어디에서 가축화했는지를 동물학적 연구가 어떻게 알게 해 주는가에 대한 하나의 사례로서, 장차 성공 가능성이 특히 커 보이는 접근법은 세포유전학, 즉 종의 염색체 수와 형태(핵형)에 대한 연구이다(Hsu and Benirschke, 1967-1977).

염색체는 세포핵 속에 있는 실 또는 막대 형태의 구조로서, 유전물질인 DNA를 갖고 있다. 한때는 염색체가 종에 따라 절대적으로 일정하며 따라서 종을 규정한다고 여겨졌지만, 역시 다른 생물학적 특성과 마찬가지로 변한다는 것이 이제 분명해졌다. 신체의 염색체 조성은 세포핵이 각각 부와 모에게서 물려받은 염색체를 갖고 있기 때문에 이배성(diploid)이라고 일컬어진다. 염색체 형태와 구조의 연구는 1950년대부터 기술적으로 가능하게 되었다(Berry, 1977; John, 1976).

가축 기원 연구에 유용한 또 다른 실험기법으로 는 전기영동분석(electrophoresis)이 있다. 이것은 상이한 세포조직효소가 전기장에서 움직이는 속도를 분석하는 방법이다. 동일한 효소와 약간의 차이가 있는 변이효소는 유전적 돌연변이를 의미한다고 여겨지는데, 다양한 종류의 효소에 이 방법을 적용해 각종 변이효소의 빈도를 파악함으로써 동일종에 속하는 여러 집단을 서로 비교해 볼 수 있겠다. 이것은 한두 종류의 가축과 가장 가까운 관계에 있는 야생의 친척을 찾는 데 있어 유용하다는 판명이 이미 내려졌다.[*]

양

오늘날 야생 양으로는 근동, 아시아 및 북아메리카 서부에 걸쳐 모두 여섯 개의 종이 확인되었다(그림 6.3). 키프로스, 코로시카, 사르디니아에 서식하는 야생 무플론은 엄격히 말해 야생동물이 아니라 야생으로 놀아간 동물로서, 신석기시대 초에 들어온 가축화된 양의 후손이라고 여겨지고 있다(Poplin, 1979). 그렇다면, 이 여섯 종 가운데 어느 종으로부터 지금 우리가 아는 가축 양이 기원한 것일까?

소련-미국 합동조사단이 무플론, 우리알, 아르갈리 등 여러 야생 양의 세포유전학적 특징과 지리적 분포를 연구하였다(Nadler *et al.*, 1973). 연구 결과, 아나톨리아, 이란 서부와 서남부에 사는 아시아 무플론의 핵형은 가축 양과 동일하게 54개의 염색체를 갖고 있음을 발견하였다. 이러한 숫자의 염색체를 갖고 있는 야생 양은 이것이 유일하다. 무플론과 이웃해 이란 북동부에 서식하는 우리알은 58개, 이보다 더 동쪽에 서식하는 아르갈리는 56개의 염색체를 갖고 있다.

이러한 발견은 오늘날의 가축화한 양이 근동 지

[*]　옮긴이 주: 유전자 연구의 발달로 이러한 방법들은 오늘날 의미가 없어졌다.

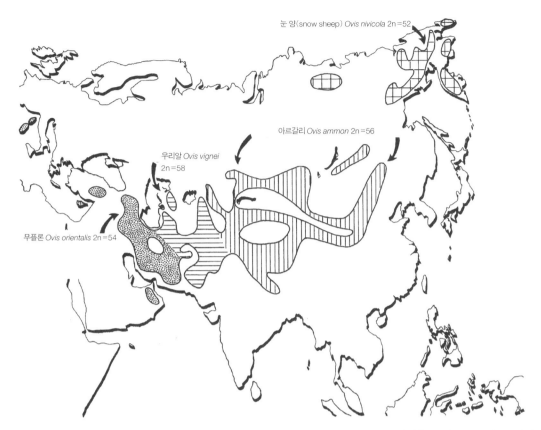

눈 양(snow sheep) *Ovis nivicola* 2n=52

아르갈리 *Ovis ammon* 2n=56

우리알 *Ovis vignei*
2n=58

무플론 *Ovis orientalis* 2n=54

그림 6.3 염색체와 가축 양의 기원. 각종 아시아 야생 양의 핵형 분석에서 서남아시아의 무플론만이 오늘날 가축으로 사육되는 여러 종류의 양과 같은 수의 염색체를 갖고 있음이 밝혀졌다. 출전 Nadler *et al.*, 1973; Bunch *et al.*, 1976

방의 무플론에서 기원했음을 뜻하는 강력한 증거로서, 아랄-카스피 분지에 분포하는 우리알과 모종의 관계가 있다는 생각에 의문을 던져 준다.

돼지

멧돼지는 유럽, 아시아 동부와 동남부에 걸쳐 널리 분포하는데, 돼지는 이 넓은 지역의 어느 곳에서도 기원했을 수 있다. 멧돼지와 돼지의 염색체는 여러 실험실이 연구하였다(Popescu *et al.*, 1980; Bosma *et al.*, 1984). 현재까지 조사된 모든 가축 돼지는 염색체가 38개로 밝혀졌다. 그러나 멧돼지 염색체는 서유럽(프랑스, 스위스, 네덜란드, 독일, 오스트리아)에서는 36개, 아시아와 극동(아제르바이잔, 러시아

아무르 지역, 자바, 일본)에서는 38개로서 차이가 있으며, 또 후자의 경우 일부 개체에서는 37개가 확인되었다. 이스라엘에서도 멧돼지 염색체는 38개로 분석되었고(Wahrman, 사신에 따름), 유고슬라비아에서도 그러하다. 오늘날의 멧돼지 핵형 분포가 과거에도 유사했다면, 가축화한 돼지는 아마도 서쪽으로는 유고슬라비아에서 극동에 이르는 넓은 지역 어느 곳에선가 기원했을 것이다.

말과동물

핵형에 대한 연구가 꽤 많이 이루어진 또 다른 포유동물로는 각종 말, 나귀, 야생당나귀와 얼룩말이 포함된 말과가 있다(Jones and Bogert, 1971; Ryder *et al.*, 1978). 유감스럽게도 말이나 야생말의 핵형은 큰 도움을 주지 못하고 있다. 현재 생존하고 있는 유일한 야생말은 몽골에 사는 *Equus przewalskii*이다. 이것의 '주 염색체 팔의 전체 수'는 94로서 가축화한 말과 같지만, 이 염색체 팔들은 66개의 염색체로 배치되어 있어 모든 종류의 가축화한 말이 단지 64개의 염색체를 갖고 있는 것과 대비된다. 말과동물은 염색체, 즉 핵형이 급속하게 진화한다고 잘 알려져 있는데, 이런 사정은 거의 모든 종류가 동일한 수의 염색체를 갖고 있는 고양이과 같은 사례와 좋은 대비를 이룬다. 66개인 야생말의 염색체 수가 가축화한 말에서 64개가 된 것이 가축화 이후에 발생한 변화가 아니라면, 가축화한 말은 원래 64개의 염색체를 갖고 있었던 어떤 멸종한 야생종 선조에서 기원했음을 뜻하는데, 후자의 가능성이 더 크다고 보인다. 몇몇 연구자는 러시아 남부에 살았으나 19세기 말에 멸종한 야생마인 타르판이 그 선조라고 믿고 있다(Bökönyi, 1978). 어쩌면 타르판은 64개의 염색체를 갖고 있었을 것이다. 그런데 과연 그 여부를 알 수 있게 될까?

그리 놀라운 일은 아니지만, 마찬가지로 몽골의 야생나귀, 이란의 야생 당나귀(*Equus hemionus*)와 당나귀(*E. asinus*)는 모두 '주 염색체 팔의 전체 수'는 같지만, 염색체 수에서 *E. hemionus*는 56개이나 당나귀는 62개이다. 당나귀는 아마도 근동이나 아프리카 북동부에서 야생 나귀로부터 기원했을 것이다.

소

가축화한 각종 소의 조상이라고 여겨지는 원시소 *Bos primigenius*는 1627년 폴란드의 어느 숲에서 그 마지막 개체가 숨을 거뒀다(Zeuner, 1963). 그러나 가축화한 소 중, 혹이 없는 소와 혹이 달린 제부 사이에는 Y염색체 형태에서 핵형의 작은 차이가 있음이 보고되었다(Hsu and Benirschke, 1967-77). 이런 발견은 제부가 다른 소들과 별도로 현재는 멸종한 아시아 남부에 살던 *Bos namadicus*를 선조로 두고 기원했을 것이라는 생각을 지지해 준다.

개

염색체는 개의 기원을 밝히는 데 별로 도움이 되지 않는다. 개와 가장 닮은 두 종류의 구대륙 개과동물인 늑대와 자칼은 모두 염색체가 78개이며 그 핵형이 유사하다. 그러나 조직 추출물과 효소 전기영동 분석 결과, 개와 늑대는 같은 군을 이루지만 자칼과는 약간 다름을 보여 주었다. 늑대와 모든 상이한 종류의 개들은 서로 유사한 양상이다(Seal, 1975; Simonsen, 1976). 이러한 발견은 개가 늑대에서 기원했다는 이론을 비록 증명해 준다고 할 수는 없어도 지지해 주고 있다.

염소

근동에는 두 종류의 야생염소가 있는데, 하나는 건조 지역인 시나이, 이집트 동부, 아라비아 서남부에 서식하는 아이벡스(*Capra ibex*)이고 다른 하나는 터키와 페르시아에 서식하는 위석염소(*Capra aegagrus*)이다(Harrison, 1968). 이 중 후자가 가축화한 오늘날의 염소의 조상이라고 여겨진다. 그러나 가축화한 염소와 아이벡스는 쉽게 교배해 생식력이 있는 후손을 만들 수 있는데, 실제로 둘이 갖고 있는 염색체의 수는 동일하다.

뿔 심부, 즉 뿔 내부의 뼈인 각골에 대한 자세한 연구는 가축화한 염소가 아이벡스보다 위석염소에 더 가깝다는 것을 보여 준다. 위석염소와 가축 염소는 모두 뿔 심부가 전면에 뚜렷한 능을 갖고 있지만, 아이벡스는 전면이 편평하다(그림 6.4). 이 두 종의 염소를 뼈 자료에서 이렇게 구분하는 능력은 고고학 연구에 유용함이 밝혀졌다.

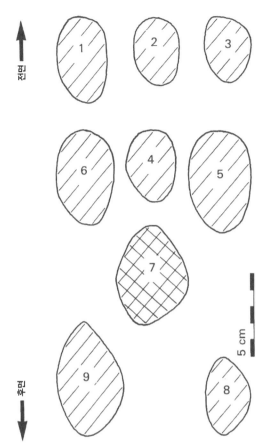

진전

5 cm

후향

그림 6.4 아이벡스(*Capra ibex*)와 위석염소(*Capra aegagrus*)의 뿔 심부. 두 종 사이의 차이를 보여 주는 기부 단면 모습. 1-6은 아이벡스이며, 8-9는 위석염소이다. 7은 연대가 약 14000 bc인 이스라엘 북부의 에인겝(Ein Gev) 1유적 발견 아이벡스 뿔 심부이다.

남아메리카의 낙타과동물

과나코, 비쿠냐, 라마 및 알파카라는 남아메리카에 서식하는 네 가지 '종'의 낙타과동물 사이의 관계에 대해서는 많은 논란이 있다. 앞의 두 동물은 야생동물이고, 나머지 둘은 가축이다. 많은 전문가는 과나코가 라마와 알파카 모두의 선조라고 여기고 있다 (Novoa and Wheeler, 1984). 둘 중 몸집이 더 큰 라마는 기본적으로 짐을 나르는 동물로서, 그 울은 거친 섬유를 만드는 데 사용된다. 알파카는 길고 고운 섬유의 울을 만들어 낸다. 두 동물로부터는 또 고기, 가죽, 배설물 및 주로 위와 장에서 발견되는 결석으로 다양한 약용 처방에 사용되는 위석을 얻는다.

이 네 '종'은 모두 염색체가 74개이고 핵형이 동일해 서로 모두 교배를 통해 생식력이 있는 후손을 만들 수 있다. 라마와 알파카는 교배를 통해 와리조(huarizo; 애비가 라마인 경우) 또는 미스티(misti; 애비가 알파카인 경우)를 생산한다. 게다가 이 네 '종'의 뼈는 모두 서로 구분이 어려운데, 뒤에서 보듯 낙타과동물의 가축화를 연구하는 휠러는 페루의 고고동물 자료를 연구하며 이것들을 모두 한 덩어리로 다루어야만 했다.

결론

인구 증가, 그에 따른 농경지의 확대 및 과도한 수렵은 많은 포유동물의 자연 서식지를 감소시켜 왔다. 원시소와 같은 몇몇 동물은 멸종하게 되었다. 우리가 사육하는 여러 동물의 친척이 되는 야생동물들의 오늘날의 분포 양상은 동물 사육이 시작된 5천에서 1만 년 전과는 전반적으로 거의 관계가 없을 것임에 틀림없다. 그런 사례로서는 현재 여러 곳에 널리 흩어져 있는 아시아 야생 양의 분포를 생각해 볼 만한데〔그림 6.3〕, 한때 이 동물은 훨씬 넓은 지역에 걸쳐 계속 이어지며 분포했을 것이다. 야생 양은 한때는 아마도 레반트 지역에도 존재했을 것인데, 그 뼈가 시리아의 무스테리안 유적과 이스라엘의 네게브 북부의 후구석기시대 유적에서 발견되었다 (Payne, 1983; Davis *et al.*, 1982). 동물 가축화의 기원지를 밝히는 데서 동물고고학자들의 임무 중 하나는 그러한 과거의 동물 분포상을 보여 주는 지도를 만드는 것이다.

가축화 여부 판단의 고고학적 기준

이제 고고동물 자료로 화제를 돌려, 가축과 그 야생

선조의 뼈를 구분하는 것이 어떻게 가능한지 생각해 보자. 다시 말해, 고고학 자료에서 사람과 특정한 동물 사이의 관계에서 가축사육이라는 변화가 일어났음을 어떻게 인지할 수 있을까? 크게 볼 때, 동물고고학자들이 사용하는 기준은 6개의 제목으로 나누어 볼 수 있으니, 그것은 (1) 외래종의 존재, (2) 형태 변화, (3) 크기 차이, (4) 시간적으로 이어지는 여러 동물군 자료에 보이는 종의 빈도 변화, (5) 문화적 요소 및 (6) 도축에서 성과 연령에 따른 선택 양상이다.

그런데 위에 열거한 변수에서 보이는 변화는 가축화뿐만 아니라 환경 변화와 같은 그 외의 다른 요소들 때문에 발생할 수도 있다. 가축화에 대해 논할 때에는 이런 요소들의 개입 여부를 설명할 수 있어야 하며, 따라서 연구에서는 많은 주의를 기울일 필요가 있다. 그렇지만, 만약 위에 열거한 요소 중 서너 가지에서 변화가 함께 일어났다면 야생동물과 가축의 구분은 어느 정도 안심하고 시도할 수 있을 것이다.

외래종의 도입

새로운 종의 갑작스러운 출현은 많은 경우 사람이 그 종을 가축으로 도입했음을 말해 주는 확실한 신호이다. 그러한 사례로는 프랑스 남부·코르시카와 남아프리카의 양, 그리스와 영국의 양과 염소, 레반트 지방의 말, 키프로스의 고양이, 남아메리카의 개, 그리고 메소아메리카의 칠면조를 들 수 있다.

야생 양과 염소는 영국, 서유럽과 아프리카에 존재하지 않았다. 게디스(Geddes, 1985)는 양이 프랑스 남부와 동남부에서 중석기시대 후기에 나타남을 확인했다. 연대측정 자료는 그곳에서 양은 다른 가축이나 재배 식물, 토기 및 정착 마을이 나타나기 훨씬 전인 5300에서 6000 bc 사이에 등장했음을 분명히 보여 준다. 그는 양의 도입이 지중해 서부 지역의

수렵채집사회가 동물사육 초기단계로 들어감을 뜻한다고 보았다. 마찬가지로, 뷔뉴도 과거에는 양이 전혀 존재하지 않았던 코르시카에서 연대가 6570 bc로 측정된 양 뼈를 아라귀나–세뇰라의 제18층에서 발견하였다(Vigne, 1984). 한편, 스위스 신석기시대에서는 일찍 등장하는 양도 연대가 이보다 늦어 2940 bc로 측정되었다(Higham, 1968).

클라인(Klein, 1984)은 아프리카 남부에서 양은 토기와 함께 대체로 서기 50년에서 250년 사이에 들어왔다고 보았다. 일찍이 유럽인 여행자들은 남아프리카공화국의 여러 곳에서 부시맨이라는 석기시대 수렵채집인과 호텐토트라는 석기시대 유목인이 땅을 나누고 있다는 관찰 기록을 남겼다. 케이프 지역에서 양의 등장은 이런 기록이 말해 주는 상황이 시작함을 뜻하며, 양에 이어 소도 곧 도입되었을 것이다. 기록이 말하는 바는 근동 지역에서 나투피안/

그림 6.5 키프로스 키로키티아 신석기시대 유적(약 6,000 bc) 출토 고양이 아래턱(일련번호 Kh 83 3025). 아래: 내면, 위: 외면. 이 뼈는 가축화된 이른 시기의 고양이일 가능성이 있다. 사진 Odile le Brun

문화기/시대	^{14}C 연대	역년
철기시대	975-500 bc	1200-586 BC
후기청동기시대	1250-975 bc	1550-1200 BC
중기청동기시대	1800-1250 bc	2200-1550 BC
전기청동기시대	2400-1800 bc	3100-2200 BC
동석기시대	3650-2400 bc	4500-3100 BC
유토기신석기시대	6000-3650 bc	6000-4500 BC
무토기신석기시대 B	7300-6000 bc	
무토기신석기시대 A/키아미안(Khiamian)	8500-7300 bc	
나투피안	10300-8500 bc	
기하문 케바란(Geometric Kebaran), 무샤비안(Mushabian) 등	12500-10300 bc	
케바란(Kebaran)	17000-12500 bc	
후기구석기시대	40000-17000 bc	
무스테리안	>75000-40000 bc	

중석기문화 수렵채집인 대 유토기신석기문화 양-염소 사육인 사이의 관계를 연상시킨다.

원시소는 아일랜드에 존재하지 않았다. 따라서 아일랜드 유적에서 발견되는 가축 소는 아일랜드해를 건너 이송되었음에 틀림없다. 그릭슨(Grigson, 1984)에 따르자면, 영국에서 현재까지 소나 양 혹은 염소가 발견된 가장 이른 시기의 유적은 버크셔의 램번(Lambourn; 약 3400 bc) 및 윌트셔의 호슬립(Horslip; 약 3240 bc)과 퍼셀스랏지(Fussell's lodge; 약 3200 bc)의 토총(earthen barrow) 유적들이다.

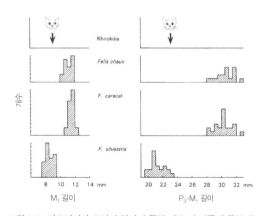

그림 6.6 키로키티아 고양이 턱뼈의 동정. 오늘날 지중해 동부에는 3종의 일반적인 야생 고양이가 존재하지만, 키프로스에는 없다. 제일 위에 보이는 키로키티아 시료의 측정치(열육치 길이 및 치열 길이)는 이것이 가축화한 고양이의 조상인 *Felis silvestris*거나 혹은 가축화한 고양이임을 보여 준다.

이제 가축사육이 근동과 지중해 분지에서 유럽과 아프리카로 어떻게 점진적으로 전파됐는지에 대한 그림의 윤곽이 조금씩 드러나기 시작하고 있다. 1983년에 르브룅은 키프로스 남부의 신석기시대 유적인 키로키티아(약 6000 bc)에서 잘 보존된 고양이 아래턱 한 점을 수습하였다(그림 6.5 및 6.6; 레반트의 편년은 표 6.2 참조). 이 뼈는 가축화되었다고 알려진 종에 속하며, 키프로스에 야생 고양이가 없음을 감안할 때 아마도 가축이라고 보이는데, 근동에서 발견된 이른 시기의 고양이 사례이다.

말은 플라이스토세의 끝이 가까워지며 근동에서 멸종했을 것이다. 말뼈가 초기청동기시대 아라드(Arad) 유적에서 연대가 2280-2080 bc, 즉 2950-2650 BC로 측정된 층에 갑자기 재등장하는바(그림 7.12 참조), 이는 아마도 가축화한 말이 남부 러시아/우크라이나에서 시작해 확산되었음을 뜻하는 증거일 것이다.

크로포드(Crawford, 1984)에 따르자면, 야생 칠면조의 활동범위는 멕시코시티 근처의 발사스 강(Rio de las Balsas) 유역에서 남쪽으로 넓혀진 적이 절대로 없었다. 그러므로 발사스 분지 이남에서 발견되는 칠면조 뼈는 거래를 통해 얻은, 따라서 아마도 가축화된 새 뼈에 틀림없을 것이다. 마찬가지로 유럽에서 기원전 1천년기 후반에 닭의 뼈와 닭을 예술적으로 표현한 유물이 등장하는 것은 동남아시아로부터 닭이 퍼져 왔음을 뜻함에 틀림없는데, 닭의 확산은 수탉을 성스럽게 여긴 조로아스터교를 믿던 페르시아를 통해서 이루어졌을 것이다. 닭은 아마도 그리스인들이 페르시아전쟁 뒤에 갖고 들어왔을 것이라 여겨지는데, 고대 그리스에서는 수탉을 '페르시아 새'라고 불렀다(Hehn, 1888: 241, 244).

가축화한 개의 조상으로 보이는 늑대가 남아메리카에 살았던 적이 있다는 증거는 알려진 바 없다. 그런데 남아메리카에서 개의 유해가 매우 이른 시기의 유적에서 발견되기 때문에, 개는 아마도 일찍이 사람이 남아메리카로 이주할 때 따라왔을 것이다.

형태 변화

형태 변화는 과거에 어느 화석동물이 야생종인지 가축인지를 판단하는 데서 가장 믿을 만한 근거라고 여겼던 적이 있었다. 모두 다 그렇지는 않지만, 오늘날 수많은 가축화된 동물은 예를 들어 전반적 신체 비율, 뿔의 형태, 색상, 머리털과 체모 및 신체 크기를 비롯한 여러 점에서 야생 선조와 뚜렷한 차이를 보여준다. 이러한 특징은 일부 골격에서도 찾을 수 있다.

즉, 오늘날 가축화된 염소는 대부분 뿔이 나선형으로 꼬여 있으나 야생 염소 Capra aegagrus의 뿔은 언월도 모습이다. 또 많은 종류의 개는 늑대와 비교할 때 두개골의 길이가 극단적으로 짧거나 길어졌고, 가축화된 돼지는 이마가 움푹하지만 멧돼지는 편평하다. 그리고 어떤 가축동물은 야생 친척에서 보기 어렵게 왜소해졌다.

그러나 이 중 많은 변화는 동물사육의 좀더 늦은 단계에 일어난 것으로서, 고도로 선택된 종류의 가축을 길러 내는 일과 관련된다. 예를 들자면, 근동의 동석기시대와 청동기시대에 가축화한 염소는 뿔이 꼬부라졌지만, 아래에서 보듯 다른 기준에서 보

아 가축임이 거의 틀림없는 신석기시대의 염소는 기본적으로 '야생형' 뿔 심부를 갖고 있다. 고대 메소포타미아와 이집트의 부조에서는 마스티프나 그레이하운드 유형같이 비정상적인 신체와 머리 형태를 갖고 있는 분화한 종류의 개들을 볼 수 있지만(Zeuner, 1963), 이런 개들이 이전 시기에 있었다는 증거는 찾기 어렵다. 한편, 더 이른 시기에 속하는 퇴적층에서 수습한 뼈는 보통 심하게 부서진 상태인데, 중석기시대 개의 유해는 대부분 아래턱 조각으로 그 형태는 늑대와 거의 차이가 없다. 온전한 돼지 두개골도 드문데 특히 중석기시대와 초기 신석기시대에 해당하는 자료는 찾기 어렵다. 더 늦은 시기의 경우에는 각종 증거로부터 다루고 있는 자료를 좀더 자신 있게 판단할 수 있기 때문에, '가축형'과 '야생형'의 구분 문제는 가축화의 시작 여부보다 상대적으로 쉽게 판단할 수 있다.

크기

우리가 기르고 있는 몇몇 가축의 골격과 치아는 크기를 기준으로 야생 선조와 구별할 수도 있는데, 소는 원시소보다(그림 6.7), 돼지는 멧돼지보다, 양은 무플론보다, 많은 품종의 개는 늑대보다, 그리고 가축화한 기니피그는 야생 기니피그 Cavia보다 크기가 작다. 물론 크기 변화가 최초의 가축화 이후 어느 정도 시간이 흐른 다음에 발생한 현상일 수 있지만, 많은 경우 크기 변화는 가축화 과정에 수반해 일어났다. 소나 돼지 같은 동물과 관련해, 보에스넥은 크기 감소는 과거에 사람들이 소수의 몸집은 크지만 다루기 힘든 동물보다는 다수의 크기는 작지만 따라서 더 쉽게 관리할 수 있는 동물을 선호해 길렀기 때문에 발생했으리라 보았다(Boessneck, 1978). 같은 맥락에서, 사람들이 멧돼지나 원시소 같은 야생동물을 처음 길들이려 시도할 때, 크기가 작은 개체를 선호해 골랐을 수도 있겠다. 그러나 이런 설

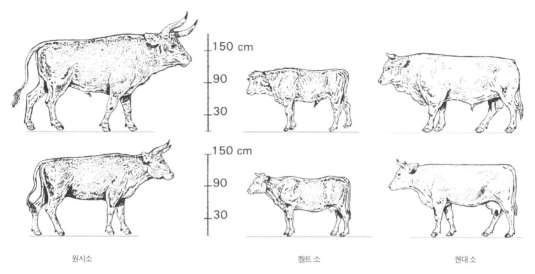

원시소   켈트 소   현대 소

그림 6.7 많은 가축 동물은 야생의 선조보다 크기가 작다. 원시소(야생소)와 켈트 소, 현대 소의 비교 복원도. 위가 황소, 아래가 암소임. 그림 제공 Joachim Boessneck

명은 충분히 만족스러운 것이 아닌데(Jarman and Wilkinson, 1972), 왜냐하면 많은 포유동물의 경우 신체 크기와 그 사나운 정도는 서로 역관계에 있기 때문이다. 예를 들어 크기는 작아도 화가 난 황소는 지극히 위험할 수 있다.

소과동물과 돼지의 가축화 초기 단계에 사람의 정착지 일대는 시간이 흐르며 점점 더 과도한 방목으로 식생이 위협받아 가축의 먹을거리가 부족해지는 상황에 처했을 것이다. 제2차 세계대전 중 포위 상태에 놓인 영국 국민의 영양 상태를 선구적으로 연구한 위도우슨(Widdowson)에 따르자면, 이런 상황에서는 다 자란 개체의 크기가 더 작아지게끔 만드는 빈약한 영양상태가 초래되었을 것이다(예를 들어 Widdowson and McCance, 1975 참조). 사람의 영양상태에 대한 연구에서 위도우슨은 뇌에서 식욕 중추가 발달하는 시기인 임신 마지막 단계에 영양상태가 어떤가에 따라 태아의 성장속도가 늦추어짐으로써 성장이 영향을 받을 수 있음을 지적하였다. 이런 일을 겪은 아이는 태어날 때 이미 크기가 작지만, 출생 이후에도 식욕 감소 상태가 유지돼 더

큰 또래들보다 음식을 덜 먹게 되며, 나이가 더 들어도 영양결핍을 겪은 다음 회복과정에서 특징적으로 나타나는 '성장 따라잡기'의 징후를 전혀 보여 주지 않는다. 아마도 가축화 초기의 상황도 이에 빗대어 설명할 수 있을지 모르겠다.

가축화와 더불어 나타나는 신체 크기의 변화가 무슨 이유 때문이건, 크기라는 기준은 고고동물 자료에서 가축을 친척뻘 되는 야생동물과 구분하는 데서 아마도 가장 널리 사용되는 수단일 것이다. 예를 들어 하이엄(Higham, 1968)은 덴마크와 스위스의 선사시대 유적에서 발견된 돼지와 소는 그 야생 선조와 크기에서 상당한 차이가 있음을 보여 주었다. 그 역시 영양 결핍, 특히 겨울 동안의 영양상태가 크기 감소의 주원인이었다고 생각하였다.

영국에서는 가축화한 소와 야생의 소를 뼈에서 쉽게 구분할 수 있다. 이것들은 보통 크기에서 각각 상이한 군으로 분명히 나누어지는데, 원시소가 크고 가축 소 종류들이 작다(그림 6.8). 경우에 따라 그 중간 크기의 뼈들도 발견되는데, 이런 것을 두고 가축화 시작의 증거라고 주장하고 싶은 유혹이 느껴지

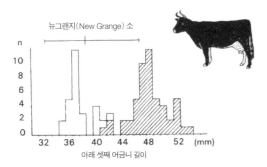

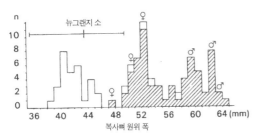

그림 6.8 영국과 스칸디나비아의 야생 소와 가축 소의 뼈에 보이는 차이. 야생 소의 뼈와 이빨(빗금 부분)은 가축보다 훨씬 크다(흰 부분이 영국의 신석기시대 가축 소). 출전 Evans *et al.*, 1983 소수 Grigson

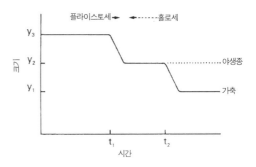

그림 6.9 크기, 기후와 가축화. 몇몇 종의 동물에서는 크기 감소를 가져왔으며 서로 시간적으로 떨어져 있는 두 요소의 작용을 인지할 수 있다. 즉 기온상승이라고 불러도 좋을 플라이스토세 말 t_1 시점의 환경적 요소 및 가축화라는 t_2 시점의 문화적 요소를 인지하는 것이 가능하다. 늑대-개에 있어, t_1과 t_2는 일치해 발생한 것일 수 있다.

기도 한다. 그러나 이러한 생각은 적극적으로 또는 우연히 발생할 수 있는 가축 동물과 야생 친척의 교배 가능성을 간과하는 것이다. 이러한 교배는 최소한 가끔씩 있었음에 틀림없다.

19세기 중엽 이래 동물학자들은 포유동물이나 새의 특정한 종이나 서로 밀접하게 연관된 종들에서 추운 기후에 사는 개체의 크기가 더 크다는 사실을 알고 있었다. 예를 들어, 스칸디나비아에 사는 늑대는 아라비아의 늑대보다 몸집이 더 큰데, 이와 유사한 신체 크기와 기후 사이의 관계는 과거에도 분명히 존재했을 것이다(제3장).

고기후학자들은 알프스 빙하나 스칸디나비아 빙하로부터 멀리 떨어진 근동 같은 지역에서 최후 빙하시대가 끝났을 때 기후 변화가 어느 정도 일어났는가에 대해 아직 의견의 일치를 보지 못하고 있다. 그러나 대부분의 연구자는 9000-10000 bc경에 근동 지역은 현재보다 훨씬 따뜻했다고 생각할 것이

다.

아마도 몇몇 특정 동물은 근동에서 최후 빙하기 종식 이후 얼마 지나지 않아 가축화되고 있었을 것이다. 따라서 동물고고학자들은 포유동물의 신체 크기에 영향을 끼쳤을 수 있는 두 가지 변수를 혼동하지 않도록 많은 주의를 기울여야만 하는데, 그 두 변수란 사람의 간섭, 즉 가축화와 환경 변화, 즉 기온상승이다.

필자는 이스라엘의 고고동물 층서에서 이 두 변수의 영향으로 일어난 동물 크기의 변화를 확인할 수 있었다(그림 6.9; Davis, 1981). 이스라엘에서 지난 30년 동안 이루어진 집중적인 고고학 조사에서는 서너 종의 동물에 대한 충분한 자료를 얻게 되었다. 이러한 자료는 예를 들어 여우나 영양, 원시소 같은 많은 포유동물들의 크기가 9000-10000 bc에 정말로 작아졌음을 보여 준다. 필자는 이러한 크기 변화 사건을 그 시기에 있었던 기온상승과 연관시켜 보았다(제3장). 그러나 개속(*Canis*), 소속(*Bos*) 및 돼지속(*Sus*)은 플라이스토세에서 홀로세에 걸친 기후변화와 관계된 크기 감소를 겪은 데 더해, 가축화와 관련된 또 한 차례의 크기 감소를 겪게 되었다.

신석기시대 동안 소속의 뼈와 이빨은 철기시대(그림 6.10) 및 오늘날의 비개량품종 소와 비슷한 정도

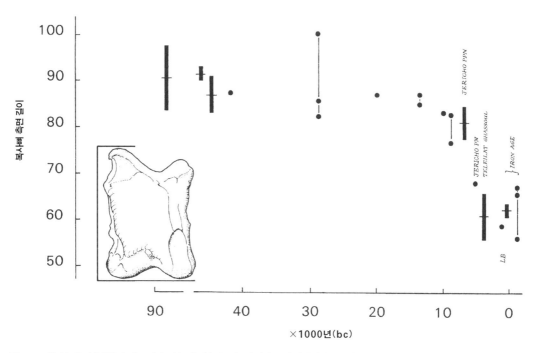

그림 6.10 원시소와 가축화한 소의 크기와 기후 및 가축화. 이스라엘과 주변 지역에서 수습한 지난 9만 년 동안에 속하는 소속(*Bos*) 복사뼈의 계측치. 개별 측정치는 원으로 나타나 있으며, 시료의 평균과 신뢰도 ±95%의 분포범위를 보여 준다. 제리코(Jericho) 유적에서 수습한 선토기신석기시대(Pre-Pottery Neolithic; PPN)의 것이 그보다 이른 시기인 플라이스토세의 것보다 크기가 작음에 주목할 것. 유토기신석기시대(PN), 동석기시대, 청동기시대와 철기시대 같은 후대의 것들은 가축화한 소와 크기가 유사하다. 출전 Davis, 1981

로 크기가 작아졌고, 약 4000 bc 동석기시대의 시작 무렵이면 돼지속 이빨의 크기는 오늘날의 개와 동일한 정도가 되었다(그림 6.13a). 이스라엘 갈릴리 서부의 하요님테라스와 훌라(Hula) 분지의 에인말라하(Ein Mallaha)라는 두 나투피안 유적은 연대가 대략 9000-9500 bc로서, 여기에서 필자 등은 개의 턱뼈(그림 6.11)와 아래쪽 열육치(M_1) 한 점씩을 수습했다. 이 두 점은 모두 현대, 즉 홀로세의 이스라엘산 늑대 아래턱과 이빨보다 크기가 더 작다(그림 6.13b). 이 나투피안 개과동물 유해는 사실 큰 개와 크기가 같은데, 따라서 개에 속한다고 동정되어 왔다. 그러므로 크기 왜소화를 기준으로 삼을 때, 개, 소와 돼지의 가축화가 각각 9500, 5000 및 4000 bc에는 이루어졌을 것임을 시사해 주는 약간의 증거가 있는 셈이다.

그림 6.11 이스라엘 북부에 있는 나투피안 유적인 에인말라하에서 수습한 자그마한 늑대 내지 개의 아래턱. 연대가 약 9600 bc로 측정된 층에서 발견되었다. 크기는 개 아래턱과 비슷하지만 오늘날의 이스라엘 늑대보다 상당히 작다. 축척 cm. 사진 Abraham Niv

근동의 고고학 유적에서 출토한 양 뼈 전반을 조사한 워프만(Uerpmann, 1978; 1979)에 따르자면, (a) 오늘날의 야생 양은 플라이스토세 후기의 야생 양보다 크기가 약간 작으며, (b) 크기가 더 작은 '가축화한' 양은 방사성탄소연대로 bc 7천년기와 8천년기에 등장했는데, 가축화가 7700-6500 bc까지는

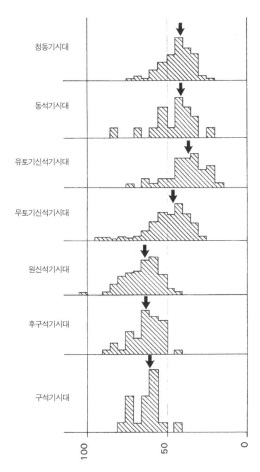

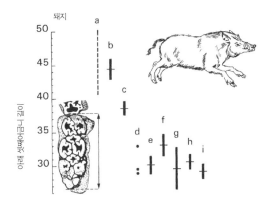

그림 6.13a 멧돼지-돼지(돼지속[Sus])의 크기, 기후 및 가축화. 멧돼지와 돼지 아래 셋째어금니 계측치. 개별 측정치는 원으로 나타나 있고, 시료의 평균과 신뢰도 ±95%의 분포범위를 표시했다. (a)와 (b)는 레반트의 플라이스토세 후기 멧돼지이며, (c)는 현대 이스라엘의 멧돼지이다. a+b와 c 사이에 보이는 크기 차이는 플라이스토세-홀로세에 걸친 멧돼지의 크기 감소를 말해 준다. 가축화에 수반되어 이루어진 추가적인 크기 감소는 지중해 동부지역의 돼지(d-i)와 현대 멧돼지(c)의 계측치 비교가 시사해 준다. 출전 Davis, 1981

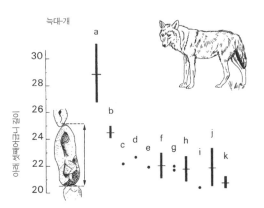

그림 6.13b 늑대-개(Canis lupus-familiaris)의 크기, 기후 및 가축화. 늑대와 개의 아래턱 열육치(M₁) 계측치. 개별 측정치는 원으로 나타나 있고, 시료의 평균과 신뢰도 ±95%의 분포범위를 표시했다. (a)는 레반트에서 수습한 소량의 플라이스토세 후기 늑대, (b)는 이스라엘의 현대 늑대 시료이다. (a)와 (b) 사이의 크기 차이는 플라이스토세-홀로세에 걸쳐 일어났을 수 있는 크기 감소를 가리킨다. 가축화에 수반되어 이루어진 추가적인 크기 감소는 예를 들어 개의 계측치(f-k)가 가리켜 준다. 이 크기가 가장 작은 부류에 속하는 이른 시기의 늑대-개 이빨로는 이스라엘 하요님테라스 유적 나투피안문화의 (c), 이스라엘 에인말라하 유적 나투피안문화의 (d) 및 이라크 펠레가우라 동굴유적 자르지안(Zarzian)문화의 (e)가 있다. 출전 Davis, 1981

그림 6.12 워프만(Uerpmann, 1979)의 근동 지역 유적 출토 양뼈 크기 지표 분포도. 원신석기시대(10000-7500 bc)에서 무토기신석기시대(7500-6500 bc)에 걸친 크기 감소는 아마도 무토기신석기시대 이전이나 그 당시에 이루어진 가축화 때문일 것이다.

이루어졌다고 보인다.

턴벌과 리드는 시카고대학교 동양학연구소(Oriental Institute)가 이락-자르모(Iraq-Jarmo)프로젝트를 수행하며 1955년에 발굴한 팔레가우라(Palegawra) 동굴에서 수습한 개속의 아래턱뼈 한 점을 보고하였다(Turnbull and Reed, 1974). 키르쿡(Kirkuk) 동쪽의 자그로스 산맥 서남부 산록에 있는 이 동굴의 문화층은 자르지안(Zarzian)문화에 속하며, 수습된 턱뼈의 연대는 약 10000 bc로 측정되었다. 두 연구자는 뼈의 크기가 자그로스 늑대에 비해 작으며[그림 6.13b] 전반적으로 이 지역에 현재 살고 있는 쿠르드 개와 유사하다는 점에 주목, 이것은 늑대라기보다 개에 속한다는 의견을 제시했다. 그러나 대부분의 사람들이 팔레가우라 아래턱뼈가 개라는 평가에는 동의하지만, 그 층위상의 위치에 대해서는 일말의 의구심이 제기되었다. 즉, 워프만은 퇴적층 상부 80cm까지 문화층이 후대 자료에 의해 오염되었다고 믿는데(Uerpmann, 1982), 그렇다면 이 팔레가우라 개의 연대는 방사성탄소연대상 bc 7천년기로 늦춰질 수 있다.

자리쥬(Jean-François Jarrige)가 이끄는 파키스탄고고학조사단은 발루치스탄 카치(Kachi) 지구의 볼란(Bolan) 강변에 있는 메르가르(Mehrgarh) 유적을 발굴하고 있다. 이곳에서는 약 6500에서 2000 bc(=2500 BC)에 이르는 문화발전과정을 시간적으로 연속해 추적할 수 있다. 유적에서 가장 풍부한 동물은 아마도 *Bos indicus* 종에 속하리라 보이는 소를 비롯해 양과 염소, 영양 종류들인데, 메도우는 발굴로 드러난 층에서 유적 점유기간 동안 흔히 발견되는 이런 동물들이 빈도(다음 절 참조) 및 크기에서 변화함을 관찰할 수 있었다. 메르가르는 아시아에서 동물 사냥에서 가축화로의 전이를 관찰할 수 있는 드문 유적의 하나이다.

메도우(Meadow, 1984)는 워프만이 고안한 분석방법을 부분적으로 채택해 이 유적의 고고학 자료를 '표준동물' 시료와 비교하였다[그림 6.14]. 그가 이런 식의 분석을 한 것은 측정가능 개별 요소의 수가 너무 작았기 때문이다.*

메도우는 '표준 소속(*Bos*)' 동물로는 크기가 큰 제부 수컷을, '표준 양'으로는 중간 크기의 현대 이란 서부산 야생 암컷을, '표준 염소'로는 타우루스산맥산 야생 암수 한 쌍의 평균값을, 그리고 '표준 영양'으로는 페르시아 동남부산 *Gazella dorcas* 암수 한 쌍의 평균값을 취했다.

메도우는 제1기에 속하는 여러 무토기문화층에서 소, 양과 염소가 영양에 대비해 크기가 커짐을 확인하였다. 이에 더해 양과 소의 계측치는 다음과 같은 특징을 보여 주었는데, (1) 더 이른 시기인 무토기문화층에서는 야생종처럼 보이는 매우 큰 개체들이 있지만, (2) 매우 작은 동물들은 없으며, (3) 제2기의

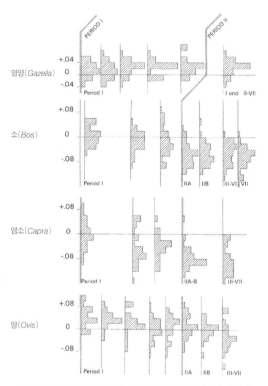

그림 6.14 발루치스탄 메르가르 유적의 영양, 소, 염소와 양 뼈의 크기 변화. 로그함수 차이를 보여 주는 방법이다. 0선 위에 표시한 계측치는 표준 동물보다 큰 크기를, 그 아래의 것은 작은 크기를 나타낸다. 표 왼쪽에서 오른쪽으로 가며 시대가 늦어진다. 영양의 크기는 그리 변화가 없지만, 소, 염소와 양이 점점 작아짐에 주목할 것. 출전 Meadow, 1984

* 지은이 주: 이 방법은 여러 요소들의 다양한 형태소 계측치를 동일한 축을 따라 나열한 분포도를 만드는 기법이다. 모든 형태소 계측치는 이에 상응하는 어느 '표준동물'의 유사한 형태소 계측치를 그래프 중앙에 0선으로 배치함으로써 대비하게 된다. 이 동물의 각종 뼈의 형태소는 고고학 자료에서 계측된 그에 대응하는 자료와 함께 로그함수로 변환시킨 다음, 비교를 위해 한쪽 수치에서 다른 쪽 수치를 빼는 방식으로 여러 요소의 크기 변이를 살피게 된다.

시작 무렵이면 소가, 또 그 끝 무렵에는 양이 전반적으로 작아지지만, 가축화된 적이 없다고 알려진 영양은 크기가 감소하지 않았다는 것이다. 영양의 크기가 전혀 줄어들지 않았다는 사실은 어떤 지배적 환경요소 때문에 양과 소의 크기가 변화한 것이 아님을 말해 준다.

그런데 메도우는 메르가르의 염소와 관련된 상황이 소나 양과는 매우 다르다고 생각하였다. 메르가르에서는 가장 이른 시기의 층에도 크기가 작은 염소가 존재한다. 크기가 어느 정도 감소하긴 했지만, 가축화된 염소는 이미 가장 이른 단계 무렵에 아마도 발루치스탄 고원지대로부터 도입되었을 것이라고 그는 보았다. 이 말은 염소가 이 지역에서 가장 먼저 사육된 동물일 것임을 뜻한다. 염소는 무토기 신석기문화 초기에 경제활동의 대들보 역할을 했으나 소와 양이 사육되기 시작하며 그 중요성이 줄어들게 되었을 것이다. 염소가 무토기신석기문화기에 가축화되었다는 견해를 뒷받침하는 추가적인 증거는 두 기의 무덤에서 나왔다. 각각의 무덤에서는 인골 이외에도 어린 염소 다섯 마리가 통째로 발견되었다(183쪽 참조).

이제 잠시 아메리카대륙으로 눈을 돌리자면, 휠러(Wheeler, 1984)는 안데스 지역의 고고학 유적에서 발견된 낙타과동물의 유해를 연구하였다. 잘게 부서진 알파카와 라마 뼈는 구분이 매우 어려운데, 그는 둘 사이의 크기 차이를 사용해 두 동물의 생물학적 역사를 추적하려 하였다. 안데스 지역의 초기 고고학 유적에서 발견된 동물 시료에는 낙타과동물이 많지 않은데, 휠러가 연구한 것은 아마도 과나코라 보이는 큰 동물의 뼈로서 변이가 크지는 않았다. 그러나 더 늦은 시기의 시료, 특히 1000 bc에서 잉카시대에 이르는 자료에서는 변이계수가 8에서 21 사이로 매우 높아, 시료들이 하나의 동질적 교배집단에 속하는 것이라고 생각할 수 없었다.

그의 자료에서 가축화한 라마류 동물에 대한 가장 이른 증거는 아야쿠초(Ayacucho) 분지의 피키마차이(Pikimachay) 동굴에서 발견되었으며, 연대가 3800-2400 bc(=4600-3150 BC)인 치화(Chihua) 문화기에 속하는 것이었다. 그가 계측할 수 있었던 골격 부위는 비록 얼마 되지 않지만 크고 작은 개체들이 모두 포함되어 있어, 보잘것없으나마 가축화가 이루어졌음을 시사해 준다.

기니피그 *Cavia*는 가축화와 더불어 크기가 증가하였다. 털가죽 색상 및 두개골을 비롯한 가축으로서의 여러 특징 중에서 크기는 가장 쉽게 측정할 수 있는 요소로서, 크기가 더 큰 개체를 선택한 결과 일어난 변화를 추적할 수 있는 요소이다. 윙(Wing, 1978)은 안데스 지역 서너 곳에서 발견된 *Cavia*를 연구했는데, 이 동물의 야생 조상에 대해서는 아직 잘 모르고 있음을 인정하고 있다. 그는 연대가 약 2300-830 bc(=3000-1000 BC)에 속하는 시료는 상대적으로 많지 않으며, 따라서 가축화 초기단계를 연구할 수 없음을 확인하였다. 피키마차이 동굴처럼 아야쿠초 계곡의 유적에서 알려진 자료들은 크기가 전반적으로 증가했으며 변이계수도 더 크게 나타난다. 이런 현상은 아마도 830 bc(=1000 BC) 무렵이면 이미 일어났을 것인데, 윙은 이것이 가축화 진행의 증거라고 보았다.

종 구성 변화

동물 사육의 등장을 확인하는 방법으로서, '종 구성 변화'는 크기의 경우와 마찬가지로 고고동물 층서 내에서 보이는 변화, 즉 상이한 종의 빈도 변화에 기초하는 연구법이다. 연구대상이 되는 고고동물 층서는 지역에 따른 변이의 가능성을 감안해 일정한 지역 범위 내에서 작성된 것이라야만 한다. 이 방법은 다음과 같은 두 가지 가정을 전제로 한다. 우선, 플라이스토세 말 사람들은 먹이를 기회주의적으로 획득한 바, 덫을 놓아 잡건 창으로 잡건 잡을 수 있는 큰 포유동물은 어떤 것이라도 닥치는 대로 이용했으며, 따라서 사람의 흔적과 함께 발견되는 포유동물 뼈는 무지막지하게 크고 사나운 동물을 잠재적 예외로 한다면 당시 그 지역에 살던 대형 포유동물의 전체 양상을 보여 준다는 것이 첫 번째 가정이다. 둘째로는 최초로 가축이 된 동물들은 양, 염소, 소, 돼지, 라마와 알파카같이 오늘날 우리가 가축이라고 알고 있는 바로 그 동물들이라는 것이다.

이 두 가정을 염두에 두고, 이제 이 방법이 예를 들어 지난 5만 년에 걸친 일련의 고고동물 자료군에 어떻게 적용될 수 있는지 설명해 보겠다. 더 이른 시기의 자료에서 종 구성 양상은 가축화된 적이 전혀 없던 동물들이 많이 포함되어 있으나, 이후 시기에 여러 종류의 '가축지향성동물'을 포함하는 양상으로 변화하는 것은 경제활동이 사냥에서 동물 사육으로 변화했음을 반영하는 것일 수밖에 없다. 여기서 '가축지향성동물'이란 구대륙의 경우에는 양, 염소, 소와 돼지, 신대륙의 경우에는 낙타과동물을 뜻한다.

고고동물 자료에서 보이는 가장 놀라운 변화의 하나는 아마도 이스라엘에서 약 8천에서 1만 년 전 사이에 있었던 유제류 종의 빈도 변화일 것이다(Davis, 1982). 이러한 변화는 나투피안과 PPNB(선토기신석기B) 사이, 그중에서도 아마도 PPNA(선토기신석기A)와 PPNB 사이인 7300 bc 무렵 있었다고 보인다[그림 6.15]. 연대가 신석기 이전으로 측정되는 유적에서는 사슴과 영양이 우세를 차지하고 있지만, 동석기시대부터는 양, 염소와 가축화한 소가 종 분포에서 압도적으로 우위에 있다. 염소의 수적 중요성은 베이사문(Beisamoun), 아부고쉬(Abu Gosh), 제리코 같은 PPNB 유적에서 알려진 것처럼 이미 방사성탄소연대로 bc 7천년기에 잘 드러난 바 있다. 이스라엘 북부에서 신석기시대 이전에 발견되

지 않던 양은 PPNB 이후 곧 소수나마 나타났을 수도 있다.

이러한 신석기시대의 변화가 사슴과 영양의 멸종에 따른 종의 대체를 의미할 가능성은 없다고 보이는데, 왜냐하면 두 종은 모두 비록 적긴 하지만 신석기시대 이후의 유적에서 발견되기 때문이다. 흰반점사슴은 이스라엘에서 가깝게는 19세기까지 살았고 영양은 오늘날까지도 살아남았다. 그러한 멸종 가능성이 없음을 인정했을 때, 그렇다면 무슨 근거에서 신석기시대 동물상의 변화가 사냥에서 사육으로의 변화를 의미한다고 주장할 수 있을까?

첫째로, 영양이나 흰반점사슴은 어느 것도 가축화된 적이 없는 동물이다. 영양은 겁이 많으며 특히 발정기에는 더 그런데, 동물학자들은 영양을 잠재적으로 가축화할 수 있는 동물이라 여기지 않고 있다. 둘째, 양과 염소가 오늘날 가축이듯 예를 들어 후기 청동기시대 같은 신석기시대 이후 시기에도 가축이었음을 우리는 역사기록을 통해 알고 있다. 따라서 사슴과 영양에서 양과 염소로의 중요성 변화를 염소아과동물 사육의 시작을 뜻하는 강력한 증거라고 가정하는 것은 논리적이라고 보인다.

이에 덧붙여, 자료는 가축화 가능종이 증가하는 방향으로의 변화가 갑작스러운 사태가 아님을 보여 준다. PPNB 시기에는 아직도 영양을 많이 사냥하고 있었다. 수가 줄긴 했지만 영양 뼈는 유적에 계속 등장하는바, 동물성 단백질을 위해 사냥을 하는 이전의 생활양식이 아직 사라지지 않았음을 보여 준다. 아마도 이렇게 영양을 계속 이용한 것은 헤아릴 수 없이 오랜 세월 동안 사람이 취해 왔던 생활양식을 쉽게 포기할 수 없었음을 말해 주는 것이겠다. 필자는 이와 비슷하게 신석기시대 동안 영양에 의존하는 양상을 이란 서부에서 수습한 일련의 동물자료에서도 발견하였다. 그런데 어쩌면 동물의 사육과 행태 통제를 시험하던 이 초기단계 동안에는 그

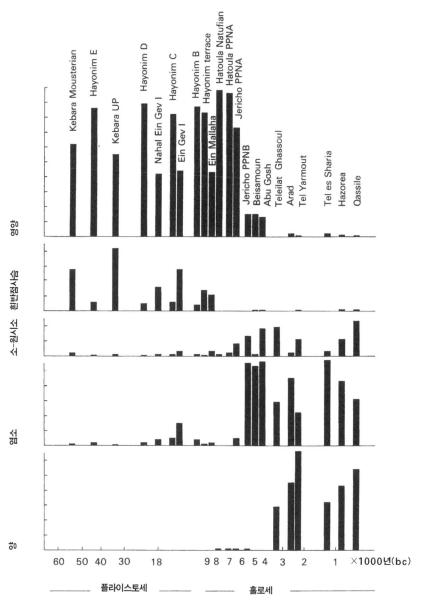

그림 6.15 종 분포 변화와 가축화. 이스라엘의 후기 플라이스토세–홀로세의 주요 동물군 자료를 왼쪽에서 오른쪽으로 시간대에 따라 배치하였다. 영양, 흰반점사슴(*Dama*), 소–원시소(*Bos*), 염소(*Capra*) 및 양(*Ovis*)의 빈도분포를 보여 준다.

결과가 들쭉날쭉해 사람들은 동물성 단백질을 얻는 보조수단으로서 사냥에 계속 의존할 필요성이 있었을 것이며, 이러한 사정으로 영양 뼈는 동물자료에 계속 포함되었을 것이다.

이스라엘 지역에 거주하는 사람들에게 사냥으로 얻은 동물이 더 이상 식단에 중요하지 않게 된 것

은 겨우 기원전 4천년기의 동석기시대에 들어서였다. 이 시기 및 그 이후 여러 시기에 양, 염소와 소에 집중적으로 의존하게 된 것은 본질적으로 오늘날의 동물사육경제의 대두를 뜻함에 의심의 여지가 없다.

페인은 이와 유사한 가축지향성동물로의 전환 양상을 그리스 남부 아르골리드(Argolid)에 있는 프

랑크티(Franchthi) 유적에서 발견하였다(Payne, 1975). 이곳을 발굴한 제이콥슨(Jacobsen, 1976)은 구석기시대 후기에서 중석기시대를 거쳐 신석기시대 말기의 끝까지 이르는 시기에 걸친 풍부한 유적 점유의 증거를 발견하였다. 32개의 방사성탄소연대 측정결과에 따라 전체 층서의 연대는 약 23000 bc에서 3000 bc에 이른다고 밝혀졌다. 페인은 11개의 주요 동물층서단계를 확인하였는데, 그의 분석결과는 그림 6.16에서 보는 바와 같다. 경제생활과 관련해 말하자면, 구석기시대와 중석기시대의 퇴적층은 전통적인 수렵채집인의 생활을 보여 주는데, 작은 포유동물, 새, 물고기와 연체동물 같은 다양한 종류의 동물과 더불어 견과류와 씨앗이 식량자원으로 이용되었다. 큰 물고기 뼈가 갑자기 D2 단계 초에 나타나는데, 이와 더불어 아마도 여기서 동남으로 130km 떨어진 밀로스 섬에서 가지고 왔다고 보이는 흑요석의 빈도가 증가하는 현상은 항해용 배의 사용과 낚시 기술의 발달 가능성을 말해 주고 있다. 이 중요한 발견에 대해서는 제5장에서 논의한 바 있다.

프랑크티 동굴의 동물층서에서 가장 두드러진 점은 이스라엘 북부의 경우와 마찬가지로 방사성탄소연대로 bc 7천년기 동안에 동물의 중요성이 붉은사슴(Cervus elaphus)에서 염소아과동물(양 Ovis 및 염소 Capra)로 변한다는 사실이다. 매우 갑작스럽게도 E1 단계에 들어 양과 염소가 대형 포유동물의 90% 이상을 차지하게 된다. 양은 프랑크티 층서에서 방사성탄소연대로 bc 7천년기 이전에는 나타나지 않으며, 이스라엘과 마찬가지로 유럽 동남부에 야생 양은 의심할 바 없이 존재하지 않았다. 또 프랑크티에서 중석기와 신석기 사이에 점유의 공백이 있다는 증거는 없다. 따라서 페인에 따르자면, 그러한 동물 이용양상 변화의 전격성은 이곳의 신석기 문화가 자생적인 것이 아니라 외부에서 유입되었음을 강하게 말해 준다고 할 수 있다. 혹시 신석기시대

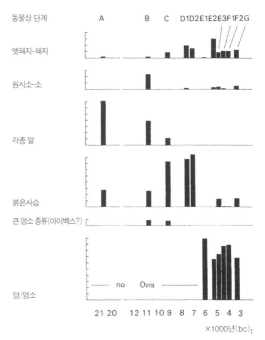

그림 6.16 종의 다양화와 가축화. 그리스 프랑크티 동굴의 동물층서. 멧돼지-돼지(Sus), 원시소-소(Bos), 각종 말, 붉은사슴(Cervus), 큰 염소 종류(아이벡스?) 및 양/염소라는 흔히 보는 여섯 종류 대형 포유동물이 차지하는 비율이 제시되어 있다. 주요 동물층서단계는 도표 맨 윗줄에 있다. 출전 Payne, 1975

농민들이 동쪽에서 침입해 온 것일까?

양은 외부에서 도입된 종을 대표할 뿐만 아니라, 페인은 이곳 신석기시대의 *Capra* 뼈는 후기구석기시대보다 훨씬 크기가 작음을 관찰하였다. 비록 드물긴 하지만 후기구석기시대의 *Capra* 뼈는 일정하게 커, 아이벡스 뼈일 가능성을 말해 준다. 그렇다면 신석기시대의 *Capra* 역시 외래종일 수 있겠다. 또 다른 주목할 만한 사항으로는 말과동물과 사슴의 출현빈도가 역전하는 현상인데, 페인은 이를 기후와 지역식생의 변화와 연관시켜 해석하였다.

하이엄은 그리스에서 북서쪽에 있는 스위스에서 발견된 고고동물 유해를 연구하였다. 스위스의 후기 수렵문화는 '후기 타데노시안(Late Tardenosian)'이라 하는데, 관련 유적으로는 약 3390 bc의 방사성탄소연대가 있는 비르스마텐(Birsmatten) 유적이

있다. 이 유적의 동물상에서는 붉은사슴, 멧돼지와 비버가 압도적이다. 스위스에서 양/염소가 발견된 가장 오래된 신석기 유적은 2940 bc의 방사성탄소 연대가 있는 에골즈빌(Egolzwil) 3 유적이다. 이런 연대를 프랑크티와 영국과 비교하면, 알프스 지역과 유럽 서북부에서 사람들이 가축 사육을 채택하기까지에는 3천 년 내지 그 이상의 시간이 걸렸음을 시사해 준다.

파키스탄 발루치스탄의 신석기 및 그 이후 시기의 동물자료로 다시 돌아가자면, 메도우는 메르가르에서 흔히 발견되는 종들의 동물 뼈를 계측하고, 그것들의 상대빈도도 계산하였다(Meadow, 1984). 그

림 6.17은 그러한 빈도를 확인한 이 유적의 13개 고고학적 단계와 근처의 시브리담브(Sibri Damb) 유적에서 나타나는 양상을 보여 준다. 그 시기는 무토기신석기시대에서 기원전 3천년기까지 걸쳐 있다. 프랑크티 및 이스라엘 북부와 마찬가지로, 메르가르 층서에서도 야생의 염소아과동물, 사슴, 닐가이영양 및 영양을 비롯한 야생동물 이용이 줄어들고 가축지향성동물인 양, 염소 및 특히 소가 늘어나는 양상이다.

제I기가 끝날 무렵이면, 대부분의 동물 유해는 이세 가지 주요 동물로 구성된다. 가장 뚜렷한 변화는 소에서 나타난다. 소의 비중은 가장 이른 시기에

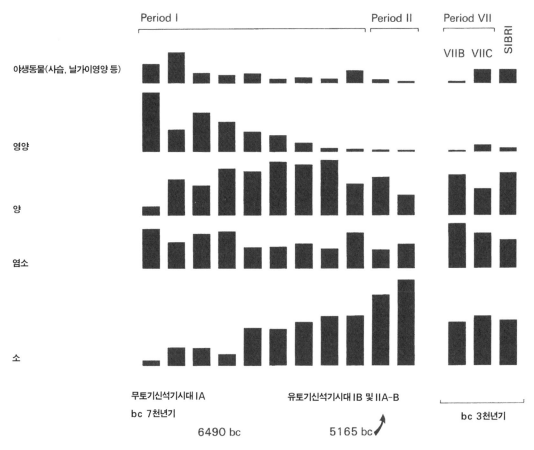

그림 6.17 종의 다양화와 가축화. 발루치스탄 메르가르 유적의 동물층서. 메르가르와 시브리담브 유적에서 보이는 대형 포유동물의 비율이 제시되어 있다. 제시된 동물은 사슴, 닐가이영양 등의 야생동물, 영양, 양(Ovis), 염소(Capra) 및 소(Bos)이다. 유토기신석기시대에 소의 중요성이 증가하며 각종 야생동물과 영양의 중요성이 감소함에 주목할 것. 출전 Meadow, 1984

는 단지 4%밖에 되지 않지만, 제I기 말이면 38%로, IIB가 되면 65%로 늘어난다. 카라치에서 북북서로 90km 떨어진 또 다른 파키스탄 유적인 발라코트(Balakot)에서는 기원전 4천년기 말이 되면 소가 포유동물 유해의 75%나 차지하고 있다.

메르가르에서 제I기 동안 소, 양과 염소에 더 크게 의존하게 된 것은 동물을 가두어 기르는 것에 의존하는 정도가 커지고 있음을 뜻한다고 인정해야 할 것이다. 이와 관련해 메도우는 다음과 같은 질문을 던졌다. 즉, 이 동물들은 메르가르에 존재하던 야생 모집단을 현지에서 가축화한 것인가, 아니면 아마도 염소의 경우 그럴 수 있다고 보이지만 이미 가축화한 동물들을 외부에서 도입한 것인가? 소속(Bos) 동물의 크기에서 보이는 점진적 감소 현상은 현지에서의 가축화를 말해 준다. 그렇지만, 양에서 보이는 점진적 크기 감소는 조금 설명이 쉽지 않다. 왜냐하면, 과거에는 꼭 그렇지 않았을 수도 있지만, 오늘날 발루치스탄에 야생 양 우리알은 살고 있어도 이곳은 무플론의 분포범위 밖이기 때문이다. 그러나 이런 사실 때문에, 메르가르에서 우리알을 가축화했지만 이후 무플론을 조상으로 하는 양이 서쪽에서 들어와 먼저 가축화된 것들을 대체했을 가능성이 없다고는 할 수 없겠다.

정리하자면, 지금까지 메르가르에서 수습한 증거를 볼 때, 염소는 이미 가축화된 상태로 6500 bc 무렵 초기단계에 수입되었고, 소는 아마도 제I기 끝 무렵, 어쩌면 늦어도 5500 bc(?) 무렵에는 현지에서 가축화되었다고 보인다. 그러나 양이 가축화된 장소와 시간은 수수께끼로 남아 있다. 이러한 가축화와 관련된 연대는 서쪽의 '비옥한 초승달지대'에서 염소아과 및 소속 동물이 가축화된 연대만큼 이른 시기이다. 고든 차일드는 발루치스탄에서 농경은 그 서쪽으로부터의 어떤 영향을 말해 주는 고고학적 증거가 나타나기 이전에 이미 발달했다고 보았는데,

이상 살펴본 증거는 그러한 생각을 뒷받침해 준다.

다시 아메리카대륙으로 돌아가자면, 페루 중앙부의 안데스 지역에서는 후닌(Junin) 및 이와 인접한 라우리코차(Lauricocha)의 푸나(Puna; 안데스 지역의 고원)에서 선사시대 유적 몇 개가 발굴되었다. 이곳의 해발고도는 4,000m 이상인데, 낙타과동물에게 필요한 천연 목초지가 풍부하며 일 년 내내 푸릇푸릇한 곳이다. 휠러가 정리한 이 유적들의 고고동물 자료는 플라이스토세 말 이래의 동물 이용을 잘 알 수 있게 해 준다(Wheeler, 1984). 그는 이곳이 낙타과동물의 가축화가 이루어진 지역이라고 믿고 있다. 이곳과 대비되는 좀더 낮은 고도의 '분지'에 있는 유적인 귀타레로(Guitarrero) 동굴에서는 동 시간대의 동물층서가 확인되었다. 윙이 이 동굴유적의 동물상 변화에 대해 보고한 내용은 휠러의 보고와 유사하며, 다만 그 시기가 약간 늦을 가능성이 있다.

푸나 지대의 동물자료는 후닌 푸나에 있는 우치쿠마차이(Uchcumachay) 동굴, 파나울라우카(Panaulauca) 동굴, 파차마차이(Pachamachay) 동굴, 아코마차이(Acomachay)와 텔라르마차이(Telarmachay) 바위그늘 및 라우리코차 푸나의 라우리코차 동굴에서 알려졌다. 선토기시대 자료군은 '중부 안데스 편년안'에 따라 5기로 나눌 수 있는데, 휠러의 빈도 자료를 정리하면 그림 6.18과 같다. 그림은 7000에서 2000 bc에 걸쳐 사슴이 점차 감소하며 낙타과동물이 증가함을 보여 준다. 낙타과동물은 북쪽의 에콰도르와 남쪽의 볼리비아에서는 여기보다 이른 시기의 맥락에서 알려졌다. 7000 bc 무렵 낙타과동물이 다다르기 전, 우치쿠마차이 동굴에서는 멸종한 플라이스토세의 말과동물 *Parahipparion peruanum*과 멸종한 플라이스토세의 사슴 *Agalmaceros blicki*의 뼈가 유물과 함께 소량 발견되어 사람이 이 동물들을 먹기 위해 사냥했음을 말해 준다.

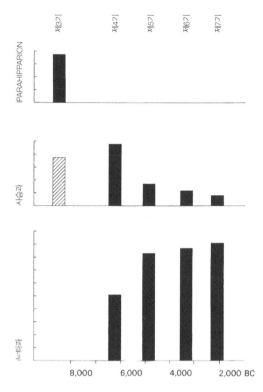

그림 6.18 페루의 후닌 푸나와 라우리코차 푸나에서 확인된 종의 다양화와 가축화 양상. 우치쿠마차이 동굴, 파나울라우카 동굴, 파차마차이 동굴, 아코마차이 A 바위그늘, 텔라르마차이 바위그늘 및 라우리코차 동굴에서 얻은 각 종의 빈도를 정리한 도표이다. *Parahipparion*은 멸종한 말과동물이다. 사슴과는 멸종한 *Agalmaceros*(빗금)를 비롯, 대다수를 차지하는 훼멜사슴과 흰꼬리사슴 약간으로 구성되어 있다(뒤의 두 동물은 검은 막대로 함께 표시). 낙타과동물의 중요성이 증가함에 주목하시오. 출전 Wheeler, 1984

휠러는 7000 bc 무렵 후닌 푸나에 낙타과동물이 등장하는 것을 플라이스토세의 말과동물 및 사슴의 소멸과 연계시켜 아마도 10000에서 7000 bc 사이에 있었던 기후변화의 결과일 것이라고 생각하였다. 그러나 이러한 주장을 지지해 주는 다른 분야의 증거는 찾기 어렵다. 그렇다면 혹시 사람이 이런 변화를 가져온 이유라고 생각할 수는 없을까? 또 그렇다면 7000 bc 무렵의 낙타과동물이 초기 가축일 가능성은 없을까? 그러나 이 두 번째 가정을 뒷받침해 주는 증거는 낙타과동물에 속하는 네 '종'의 뼈를

구분하기 어렵다는 점을 감안할 때 더욱더 찾기 어려울 것이라 여겨진다.

귀타레로 동굴(유적번호 PAn14-102)은 페루 북부의 카예혼데화일라스(Callejon de Huaylas)의 고지대 산간분지에 있는데, 해발 2,580m로서 푸나 유적들보다 훨씬 낮은 고도에 있다. 발굴은 린치(Lynch)가 했으며, 동물 유해는 윙(Wing, 1980)이 분석하였다. 윙 역시 이곳에서 낙타과동물과 사슴의 상대빈도가 변화하는 양상을 확인하였다. 사슴 유해는 가장 이른 시기의 층에서는 매우 풍부해 80%가 넘고 있으나, 이후 그 수는 꾸준히 줄어들어 비율이 77%, 59%, 24%로 감소한다. 그 반면, 낙타과동물은 연대가 8600 bc 이전으로 측정된 가장 이른 시기의 시료 중에는 보이지 않지만, 이후 10%, 33%, 35%로 꾸준히 증가한다. 귀타레로 동굴을 후닌 푸나와 비교하면 이러한 변화는 양자 사이에 정도 차이가 있음을 보여준다. 즉, 낙타과동물은 분지 유적에서는 0-50% 범위에, 푸나 유적에서는 같은 시기에 57-96%에 걸쳐 분포한다. 더욱이 낙타과동물 이용 집중도의 증가는 아마도 분지보다 푸나에서 일찍 나타났을 것이다. 만약 휠러와 윙의 연구결과가 옳다면, 낙타과동물은 높은 고도의 푸나에서 먼저 가축화되고 시간이 지나 안데스의 분지지역으로 내려왔을 것이다.

휠러는 후닌 푸나에 대해 3단계 발달과정을 제시하였다(Wheeler, 1984). 첫 단계는 '제4기'(7000-5500 bc)로서, 푸나에 사는 모든 종류의 유제류를 사냥했던 시기이다. 두 번째 시기는 5200-4000 bc로서, 사냥은 더 전문적으로 이루어져 과나코와 비쿠냐를 집중적으로 사냥했다. 4000에서 3500 bc 사이의 시기는 가축화된 낙타과동물이 처음 등장하는 때이다. 관련 증거는 텔라르마차이 바위그늘에서 발견된 알파카 유형의 앞니로서, '하부 V-I층'에서 처음 나타났다. 이 이빨들은 과나코/라마 앞니와 비쿠

냐 앞니의 중간 형태를 하고 있어 다른 낙타과동물의 앞니와 구별할 수 있다고 하는데, 그러한 특징이란 '단면이 주걱형이 아니라 네모꼴이고 내면에만 에나멜이 있으며 치근은 나이가 들어서야 형성된다'는 점이다(Wheeler, 1984). 낙타과동물의 가축화와 관련해 텔라르마차이의 '하부 V-1층'에서 발견된 추가적 증거는 태아/신생아 유해의 증가현상인데, 이에 대해서는 뒤에서 다루겠다.

문화적 증거

사람과 동물 사이의 어떤 밀접한 관계는 가끔씩 발견되는 고고학적 증거로도 알 수 있다. 예를 들어, 동물 사체의 의도적 매장, 재갈 사용 흔적, 특정 병리현상을 보여 주는 개체, 부분적으로 소화된 식용 뼈라던가 빠져 떨어진 유치의 수집 등이 그러한 증거가 된다. 동물을 묘사한 벽화나 조형물도 고대인과 동물의 관계에 대해 무언가 말해 줄 수 있다.

매장 메르가르의 두 무덤에서는 방사성탄소연대로 bc 8천년기라는 이른 시기에 염소가 사육되었다는 메도우의 가설을 지지해 주는 강력한 증거가 발견되었다. 무토기문화층의 가장 이른 시기인 MR3S 8층 상부에 있는 두 무덤에서는 각각 다섯 마리의 염소새끼 유해가 부분적으로 해체된 상태로 발견되었다(그림 6.19; Lechevallier, Meadow and Quivron, 1982). 염소는 굽혀 묻은 사람다리 주변에 반원형으로 배치되었는데, 유치가 거의 마모되지 않은 상태로 볼 때 석 달이 채 되지 않아 죽은 새끼들이다.

1977년 발라는 이스라엘 북부 훌라 분지에서 에인말라하 나투피안유적을 발굴하던 중 무덤 하나를 조사하였다(Davis and Valla, 1978). H.104호로 명명된 이 무덤은 9350, 9650 및 9750 bc라는 세 연대측정치와 더불어 그림 6.11에 있는 작은 개만한 크기의 *Canis lupus/familiaris* 아래턱뼈가 발견된 층에 속한다. 무덤에서는 노인의 유해가 발견되었다. 비록 골반이 너무 훼손되어 단정적으로 말하기 어렵지만 아마도 여성이라 보이는데, 그 왼손 밑에는 부서진 동물 유해가 놓여 있었다(그림 6.20). 이것은 서로 구분하기 어려운 늑대 내지 개의 새끼라고 밝혀졌다. 유치 상태에서 판단할 때, 이 새끼 동물은 생후 3-5달 무렵 죽었다. 발견된 양상에서 노인과 동물 사이에는 먹이 관계가 아닌 모종의 밀접한 관계가 있었음이 분명한데, 아마도 사랑의 관계였을 것이다.

이러한 문화적 증거는 생체계측 증거(174쪽) 및 개가 먹고 소화시킨 가능성이 있는 뼈의 확인(186쪽)과 더불어, 나투피안 사람들이 개를 가축으로 갖고 있었음을 분명히 말해 준다. 개를 식용으로 삼았다면 나투피안 유적에서는 개 뼈가 흔히 발견되어야 하지만 그렇지 않다. 그렇다면 개는 식용으로 기르던 것이 아니라 아마도 사람과 함께 사냥에 나섰던 동물일 것인데, 이것은 사람과 동물의 공생관계에 대한 가장 이른 시기의 사례이다.

미국 미주리에서도 고대인과 동물 사이의 모종의 특별한 관계를 보여 주는 많은 증거가 무덤에서 알려졌다. 맥밀란(McMillan, 1970)은 벤튼(Benton)의 라저스(Rodgers) 바위그늘유적에서 연대가 6500 bc로 측정된 구역에서 잘 보존된 개의 유해를 보고하였다. 유해는 폭스테리어 크기 정도인 다 자란 개의 것으로서, 돌로마이트 돌덩어리를 쌓아 만든 작은 무덤 아래에 판 얕은 구덩이에서 발견되었다. 이것은 개과동물 매장에 대한 북아메리카에서 가장 오래된 자료의 하나이다.

뼈의 부식상태 크기 감소와 새끼 매장 이외에도 개가 이른 시기에 가축이 되었음을 말해 주는 증거로 또 다른 것이 있는데, 그리스 신석기시대와 이스라엘 나투피안문화에 보이는 부분적으로 부식된 동물

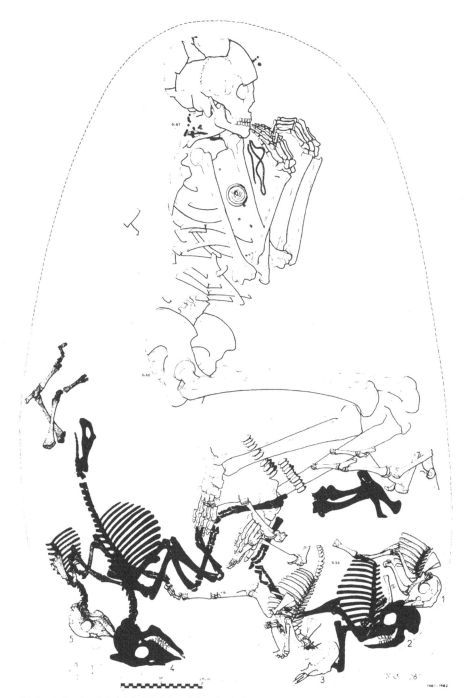

그림 6.19 발루치스탄 메르가르에서 발견된 가축화의 문화적 증거. 제7층 MR3의 287호 무덤에서 발견된 다섯 마리의 새끼염소로서, 방사성탄소연대로 bc 8천년기로 측정되었다. Lechevallier *et al.*, 1982 참조. 그림 Gonzague Quivron. 그림 제공 Richard Meadow 및 Jean-François Jarrige

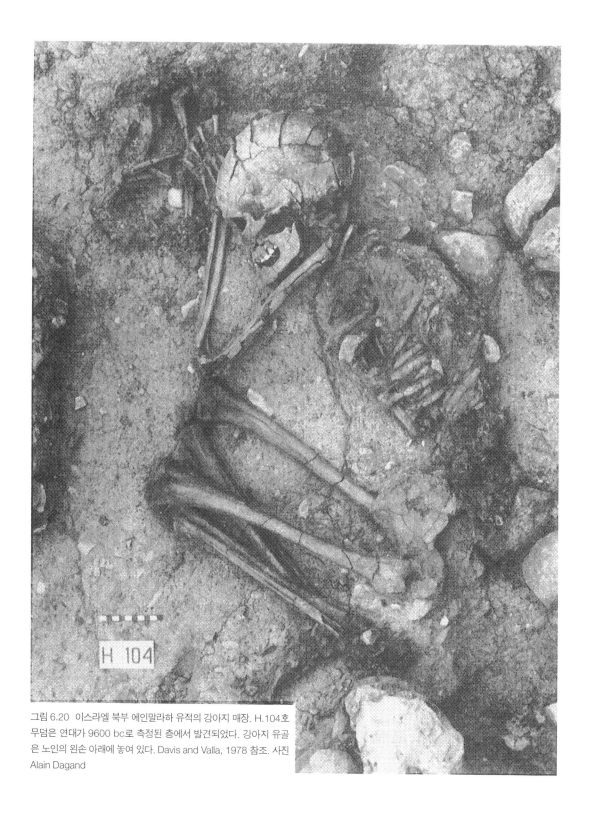

그림 6.20 이스라엘 북부 에인말라하 유적의 강아지 매장. H.104호 무덤은 연대가 9600 bc로 측정된 층에서 발견되었다. 강아지 유골은 노인의 왼손 아래에 놓여 있다. Davis and Valla, 1978 참조. 사진 Alain Dagand

뼈가 그것이다.

페인과 먼슨은 제1장에서 설명했듯 개의 소화운동에 대한 일련의 실험을 하였다. 개는 2.5cm 정도보다 작은 뼈를 그대로 삼킨다. 위산과 소화액을 견뎌 내고 배설된 뼈들은 눈에 띄게 부식된 상태가 된다. 페인은 프랑크티 동굴의 신석기시대 층에서 부식한 양 내지 염소의 앞발목뼈, 뒷발목뼈와 발가락뼈를 발견하였다. 양 내지 염소 뼈 중에서 크기가 더 큰 것과 소뼈에는 그런 부식이 보이지 않는다는 사실은 부식이 토양에 포함된 산 때문에 만들어졌을 가능성이 없음을 말하고 있다. 페인은 이로부터 프랑크티의 신석기시대인은 가축화된 개를 길렀다고 결론지었다.

필자는 1983년 이스라엘 중부 하툴라(Hatoula) 유적의 나투피안 동물자료를 연구하던 중, 여러 점의 부식된 작은 뼈를 발견했는데, 전체 뼈의 약 5%가 이런 모습이었다(그림 6.21 참조). 이 뼈를 보며, 페인과 먼슨이 아메리카에서 실시한 개의 소화운동 실험에서 얻은 뼈들을 떠올렸다. 이 발견의 중요성은 필자로 하여금 이스라엘 갈릴리 서부의 하요님 유적에서 수습한 무스테리안-나투피안 고고동물 자료를 재검토하게끔 하였다. 그 결과, 연대가 플라이스토세 말, 즉 나투피안 이전 시기에 속하는 층에서 알려진 대규모 동물시료에서는 이런 현상을 찾을 수 없었지만, 나투피안(B층)에 속하는 좀더 소규모 시료에서는 서너 점의 부식된 영양 뼈를 발견하였다. 그렇다면 나투피안이나 그 직전 후구석기시대 유적들에서는 어떤 이유 때문인지 특정 동물의 뼈에 부분 부식흔적이 남겨진 것이 확실하다고 하겠다(Davis, 1985).

이스라엘의 고고동물 층서에서 8000-10000 bc에 등장하는 부식한 뼈는 개의 활동 결과로서 하툴라와 하요님에서 사람이 개를 갖고 있음을 뜻하는 것일까? 필자는 이러한 해석에 동의하고 있는데, 이것은 8000-10000 bc의 나투피안기에 사람이 개를 가축으로 삼았음을 말해 주는 다른 증거와 맞아떨어지므로 더욱 그렇다고 생각한다.

젖니, 병리 현상, 재갈 흔적 및 뼈의 파쇄 상태 유물수습기법이 발달하며, 표면 마모가 넓은 면적에 걸쳐 있고 치근의 재흡수 현상을 특징적으로 보여 주는 염소아과동물의 젖니가 신석기시대 초기의 여러 유적에서 수습되었다. 페인은 이런 젖니를 프랑크티 동굴의 무토기신석기시대 층에서 시작해 그 위의 여러 층에서 발견했다. 헬머(Helmer, 1984)도 이런 이빨을 프랑스 남부의 전기 및 중기 신석기시대 유적에서 발견하였다. 이 두 사례는 양과 염소를 우리에 가두어 기르기 시작했음을 뜻하는 증거라고 해석되고 있다.

자연상태에서 병에 걸리거나 뼈가 부러진 동물은 다른 포식동물에게 곧 잡아먹히기 때문에, 그런 동물이 사람이 친 덫에 걸려 고고학 자료로 보존될 확률도 작기 마련이다. 실제로 신석기시대 이전의 유적에서 병을 앓았거나 뼈가 부러졌던 적이 있는 동물의 유해는 보기 어렵다. 동물 사육이란 가축화한 동물이 자연의 적으로부터 어느 정도 보호받게 되었음을 뜻하는 것이기도 하다. 그런 만큼, 고고동물 자료 중에는 부러진 사지 뼈나 어긋 자란 이빨 혹은 관절에 병이 있는 동물의 유해가 남아 있을 가능성을 기대해도 좋겠다. 실제로 이런 병리현상을 보여 주는 자료는 신석기시대 이후 더 높은 비율로 나타나고 있다. 그렇지만 이것은 아직까지 가축화 기원 연구의 수단으로서 깊이 검토되지는 않았다.

틀림없이 사람이 유발시켰다고 보이는 흥미로운 '병리현상' 사례 하나가 수단 북부 부헨(Buhen)이라는 곳의 고대 요새 유적에서 알려졌다. 여기에서는 수말의 골격이 발견되었고, 요새가 함락된 1375 bc(=1675 BC)로 연대가 측정되었다. 말은 고대 이

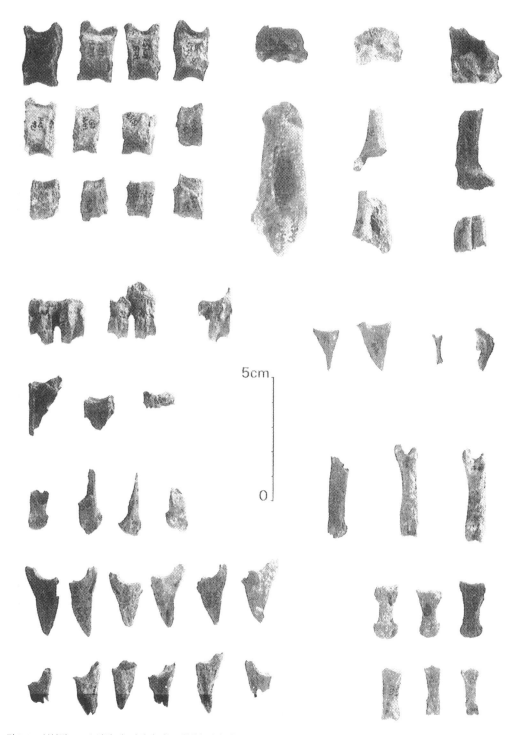

그림 6.21 부분적으로 소화된 뼈. 사진의 뼈는 대부분 영양 뼈로, 이스라엘 중부 하툴라의 나투피안 층에서 수습되었다. Davis, 1985 참조.
사진 Marjolaine Barazani

집트에 살고 있던 동물이 아닌데, 유해를 연구한 클러튼-브록은 아래 첫째작은어금니(P1)가 비스듬히 마모되었음을 보고했다(Clutton-Brock, 1974). 이것은 아마도 재갈을 물렸기 때문에 생긴 결과일 것이다. 따라서 이것은 승마에 대한 증거이자 말이 1375 bc 이전의 어느 때에 가축이 되었음을 말해 준다.

레반트에서 식용동물이 처음 가축화된 시기에 대해서는 비록 보잘것없으나 뼈의 파쇄 패턴이 그 증거가 되고 있다. 무스테리안에서 후구석기시대 (90000-8500 bc)에 걸쳐 이스라엘의 유적에서는 뼈가 심하게 부서진 파편 상태로 발견된다. 이것은 아마도 영양분이 풍부한 골수를 추출하기 위해서였을 것이다. 이런 양상은 동석기시대 및 그 이후 유적에서 보이는 바와 대비되는데, 후대의 유적들에서는 고의적인 파쇄 증거가 뚜렷하지 않다. 이스라엘의 고고학 층서에서 긴뼈가 완전하게 보존된 상태로 발견되는 것은 선토기신석기B(PPNB; 7300-6000 bc) 단계의 베이사문 유적이 가장 이른 사례이다. 뼈 상태에 보이는 이런 변화는 몇 가지 이유로써 설명할 수 있겠는데, 예를 들어 조리 습관의 변화가 그것이다. 그렇지만 필자는 이것은 식량 구득 가능성 및 가축화와 관계된다고 주장한바 있다. 왜냐하면 수렵경제에서는 동물 사체를 완벽하게 이용할 가능성이 크다고 할 수 있지만, 유제류 동물의 가축화로 동물성 단백질 공급이 보장되면 완벽한 이용의 필요성이 사라지기 때문이다. 즉, 사람은 이제 낭비할 여유를 갖게 된 것이다. 이러한 사정 역시 이스라엘에서 PPNB 시기에 가축화된 염소가 있었음을 지지해 주는 증거가 될 수 있을 것이다.

나이와 성별

나이와 성별 구성의 분석은 고고학적 맥락에서 발견된 어느 동물이 야생종인지 가축종인지를 판단하는 또 다른 방법이나, 다만 다량의 시료를 필요로 한

다. 자연상태에서 주어진 동물 모집단의 나이 구성은 서너 가지 요소에 의해 영향을 받게 된다. 질병, 나쁜 기후조건, 식량 부족, 포식 및 경우에 따라서는 노령화 등의 요인은 모두 개체의 생존에 부정적 영향을 끼치며, 특히 아주 어리거나 늙은 개체들에게 큰 영향을 끼친다. 극히 나쁜 조건 아래에서는 어린 개체들이 살아남기 힘들 수 있어, 해당 집단은 쇠락하게 된다. 역으로 그러한 제약요인들이 느슨해질 경우, 특히 포식자로부터 받는 압력이 줄어들 때에는 보다 많은 어린 개체가 살아남게 된다. 이런 경우에는 인구폭발이 일어날 수 있다. '생명표'로 요약해 볼 수 있는 동물 무리의 나이 구조는 따라서 그 무리의 건강성과 안정성을 알고자 하는 동물 사육자들에게는 일차적 관심사항이 된다. 나이와 성별 구성은 해마다 변하지만, 긴 시간을 놓고 보자면 어떤 일정한 특징을 보여 주게 된다. 이스라엘의 플라이스토세 후기 유적에서 발견된 영양의 유해는 전체의 약 30%가 생후 약 13개월 미만의 어린 개체로서, 이러한 수치는 안정 상태의 야생 초식동물 무리에서 기대할 수 있는 수치와 비슷하다. 다시 말해, 고대인들은 이렇게 크기가 작은 영양 같은 동물에 대해서는 어린 것이건 다 자란 것이건 특별히 신경 써 가려잡지 않았을 것이다(그러나 제4장의 내용을 참조하시오).

가축화가 포식자로부터 어느 정도 보호받게 됨을 뜻할 때, 가축화된 동물 무리의 사망률 패턴은 주로 동물 소유자에 의해 결정된다. 동물은 나이를 먹으며 성장속도가 줄어들기 때문에, 먹이에 관한 한 동물을 기르는 것은 시간이 흐르며 점점 비경제적이 된다. 고기 무게를 기준으로 했을 때, 먹이에 대비한 최대 수익은 동물이 다 자라기 조금 전에 동물을 잡았을 때 얻게 된다. 양과 염소에서 이것은 6개월에서 12개월 사이에 놓인다고 할 수 있는데, 많은 경우 이때 씨를 받기 위해 남겨둘 필요가 사라진 어린 수

컷들을 주로 잡으며, 암컷은 대체로 재생산과 젖을 얻기 위한 목적 등의 이유에서 더 오래 살아 있도록 한다. 어린 개체의 뼈가 다수인 자료는 일반적으로 이런 종류의 경제활동을 뜻한다.

그런 사례 중 하나의 전형적인 예로, 이스라엘 네게브 북부에 있는 청동기시대 후기의 텔에스샤리아(Tel es Sharia) 유적을 꼽을 수 있는데, 이곳에서는 가축화된 염소와 양의 어린 개체들이 전체의 약 60-70%를 점하고 있다〔그림 7.3〕. 오늘날의 사례로서, 이집트 시나이 남부에 있는 베두인족 캠프 일대에서 수집한 가축 염소의 아래턱뼈 자료가 있는데, 대부분 6에서 12개월 사이의 것이다. 다시 말해, 어린 개체가 차지하는 비율의 증가는 가축 경제의 개시를 의미하는 신호일 수 있다. 그렇지만 다음 장에서 보듯 이런 자료의 해석과 관련해서는 다른 경제적 요인도 고려해야만 한다(198쪽).

쿤(Coon, 1951)은 이란의 카스피 해 동남해안에 있는 벨트(Belt) 동굴에서 수습한 동물상을 연구하였다. 자료는 중석기시대와 신석기시대 층으로부터 나온 것이었다. 자료가 적었음에도 불구하고 그는 중석기시대에는 영양이 중요했으나 신석기시대에는 염소가 중요하게 되는 현상과 더불어 (1) 미성숙 영양의 비율이 낮으며 (2) 미성숙 양과 염소의 비율은 8-10층에서는 16-20%지만 1-7층에서 59%로 극적으로 증가함을 발견하였다. 즉, 쿤은 가축화의 시작과 관련된 고고동물학 조사에서 나이 구조를 처음으로 적용한 연구자의 한 사람이다.

이란의 또 다른 지역인 쿠지스탄(Khuzistan)의 데루란(Deh Luran) 평원에서 플래너리(Flannery, 1969)는 방사성탄소연대로 bc 7천년기에서 4천년기에 이르는 층서 자료를 연구하였다. 염소의 나이 구성을 검토한 그는 심지어 가장 이른 시기의 자료에서도 단지 3분의 2만이 한 살에 이르렀으며, 3.5세까지 다다른 것은 3분의 1 미만에 불과함을 발견

하였다. 플래너리에 따르자면, 이러한 종류의 나이 구성은 염소가 야생이며 사냥되었던 것이 아니라 가축화되었음을 시사하고 있다.

이라크 쿠르디스탄(Kurdistan)에 있는 샤니다르-자위케미샤니다르(Shanidar-Zawi Chemi Shanidar) 동굴의 동물층서는 원신석기시대에 가축화된 양이 존재함을 말해 주는 증거가 발견된 유적으로 흔히 인용되고 있다. 퍼킨스는 여기 자료에 어린 양 뼈가 높은 비율이라는 사정은 가축화가 약 11,000년 전에 이루어졌음을 증명한다고 하였다(Perkins, 1964). 그러나 퍼킨스의 자료에서는 무스테리안 층에서도 어린 개체의 비율이 비슷한 정도로 높게 나타나고 있는데, 이것은 아마도 표본 크기가 작기 때문일 것이다(Bökönyi, 1969). 필자는 여기서 제시된 나이나 종 구성에 대한 자료가 양 사육의 시작을 말해 주는 충분한 증거라고 확신할 수 없다. 이곳의 양 뼈에 대한 워프만의 계측치는 가축화에 수반된 크기 감소를 말해 주는 어떤 증거도 보여 주고 있지 않았다(Uerpmann, 1978). 따라서 이곳에서 양의 가축화 문제는 증명되지 않았다고 여겨야 한다.

남아메리카에서 갓 태어난 야생 낙타과동물의 사망률은 5% 아래로서 상대적으로 낮다고 보고되었다. 이에 비해 가축화된 동물인 라마와 알파카는 신생아기에 높은 사망률을 보여 준다. 이것은 장독혈증이라는 일종의 장염 때문이라 여겨지는데, 이 병은 불결한 우리에 동물을 밀집해 가두어 놓은 결과 특히 비가 잦은 12월에서 4월에 걸친 출산기 중에 유행병 수준의 비율로 발생할 수도 있다. 오늘날 라마와 알파카 사육자들은 죽어 버린 채 태어난 개체를 식량으로 삼고 있다. 제인 휠러는 안데스 푸나의 유적들에서 발견한 동물 유해를 연구하며, 3500 bc 이후 갓 태어난 낙타과동물의 뼈가 많이 나타나는 것은 동물을 밀집해 가두어 키운 것, 즉 가축화와 연

관된다고 보았다.

요약

가축화된 동물이 언제, 어디서 처음 사육되었는가를 말해 주는 고고학적 증거로는 무엇이 있는지 간단히 요약해 보자. 가장 먼저 가축화된 동물은 개라고 생각되며, 아마도 늑대로부터 기원했을 것인데, 믿을 만한 이른 시기의 자료는 이스라엘 북부지방의 수렵채집문화기에 속한다. 그 외의 이른 시기의 증거로는 영국 요크셔의 스타카 중석기시대 유적(Degerbøl, 1961)이나 여러 북아메리카 유적 같은 수렵채집문화의 맥락에서 알려졌다. 개는 이른 시기의 아메리카 원주민들이 갖고 있던 유일한 가축이었을 것이다. 개는 오스트레일리아에도 도입되

어, 딩고가 나타나게 되었다. 10000 bc 무렵 후빙기의 해수면 상승으로 오스트레일리아 본토로부터 분리된 태즈메이니아에 개가 없는 것으로 보아, 개가 처음 오스트레일리아에 도착한 시점은 10000 bc를 넘지 않을 것이라고 추정할 수 있다.

양과 염소는 이로부터 2-3천 년 뒤에 가축이 되었다. 가축화는 아마도 방사성탄소연대로 bc 8천년기나 7천년기에 이루어졌을 것이다(그림 6.22). 염소가 예를 들어 '비옥한 초승달지대' 같은 근동의 서부 지역에서 사육되었는지, 또 양은 이보다 더 동쪽에서 사육되기 시작했는지에 대해 아직 확실한 결론을 내릴 수 없지만, 그러나 그럴 가능성은 꽤 높다고 보인다. 돼지와 소도 곧이어 가축화되었는데, 아마도 방사성탄소연대로 bc 7천년기에 근동에서 처음 가축이 되었을 것이다. 소는 어쩌면 둘 혹은 심지어 그 이상의 중심지에서 따로 가축이 되었을 수 있

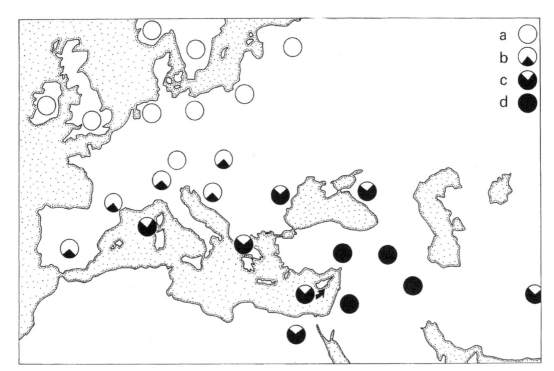

그림 6.22 근동에서 유럽으로의 동물 사육 확산 속도 예상치의 가설적 모식도(소량의 자료에 근거한 것임). 아래 연대는 양과 염소 같은 가축이나 동물 사육에 대한 '생각'이 도입된 시기를 가리킨다. (a) 5000 bc 이후, (b) 6000에서 5000 bc 사이, (c) 7000에서 6000 bc 사이, (d) 7000 bc 이전.

는데, 중심지 한 곳은 근동이고 다른 한 곳은 인도이다. 또한 돼지도 중국에서 따로 가축화되었을 가능성이 있지만, 이 지역에 관해서는 아직 정보가 거의 없다. 초우(Chow, 1984)에 따르자면, 방사성탄소연대로 bc 7천년기 선사시대 중국에는 가축화한 돼지와 개에 대한 증거가 있으며, 이어 닭(6000? bc)과 물소(3845-2240 bc)가 가축화되었다. 그는 중국 북부와 남부 자료를 비교했는데, 북부는 돼지·개·닭, 남부는 돼지·개·물소가 주요 동물이다. 이런 자료들을 일반화해 말하자면, 이른 시기의 가축 사육에서 동아시아는 돼지에 의존했지만, 서아시아는 주로 양과 염소에, 그리고 남아시아는 아마도 대형 소과동물(제부, 물소 등)에 의존했을 것이다.

당나귀, 말, 낙타 같은 동물들은 아마도 기원전 3천년기나 2천년기 이전까지는 가축화되지 않았을 것이다. 이 동물들의 지리적 기원은 불분명하지만, 아마도 각각 근동, 러시아 남부/중앙아시아 및 아라비아가 원 근거지였을 가능성이 있다. 라마와 알파카는 아마도 중부 안데스의 고지대에서 3000 bc에는 가축이 되었을 것이다. 집토끼, 닭, 칠면조가 가축이 된 것은 더 후대로서, 고대사의 영역과 부분적으로 겹치는 시기에 일어났다.

도대체 왜 처음에 동물을 가축화했을까?

동물고고학 연구에서 가장 답하기 어려운 질문은 도대체 왜 사람이 처음 동물을 가축화했을까 하는 문제이다. 여러 동물마다 다른 이유가 있을 것임에는 의심의 여지가 없다. 사람과 마찬가지로 사회적 육식동물인 개는 아마도 그 사냥 능력을 이용하기 위해서 가축으로 삼았을 것이다. 염소아과와 소과동물은 아마도 움직이는 고기 공급원으로서 식량공급

을 위해 가축이 되었을 것이다. 말, 당나귀, 낙타 같은 동물은 축력과 운송수단의 공급원으로서 사람과 끊임없이 늘어나는 생산물을 실어 나르기 위해 가축으로 삼았을 것이다(다음 장 참조).

사람이 왜 처음에 동물을 가축화했는가에 대해 재미있기는 하지만 상상력이 과도하게 넘치는 두 가지 가설이 제시된 적이 있다. 그 하나는 아이작(Isaac, 1962)이 제시한 '종교적 가설'이고 다른 하나는 조이너(Zeuner, 1963)의 '작물 도둑' 가설이다. 지리학자인 아이작의 가설은 동물 뿔의 형태와 고대의 신격체, 즉 달의 모습이 어떤 관계가 있어, 달을 숭배하는 연장선상에서 가축 사육이 이루어지기 시작했다는 것이다. 조이너는 동물의 가축화는 식물의 재배 이후에 발생했다고 보았다. 즉, 소와 같은 동물을 잡아 가축화한 것은 동물들이 사람이 기른 곡물을 훔치는 것을 통제하고 방지하기 위해 필요한 단계였다는 것이다. 동물에게 겨울 먹이를 주기 위해서는 충분한 양의 잉여 곡물이 필요했을 것이므로, 식물 재배는 실제로 동물 사육에 앞서 일어났을 수 있겠다.

수렵에서 사육으로의 전이는 불안한 삶에서 보장된 생계를 제공받게 되는 변화라고 오랫동안 여겨졌다. 그러나 수렵채집생활이 많은 에너지 소모에 비해 식량으로 돌아오는 것은 얼마 되지 않는 반면, 농경으로의 변환이 노동력을 크게 줄여 주었다는 생각은 아마도 잘못이라고 보인다. 아프리카 남부 칼라하리사막의 수렵채집인인 쿵 부시맨을 연구한 리는 부시맨이 풍부하며 균형 잡힌 식단을 즐기고 있으며 식량 획득을 위해 일주일에 평균적으로 단지 2.5일만을 할애한다는 것을 발견하였다(Lee, 1968). 마찬가지로 오스트레일리아 아넴(Arnhem) 지역의 원주민도 식량채집을 위해 하루에 평균 3.5-5시간을 쓰고 있는데, 이런 활동이 특별히 고된 것은 아니다. 지금은 농경과 동물 사육이 수렵채집보다 훨씬

더 고되고 더 많은 노동력의 투입을 요구한다는 사실을 인식하게 되었다.

덴마크에서 일어난 수렵채집에서 농경으로의 전환은 흥미로운 사례이다. 로울리-콘위는 환경 변화에서 초래된 식량공급 감소와 농경 채택의 '요구' 사이에 직접적인 관계가 있다고 주장하였다(Rowley-Conwy, 1984). 유럽 신석기시대 반트케라믹(Bandkeramic; Linear Pottery)문화 농경인들은 독일 북중부에 늦어도 약 3700 bc(= 4500 BC)에는 도착했는데, 덴마크에서 농경은 이로부터 천 년이 지난 2475-2400 bc 무렵 중석기시대 에르테뵐레문화 동안 시작되었다. 에르테뵐레 주민들은 대부분 영구정착생활을 했으며, 해양자원이 생계에 큰 몫을 차지하였다. 로울리-콘위는 에르테뵐레의 경우에는 봄철에 부닥치는 계절적 자원의 결핍이라는 결정적 문제를 굴이라는 자원이 해결해 주었기 때문에, 채집은 최소한 농경만큼 매력적이었다고 주장하였다. 그렇다면 덴마크에서는 왜 2400 bc 무렵 갑자기 농경이 등장했을까?

방사성탄소연대로 bc 4천년기의 종말 무렵이 되면, 스칸디나비아에서는 해수면과 해안선이 변화해 덴마크 서부의 해수 염도가 굴이 견딜 수 있는 수준 아래로 떨어지게 되었다. 에르테뵐레 수렵채집인들은 이로 인해 발생한 생태적 위기와 간헐적으로 마주쳤을 것인데, 이런 위기상황이 궁극적으로 농경의 채택을 가져오게 되었을 것이다.

효율은 낮지만, 동물 사육 그리고 특히 식물 재배는 훨씬 집약적이라서, 주어진 면적의 땅은 더 많은 사람을 먹여 살린다. 오늘날 많은 학자들은 인구압과 문화적/경제적 변화가 인과관계까지는 아니라 해도 밀접하게 연계되어 있다고 믿고 있다. 이러한 믿음은 그 기원을 경제학자 토마스 맬서스(Malthus, 1798)에 두고 있으며, 그는 또 다윈의 생각에도 깊은 영향을 끼쳤다. 맬서스는 인구압이 경제변화를 직접 자극한다기보다 인구 수준은 구득할 수 있는 식량자원에 의해 결정된다고 생각했다.

1930년대에 고든 차일드는 동물의 가축화와 곡물 재배, 즉 '신석기혁명' 혹은 '식량생산혁명'은 빙하시대가 지나고 얼마 되지 않아 근동과 같은 지역들이 더 건조하게 된 때에 일어났다고 보았다. 건조화로 수자원과 오아시스가 줄어들었으므로, 환경은 더 이상 과거와 같이 많은 동물과 사람을 먹여 살릴 수 없게 되었다, 즉 그 수용능력이 감소하게 되었다는 것이다.

많은 인류학과 고고학 자료를 정리한 코헨(Cohen, 1977)은 인구 증가, 즉 인구압은 사람으로 하여금 작물을 재배하게 자극한 주요 요소였다고 보았다. 식량용 동물의 가축화는 이 최초의 농경 혁신에 곧이어 뒤따라 일어났을 것이다.

차일드, 코헨과 로울리-콘위는 모두 동물의 가축화와 곡물 재배는 사람이 필요로 하는 것과 환경이 제공할 수 있는 것 사이의 미묘한 균형이 전복되는 위기상황에 대응하는 적응의 한 양태라고 보았다. 아마도 이러한 주장에는 일말의 진실이 있을 것인데, 농경이 시작될 무렵에 이르러 인구 증가는 계속되었으나 후빙기의 기후변화로 급작스럽게 환경 생산성이 감소하게 되었다면 문제가 심각해졌을 것이다.

신석기시대의 식량생산혁명 이전의 문화기는 세석기, 건축물 등장의 증거, 예술을 비롯한 각종 기술이 발달하는 특징을 보여 주며, 최소한 근동에서 '마을'은 사람들의 영구적 거처가 되었을 것이다(제4장). 계절적 유목생활에서는 아이를 갖는 데서 여러 실제적 문제가 발생하기 마련이다. 중석기시대 영구정착마을의 확립과 더불어 이러한 문제는 일부 해결되었을 것이며 출산율 제고에 추가적인 박차를 가했을 것이다(Sussman, 1972). 이로부터 소규모의 국지적 인구밀집 지역들이 나타나게 되었을 텐데,

실제로 근동의 중석기시대 유적들은 일반적으로 이전 시기보다 더 큰 규모를 이루고 있다.

　대부분의 고고학자는 세계 인구가 긴 세월 동안 꾸준히 증가했다는 데 동의할 것이다. 주로 고고학 자료로 구성된 코헨의 증거에 따르자면, 홀로세 초기가 되면 인구는 아마도 일종의 위기수준에 다다랐음을 보여 준다. 지구상에 사람이 사는 지역은 널리 확장되어 아시아 북동부 같은 구대륙 가장자리에도 사람이 살게 되었다. 많은 지역에서 유적 밀도는 전반적으로 증가하였다. 큰 사냥감 동물 이외에도 구미가 덜 당기는 작은 포유동물, 물고기, 연체동물 같은 여러 자원이 식량으로 이용되기 시작했으며 이것들은 점점 더 집중적으로 이용되었다. 구대륙 중석기시대에 흔히 보이는 갈돌과 갈판은 먹기 위해 준비가 많이 필요한 식량자원을 이용했음을 말해 준다. 코헨은 근동에서 최후 빙하기 말의 환경 악화는 7만 년 전을 비롯해 그 이전에도 여러 차례 있었던 환경변화와 정도는 비슷하지만, 문제는 이것이 위기상황에 처할 정도로 높은 인구 수준과 동시에 발생했다는 점이라고 주장하였다.

　범지구적 기후변화는 아마도 근동의 사막지대와 경계하고 있는 주변부 지역에 더욱 뚜렷하게 영향을 미쳤을 것이다. 그러므로 무엇보다도 이런 곳에서 인간의 경제생활은 변화를 필요로 하게 되었을 것이다. 인구 수준이 더 낮았고 문화가 더 원시적이었던 과거 상황과는 달리, 이제 사람들은 이러한 문제를 마주하는 데서 지적으로 잘 준비되어, 작물을 재배하고 동물을 가축화하는 결정을 내렸다고 하겠다. 여기에서 필자는 '결정을 내렸다'는 표현을 고의적으로 사용하였다. 후구석기시대 사람들은 생물학적으로 우리와 다를 바 없으며, 우리와 같은 지적 능력을 갖고 있었다. 수천 년 동안 수렵과 채집에 의존해 오던 후구석기시대 사람들은 자신들이 의존해 오던 식물과 동물에 대해 어떤 의미에서는 우리 자신보다 더 뛰어난 지식을 갖게 되었을 것이다.

하툴라 동물층서

레반트에서 식용동물의 가축화가 PPNB(7300-6000 bc)에 시작되었음은 확실하다. 그러므로 그 앞의 PPNA(8500-7300 bc)에 사람과 동물 사이의 관계가 어땠는가를 아는 것은 가축화가 왜 바로 그 시점에 일어났는가를 이해하는 데서 중요하다고 하겠다.

　이와 관련해, 약간의 흥미로운 동물고고학 자료가 이스라엘 중부의 하툴라에서 실시한 발굴에서 수습되었다. 이 유적의 나투피안 층에서 1982년 발견된 '소화된' 뼈에 대해서는 이미 186쪽에서 다루었는데, 1984-1986년 발굴에서는 PPNA의 동물뼈 시료를 더욱 많이 확보했으며 따라서 그 아래 나투피안 후기층(약 9500-8500 bc)의 뼈와 비교가 가능하게 되었다. 나투피안과 PPNA 자료군 사이에 다음과 같은 매우 뚜렷한 두 가지 차이가 있음이 확인되었다. 즉,

　1) 새, 물고기 및 산토끼와 여우 같은 작은 포유동물을 대형 동물과 상대적으로 비교할 때, PPNA에는 나투피안보다 소형 동물이 훨씬 더 많으며,

　2) 영양의 나이 구성에서 어린 개체가 차지하는 비중은 나투피안보다 PPNA에서 더 높다는 점이다.

　이러한 나투피안과 PPNA 사이의 차이는 방사성탄소연대로 bc 9천년기와 8천년기 동안에 인구가 증가했음을 뜻하는 것일 수 있다. 방사성탄소연대로 bc 8천년기 무렵이면, 증가한 인구 때문에 사람들은 투입 단위에너지당 식량획득량에서 비효율적인 작은 동물 같은 자원을 이용하지 않을 수 없게 되었다. 영양에 대한 집중적 사냥은 더욱 강도 높게 이루어졌으며, 결국 영양의 세대교체가 더 빨리 일어나도록 해, 엘더가 소위 '접촉후시기' 북아메리카원주민 쓰레기 유적의 사슴 자료에서 확인한 바처럼(145쪽 참조), 영양의 나이 분포 피라미드가 아래쪽이 더 커

지는 모습이 되게 만들었다. 이보다 뒤인 방사성탄소연대로 bc 7천년기인 PPNB기에는 아마도 인구압이 더욱 커졌기 때문이겠지만 완전히 새로운 경제 전략이 채택되었어야만 했으니, 바로 양과 염소를 가축화했던 것이다.*

* 옮긴이 주: 저자는 2005년의 한 논문에서도 레반트에서의 가축 등장과 관련, 구석기시대에서 무토기신석기시대로 이행하며 소형동물 및 어린 영양의 이용이 증가하는 경향성이 나타나고 있어 인구증가에 따라 자원을 점차 더 집중적으로 이용하게 되었음을 말해 주고 있는데, 이러한 사정이 사람들에게 동물 사육을 하지 않을 수 없게 했을 것이라고 설명하고 있다.

제7장

새로운 가축의 등장과 동물의 이차적 용도

앞에서 우리는 양, 염소, 소 및 돼지가 약 5000 bc 무렵까지 구대륙 몇몇 지역에서 가축화되었음을 살펴보았다. 일단 가축이 된 다음부터 이 동물들은 인공 선택 혹은 사람이 유발한 선택의 지배를 계속해서 점점 더 많이 받게 되었다. 그 결과 하나의 종에서도 상이한 특징을 지닌 품종들이 나타나게 되었다.

상이한 품종들은 대체로 여러 지역의 사람들이 가축을 다양하게 사용한 용도를 보여 준다. 예를 들어 소와 양의 경우를 살펴보면, 오늘날 영국에서 기르는 소 중에서 애버딘앵거스(Aberdeen Angus)는 주로 고기를 위해, 또 저지(Jersey)는 영양이 풍부한 젖을 얻기 위해 사육되고 있다. 이란에서 양의 품종으로는 크게 셋이 있는데, 하나는 울, 하나는 주로 고기, 그리고 나머지 하나는 가죽을 얻기 위해 사육되고 있다. 원시소와 야생 양을 비롯, 이런 품종들의 공동 조상을 사냥한 것은 사체에서 구할 수 있는 것을 얻기 위해서였다. 야생동물에서 젖을 짤 수는 없

는 법이기 때문이다.

젖과 울에 대한 문제는 이 장에서 다루는 주제가 되겠는데, 여기에서는 소위 동물의 이차적 생산물이라 불리는 젖, 섬유, 배설물과 축력 이용을 다루겠다. 셰라트(Sheratt, 1981)는 이차적 생산물로의 관심 이동이 구대륙의 농경 발달 단계를 둘로 구분해 준다고 했다. 즉, 초기의 괭이 경작 단계에는 기술과 운송은 기본적으로 사람의 근력에 의존했고 동물은 일차적으로 고기와 가죽 같은 도축 생산물을 얻기 위해 길렀으나, 후기 단계에는 쟁기 농경, 목축생산물 및 축력을 이용하는 기술이 나타났던 것이다.

그러나 그러한 이차적 생산물로의 관심 이동이 급격히 일어났는지 천천히 일어났는지에 대한 판단을 내릴 수 있게 해 주는 고고학적 증거는 너무나 보잘것없다. 이 장에서 필자는 이러한 관심의 이동이 처음 언제 어디서 일어났는가에 대해 그나마 갖고 있는 얼마 되지 않는 증거를 검토하겠으며, 또한 특

히 근동에서 문명의 발생과 관련해 그러한 변화가 어떤 역할을 했을지 살펴보겠다. 요약하자면, 근동 지역에서는 가축화가 일어나고 수천 년 동안은 양과 염소를 걸어 다니는 고기와 가죽 공급원이라고 여겨졌지만, 시간이 지나며 사람들은 죽은 동물보다 살아 있는 동물을 계속 이용하는 새로운 방식에 관심을 갖게 되었다. 이러한 변화는 동물 사육에서 틀림없이 중요한 의미를 지니는 발달이었다.

동물의 젖 – 이점과 문제점

젖이 널리 이용되는 동물은 양, 염소와 소인데, 경제적 관점에서 볼 때 많은 경우 동물 젖에 의존하는 경제는 고기에만 의존하는 것보다 단백질과 에너지 생산에서 더 효율적이다. 예를 들자면, 단위 먹이 대비 에너지와 단백질 생산량은 고기에 비교해 젖이 4~5배 더 많다. 젖에 의존하는 경우에도, 고기는 젖을 짜지 못하는 잉여 수컷과 늙은 암컷에서 계속 얻을 수 있다. 영양의 관점에서 젖은 지방, 단백질, 유당과 비타민 D뿐만 아니라 칼슘의 좋은 제공원이다. 더구나 젖은 요구르트, 버터, 치즈같이 이동과 저장이 가능한 생산물로 쉽게 바꿀 수 있다. 사하라의 레귀바트(Reguibat) 낙타 유목민같이 어떤 사람들에게는 동물 젖이 영양의 주공급원일 수도 있다 (Gauthier-Pilters and Dagg, 1981).

야생 포유동물은 오늘날 북유럽에서 널리 기르는 낙농동물처럼 많은 젖을 생산하지 않는다. 젖을 얻는 가축의 사육은 여러 세대에 걸친 선택을 필요로 했음에 틀림없는 일로서 근동에서 동물이 처음 가축화된 다음 어쩌면 수천 년이 지난 다음에 이루어졌을 수 있는데, 아무튼 시간이 꽤 흐른 다음의 일일 것이다. 그렇다면 이것은 어디에서 일어났을까?

지리 분포와 기원

이와 관련, 보잘것없으나마 오늘날 우리 자신이 동물 젖을 소비하는 행태는 이에 대한 증거가 된다. 동물 젖은 아프리카 서부, 중국, 동남아시아 및 아메리카에서는 원래 거의 마시지 않았다. 이 지역에서 대부분의 사람들은 젖을 떼고 난 다음 소화기관이 유당 분해효소인 락타아제를 만드는 능력을 상실하기 때문에 '유당'(락토오스)을 소화할 수 없으며, 우유를 마시면 설사, 경련, 복부팽만이 나타난다 (Simoons, 1979; 1980). 그러나 대부분의 북유럽인, 인도인, 풀라니(Fulani)나 마사이족 같은 아프리카인 및 일부 근동지방 사람들은 동물 젖을 소화할 수 있으며, 젖은 식단의 중요한 부분을 이루고 있다. 젖에는 구루병을 방지하는 비타민 D가 들어 있다. 비타민 D는 햇빛의 작용으로 피부를 통해서도 만들어지는데, 북유럽의 낮은 일조량을 감안할 때 동물 젖은 이것을 먹던 북유럽 이른 시기의 농부들로 하여금 진화에서 선택적 우위를 갖게 했을 것이다. 콜레라에 걸린 사람은 많은 양의 수분을 섭취할 필요가 있기 때문에, 콜레라가 자주 발생하는 근동지방에서 동물 젖을 마시는 사람들이 이와 유사한 선택적 우위를 누렸으리라는 가설이 베두인 사람들의 경우를 예로 들어 제시되기도 했다(Simoons, 1979).

그렇다면 우유 마시기가 근동/유럽에서 기원했을까? 그리스나 키프로스 주민을 비롯한 지중해 지역의 여러 사람들은 락토오스를 견디지 못하지만 젖을 흔히 마시고 있다. 박테리아균을 사용해 요구르트를 만들듯, 생유에 들어 있는 락토오스를 젖산으로 바꾸는 과정을 통하거나 혹은 치즈로 만들어 젖산을 더 제거한 유제품은 심지어 락타아제가 결핍된 사람들도 소화할 수 있다. 예를 들어, 그리스와 키프로스에서 생산되는 우유는 80% 이상이 치즈로 가공되지만, 핀란드와 영국에서 그 수치는 10% 내지 그 미만에 불과하다(McCraken, 1971).*

울의 생물학

야생 양과 염소의 외피는 조모(粗毛; kemp)라고 하는 꽤 짧고 두꺼우며 뻣뻣한 털로 구성되어 있는데, 이것은 그 아래에 있는 이보다도 더 짧으며 곱고 가는 울 섬유로 된 외피를 가리고 있다(그림 7.1). 신석기시대에 가축이 된 염소아과동물들은 거의 틀림없이 그 외피가 야생 조상과 비슷했을 것이다. 신석기시대 사람이 도입한 가축이 야생으로 돌아가 남긴 후손이라고 여겨지고 있는 코르시카, 사르디니아, 키프로스의 소위 '야생' 무플론 양 및 크레타의 아그리미(Agrimi) 염소는 따라서 야생동물 유형의 조모성 외피를 갖고 있다. 조모가 천에 섞이면 그것으로 만든 옷은 입기에 거칠고 불편한데, 이것은 '감촉'이 꺼칠꺼칠하다.

고도로 선택 사육된 현대의 양모용 양에서 나오는 양털(fleece)은 조모가 거의 없거나 전혀 없다(그림 7.2). 이러한 외피 구성 털의 직경 감소와 조모 제거는 오랜 기간에 걸친 인공선택 육종의 결과임에 틀림없다. 야생 양의 외피가 어떻게 변화했는지 그 주요 사항을 꼽자면 (1) 양털의 발달, (2) 야생 조상이 자연적으로 갖고 있던 흑색과 갈색의 소실 및 (3) 매년 봄철 반복되던 털갈이의 소멸을 들 수 있다. 세 번째 변화는 울의 상실을 막아 주었고 필요할 때 양털을 깎을 수 있게 해주었다(Ryder, 1969).

염소는 양과 달리 직물로 사용할 수 있는 외피가 잘 발달하지 않았다. 평범한 염소 털은 유목민의 천막에서 보는 바와 같이 거친 천을 짜는 재료로 오랫동안 이용되었다. 캐시미어는 야생 조상과 외피가 그리 다르지 않으며 털갈이 하는 염소를 빗질해 얻은 속 울이다. 양털과 비슷한 특징은 앙고라염소의

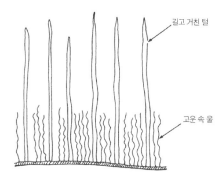

그림 7.1 울과 조모. 야생 양의 이중 외피 구조. 길고 거친 털, 즉 조모의 길이는 약 6cm이다. 출전 Ryder, 1969

모헤어(mohair)만이 갖고 있는데, 모헤어는 실제 양의 울보다 우수하다.

낙타와 라마의 털과 알파카의 울도 중요한데, 그러나 낙타과동물의 섬유가 언제 처음 사용되었는지에 대해서는 고고학적으로 잘 알려지지 않았다.

젖과 울의 고고학적 증거

낙농의 시작과 관련된 고고학적 증거는 거의 없다. 우유는 화석으로 남지 않는다. 그런데 이집트의 사카라(Saqqara)에서 발견된 연대가 2400-2230 bc(3,100-2,890 BC)로 측정된 항아리의 내용물을 화학적으로 분석하니 아마도 치즈를 담았을 것이라는 결론이 내려진 사례가 있기는 하다(Zaky and Iskander, 1942). 또한 모든 동물 품종들이 일반적으로 그렇듯 낙농용 품종을 뼈 조각만으로는 구별해 내기 어려운데, 심지어 양 뼈와 염소 뼈를 구분하는 것조차도 보통 어려운 일이 아님을 기억해 둘 필요가 있겠다. 따라서 낙농의 기원에 대해서는 간접적인 접근이 필요하다. 가장 가능성이 있다고 보이는 접근법은 동물자료에 보이는 종의 빈도와 동물의 도축시점의 나이를 잘 살펴보는 것이다.

고기 생산에 의존하는 경제에서는 주어진 동물의

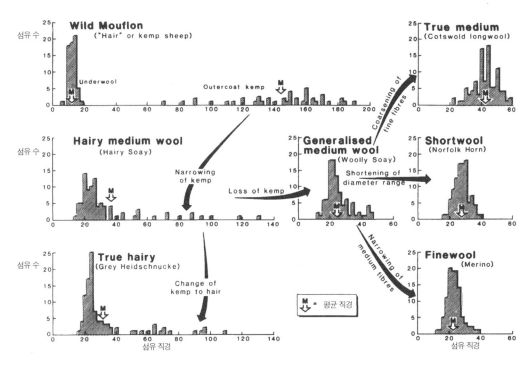

그림 7.2 양털의 발달. 야생 무플론과 가축화한 양 서너 품종의 외피를 구성하는 섬유의 구경 빈도분포. 1μm = 1mm의 천분의 1. 출전 Ryder and Gabra-Sanders, 1985. 자료 제공 Michael Ryder

유년기가 끝날 무렵에 동물을 잡는 것이 합리적이다(Payne, 1973). 이러한 전략을 채택할 때 얻게 되는 자료가 어떤 종류인지를 잘 보여 주는 예로는 시나이 남부의 데이르엘아르베인(Deir el Arbaein)에 현대 베두인족이 남긴 염소 자료를 들 수 있다(그림 7.3). 이 염소들은 잡았을 때 나이가 대부분 생후 6에서 12개월 사이이다. 이스라엘 네게브 북부의 텔에스샤리아 후기 청동기시대 유적에서 얻은 주로 염소로 구성된 염소아과동물 자료에서 보이는 나이 분포도 이와 비슷한 양상인바, 이것은 당시의 경제가 주로 고기 생산에 의존했음을 가리킨다. 이러한 추정은 양과 염소의 젖과 울은 서너 살까지 생산량이 크게 줄지 않음을 감안하면 더욱 그렇다 하겠는데, 필자가 만났던 이란 서부의 주민들은 4-7살이 되어야 생산량이 줄어든다고 말해 주었다.

따라서 고고학 유적에서 얻은 양과 염소 아래턱

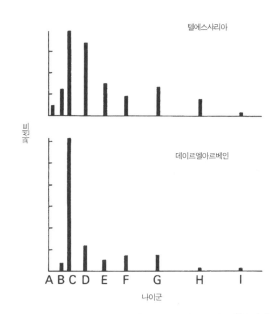

그림 7.3 나이에 따른 염소의 도축 양상. 이스라엘 네게브 북부 텔에스샤리아의 후기 청동기시대 층 및 이집트 시나이 남부의 데이르엘아르베인의 폐기된 베두인 마을에서 얻은 아래턱뼈의 나이별 분포. 나이군의 분류는 Payne(1973)에 따랐다. 두 자료는 주로 어린 개체로 구성되어 있어, 고기 획득이 주요한 목적이었음을 말해 준다.

뼈의 나이 분포를 세심하게 분석하면, 그것들이 어떤 양식의 경제에 속했는가에 대한 약간의 단서를 얻을 수 있다. 늙은 동물, 즉 나이가 다섯 살 이상인 동물이 많다면, 이것은 고기 이외에도 젖이나 울 같은 이차 생산물을 중요시하던 경제를 말해 주는 증거일 수 있다. 그러한 이차 생산물 이용의 시작을 보여 준다고 생각할 수 있는 동물층서에 대해 생각해 보도록 하자.

케르만샤 동물층서

1978년에 레빈(Levine)은 이란 서부 케르만샤 근처 자그마한 둔덕 형태를 이루고 있는 '마을' 유적들에서 일련의 소규모 발굴을 실시하였다(표 7.1). 필자는 사랍(Sarab), 샤비드(Siahbid), 초가마란(Choga Maran)과 잠메슈란(Jammeh Shuran)이라는 네 곳에서 실시한 발굴에서 수습한 동물 자료를 분석해 달라는 요청을 받았다. 발굴이 이루어진 층은 6000 bc 무렵의 유토기신석기시대에서 500 BC 무렵의 역사시대에 걸쳐 있었다. 이에 더해 스미스(Smith)도 근처에 있는 무토기신석기시대의 간즈다레(Ganj Dareh) 유적을 발굴했는데, 그곳의 동물자료는 헤스(Hesse, 1978)가 분석하였다. 따라서 필자는 근동의 일정 지역에서 신석기시대에서 역사시대에 걸친 동물층서 자료를 갖게 된 셈으로서, 근동이 문명의 중요한 중심지가 되고 있던 기원전 4천년기 당시의

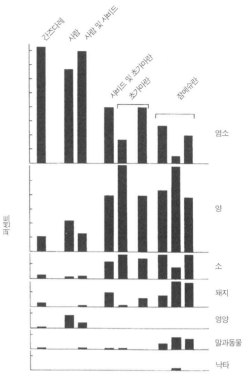

그림 7.4 케르만샤 동물층서. 유적 각 층에서 수습한 여러 동물들의 퍼센트를 왼쪽에서 오른쪽으로 편년 순서에 따라 도시하였다. 간즈다레(Hesse, 1978), 무토기신석기시대; 사랍, 유토기신석기시대 초기; 사랍 및 시아비드, 유토기신석기시대 후기; 샤비드 및 초가마란, 동석기시대 초기; 초가마란, 동석기시대 중기; 초가마란, 청동기시대 초기; 잠메슈란 10-5, 철기시대 III 및 I; 잠메슈란 4-3, 아케메니드; 잠메슈란 2-1, 파르티안 초기. 출전 Davis, 1984

표 7.1 레빈과 스미스가 이란 서부 케르만샤에서 발굴한 유적들의 문화층과 편년

유적명	시기	¹⁴C 연대	역사적 연대
잠메슈란 2-1	파르티안 초기		250- 100 BC
잠메슈란 4-3	아케메니드		550- 250 BC
잠메슈란 10-5	철기시대 I-III		1200- 550 BC
초가마란	청동기시대 초기	2200-1900 bc	2800-2500 BC
초가마란	동석기시대 중기	4100-2900 bc	5000-3600 BC
초가마란	동석기시대 초기	5000-4100 bc	5800-5000 BC
샤비드	동석기시대 초기	5000-4100 bc	5800-5000 BC
샤비드	유토기신석기시대 후기	5500-5000 bc	
사랍	유토기신석기시대 후기	5500-5000 bc	
사랍	유토기신석기시대 초기	6000-5500 bc	
간즈다레 A-E	무토기신석기시대	8500-7000 bc	

경제적 발달양상에 대해 생각해 볼 기회를 얻게 되었다.

연구결과는 시료가 전반적으로 소규모였기 때문에 추정에서 크게 나아가지 못하는 내용이다. 그러나 자료는 (a) 상이한 동물의 빈도 및 (b) 염소아과동물(양과 염소) 및 돼지의 나이 구성 분석에는 충분한 양이었다.

우선, 종의 빈도에 대해 생각해 보자(그림 7.4). 종의 빈도는 동물 이용에서 염소 및 아마도 사냥으로 구했을 약간의 영양에 주로 의존하던 신석기시대의 경제활동이 이후 염소, 양, 소 및 돼지로 구성된 여러 종류의 동물에 의존하는 내용으로 다양화함을 보여 준다. 기원전 1천년기가 되면 잠메슈란에서 보듯 말 또한 중요한 몫을 차지하며 심지어 낙타도 등장하였다.

염소아과동물의 나이 구성은 매우 흥미롭다(그림 7.5). 주로 염소로 구성된 대부분의 염소아과동물 들은 신석기시대에는 간즈다레, 사랍 및 샤비드에서 보듯 2-3살이나 그보다 어릴 때 잡았다. 이것은 아마도 고기를 얻기 위해서였을 것이다. 이와 유사한 고기를 구하는 경제활동의 증거는 근동과 지중해 동부지방의 몇몇 신석기시대 유적에서 찾을 수 있다. 예를 들어, 그리스 고고학 유적에 대한 조사를 통해 페인(Payne, 1985)은 신석기시대 유적 발견 염소아과동물 자료에서 어렸을 때 잡은 개체가 높은 비중을 차지함을 관찰하였다. 크레타의 크노소스에서 신석기시대에 잡은 염소아과동물은 60% 이상이 2살 미만이었다. 아르골리드 반도 남부에 있는 프랑크티 동굴의 신석기시대 층에서 대부분의 양과 염소는 어린 개체였으며, 그리스 북부의 무토기신석기시대 네아니코메디아(Nea Nikomedia) 유적에서 발견된 염소아과동물들은 모두 대략 네 살 이전에 잡은 것으로서 대부분 한 살 이내였다(Payne, 사신에 의함). 더 동쪽으로 가서, 아나톨리아 니그데(Nigde)에 있

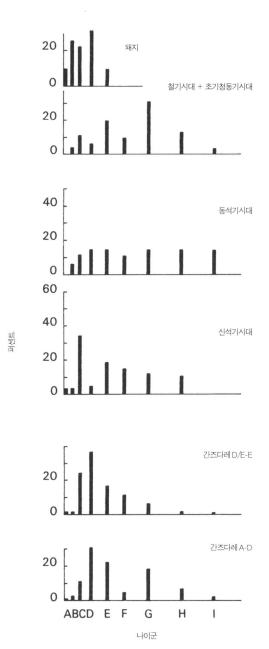

그림 7.5 케르만샤 고고동물층서에 보이는 양/염소의 도축 연령 양상. 아래턱뼈의 나이 분포를 보여 준다. 잠메슈란에서 수습한 돼지도 포함되었다. 이러한 양상은 신석기시대의 경제는 일차적으로 고기 획득을 목적으로 했으며, 이후 동석기시대 동안 젖이나 울 같은 이차 생산물로 아마도 관심이 바뀌었음을 보여 준다. 철기시대의 돼지는 매우 어린데 아마도 주요한 고기 공급원이었을 것이다. 간즈다레 자료는 Hesse(1978)에서 취했다. 출전 Davis, 1984

는 방사성탄소연대로 bc 7천년기 초의 무토기신석
기시대 아시클리휘윅(Aşikli Hüyük) 유적에서 대
부분의 양과 염소는 한 살에서 네 살 사이에 잡은 것
들이다(Payne, 1985). 아나톨리아 동남부의 카라바
바(Karababa) 분지에 있는 같은 시기의 그리틸레휘
윅(Gritille Hüyük)에서는 염소아과동물이 대부분
두 살 이전에 도축되었다(Stein and Wattenmaker,
1984). 두 사람은 신석기시대가 '독립 마을에 기초
한 경제를 영위했으며, 경제생활은 이차적 생산물보
다는 주로 고기를 얻기 위해 양과 염소에 의존했다'
는 결론을 내렸고, 이것은 계층화가 이루어지지 않
은 사회의 생계경제와 잘 맞아 떨어지는 양상이라
고 보았다.

필자의 케르만샤 동물층서로 되돌아가 보자. 양이
염소를 압도하던 좀더 후대 시기에 염소아과동물의
나이 구성은 특히 잠메슈란의 경우 더 나이 먹은 개
체들이 훨씬 높은 비율을 보여 주고 있다. 이러한 종
류의 나이 분포는 양을 도축하기 전 단지 고기만이
아닌 다른 생산물을 위해 이용했음을 시사해 준다.
이 무렵이면 돼지도 분명히 동물 경제에서 중요한
부분이 되었는데, 양과는 대조적으로 잠메슈란에서
도축된 돼지는 대부분 어린 개체들로서, 다시 말해
고기 공급원으로서 돼지가 염소아과동물 어린 개체
들을 부분적으로 대체하게 되었을 것이다. 샤비드와
초가마란의 동석기시대 층에서 얻은 자료의 규모가
작음에도 불구하고, 필자는 이란 서부에서 염소아
과동물 고기에 의존하던 경제가 이차생산물 경제로
변한 것은 이 자료가 형성된 약 5000-3000 bc에 일
어났다고 주장하고 싶다(Davis, 1984). 아마도 필자
의 이란 자료만큼이나 보잘것없다고 해야겠지만, 유
럽에서는 이보다 조금 더 늦은 시기인 방사성탄소
연대로 bc 4천년기에서 3천년기에 이차 생산물 이
용이 시작되었다는 약간의 증거가 있다(아래 참조).

근동 이외 지역

사켈라리디스(Sakellaridis, 1979)는 수많은 스위스
중석기시대와 신석기시대 발굴 자료와 동물상 보
고서를 정리하였다. 대략 3500 bc가 되면, 붉은사
슴, 노루, 원시소와 멧돼지 사냥에 의존하던 중석기
시대 문화는 신석기시대 문화로 대체된다. 신석기
시대에는 양과 염소가 도입되었는데, 두 종은 모두
외래종이며 따라서 아마도 가축이었을 것이다. 사
켈라리디스는 소, 양과 염소의 도축 연령 자료를 검
토하였다. 예를 들어, 2-3살 이상의 다 자란 소는 알
프스-라인 분지의 신석기시대 초기 유적인 에쉔-
루쩬게틀(Eschen-Lutzenguetle)과 에쉔-보르쉬트
(Eshcen-Borscht)에서 50%에서 80%에 달하고 있
었다. 방사성탄소연대로 약 3000 bc 무렵의 승문토
기문화(Pfyn and Corded Ware culture) 유적인 오
싱겐-하우제르제(Ossingen-Hausersee)에서는 소
의 80%가 다 자란 개체였고 그 대부분이 암컷이었
음에 비해, 돼지의 85%는 2살 미만이었다. 이런 나
이 구성은 고기, 즉 돼지고기 생산과 관련해 그리 비
전형적인 현상이 아니다. 스위스 서남부의 신석기
시대 코르타일로드(Cortaillod)문화(약 2800 bc)의
제베르그-부르가쉬제쉬드(Seeberg-Burgaschisee
Süd)와 쉬드베스트(Südwest) 유적에서는 다 자란
소가 각각 50%와 61%를 차지하며 염소도 성체의
비율이 높았는데, 모든 성체 염소와 소는 암컷이었
다. 따라서 암소와 염소는 아마도 젖 짜기에 이용되
었을 것이다. 그렇다면 이런 자료는 젖 짜기가 스위
스에서 3500 bc라는 이른 시기에 이루어지고 있었
을 가능성을 뜻한다. 그러나 이런 동물 자료 중 많은
것은 소량에 불과한 뼈를 다루고 있고 또 꽤 오래 전
에 실시한 발굴에서 수습된 자료이다. 그러므로 이
차 생산물 이용에 대해서는 어떤 경우에도 조심스
럽게 평가가 이루어져야 한다.

레지는 연대가 약 850 bc 또는 1000 BC로 평

그림 7.6 연대가 약 2300-1600 bc(기원전 3천년기)로 측정된 알우바이드의 닌후르사그 사원에서 발견된 프리즈. 일련의 인물이 소젖을 짜고 있는 것처럼 보인다. Hall and Woolley(1927) 참조. 사진 제공 The Trustees of the British Museum

가되는 영국 노퍽의 그라임즈그레이브즈(Grimes Graves)의 중기 청동기시대 층에서 수습한 소 자료의 나이와 성별 구성은 낙농경제를 가리킨다고 해석하였다. 그는 수컷은 대부분 어려서 도축되어, 다 자란 소에서 암수의 성비가 4:1에서 6:1에 이르렀음을 확인하였다(Legge, 1981; 제8장).

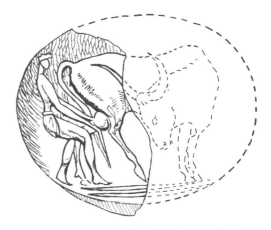

그림 7.7 크레타 크노소스의 미노스 궁전에서 발견한 후기 청동기시대 인장 그림. 우유 짜는 사람을 그리고 있다. 출전 Evans, 1935 (사진 게재 허락 Sir Arthur Evans Trust 대리인 Mark Paterson)

초기 낙농에 대한 기타 증거

젖 짜기가 거의 7천 년 전에 시작되었다는 주장을 지지해 주는 증거로는 또 어떤 것이 있을까? 대답은 '별로 없다'이다. 시문즈(Simoons, 1971)와 셰라트(Sherratt, 1981)에 따르자면, 그림으로서 젖 짜기를 묘사하는 가장 빠른 증거는 이라크에서 발견된 우룩 시기(약 2500bc)의 원통 인장에서 보인다. 이것은 송아지와 항아리가 있는 갈대로 엮은 외양간을 묘사한 그림이다. 좀더 인상적인 증거는 이라크의 알우바이드(al 'Ubaid; 약 2000 bc)에 있는 닌후르사그(Ninhursag) 사원에서 확인되었다(그림 7.6). 이것은 암소라고 보이는 동물의 젖을 뒤쪽에서 짜고 있는 인물들을 묘사한 석회석 상감 프리즈로서, 일련의 인물과 큰 항아리의 모습은 동물 젖 가공을 시사해 준다(Hall and Woolley, 1927). 에반스(Arthur Evans)가 크레타 크노소스의 후기 청동기시대 층에서 발굴한 인장도 젖 짜는 모습을 보여 준다(그림 7.7; Evans, 1935).

유럽과 근동에서 토기 그릇의 종류가 넓은 지역에 걸쳐 급격히 변화한 것도 또한 이러한 식단 변화를 반영하는 것일 수 있다. 이러한 새로운 종류의 그릇들은 레반트의 가술리안(Ghassulian)문화와 아나톨리아, 불가리아와 키프로스의 초기 청동기시대 및 유럽 중부의 바덴(Baden)문화(약 2500bc)에 나타난다. 이탈리아에서 이런 그릇들은 '우유 끓이는 그릇(milk boiler)', 키프로스에서는 '우유 그릇(milk bowl)'이라고 한다(Sherratt, 1981).

울과 관련된 이른 시기의 기타 증거

직물의 역사는 그 자체로 하나의 학문을 이루고 있다. 유럽에서는 오랫동안 아마가 주요 섬유 공급원으로서, 실을 짜 아마포 천을 만들었다. 기원전 4천년기와 3천년기 초의 스위스 호변 마을에서 발견된 잘 보존된 천 조각들은 모두 아마포이다. 면화는 기원전 4세기 말의 고전시대 이전에는 인도에서 서쪽으로 전파되지 않았는데, 기원전 2세기와 1세기의 로마정복 이전까지 유럽에서 면화는 상대적으로 제한된 범위에서 사용되었다(Mazzaoui, 1981).

울의 사용에 대한 가장 이른 시기의 증거는 근동의 문자와 그림 자료에서 보이는데, 그 시점은 메소포타미아에서 도시화의 시작과 일치하는 듯하다(Sherratt, 1981). 그러나 울 섬유 고고 자료는 현재까지 유럽에서만 발견되었다. 울을 연구하는 생물학자 라이더는 아주 드물게 고고학 섬유 자료로 보존되어 발견되는 양털의 변화에 대해 여러 해 동안 연구하였다(예: Ryder, 1969; 1983).

유럽의 몇몇 수침 고고학 퇴적층에서 보는 바로는 아마포에서 울로의 전이는 승문토기문화기와 초기 청동기시대에 유럽 북중부에 울이 도입된 결과 발생한 듯하다(그림 7.8). 유럽에서 가장 오래된 울 자료는 1900 bc(2400 BC) 무렵 시작하는 신석기시대 후기의 '단검문화기(Dagger Period)'에 속하는 수석으로 만든 칼의 손잡이를 싼 천으로 발견되었다. 이것은 독일 북부 뷔펜카텐(Wiepenkathen)의 니탄층에서 출토하였다(Sherratt, 1983). 셰라트(Sherratt, 1981)는 신석기시대의 가죽 옷에는 단추가 달렸지만, 초기 청동기시대에는 느슨하게 짠 울 직물을 여미는 데 좋은 핀이 널리 사용된다는 사실에 주목하였다.

라이더는 유럽의 경우 양에게서 양털은 청동기시대 이전까지는 발달하지 않았고, 흰색 털의 양이 널

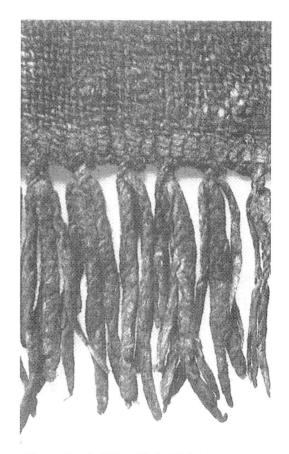

그림 7.8 덴마크 초기 청동기시대 제II기 유적에서 수습한 울 담요. 유틀란드 남부 트린도즈(Trindhoj)의 고총고분에서 출토하였다. 사진 제공 Elisabeth Munksgaard, 코펜하겐 국립박물관

리 퍼진 것은 철기시대로서 이때는 또 울이 계속 자라는 양을 사육하기 시작했다고 보았다. 이집트에서는 신왕조시대(약 1290 bc; 1570 BC) 이전에 양털 양이 있었다는 증거를 찾기 어려운바, 라이더(Ryder, 1984)는 유럽보다 훨씬 오랫동안 아마가 주요 섬유로 사용되었다고 보았다.

축력의 이용

동물을 바라보는 인간의 인식에서 일어난 또 다른 변화는 먼 거리로 짐을 나르거나 쟁기, 수레나 심지

어 전차를 끌기 위해 동물의 근력을 잘 갈무리한다
는 생각이 등장한 것이다. 짐을 져 나르는 동물은 수
확물 운반 등에 큰 도움을 주었음에 틀림없다. 가축
화된 당나귀와 낙타는 확실히 많은 근동지역 주민
들에게 유목생활양식을 택할 수 있게 해 주었을 것
이다. 동물이 끄는 쟁기는 경작이 어려운 토양을 이
용 가능하게 해 주었고 신석기시대 이후 근동에서
정착지역 확대에 기여한 주요 원인이었을 것이다.

소는 아마도 짐을 나르고 쟁기를 끄는 데 이용된
최초의 대형동물이었을 것이며, 지금도 세계 각지에
서 중요한 동력원이다(Zeuner, 1963). 개, 양, 염소
도 모두 작은 짐을 끌거나 나를 수 있지만, 이런 동
물들이 그런 목적에 이용되었음을 보여 주는 고고
학 증거는 찾기 어렵다.

고고학 증거

소가 단지 고기 등의 공급원이 아닌 동력원으로서
언제 처음 사용되었는지에 대한 파악은 암수 성비
및 물리적 스트레스와 거세로 유발된 병리현상에
대한 자세한 연구 없이는 기대할 수 없다(그림 7.9).

8장에서 다루겠지만, 아무르-쉘뤼(Armour-Che-
lu)는 영국의 한 신석기시대 유적에서 발견된 소뼈
에서 스트레스로 유발된 병리현상일 가능성이 있는
증거를 발견하였다.

마테스쿠(Mateescu, 1975)는 다뉴브 하류의 강변
유적으로 방사성탄소연대로 bc 5천년기 후반에 속
하는 바다스트라(Vadastra)를 비롯한 루마니아 여
러 유적에서 발견된 소의 노뼈 근위와 원위 관절이
밭갈이에 이용되지 않는 현대 소와 비교할 때 '좌우
방향으로 더 크게 발달했음'을 관찰하였다. 이 소들
은 따라서 아직 어린 나이였을 때 심하게 노역에 부
려졌을 가능성이 있으며, 스트레스를 이겨 내기 위
해 관절 부위 형태가 달라지며 뼈의 모습이 변했을
것이다. 마테스쿠는 바다스트라에서 소는 쟁기질과

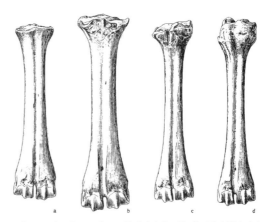

그림 7.9 과도한 스트레스로 유발되었다고 보이는 병리현상. (a)
정상적인 소의 뒷발허리뼈, (b) 근위 말단에 외골증(과잉 뼈 발달
현상)이 보이는 뒷발허리뼈, (c)와 (d) 뒷발허리뼈와 뒷발목뼈 융
합 사례. 14세기에서 16세기에 걸친 덴마크 도쿰(Dokkum) 유적
출토. 출전 Gelder-Ottway, 1979. 자료제공 Anneke Clason and
Sheila van Gelder-Ottway

짐 운반 및 탈곡에 이용되었으리라 추정했는데, 구
덩이 등의 유구에서 다량으로 발견되는 곡물을 증
거로 삼아 다뉴브 하류역에서 신석기시대 중기와
후기에 곡물이 대규모로 재배되었다고 주장하였다.

이른 시기의 자료, 즉 신석기시대나 청동기시대
혹은 철기시대 자료에서 보고된 관절의 병리현상에
대한 사례는 드물다. 스트레스로 유발된 뼈의 변화
에 대한 연구는 확실히 연구해 볼 만한 분야이다. 이
에 필요한 연구는 동물들을 적절한 통제하에서 상
이한 정도의 기계적 스트레스에 처하도록 하는 실
험이다. 이러한 연구는 노역에서 해방된 동물의 골
격 수집으로부터 시작할 수 있는데, 베이커와 브로
스웰은 연구의 첫 단계로서 논에서 견인 노역에 이
용되는 물소를 연구할 것을 추천하고 있다(Baker
and Brothwell, 1980).

셰라트는 소의 축력 사용에 대한 문화적 증거의
예를 들고 있다(Sherratt, 1981, 1983). 그러한 증거
로서 방사성탄소연대로 bc 4천년기 말의 연대를 갖
는 메소포타미아 남부 우룩에서 출토한 수메르 상
형문자와 원통인장(그림 7.10), 그리고 연대가 약

그림 7.10 소의 축력 이용에 대한 증거. 3200-2700 bc(기원전 4천년기 전반) 무렵 우룩기에 만들어진 원통형 인장에 새겨진 그림이다. 그림 Ann Searight 자료제공 Andrew Sherratt

그림 7.11 소의 측력 이용에 대한 증거. 메소포타미아 남부에서 출토한 1850 bc(2300 BC) 무렵 아카드기의 원통형 인장에 새겨진 그림으로, 손잡이가 둘인 쟁기와 씨뿌리개를 보여 주고 있다. 사진제공 The Ashmolean Museum, Oxford

2750 bc(3500 BC)로 측정된 폴란드 포즈난 부근 비틴(Bytyn) 유적 출토의 멍에 씌운 구리 황소 모형을 제시하였다.

쟁기질 흔적으로서 가장 이른 시기의 증거는 연대가 약 2625 bc(3400 BC)로 측정된 영국, 덴마크, 네덜란드의 대형 흙무지 무덤(long barrow) 아래에서 발견되고 있다(Sherratt, 1981). 이것들은 동물을 견인 노역에 동원한 흔적이라고 추정되지만, 인력으로 끈 쟁기질 흔적일 가능성도 무시할 수는 없다. 바퀴 달린 수레에 대한 가장 오래 전의 증거는 우룩에서 발견된 아케익(Archaic)기의 수메르 상형문자이다(Sherratt, 1981; 더 후대의 사례로는 그림 7.11 참조). 셰라트는 쟁기와 수레 두 가지 모두 메소포타미아 북부에서 3200 bc 무렵이나 그 이전에 발명되었고 500년 이내에 멀리는 유럽 북서부까지 퍼져 나갔다고 보고 있다.

쟁기와 수레의 확산은 경제와 정착생활 양식에서 하나의 큰 변화가 일어났다는 신호이다. 이것은 아나톨리아와 에게해, 발칸 지역에서 초기 청동기시대가, 중부 유럽에서 바덴문화가, 북서부 유럽에서 중기 신석기시대가, 그리고 서남부 유럽에서 동석기시대가 시작함을 뜻하고 있다.

말이나 나귀 또는 낙타 같은 동물의 축력 이용 흔적을 연구하려는 동물고고학자가 부닥치는 가장 큰 어려움은 아마도 그런 동물의 뼈가 고고동물 자료 중에 드물다는 점일 것이다. 이것은 그리 놀라운 일이 아닌데, 왜냐하면 식용으로 기르는 양이나 염소 같은 동물의 숫자에 비해 이런 목적으로는 상대적으로 단지 소수의 동물을 기르면 충분하기 때문이다. 게다가 가축화된 말 대 야생 말, 당나귀 대 나귀와 야생당나귀, 나아가 야생 낙타 대 가축화된 낙타 사이에서 그 뼈와 이빨을 구분하는 것은 어려운 일이다. 그러므로 축력 이용에 대한 많은 증거는 쟁기 흔적, 부조 그림, 토기 모형, 재갈 등의 부속품 혹은

심지어 bc 2천년기와 1천년기의 문헌기록에서 얻게 된다. 말, 당나귀, 낙타 같은 동물들이 bc 4천년기부터 시작해 이후 근동의 교역과 문명 발달에 중요한 역할을 했음은 거의 틀림없는 사실이다.

말과동물 – 말과 당나귀

말

문명에 심대한 영향을 끼친 축력 공급원을 하나만 꼽으라고 한다면 그것은 바로 말이다. 말은 속도를 낼 수 있는 동물로서 전쟁의 동력으로 거두어져 왔다. 근동에서 전차는 이 지역을 bc 2천년기 후반 중엽에 지배한 카사이트족(Kassites), 힛타이트족(Hittites)과 후리안족(Hurrians)처럼 외부에서 새로 도착한 사람들과 연관되어 있다(Drower, 1969). 말은 인도유럽어 구사 주민들의 확산과도 관련된다고 흔히 여겨진다(Piggott, 1952: 273; Epstein, 1972). 정복왕 윌리엄이 이끈 기병의 박차 사용법에 대한 뛰어난 이해는 1066년 헤이스팅즈(Hastings)에서 해롤드왕에게 패배를 안겨 주었고 노르만의 영국 정복으로 이어졌다(제8장).

대부분의 전문가들은 말이 동유럽, 남러시아와 우크라이나 스텝 지역에 서식하던 야생마 타르판을 가축화한 것이라고 믿고 있는데, 타르판은 19세기 말 우크라이나에서 최종적으로 사라졌다(Bökönyi, 1978). 말의 유해는 레반트와 유럽 많은 지역에서 플라이스토세 말기 맥락에서 발견되지만, 아마도 이런 곳에서는 홀로세 초기 신석기시대 이전에 멸종했을 것이다. 뵈쾨니(Bökönyi)는 카르파티아 분지에 있는 수십 개소의 신석기시대 유적에서 수습된 10만 점이 넘는 동물 뼈를 조사했지만, 그중에서 단 한 점의 말뼈도 찾을 수 없었다.

드네프르강변의 동석기시대 주거지인 bc 4천년

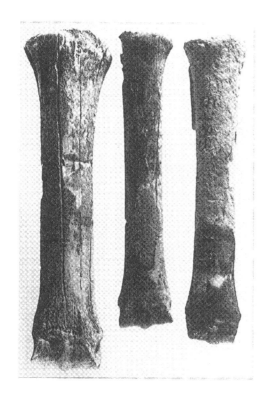

그림 7.12 말의 가축화. 이스라엘 네게브 북부의 초기 청동기시대 아라드 유적 출토 말 뒷발허리뼈(왼쪽)를 나귀 내지 야생당나귀 뒷발허리뼈 두 점(오른쪽)과 비교하였다(그림 1.12 참조). 사진 Abraham Niv

기의 데레이브카(Dereivka) 유적에서 발견된 사슴뿔로 만든 재갈(Bökönyi, 1978)은 남러시아/우크라이나 지역에서 가축화된 말의 존재를 말해 주는 가장 이른 시기의 증거일 가능성이 있다.

아나톨리아 동부의 노르순테페(Norşun Tepe)에서는 bc 3천년기 초반 동석기시대에 속하는 말의 유해가 약간 확인되었는데(Boessneck and von den Driesch, 1976), 발견자들은 이것을 야생마라고 보고 있다. 그러나 뵈쾨니(Bökönyi, 1978)는 노르순테페의 말은 가축일 수도 있다고 하였다. 필자는 이스라엘 네게브 북부의 아라드(Arad)에서 초기 청동기시대(약 2280-2080 bc; 2950-2650 BC)에 속하는 말뼈를 확인했지만(Davis, 1976, 그림 7.12), 이것이 가축화된 말로부터 온 것이라고 확신할 수는 없

다. 그러나 아무튼 말은 이스라엘에서는 중석기시대나 신석기시대 혹은 동석기시대 유적에서 발견되지 않았기 때문에, 아라드에서 발견된 말을 가축으로 보고자 하는 유혹이 느껴진다.

말은 유럽 북부와 중부에서 2000 bc 무렵의 초기 청동기시대(비커[Beaker]토기문화)까지는 많은 양이 발견되지 않으며, 벨비커(Bell Beaker)토기 주민들과 연관되어 나타난다. 아일랜드에서도 말은 비커토기문화 초기인 2000 bc경 처음 나타났고(Wijngaarden-Bakker, 1974), 중부 유럽에서는 1600 bc경 매우 흔하게 나타난다. 중국에서 말이 처음으로 나타난 것은 이로부터 약간 뒤인 기원전 13세기 이전 상 왕조 초기 무정(武鼎)의 재위기간 동안이다(Chow, 1984).*

당나귀

야생나귀는 한때 근동과 아프리카 북동부의 건조지역에 널리 분포했었다. 필자는 나귀 뼈와 이빨을 요르단 텔레일라트가술(Teleilat Ghassoul) 유적의 동석기시대(3660-2400 bc) 층과 이스라엘 네게브 북부의 초기 청동기시대 아라드 유적에서 찾을 수 있었다(Davis, 1980). 그러나 아라드와 가술은 야생나귀가 한때 흔했던 사막 가장자리에 위치하고 있고, 또 가축화된 나귀와 야생나귀의 이빨과 뼈는 구분이 사실상 불가능하기 때문에, 아라드와 가술 자료가 야생나귀의 것일 가능성도 충분히 있다.

그러나 셰라트(Sherratt, 1983)는 이스라엘에서 이것들과 같은 시기에 속하는 몇몇 흥미로운 고고학적 증거들을 정리해, 운송용 동물이 사용되었다고 보았다. 그러한 자료로는 등에 두 개의 용기를 지고

---

*   옮긴이 주: 중국 북부의 기원전 3천년기 후반의 몇몇 신석기시대 유적에서는 말이 식용 및 매장제의에 사용되었다는 증거가 알려졌다. 확실한 가축으로서의 말은 기원전 2천년기 후반 상(商) 유적에서 발견된다.

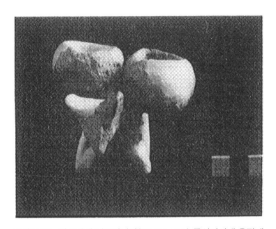

그림 7.13 이스라엘 기브아타임(Giv'atayim) 동석기시대 유적에서 발견된 등에 용기 두 개를 싣고 가는 당나귀처럼 보이는 동물 모형. 사진 제공 J. Kaplan

있는 동물 형상(그림 7.13; Kaplan, 1969), '우유통'을 지고 있는 동석기시대의 황소 형상 및 초기 청동기시대 I기의 운송용 당나귀 형상이 있다. 키프로스에서 발견된 초기 청동기시대의 토기로 만든 바구니를 싣고 가는 당나귀 모형(Sherratt, 1981)은 이 동물이 근동에서 bc 2천년기 초 거두어졌다는 이론을 뒷받침해 준다. 이란의 야생당나귀가 마차를 끌 목적으로 과거 거두어진 적이 있는지 여부는 만족스럽게 해명되지 않았다. 나귀와 야생당나귀의 특정 부위 뼈, 즉 발허리뼈를 구분하는 것은 큰 어려움을 겪고서도 쉽지 않기 때문이다(제1장).

말과동물의 영향

근동에서 bc 4/3천년기에 당나귀와 말이 등장한 것은 문명의 등장, 교역의 발달과 어떻게 엮어질 수 있을까? 당시에 운송용 동물이 사용되었을 가능성은 네게브와 시나이 지역으로의 문화적 확산과 연결시켜 생각할 수 있으며, 교역증가와 야금술의 활성화 및 교역망의 형성은 선왕조시대 이집트와 연결시킬 수 있다. 이러한 교역로는 이집트 고대국가의 형성

기 동안 점점 더 중요하게 되었다고 여겨진다. 이집트에서는 그러한 교역으로 획득한 물품이 나타났는데, 육로를 대체해 해로를 통한 대규모 교역은 제5왕조시대부터 시작되었다(Sherratt, 1983).

말에 대해 살펴보자면, 말이 근동 지역에 널리 퍼진 것은 초기의 통바퀴형 수레가 발전해 가로대와 빗살 형태의 수레바퀴를 달게 되고 말이 끄는 전차가 등장한 bc 2천년기 전반의 일이다(Sherratt, 1983). 전차술은 스텝지역에서 더욱 발달해 유럽에는 1620 bc경에 알려졌는데, 살 달린 바퀴의 모형이 헝가리 동부와 루마니아의 오토마니(Otomani) 문화에서 발견되었으며, 그리스 미케네에는 1300 bc경에 도달하였다. 따라서 전차술과 양마에 대한 지식 및 그와 관련된 기술적 용어는 bc 2천년기 중엽이면 근동의 제 고대문명 주변의 넓은 지역으로 호를 그리며 퍼져 나가게 되었을 것이다(Sherratt, 1983).

낙타

낙타와 당나귀 두 동물은 모두 건조기후와 관계되는 동물이다. 그러나 낙타는 당나귀에 비해 장점이 있으니, 당나귀보다 두 배 많은 짐을 나를 수 있고, 더 빨리 움직이며, 먹이와 물도 덜 든다. 일단 가축이 되자, 낙타는 사람으로 하여금 서로는 모로코에서 북아프리카와 아라비아를 거쳐 동으로는 중앙아시아에 이르는 광대한 사막벨트를 가로 건너는 지역을 이용할 수 있게 해 주었다. 낙타는 오늘날 투아렉족이나 베두인족의 생활양식과 같은 사막유목생활과 밀접하게 연관되어 있고, 더 '국제적' 규모에서 이루어지는 대상무역의 발달, 그리고 역사 시기에 들어와서는 아랍의 사하라 지배와도 밀접히 연관된다(Gauthier-Pilters and Dagg, 1981). 낙타는 심지

어 근동의 많은 지역에서 바퀴 달린 운송수단을 대신하기도 했는데, 특히 로마의 도로가 황폐해졌을 때 그렇게 되었다(Bulliet, 1975).

오늘날 낙타의 종류로는 사막에 적응한 아라비아와 북아프리카의 단봉낙타와 더 벌어진 모습에 사지가 짧으며 털이 긴 중앙아시아의 쌍봉 박트리아낙타라는 두 아종이 있다. 야생으로 돌아간 무리를 제외하면, 야생 상태의 단봉낙타는 더 이상 존재하지 않지만, 야생 박트리아낙타 무리는 아직 몽골에 살아남아 있을지 모른다. 단봉낙타와 박트리아낙타가 짝짓기 하면 재생산이 가능한 2세가 태어난다(Zeuner, 1963). 양자는 틀림없이 독자적으로 가축화되었을 것인데, 단봉낙타는 아마도 아라비아 남부, 예를 들어 젖을 얻기 위해 처음 이용되기 시작했을 가능성이 있는 하드라마우트(Hadramaut) 같은 곳에서(Bulliet, 1975), 또 박트리아낙타는 아시아, 그중에서도 아마 이란에서 가축이 되었을 것이다. 말과 당나귀와 마찬가지로 이른 시기의 낙타 이용에 대한 증거도 찾아보기 힘들다.

근동에서 bc 2천년기 말 이전에 낙타를 문헌에서 언급한 사례나 이 동물이 실제 발견된 경우는 드물다. 고대 이집트인들은 심지어 이 같은 미물을 포함해 눈으로 본 모든 것에 이름을 붙였지만, 낙타에 대해서는 침묵하고 있다(Midant-Reynes and Braunstein-Silvestre, 1977). 이러한 사정은 성경에 나오는 이른 시기의 낙타에 대한 설명을 다소 이례적으로 만드는데, 창세기 24장에는 bc 16세기 내지 기원전 19세기에 살았던 아브라함의 하인이 장차 이삭의 처가 될 레베카를 메소포타미아에서 데려오기 위해 열 마리의 낙타를 사용했다는 내용이 나온다. 아마도 가축화한 단봉낙타는 1950에서 1100 bc 사이에 '사안에 따라' 알려졌던 것처럼 보인다(Bulliet, 1975: 64).

불리엇의 가설에 따르자면, bc 2천년기 말이 다가오며 근동 일부지역에서 낙타를 널리 이용하고 사육하게 되었다는 것이다. 그는 이런 낙타의 확산이 향료 교역과 연결된다고 보았는데, 아마도 셈족 사람들의 수중에 있었을 향료 교역은 궁극적으로 페트라의 융성을 가져왔다. 셈족은 낙타가 이미 가축화되었을 가능성이 있는 아라비아 남부에 1030에서 980 bc 사이에 다다랐을 것이다. 아라비아 남부에서 발견되는 고무수지인 유향과 몰약은 고대에 수요가 넘쳤고 그 가치가 매우 높아 황금같이 다루어졌다. 이것들은 제의에서 희생과 화장품으로 사용되었으며, 고전 약전문헌에서 중요하게 다루어졌다(Van Beek, 1969).

고고학

웝니쉬(Wapnish, 1981)는 이스라엘 네게브 북부의 고대 항구인 가자(Gaza) 근처의 텔젬메(Tel Jemmeh)에서 수습한 동물 뼈를 연구하였다. 그는 운송용 동물로서 낙타(아마도 단봉낙타)의 군사적 이용과 향료 교역 사이의 연계를 추정해 보았다. 그가 여기서 발견한 500점의 낙타 뼈는 전체 동물 자료 중 매우 작은 부분에 불과한데, 대부분 아시리아기(675-600 BC)와 신바빌로니아/페르시아기(약 600-332 BC)의 것이다. 아시리아기의 뼈는 에사르하돈(Esarhaddon)과 그 아들 아슈르바니팔(Ashurbanipal) 휘하의 군인들이 운송용으로 사용한 낙타의 뼈일 수 있는데, 두 왕은 이집트를 침공하였다. 이집트에서 낙타를 언급한 최초의 역사적 기록은 이 시기에 해당한다(Midant-Reynes and Braunstein-Silvestre, 1977). 젬메는 이스라엘과 이집트를 잇는 중요 간선로의 끝이자 유향과 몰약의 산지인 아라비아 남부로 들어가는 향료무역통로의 끝에 위치한다. 웝니쉬는 이 뼈들은 향료무역통로를 따라 낙타를 운송용 동물로 이용하던 사막 교역상이 불구가 되었거나 다른 이유로 필요치 않게 되어 팔아치운

그림 7.14 낙타와 그 이차 산물. 길이 8cm의 울 조각으로, 연대가 2000 bc경으로 측정된 이란 동부 세이스탄 샤리이소크타 유적 출토품이다(일련번호 4234, 제6문화기 CCXIIIa 호실 수습). 축척 cm. Compagnoni and Tosi, 1978 참조. 사진제공 Giovanna Vallauri, ISMEO, Rome

낙타의 뼈일지 모른다고 보았다.

가축화된 낙타의 것이 틀림없다고 하기는 어렵지만, 낙타에 대한 bc 2천년기 이전의 흥미로운 추가 증거가 이란 북동부 세이스탄(Seistan)의 샤리이소크타(Shahr-i Sokhta) 유적에서 알려졌다. 이곳에서는 2120-2000 bc 무렵으로 측정된 낙타털(그림 7.14, 7.15), 배설물 및 뼈가 발견되었다(Compagnoni and Tosi, 1978). 뼈 가운데 몇몇은 박트리아낙타에 속할

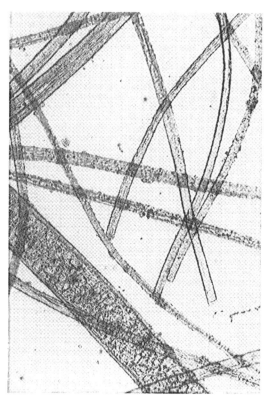

그림 7.15 낙타와 그 이차 산물. 표본 4234호(그림 7.14 참조)의 울 섬유 현미경 사진. 보고자에 따르자면(Compagnoni and Tosi, 1978), 사진에 보이는 두꺼운 낙타털은 양 내지 염소 섬유와 쉽게 구분할 수 있다. 배율 약 x 185. 사진제공 Giovanna Vallauri, ISMEO, Rome

지도 모른다. 배설물은 낙타 항아리 속에서 발견되었는데, 그 크기를 볼 때 어린 개체의 것으로 보인다. 낙타털도 확인되었는데, 낙타털은 더 많은 양의 양 내지 염소 털과 함께 섞어 천을 짰다.

메도우는 모티머 휠러(Mortimer Wheeler) 경이 조사한 인더스 유역의 모헨조다로(하라파문화, 1850 bc경; 2300 BC) 발굴사진기록을 재검토하던 중에 한 살 배기 낙타 골격을 확인했는데, 아마 고의로 매장된 것처럼 보인다(Meadow, 1984). 카치(Kacchi) 평원 북부 피락(Pirak)의 bc 2천년기와 1천년기 퇴적층에서도 낙타 뼈와 쌍봉낙타상이 발견되었다(Meadow, 1984). 피락은 볼란(Bolan) 고개 발치 가까이 있으며 신드(Sind)와 아프가니스탄 고지대, 페르시아 고원 및 중앙아시아를 잇는 주요 교역로의 하나에 놓여 있다. 메도우는 bc 2천년기에 이 동물이 인더스 계곡으로 도입된 것은 고고도 지역 사람들과의 장거리 교역이 시작되었음을 시사한다고 해석하였다.

몇 가지 추정

본 장을 마무리하며, 잘 알려졌듯 얼마 되지 않는 근동의 고고학 및 동물 자료를 근거로 삼아, 인간과 동물 사이의 관계가 문명의 기원과 어떠한 상관관계를 갖고 있을 수 있는지 추정해 보겠다.

신석기시대는 bc 9-7천년기 동안 자그마한 부족 또는 마을로 조직된 비교적 단순한 사회였다. 즉, 어떠한 복잡한 위계질서도 존재하지 않았다. 사람들은 마을에서 자신들과 자신들이 기르는 가축이 먹기에 딱 충분한 양의 곡물을 재배하며, 아마도 생계유지 정도의 수준에서 생활하고 있었다. 사육하던 동물은 주로 양과 염소로서, 아마도 주로 도축의 산물인 고기와 가죽을 얻기 위해 사육했을 것이다. 고기는 이런 공급원에서 얻었고 또 약간의 사냥을 통해 보충했을 것이다.

6000 bc 이후, bc 6-4천년기 중에는 다음과 같은 경제적 변화가 일어난 듯하다. 즉,

(1) 양과 염소는 젖과 울을 얻는 데 이용하기 시작했으며,
(2) 밭갈이를 위해 소 같은 동물의 축력을 이용함으로써 한계토지에도 정착할 수 있게 되었다.

근동지역에서 고대문명의 탄생을 향한 첫발을 내딛게 해준 사건은 교역할 수 있는 잉여 농산물의 생산이었을 것이다. 잉여 생산물에는 곡물과 동물만

아니라, 유제품, 울, 심지어 지역에서 생산한 직물도 포함되었을 것이다. 교역은 도시화 과정의 결정적 요소로서(Crawford, 1973), 자그마한 농경 마을들이 있는 배후지역을 낀 시장중심지의 발달을 가능하게 해 주었다.

교역은 운송을 필요로 하며, 따라서 짐을 실어 나를 동물 및 과도한 산악지형이 아닌 곳이라면 동물이 끄는 바퀴 달린 탈것이 필요하게 되었다. 이런 상품 운송의 필요성은 가축화한 나귀와 말이 근동에서 동석기시대라는 이른 시기에 존재한다는 사실과 서로 관계될 수 있다. 교역, 특히 장거리 교역은 상인 계급의 존재, 부의 축적 및 사회 계층화를 뜻한다. 더구나 교역중심지인 도시는 여러 외지로부터 온 상인들이 만나는 장소가 되었고, 상이한 문화와 생각이 만나 서로 더욱 풍부한 내용으로 발달하는 지역이 되었다(Leemans, 1977).

고고학 자료에 따르자면, 여러 곳에 만들어진 위대한 고대도시의 원형이 되는 중심지에서는 bc 3천년기가 되면 방대한 물량의 교역이 이루어지고 있었다. 빌(Beale, 1973)은 메소포타미아 남부를 예로 들고 있는데, 이곳은 각종 곡물, 물고기, 동물, 기름, 직물 및 가죽제품 같은 생산물을 구할 수 있는 거대한 농업지대였다. 이런 생산물을 제공하는 대가로는 삼나무, 각종 쇠붙이, 라피스라줄리나 스테아타이트 같은 귀금속을 받아들일 수 있었다. 그에 따르자면, 메소포타미아와 페르시아는 균형관계를 유지하고 있었으며, 동시에 장거리 교역의 발달 덕분에 메소포타미아 동쪽으로 적어도 네 곳의 독자적인 문화권역에서 도시들이 동시에 발달하고 있었다. 그러나 교역, 부의 축적 및 도시화라는 변화는 그 어느 것도 짐을 나를 수 있는 가축이 없었다면 불가능했을 것이다. 따라서 근동지역의 신석기시대 이후 유적에서 수습되는 동물 유해에 대한 세심한 고려는 그러한 경제적 발달과정을 이해하는 데서 긴요한 일이다.

교역은 회계장부 정리를 필요로 하며, 따라서 문자의 발명이 필요하게 되었다. 또 부를 쌓아놓은 중심지는 궁극적으로 자신의 위세를 점점 더 확대되는 영역에 걸쳐 과시하려 했을 것인바, 이로부터 '도시국가'가 탄생하게 되었다. 이것은 지배계급의 발생을 뜻하며, 아마도 지배계급은 이동과 인력 배치를 위해 말이 끄는 탈것과 짐 나르는 동물이 필요했던 군대의 도움을 받으며 군림했을 것이다.

교역은 낙타의 가축화와 광범위한 이용이 이루어진 bc 2천년기에 더 크게 발전한 듯하다. 이 동물은 사막유목생활이라고 하는 근동에서의 새로운 생활양식 발달에 중요한 역할을 했을 것이다. 아마도 사막 유목민들은 장거리 교역의 대부분을 스스로 맡아 했거나 적어도 자신의 영역을 지나가는 교역을 통제했을 것이다.

이 무렵이 되면 근동지역은 서너 개의 강력한 문명으로 나누어진다. 그런 문명은 말이나 낙타 같은 동물들을 성공적으로 거두어들였던 바에 어느 정도 힘입은 결과라고 분명히 말할 수 있다.

제8장

영국의 동물고고학 연구

영국에서는 많은 고고학 유적이 19세기나 20세기 초에 발굴되었는데, 당시는 층서의 복잡성에 대한 이해가 그리 깊지 않았고 발굴기법도 오늘날보다 원시적이었다. 그 결과, 불행히도 동물 뼈 화석 같은 많은 귀중한 자료를 잃어버렸다. 플라이스토세 층서 자료가 가장 풍부한 유적의 하나인 더비셔의 크레스웰크랙즈(Cresswell crags)는 1860년대에 단 사흘 만에(만약 이런 표현을 써도 된다면) '노출'되었던 것이다 – 그것도 다이너마이트를 이용해!

그렇지만 귀중한 발견도 이루어졌는데, 멸종 동물과 함께 발견된 사람이 만든 도구는 인간의 오랜 기원을 증명하려 노력한 찰스 다윈 같은 진화생물학 선구자들의 정당성을 입증하는 데 도움을 주었다. 이와 관련해, 독자들은 서장에 소개한 프리어가 서퍽의 혹슨에서 발견한 바를 상기해 보라(Frere, 1800).

플라이스토세의 대부분 동안, 영국은 빙하가 발달 하던 시기, 즉 '빙하시대'의 극심한 기후로부터 강하게 영향을 받았다[그림 8.1, 표 8.1]. 빙하시대는 여러 번 도래했고, 그 사이에는 아마도 1, 2만 년 정도 지속된 간빙기가 있었다. 빙하시대마다 가장 추웠던 때에는 영국 대부분이 빙하에 덮여 있었다[그림 8.2].

빙하기에는 북아메리카빙하와 스칸디나비아빙하

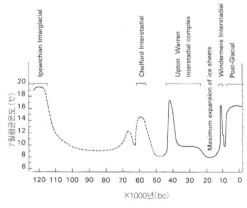

그림 8.1 화석 풍뎅이 자료에 근거한 영국 중부 저지대의 마지막 간빙기 이래 후기 플라이스토세 여름 온도. 출전 Coope, 1977

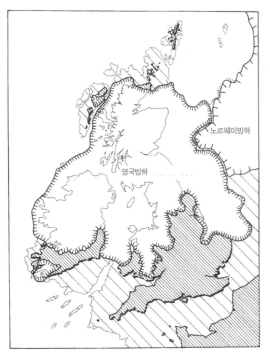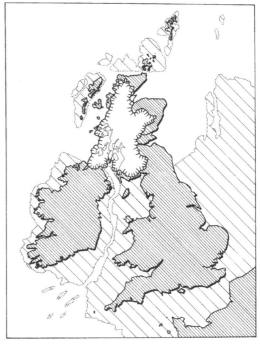

그림 8.2 빙하 극성기(왼쪽) 및 최후 빙하기 만기(오른쪽)의 영국 일대 빙하 분포도. 빗금 부분은 빙하가 없는 육지를 표시한다. 출전 Campbell, 1977

가 매우 많은 물을 가둔 덕분에 해수면이 오늘날보다 훨씬 낮아졌다. 이를 가리켜 '해수면 강하' 현상이라고 한다. 이로 인해 영국과 대륙을 이어주는 넓은 육지가 북해 및 덴마크 남쪽에서 북부 프랑스에 이르는 영국해협에 걸쳐 만들어졌다.

빙하기와 간빙기는 각각에 해당하는 한랭 및 온난 동물상으로 특징지을 수도 있다. 따라서 플라이스토세 고생물학 연구의 많은 부분은 연속해 등장하는 한랭 및 온난 동물상과 빙하기-간빙기 층서를 대비하는 일에 바쳐져 왔다.

마지막 빙하시대(데븐시안; 영국 플라이스토세 용어는 그림 8.4 및 표 8.1 참조) 이후 기후조건이 따뜻해졌어도 영국이 계속 대륙에 연결된 시기가 있었다. 이것은 영국의 동물상에 더운 조건을 좋아하는 종들이 추가될 수 있는 기회가 되었다. 그러나 섬으로 되었을 때는 박쥐와 새를 제외한 새로운 종은 사

람이라는 영력의 힘을 빌려 배를 타고서만 추가로 영국에 도착할 수 있었다. 따라서 영국의 후기 플라이스토세-홀로세 동물상의 변화는 자연적 기후변화와 더불어, 비축식량과 공생동물 두 종류 동물을 거느리며 사람이 이주한 결과 이루어진 셈이다.

데븐시안 말기를 제외하면 사람은 여러 차례 도래했던 빙하시대 그 자체 동안에는 영국 열도에 존재하지 않았다. 아마도 기후가 너무 추웠기 때문일 것이다. 사람의 존재에 대한 '고고학적 단서'는 단지 상대적으로 짧았던 간빙기에, 또 빙하기의 일부로서 기후가 따뜻했으며 지속기간이 더 짧았던 빙간기에만 찾을 수 있다. 사람의 존재를 확실히 말해 주는 가장 이른 증거는 약 25만 년 전 혹스니안 간빙기에 속한다. 참고로, 웨스트베리섭멘딥(Westbury-sub-Mendip)에서 수습된 더 이른 시기의 뼈 퇴적물 중에서 보고된 '수석제 타제석기'는 더 이상 인공유물

표 8.1 영국 후기 플라이스토세와 홀로세 편년. (여러 자료를 참조했으며, 또 J. Wymer와 P. Ashbee의 도움을 받았음)

	1000 AD		1066	노르만정복
	500 AD			유트족(Jutes)과 색슨족(Saxons) 도착
			410	영국이 로마제국에서 이탈
	0		43	로마정복 시작
				벨게족(Belgae) 도착
플란드리안(Flandrian) '후빙기'		철기시대		
	1000 bc			
		청동기시대		
	1500			
		신석기시대		
	4000			
		중석기시대		
	8300			
데븐시안(Devensian) 대체로 한랭		후기구석기시대 후기		
		후기구석기시대 전기		
입스위치안(Ipswichian) 간빙기	70,000	중기구석기시대		
	125,000			
월스토니안(Wolstonian) 대체로 한랭	200,000	전기구석기시대		
혹스니안(Hoxnian) 간빙기	(370,000)			
	250,000			
앙글리안(Anglian) 빙하기	(400,000)			

로 여겨지지 않고 있으며, 동물 유해는 자연적으로 축적되었다고 평가된다.[*]

문화 유물과 동물 유해 모두가 발견된 혹스니안기의 유적으로는 혹슨(Hoxne), 클락톤(Clacton) 및 스완스콤(Swanscombe) 셋이 있다. 이 중 스완스콤에서는 세 조각의 사람 머리뼈가 발견되었다. 세 유적에서는 자갈로 만든 찍개와 상하가 불룩한 형태의 찍개를 갖고 있는 '클락토니안' 석기공작과 함께 주먹도끼를 갖고 있는 아슐리안 석기공작이 확인되었다. 발견 동물에는 곧은엄니코끼리 *Paleoloxodon antiquus*, 멧돼지, 원시소, 사자, 말, 멸종 코뿔소 *Dicerorhinus bemitoechus*, 마카카원숭이, 늑대, 멸종 동굴곰 *Ursus spelaeus*, 일명 '아이리시 엘크'라 불리는 멸종 거대 사슴 *Megaceros giganteus*, 흰반점사슴, 붉은사슴, 노루 및 멸종 거대 비버 *Trogontherium cuvieri* 등이 있다(Stuart, 1982;

표 7.2). 혹스니안기 영국에는 확실히 대형 초식 포유동물 무리가 풍부히 있었다.

코끼리 유해의 동정은 환경의 성격에 대한 단서를 제공해 준다. 코끼리 이빨 교합면의 에나멜 판의 숫자는 음식의 거친 정도와 관계된다. *Palaeoloxodon antiquus*는 상대적으로 적은 수의 판을 갖고 있었고 즙이 많은 나무와 관목의 잎을 먹었다. 털이 많은 매머드 *Mammuthus primigenius*는 더 많은 판을 갖고 있어, 툰드라와 스텝 지대의 거친 섬유질 식물을 이용할 수 있었다. 이 두 종류의 코끼리는 플라이스토세 초기의 추운 기후 단계를 겪고 얼마 지나지 않았을 때, 아직 전문적으로 적응하지 않은 플라이오세 코끼리 *Archidiskodon meridionalis*에

[*] 옮긴이 주: 복스그로브(Boxgrove) 등의 유적에서 발견된 가장 이른 시기의 구석기는 현재 50만 년 전이나 그 이전에 속한다고 알려져 있다.

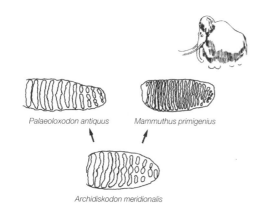

그림 8.3 플라이스토세 초의 코끼리 *Archidiskodon meridionalis* 및 그 후손인 삼림지대의 곧은엄니코끼리 *Paleoloxodon antiquus* 와 추운 환경에 적응한 매머드 *Mammuthus primigenius* 어금니의 교합면. 출전 Zeuner, 1958. 위쪽의 그럴 듯한 생김새의 매머드 스케치는 브뢰이(Breuil)가 다시 그린 고대 이름 모를 화가가 남긴 그림이다. 출전 Maska *et al.*, 1912

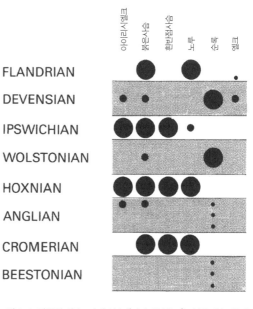

그림 8.4 영국의 사슴. 거대 사슴('아이리시엘크'), 붉은사슴, 흰반점사슴, 노루, 순록 및 엘크가 빙하시대(회색)와 간빙기(흰색)에 출현하는 사례 모음. 큰 원 = 해당 시기 대부분 동안 존재; 중앙 배치 중간 크기 원 = 해당 시기 동안 간헐적 출현; 위쪽 배치 중간 크기 원 = 해당 시기 마지막에만 출현; 작은 원 = 해당 시기 중 불확실 시점 출현. 출전 Lister, 1984

서 진화했다고 보인다(그림 8.3, Zeuner, 1958: 386, Stuart, 1982: 87). 스완스콤에 *Palaeoloxodon antiquus*가 존재한다는 사실은 이곳이 일종의 삼림환경이었음을 시사해 주는데, 층서에서 위쪽으로 가며 그 빈도가 감소한다는 점은 환경이 좀더 개활지로 되었고 아마도 더 한랭한 스텝 조건으로 되돌아갔음을 말해 준다고 보인다(Evans, 1975).

약간의 문제가 있지만, 입스위치안간빙기에는 포유동물상을 산출하는 구석기 유적이 많이 있다고 알려져 있는데, 그런 동물상 사이에는 종종 큰 차이가 보인다. 예를 들어, 테임즈 하류역의 일포드(Ilford)와 에이블리(Aveley)에서는 매머드와 말은 많으나 하마가 보이지 않지만, 런던 트라팔가광장(Trafalgar Square) 유적에서는 흔히 따뜻한 기후를 지시한다고 여겨지는 하마는 존재하지만 매머드나 말이 보이지 않는다. 순록이 없어 입스위치안기에 속한다고 여겨지는 또 다른 테임즈 유역의 유적으로는 크레이퍼드(Crayford)가 있는데, 이곳에서는 르발루아 석기공작이 매머드, 털코뿔소(*Coelodonta antiquitatis*), 말 및 사슴과 함께 발견되었다. 이외

에도 서너 개의 포유동물 지점이 영국 동남부에서 발견되었지만, 동물과 같은 시기에 함께 살았던 고대인에 대한 믿을 만한 증거는 아직 발견을 고대해야 하는 편이다. 입스위치안간빙기에는 흰반점사슴이 영국으로 되돌아왔다(그림 8.4). 이 사슴은 혹스니안기의 것보다는 작지만 현대 영국의 그것보다는 몸집이 더 컸다(Lister, 1984).

데본(Devon) 남부 토뉴튼(Tornewton) 동굴은 19세기 말 처음 발굴되었고, 1950년대에 다시 조사되었다(Sutcliffe and Zeuner, 1962). 이곳의 여러 층에서 발견된 풍부한 포유동물 화석상은 주기적 기후변화를 말해 주고 있다. 최하부에는 한랭기후 단계를 말해 주는 울버린과 순록이 포함된 층들이 있다. 그 위로는 순록이나 울버린 대신 남방형 털코뿔소 *Dicerorhinus hemitoechus*, 하마 및 다량의 하이에나 뼈와 분석이 포함된 간빙기 층이 이어진다.

표 8.2 잉글랜드와 웨일즈의 플라이스토세 후기 및 홀로세 초기의 야생 유제류(일부 자료는 Grigson, 1978 및 1981에서 취함)

문화기	후기구석기시대 후기				중석기시대 전기		중석기시대 후기	신석기 및 청동기시대	철기시대
지사	전 드라이어스기 I	알레로드기 II	후 드라이어스기 III	선 보리알기 IV	보리알기 전기 V	보리알기 후기 VI	아틀랜틱기 VIIa	속 보리알기 VIIb	속 아틀랜틱기 VIII
매머드	?	–	–	–	–	–	–	–	–
털코뿔소	v	–	–	–	–	–	–	–	–
야생말	v	v	v	v	?	?	?	?	?
순록	v	?	v	v	–	–	–	–	–
아이리시엘크	v	?	?	–	–	–	–	–	–
엘크	–	v	?	v	?	–	–	–	–
붉은사슴	?	?	?	v	v	v	v	v	v
노루	–	–	–	v	v	v	v	v	v
원시소	–	–	–	v	v	v	v	v	–
들소	?	–	–	–	–	–	–	–	–
멧돼지	?	?	?	v	v	v	v	v	v

동굴은 이 시기에 하이에나 소굴이었던 듯하다. 이 간빙기 층은 순록, 말, 털코뿔소가 있는 '한랭'층으로 덮여 있다. 상층에서는 아마도 뿔을 가공한 증거인 듯 약간의 수석제 석기와 400점이 넘는 순록 뿔 조각이 발견되어 사람들이 가끔씩 동굴을 찾았던 것처럼 보인다.

토뉴튼 층서에 포함된 간빙기가 어떤 시기인지를 밝힌 사람은 서트클리프(Sutcliffe)이다(Ovey, 1964 참조). 그는 혹스니안에 없던 하마와 하이에나가 존재하고, 혹스니안에 드물게 존재하던 *Dicerorhinus hemitoechus*가 없으며, 혹스니안에 존재하던 *Dicerorhinus kirchbergensis*는 없다는 점에서 이 간빙기가 입스위치안임을 말해 준다고 해석했다. 만약 옳다면, 토뉴튼 동굴의 나머지 여러 층은 월스토니안빙하기(끝에서 두 번째 빙하기), 입스위치안간빙기 및 데븐시안 빙하기에 해당할 것이다.

마지막 빙하시대의 시작인 데븐시안에 사람이 살았음을 말해 주는 증거는 매우 미약할 뿐이지만, 2만 6천 년 전 무렵이 되면 후기구석기시대 사람들은 충분히 발달한 돌날석기문화를 갖고 있어 영국 내지 영국 남부 지방에 다시 들어와 살 수 있었다. 그러나 영국에서는 후기구석기시대의 초기와 후기 사이, 즉 26000에서 12500 bc 사이에 해당하는 사람의 유해는 발견되지 않았는데, 당시 기후가 너무 추웠기 때문에 사람이 살지 않았을 것으로 보인다. 12500 bc에 시작해 8000 bc까지 지속된 후기구석기시대 후기는 따라서 사람이 영구히 정착하기 시작한 때가 된다.

와이머(Wymer)는 여러 후기구석기 유적에서 발견된 다수의 대형 포유동물 자료를 정리해 보았다. 예를 들어, 사자와 털코뿔소는 12325 bc로 측정된 데븐셔(Devonshire) 남부 켄츠 동굴(Kent's Cavern)의 한 층에서 발견되었고, 매머드 앞발목뼈 한 점이 연대가 16045 bc인 웨일즈 북부의 한 동굴에서 발견되었다. 그는 이런 대형동물들은 후기구석기시대 사람들이 멸종에 이르도록 사냥할 때까지 영국에서 살았을 것이라고 보았다(멸종 추정시점은 표 8.2 참조).

엘크, 말, 순록과 붉은사슴은 후기 데븐시안 동안 영국에 도래했다(Wymer, 1981). 랭카셔 블랙풀(Blackpool) 근처 하이펄롱(High Furlong)에서는 연대가 10000에서 9000 bc 사이로 측정된 거의 완벽한 엘크 *Alces alces* 수컷의 골격 한 벌과 함께 두 점의 미늘 달린 뼈 찌르개가 발견되었다(Barnes *et*

그림 8.5 블랙풀 근처 하이펄롱에서 발견된 최후 빙하기 말기의 엘크 뼈. 왼쪽 앞발허리뼈 측면에 홈이 몇 개 보인다. 오른쪽은 홈의 확대사진이다. 사진 제공 John Hallam

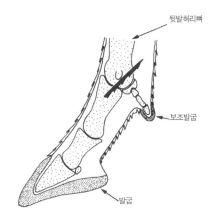

그림 8.6 영국 랭카셔 블랙풀 근처 하이펄롱에서 발견된 최후 빙하기 말기의 미늘 달린 찌르개가 박힌 엘크 왼쪽 뒷발. 출전 Hallam *et al.*, 1973

석 박편과 함께 발견되었고, 연대는 8400 bc 직전으로 측정되었다.

영국의 중석기시대

최후 빙하시대의 종식 시점인 8300 bc 무렵 기후는 갑자기 빠른 속도로 따뜻해졌다. 빙하가 물러가며 개활지 식생은 삼림으로 대체되었다. 유럽 북서부에서 일어난 이러한 식생 변화는 사람들이 후기 구석기시대의 무리동물 사냥을 버리고, 대신에 삼림 환경에 적응해야만 했음을 뜻하는 일이었다. 얼음이 녹자 해수면은 상승했고, bc 7천년기에 영국은 다시 섬이 되었다.

영국의 중석기시대 문화는 대략 8000 bc에서 시작해 3400-3000 bc경 발생한 느릅나무 쇠락 사태 무렵까지 지속되었다. 신석기시대는 이 사건과 더불어 시작한다.

고고동물 증거는 영국이 섬이 되기 전인 6500 bc 이전에 많은 종의 포유동물이 영국으로 성공적으로 확산해온 사실을 말해 준다. 영국에서 오늘날 보는 바와 같은 동물종은 대부분 틀림없이 바로 이때에

al., 1971). 연구자들은 이 불쌍한 동물이 어느 부위에 사냥꾼의 공격을 받았는지를 말해 주는 아물지 않은 병변을 골격 여러 곳에서 확인했다(그림 8.5). 그러나 몇몇 상처는 박테리아 감염에 의한 골다공증 반응흔을 보여 주고 있어 동물이 죽기 오래 전에 입은 것임에 틀림없다. 덧붙여 미늘 달린 뼈 찌르개 한 점이 왼쪽 뒷발허리뼈 원위 끝에 생긴 넓은 홈에 박혀 있는 상태 그대로 발굴되었다. 이 홈은 뼈에 박힌 찌르개가 주는 압력으로 뼈 조직 흡수와 감염이 유발되어 동물이 살아 있을 때 뼈가 닳아 버려 생긴 것처럼 보인다. 이런 일은 아마도 동물이 죽기 2-3주 전에 일어났을 것이다(그림 8.6). 요크셔의 플릭스턴(Flixton)에서는 또 다른 사냥 유적이 발견되었다(Clark, 1954에 실린 More의 글). 이곳에서는 골격 전부는 아니지만 말 세 마리분의 뼈가 여러 점의 수

확립되었을 것이다. 그렇더라도 북유럽의 모든 동물이 멀리 영국에까지 이르렀던 것은 아니다. 그 결과 영국 본토의 육지동물상은 다양성에서 대륙보다 다소 떨어져, 너도밤나무담비, 두 종의 흰이빨뾰족뒤쥐, 서너 종의 들쥐, 유럽 밍크 및 마당겨울잠쥐가 보이지 않는다.

아일랜드에는 이러한 후빙기 동물들이 이주하지 않는데, 왜냐하면 일찍부터 폭이 좁아지긴 했지만 영국과 아일랜드 사이에는 아일랜드 '해'가 가로놓여 있었기 때문이다. 아일랜드에 멧돼지, 소나무담비, 오소리, 들고양이, 붉은다람쥐, 나무생쥐 같은 포유동물이 존재하는 것은 인간의 도움이라는 모종의 '특별한 수단' 덕분인데, 노루도 아마 그 덕분에 여기 도착했을 것이다(표 8.4 참조). 아일랜드의 동물상은 과거에도 그렇듯 지금도 제한적인 양상인데, 두더지, 족제비, 뾰족뒤쥐, 원시소, 엘크 및 붉은사슴 같은 종이 없다. 이러한 보잘것없는 사정은 예를 들어 연체동물상 같은 다른 종류의 동물에서도 마찬가지이다(Kerney and Cameron, 1979).

영국의 후빙기 기후가 과거의 여러 간빙기와 그리 다르지 않다면, 어째서 사자, 코끼리, 코뿔소, 하마 같은 동물은 영국에 돌아오지 않았을까? 이에 대한 가장 그럴 듯한 답은 이런 동물들은 인간과의 경쟁으로 그 분포가 극심하게 제한받았을 것이라는 추정이다(Evans, 1975). 우리는 매머드, 털코뿔소, 들소, 동굴곰, 거대 사슴, 순록 및 하이에나 같은 최후 빙하기 말의 동물 여러 종이 후빙기에 들어와 얼마나 오래 살아남을 수 있었는지 모르고 있는데, 다만 최근 들어 늦은 시기에 해당하는 이런 동물들의 발견사례 및 가축동물의 도착 시점 연대를 파악하기 위한 장기적 안목에서의 방사성탄소연대 연구가 시작되었다(Clutton-Brock and Burleigh, 1983).

최후 빙하기를 지나 살아남았을 동물에는 늑대, 갈색곰, 북방족제비, 피그미 뾰족뒤쥐, 뿌리들쥐, 푸른산토끼, 순록 그리고 아마도 말이 포함될 것이다(클러턴-브록과 벌레이는 켄트에서 발견된 순록 뼈를 7810 bc로, 말 발허리뼈를 7800 bc로 측정했음; Grigson, 1981 참조). 이 살아남은 최후 빙하기 종에 더해, 이후 원시소, 엘크, 붉은사슴, 노루, 비버, 소나무담비, 오소리, 고슴도치, 두더지, 일반 뾰족뒤쥐 및 물들쥐가 추가되었다. 이런 동물들은 모두 버크셔에 있는 중석기시대 초의 댓첨(Thatcham) 유적(8400-7500 bc)에서 발견되었고, 이중 대부분의 동물과 갈색산토끼가 약 7500 bc로 측정된 요크셔의 스타카에서 발견되었다. 이 두 유적은 영국에서 가장 이른 시기의 중석기시대 유적이자 가장 잘 알려진 것이기도 하다. 아일랜드에서 사람의 존재를 말해 주는 가장 이른 증거는 중석기시대의 마운트샌들(Mount Sandel) 유적에서 알려졌고, 약 7000-6400 bc의 ^{14}C 연대를 갖고 있다.

중석기시대 초의 주거유적은 아마도 잉글랜드 지방에 국한되어 분포한다고 보인다. 사체 무게를 기준으로 할 때, 당시 사람이 사냥한 동물 중에서 가장 중요한 것은 붉은사슴이며, 이어 원시소, 엘크, 노루 및 멧돼지가 그 뒤를 따른다.

엘크는 이후의 중석기시대 유적에서 사라진다. 영국이 중석기시대 동안 유럽에서 떨어져 나와 고립되며 급격히 멸종한 동물로는 엘크가 유일한데, 아마도 5000-6000 bc 무렵 사라졌을 것이다. 이러한 사정이 도래한 이유의 하나는 엘크가 선호하던 관목이 풍부한 소택성 삼림 서식지가 보리알기 후기에 말라 버렸다는 것일 텐데, 인간의 사냥이 그 과정을 가속화했을 것이다.

그릭슨(Grigson, 1978)은 중석기시대 사람들이 동물의 고기 이외에도 포유동물을 어떻게 이용했을지 그 내역을 작성해 보았다. 사슴뿔, 뼈, 멧돼지의 엄니와 비버의 턱은 도구로, 이빨과 수염은 장식품으로, 살가죽(skin)은 옷, 침구 및 아마도 움막과 배

표 8.3 에스키모의 북방 혹은 스텔러(Steller)바다사자(*Eumetopia jubata*) 사용처 사례(출전 Grigson, 1981 및 Laughlin, 1977)

부위	용처
가죽	카약 및 우미약(umiak) 덮개, 작살 끈, 옷, 신
살	식량
지방	식량; 고기와 함께 또는 기름으로 섭취
내장(심장, 간, 지라, 콩팥)	식량
뼈	갈비뼈는 뿌리 파는 도구, 위앞다리뼈는 몽둥이, 음경뼈는 저미는 도구
이빨	장신구
수염	나무 사냥모자 및 햇빛가리개 장식
힘줄	등 힘줄을 바느질실, 밧줄과 끈으로 사용
물갈퀴	바닥은 신발바닥으로, 내용물은 아교질로 만들어 섭취
심낭	물주머니, 일반 용기
식도	파카, 바지, 다리감싸개, 주머니
위장	저장용기(특히 건조연어용)
창자	파카, 바지, 주머니

의 덮개로, 질긴가죽(leather)은 여러 목적으로, 각종 동물의 뿔은 액체의 운반과 보관에, 힘줄은 실로, 지방은 기름으로 사용되는 등 각종 부위가 다양하게 사용되었을 것이다(표 8.3 참조).

스타카

요크셔 픽커링(Pickering) 계곡에 있는 스타카는 유럽에서 가장 잘 알려진 중석기시대 유적의 하나이다(Clark, 1954). 유적은 클라크(Graham Clark)가 1949년에서 1953년 사이에 발굴하였다(Clark, 1972). 문화층에서는 7538과 7607 bc 두 개의 방사성탄소연대 측정치가 얻어져 그 연대를 말해 준다.

스타카에서 수습된 뼈는 처음 프레이저(Fraser)와 킹(King)이 연구했으며, 이후 데거뵐(Degerbøl, 1961)이 *Canis*로 분류된 뼈를 다시 동정하였다. 그는 자그마한 청각융기, 크기의 왜소함 및 서로 겹치는 작은 어금니를 근거로, 이것이 가축화된 개라고 판단하였다. 이가 겹치는 현상은 영양 결핍으로 인해 턱뼈가 이빨과 잘 맞는 정도로 발달하지 못해 발생한 결과일 수도 있지만, 아무튼 그렇다면 이것은 영국에서 가축과 관련된 가장 이른 시기의 자료이겠다. 중석기시대 사람들은 제6장에서 살핀 이스라엘의 나투피안 사람들과 마찬가지로 수렵과 채집으로 생계를 유지했기 때문에, 사람과 늑대라는 두 사회적 존재 사이에 특별한 관계가 존재했을 수 있다.

레지와 로울리-콘위(Legge and Rowley-Conwy, 1986)가 실시한 스타카 동물상의 재검토에 따르자면, 스타카 동물상에는 붉은사슴(535조각), 엘크(243조각), 원시소(170조각), 노루(101조가) 및 멧돼지(23조각)가 포함되어 있다. 두 사람의 연구는 또 유적이 아마도 봄과 여름에 점유되었음을 보여 주었다(제4장).

스타카에서 수습된 진기한 발견품 중 하나는 아직도 뿔이 제자리에 많이 붙은 채 인공적으로 매끄럽게 다듬어진 여러 점의 수사슴 이마 조각이 있다. 클라크는 카록(Karok)족 사냥꾼이 사슴을 유인하기 위해 머리에 쓰는 물건의 사례와 같이(Kroeber, 1925: 78), 현대 캘리포니아 원주민 등의 민족지에 보이는 유사사례를 인용해, 이것은 가면으로서 아마도 다른 사슴을 몰래 뒤쫓거나 제의행위를 할 때 사용했을 것이라고 해석하였다.

붉은사슴의 뿔은 미늘 달린 찌르개 등의 도구 제작에 사용되었다. 제작에서는 우선 단단한 뿔 바깥 부분에 걸쳐 몇 줄의 긴 홈을 깊이 판 다음 홈 사이에서 조각들을 떼어 냄으로써 소재를 만들고는 이것을 원하는 형태로 다듬었다. 102점의 수사슴 뿔

중에서 그런 식으로 조각을 떼어 낸 것이 83점에 달했다.

휠러(Wheeler, 1978)는 중석기시대 당시에 스타카 유적이 큰 민물호수 가까이 위치했음에도 불구하고 놀랍게도 유적에는 물고기 유해가 없다는 사실에 대해 다음과 같은 견해를 제시하였다. 즉, 마지막 빙하기 동안 영국에서는 소금물을 견디지 못하는 물고기인 1차담수어가 모두 멸종하였다는 것이다. 이후 후빙기 초 기후가 개선되고 육지로 노출된 북해가 다시 바다가 되기 전까지 많은 담수어종이 서로 연결된 하계망을 통해 영국을 점차 재점령할 수 있었는데, 오늘날 영국 동부의 어류상이 서부의 하천보다 더 풍부하지만 라인이나 엘베 강과 비교할 때 빈약한 양상인 것은 이러한 사정으로써 설명할 수 있다는 것이다(Wheeler, 1978). 이러한 어류의 재확산 과정은 시간이 걸렸을 것인데, 휠러는 이 지역에 민물고기가 도착하기 이전에 스타카가 점유되었을 것이라고 해석하였다.

중석기시대 후기

영국이 섬이 된 보리알기에 인간은 영국 열도의 서부와 북부 지역으로 퍼져 나갔다. 이 시기의 유적으로서, 스코틀랜드에서는 중요한 중석기시대 유적 서너 곳이 발견되었다. 예를 들어 파이프(Fife)에 있는 모튼테이포트(Morton Tayport) B 유적에서는 (Coles et al., 1971) 4432에서 4165 bc에 걸치는 연대가 얻어졌다. 이 유적은 해변에 있으며, 그 위치에서 예상할 수 있는 바대로 꼬막 같은 해양 연체동물, 게, 그리고 대구를 중심으로 해덕대구, 대문짝넙치, 연어류, 철갑상어 등의 다양한 물고기 유해가 풍부하게 발견되었다. 대구가 많다는 사실은 배를 이용한 심해낚시가 이루어졌음을 시사해 준다. 중석

기시대의 심해낚시와 해양자원 이용을 말해 준다고 보이는 기타 증거에 대해서는 제5장에서 다룬 바 있다. 모튼테이포트 B에서는 해양동물 이외에도 엘크를 제외한 모든 종류의 유제류가 발견되었는데, 사체 무게를 기준으로 할 때 유제류는 이곳에서 소비된 육류의 3분의 2 가량을 차지했던 것처럼 보인다(베일리[Bailey, 1978]는 붉은사슴 한 마리는 꼬막 156,800개와 동등하다고 계산하였다).

스코틀랜드 서해안과 섬 지역에서는 중석기시대 후기 오바니안(Obanian)문화에 속하는 몇몇 유적이 발굴되었다. 그중에는 19세기에 발굴된 것도 있다. 유적은 모두 패총이지만 물개나 고래 뼈도 들어 있어, 이러한 해양 포유동물 자원을 무시하지 않았음을 보여 준다.

오론세이

이너헤브리디스 군도의 오론세이 섬에서는 고고학 조사가 세심하게 이루어졌다(제4장, 그림 4.5). 멜라즈(Mellars, 1978)는 이곳에서 연대가 3700-3200 bc에 걸친 네 개의 패총을 발굴하였다. 그릭슨에 따르자면, 이 섬은 너무 작아 붉은사슴 떼가 서식할 수 없는 곳이다. 그는 유적에서 발견된 붉은사슴은 크기에서 두 군으로 나뉘는바, 작은 사슴들은 인접한 콜론세이(Colonsay)에서, 더 큰 것들은 아일레이(Islay)나 쥬라(Jura) 같은 더 큰 섬 내지 본토에서 갖고 왔을 것이라고 보았다. 고대의 오론세이 주민들은 생계를 바다에 의존했다. 엄청난 양의 삿갓조개 같은 연체동물 이외에도, 물개, 새와 물고기가 식단에서 중요한 부분을 차지했는데, 특히 북대서양대구(Pollachius virens)는 여기서 발견된 전체 물고기 뼈 중 최소한 95%를 차지하고 있다. 북대서양대구 이석 크기의 변화에 근거한 유적 점유의 계절성에 대한 윌킨슨의 매우 흥미로운 연구는 제4장에서 소개한 바 있다.

최후 빙하기와 후빙기의 아일랜드[표 8.4]

포유동물은 최후 빙하기에 속한다고 알려진 아일랜드 남부의 여러 동굴에서 발견되었다(Wijngaarden – Bakker, 1974). 그러나 유감스럽게도 이런 동굴의 층서는 혼란스러운 형편이다. 스라소니와 하이에나 두 동물은 최후 빙하기 중 몇 차례 찾아온 좀더 따뜻한 빙간기에는 모두 존재했으나, 빙간기에 이어진 추웠던 빙기 동안에는 멸종했다고 알려져 있다. 매머드, 북극여우, 거대 사슴, 순록이나 나그네쥐 같은 다른 플라이스토세 동물들의 유해도 발견되었지만, 이런 것들이 사람의 유해나 문화 흔적과 함께 발견되는 적은 전혀 없다. 이런 동물들은 최후 빙하기가 끝나며 기후가 따뜻해지고 삼림이 확산하자 멸종했다고 여겨지고 있다. 그러나 늑대, 여우, 갈색곰, 북방족제비, 산토끼 같은 몇몇 동물은 빙하기를 견뎌 살아남았거나 아니면 많은 논란이 있지만 영국과 대륙을 잇는 육교가 수몰되기 전의 이른 시기에 이주해 왔다고 여겨진다. 붉은사슴이 플라이스토세의 생존자인지 혹은 중석기시대에 도입된 것인지는 불확실하다. 그러나 아일랜드에는 엘크나 원시소, 노루는 전혀 존재하지 않았다고 보인다.

아일랜드의 중석기시대 주민들의 경제는 연체동물과 갑각류 채집, 고기잡이 및 해양포유동물(물개와 고래), 새, 붉은사슴, 멧돼지와 갈색곰 사냥에 의존하고 있었다. 아일랜드의 신석기문화는 아마도 영국보다 약간 늦어 약 3400 bc 이후 시작했을 것 같은데, 이때 중석기 경제는 경작과 동물 사육에 기초한 경제로 대체되었다.

표 8.4 사람이 아일랜드에 도입한 포유동물 일람(자료는 주로 Van Wijngaarden-Bakker, 1973에 근거함)

1) 의도적 도입

a) 가축

소	약 2700 bc (3500 BC)
양	약 2700 bc (3500 BC)
염소	약 2700 bc (3500 BC)
말	약 2000 bc
고양이	1세기
당나귀	18세기

b) 기타 포유동물

흰반점사슴	노르만시대?
토끼	13세기
갈색산토끼	1850부터
시카사슴	1884
식용 겨울잠쥐	1885 (정착 실패)
회색다람쥐	1890, 1911
사향쥐	1927 (1934년 멸종)
밍크	1950부터

2) 우연한 도입

집쥐	로마시대 혹은 그 이전; 아니면 바이킹?
곰쥐	1187 이전
시궁쥐	1722부터
뚝들쥐	1964부터

중석기시대에 이미 아일랜드에 살던 동물로는 멧돼지, 산토끼, 붉은사슴이 있는데, 아마도 아일랜드 남부에서 최후빙기를 견뎌냈을 것이다(Mellars, 1978에 실린 Woodman의 글 참조).

신석기시대

신석기시대의 문화, 기술 및 경제는 기원전 4천년기 중반 영국에 이르렀다. 신석기시대 사람들은 아마도 넓은 지역에 걸쳐 숲을 베어내고 출입도로가 달린 주거지(causewayed camp)를 처음으로 만들었을 것이다. 신석기시대는 2100 bc 무렵 끝이 났다.

현재까지 알려진 바로는 영국의 야생동물상은 그리 변하지 않았는데, 빙하기에 비교할 때 기후변화는 미약한 편이었다. 중석기시대의 동물은 대부분 청동기시대까지 살아남았으나 예외가 있다면 엘크인데, 엘크는 아마 신석기시대 이전에 이미 멸종했을 가능성이 있다. 그릭슨(Grigson, 1981; 1984)은 영국 신석기시대 동물상을 잘 정리했는데, 동물자료는 주로 가축화한 동물의 뼈로 이루어져 있다. 야생동물들은 이 시기가 되면 경제생활에서 중요하지 않게 되어 버린 듯하다.

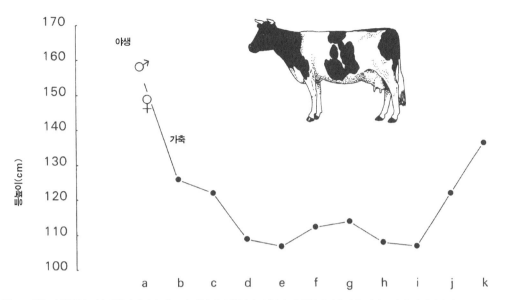

그림 8.7 등높이 평균치로 본 영국에서의 소의 크기 변화. (a) 중석기, 신석기 및 청동기시대 암수 원시소. (b) 신석기시대 초 가축 소, 2600 bc. (c) 신석기시대 후기, 비커문화 및 청동기시대 초, 약 1900 bc. (d) 중기청동기시대, 1000 bc. (e) 철기시대, 300 BC. (f) 로마시대, 1-4세기. (g) 앵글로-색슨 및 스칸디나비아기, 7-10세기. (h) 색슨-노르만 및 중세 초, 11-13세기. (i) 중세 후기, 14-15세기. (j) 튜더 왕조, 15세기말-16세기. (k) 현대, 18세기말. 출전 Grigson, 1982 및 Armitage, 1982

신석기시대에 있었던 가장 중요한 고고동물상 변화는 가축의 도입으로서, 양과 염소는 확실히 이때 모두 영국에 새로 들어온 것이 사실이며, 아마 소와 돼지도 들어왔을 것이다. 소와 돼지의 도입 여부는 증명하기 어려운데, 왜냐하면 소와 돼지의 야생 친척인 원시소와 멧돼지가 영국에 이미 살고 있었으므로 가축화가 이곳에서 이루어졌을 수 있기 때문이다. 그릭슨은 중간 크기의 소와 돼지 뼈가 전혀 보이지 않는다는 사실에 주목하였는데, 이것은 증거로서 미약하긴 하지만 이런 동물들이 배에 실려 갑작스럽게 도입되었음을 말해 준다는 것이다. 소가 아일랜드에 배편으로 실려 갔음은 분명한데, 왜냐하면 그곳에는 원시소가 없었기 때문이다. 꽤 최근까지도 소는 아일랜드 서부 해안에서 큐라(curragh)라고 하는 잔가지로 엮고 캔버스 천을 덮은 자그마한 배에 실려 다니곤 했다(Grigson, 1984). 아마도 옛날에는 배 위에 가축을 덮었을 것이다. 현재까지 영국에서 소나 양 혹은 염소의 발견이 보고된 가장 오

래된 유적은 버크셔 램번(Lambourn)과 윌트셔 퍼셀스롯지에 있는 대형 토총고분으로, 각각의 연대는 약 3415 및 3230 bc이다. 그러나 가축은 이보다 앞서 바다 건너에서 도입되었을 수 있다. 크기가 작은 돼지, 다시 말해 가축화한 돼지의 가장 빠른 증거는 윈드밀힐(Windmill Hill)에서 발견되었는데, 출입도로가 달린 주거지 유적 가장자리에 이를 에워싼 울타리가 들어서기 이전인 약 2960 bc의 층에서 발견되었다.

신석기시대 영국의 가축화한 소는 크기가 원시소보다 작지만, 이어지는 청동기시대의 소보다 크다(Jewell, 1962). 어깨 높이, 즉 어깨뼈 사이의 기갑까지의 높이는 발허리뼈 길이에 알려진 상수를 곱해 구할 수 있다. 후빙기 원시소는 등높이 평균이 암소 1.47m, 수소 1.57m, 그리고 신석기시대 가축 소는 평균 1.25m, 중기청동기시대-철기시대 소는 1.1m에 조금 못 미친다(그림 8.7; Grigson, 1982). 영국 신석기시대 유적에서 발견된 소뼈는 대부분 다 자란

암소 뼈로 알려졌다(Legge, 1981). 그렇다면 암소들로부터 우유를 짰던 것일까? 수소를 거세했다는 증거는 발견되지 않았는데, 어쩌면 수컷은 대부분 매우 어렸을 때 잡았으므로 뼈가 보존되지 않았을 것이다. 영국의 신석기시대 뼈를 복원한 그릭슨은 신석기시대 암소는 몸집이 꽤 날씬하고 수컷은 벌어진 모습이지만 모두 긴 뿔을 갖고 있음을 확인하였다. 신석기시대 수소는 선사시대 이후 대부분의 소와 많은 현대 소가 갖고 있는 짧은 원추형 뿔을 갖고 있지 않았으며, 그 특징이 원시소 중 크기가 작은 것들과 대체로 매우 닮았다.

유럽 대륙에서도 유사한 행위가 있지만, 소와 관련된 흥미로운 의례의 증거로는 '머리 발굽' 매장행위가 있다. 틸스헤드롯지(Tilshead Lodge)나 퍼셀스롯지 같은 신석기시대 큰 흙무덤의 발굴에서는 죽은 사람과 소의 다리를 함께 묻었음이 확실히 드러났다. 이런 유적들에서는 매장을 하며, 가옥 형태의 매장 주체부를 돌과 흙으로 덮기 전에 다리와 꼬리가 다 붙어 있고 경우에 따라서는 머리까지 붙어 있는 소 한 마리분의 가죽을 그 위에 둘러놓았을 것이라는 의견이 제시되었다(Grigson, 1984). 이런 행위는 내세의 삶을 위한 보호와 양식을 주려는 목적에서 이루어진 것이었을까? 소를 중시하는 것은 인도 베다 기의 황금송아지 신앙에서처럼 구대륙의 여러 종교에 널리 퍼졌던 듯하다. '머리 발굽' 매장의 좋은 사례는 또 윌트셔 에이브베리(Avebury) 근처 헴프놀(Hemp Knoll) 언덕 위에 있는 비커문화기의 큰 토총고분 밑에 놓인 층에서도 발견되었다(Robertson-Mackay, 1980). 여기에서 그릭슨은 사람 뼈와 함께 발견된 아마도 늙은 암소처럼 보이는 가축 소의 네 다리와 거의 완전한 두개골을 확인하였는데, 묻힌 사람은 35에서 45세 사이의 남성으로서 옆으로 누운 자세였다.

서포크 소택지대(the Fenlands)의 피터보로(Peterborough) 근처 이튼(Etton)에 있는 신석기시대 중반의 출입도로와 울타리가 달린 주거 유적(causewayed enclosure)에서는 소를 쟁기 끄는 데 사용했을 가능성을 보여 주는 놀라운 증거가 발견되었다. 이 유적에서 발견된 뼈는 대부분 소뼈인데, 연구결과는 곧 발표될 예정이다(Armour-Chelu, in press). 그는 소의 볼기뼈절구와 어깨뼈 몇 점에서 뼈의 형태가 이상 성장으로 다양하게 재구성되고 있던 상태임을 발견하였다. 수의학적 견해에 따르자면(Baker and Brothwell, 1980), 이런 상태는 대개 사역 동물에서 보이는데, 동물이 과도한 압박을 받았을 때 발생하는 퇴행성 관절 질병의 일종인 골관절증이라고 한다.

절대적으로 그렇다고 하기는 어렵지만, 동물을 이용한 견인 활동으로 만들어졌을 가능성이 크다고 보이는 간접적 고고학적 증거로는 윌트셔 에이브베리 근처의 대형 흙무덤 아래에서 발견된 쟁기지국을 꼽을 수 있다(Fowler and Evans, 1967). 이 흔적은 약 15m² 범위에서 발견되었는데, 쟁기자국 내부와 그 아래에서 발견된 시료는 연대가 2800-2500 bc(3500-3200 BC)로 측정되었다. 영국 최초의 쟁기 사용을 말해 주는 이 연대는 다른 지역에서 알려진 연대와 놀랍도록 일치하는데, 덴마크, 폴란드, 헝가리, 독일, 체코에서도 2800에서 2500 bc 사이의 연대가 얻어졌다(Sherratt, 1981 참조).

뼈의 숫자와 사체 무게라는 두 가지 증거는 모두 초기 신석기시대의 경제생활이 일차적으로 소에 의지했으며, 양/염소와 돼지는 단지 약간만 갖고 있었을 뿐임을 보여주고 있다. 그러나 1장에 소개한 페인의 체 선별 실험을 생각할 때, 이런 자료는 극히 조심스럽게 다루어져야 한다. 더구나 레지(Legge, 1981)는 영국에서 발굴된 수많은 신석기 및 청동기시대 유적은 모종의 의례행위나 사회적 목적의 모임이 이루어졌던 제의적 성격의 유적이므로, 당시

그림 8.8 11월에 도토리를 먹고 있는 돼지. 메리여왕 찬 시편(Queen Mary's Psalter. 14세기 초)에 실린 그림. 자료 제공 British Library; MS Royal 2BVII f.81v

영국 주민들의 일상생활이나 가정경제를 반영하지 않을 것임을 지적하였다. 돼지는 후기 신석기시대의 짧은 기간 동안 매우 많이 있었지만, 스코틀랜드의 도서 유적에는 돼지가 보이지 않는데 이것은 아마도 방목할 숲이 없었기 때문일 것이다(Dent, 1977). 돼지는 아마도 긴 다리와 긴 주둥이를 갖고 있었을 것이며, 야생 멧돼지의 축소판에 가까운 모습이었을 것이다(그림 8.8). J. 윌프렛 잭슨(J. Wilfred Jackson, 1935)은 윌트셔 윈터슬로우(Winterslow)에서 발견된 개의 골격을 두고 '폭스테리어 형의 작은 개'라고 보고하였다. 이 말은 물론 현대의 폭스테리어가 신석기시대에 기원했음을 뜻함이 아니다. 신석기시대 양은 대개 크기가 작으며, 현대 서에이(Soay) 품종보다 약간 더 다부진 모습이었다(Legge and Armitage, 사신).

청동기시대

이 시기는 대륙으로부터 이주민의 파도가 두 차례 영국으로 몰려온 시기였다. 첫 번째 파도의 주인공은 소위 그들이 사용한 특징적 음료용기에서 그 이름을 딴 비커문화인으로서, 라인란트와 베네룩스 저지대에서 도래했다. 아마도 이들은 호전적이었고 말도 부리고 있었을 것이다(Ashbee, 1978). 이들이 영국에 정착한 시기는 후기 신석기시대와 겹치며, 이들의 도착과 더불어 전사들이 주인공이던 '영웅 사회'가 시작되었다고 여길 수 있다(Ashbee, 1978). 두 번째 파도는 이들에 이어 기원전 2천년기 전반에 바다를 건너 구리 야금술을 가진 켈트인의 도착이었다.

청동기시대 영국에서 발생한 동물상의 한 가지 큰 변화는 원시소의 멸종이다. 원시소는 청동기시대 초기가 지나면 더 이상 발견되지 않는다. 가장 늦게까지 존재했던 원시소는 그 연대가 1295

bc, 즉 1629 BC로서, 서머셋(Somerset) 블래그던(Blagdon)의 차터하우스워렌팜(Charterhouse Warren Farm)에서 발견되었다(Clutton-Brock and Burleigh, 1983). 그릭슨은 원시소가 사라진 가장 큰 이유로 사람에 의한 과잉 사냥을 꼽았다. 이에 더해, 이미 신석기시대 말에 발생했을 것이라 여겨지지만, 사람과 가축 사이의 관계가 초기 청동기시대에 들어와 보다 복잡해졌음을 말해 주는 좋은 증거가 확인되는데, 즉 사람들은 이제 젖이나 울, 축력 같은 이차적 생산물을 얻기 위해 가축을 이용하게 되었다(Sherratt, 1981).

청동기시대가 계속되며 사냥은 양적으로 점차 축소되었을 것이다. 사냥의 감소는 삼림 개간과 양의 증가와 함께 농경이 더 효율적이 되었다는 사실과 관계될 것이다.

윈가르덴-박커(Wijngaarden-Bakker, 1974)는 2000 bc 무렵 아일랜드의 비커문화 유적에서 말이 나타난다고 보고하였다. 아일랜드에는 이 시기보다 앞선 후빙기에 야생마가 없었기 때문에, 말은 틀림없이 사람이 들여온 동물로서 바로 가축이었음을 뜻한다. 그는 또 가축화한 말을 서유럽에 도입한 것이 비커문화인들이라고 보았다.

청동기시대 영국에서 동물의 이차적 생산물을 이용했다는 증거로는 도셋(Dorset)의 엘든스시트(Eldon's Seat; Cunliffe, 1968) 및 데버렐림베리(Deverel-Rimbury) 청동기시대 유적(Grigson, 1981)에서 발견된 동물 섬유에 사용했을 듯한 방추차와 직조용 빗이 있다. 소위 데버렐림베리인이라는 집단은 대륙에서 건너와 웨섹스와 잉글랜드 동남부에 정착한 후기 청동기시대 이민자들이다. 이 무렵이면 말은 영국에 꽤 흔한 동물이 되었으며 기승과 견인에 이용된 것이 틀림없다고 보인다.

이차적 생산물 이용에 대한 간접적 증거는 노퍽의 그라임즈그레이브스에서 발견된 중기 청동기시대의 뼈(850 bc 무렵으로 측정됨)에 대한 레지의 연구에서 알려진 바 있다(Legge, 1981). 자료는 다수인 52%, 즉 122개체 중 64개체가 소뼈이며, 나머지는 양/염소(32%) 및 붉은사슴, 돼지, 말로 구성되어 있다. 레지는 사람이 잡은 동물의 나이와 성별 구성을 분석해, 그중 다 자란 소 대부분이 암컷임을 확인하였다. 그런데 소 아래턱뼈의 분석 결과, 전체 소의 절반가량은 채 6개월이 되기 전에 잡은 것임이 확인되었다. 그는 이러한 나이와 성별 분포 양상이 낙농경제를 뜻한다고 주장했는데, 낙농경제에서는 젖을 만드는 소를 생산하기 위해서는 번식률을 높이 유지해야 하기 때문이다. 사람과 송아지는 암소의 우유를 두고 경쟁하는 꼴이므로, 소떼 유지에 필요한 수보다 더 많이 생산된 송아지는 특히 수송아지의 경우 잡아 없애게 된다. 이렇게 잡은 소는 분명 식용으로 사용했겠지만, 레지는 그라임즈 그레이브즈에서 중요한 것은 우유 생산이었다고 보았다.

그런데 잡은 소 중 어린 개체의 비중이 높은 것은 대부분이 암컷인 다 자란 개체들은 재생산을 위해 남겨둔 채, 쇠고기, 더 정확히는 송아지 고기를 생산하는 경제활동을 의미할 뿐이라 여길 수도 있다. 그렇지만 만약 쇠고기가 사람들이 원하던 식량이었다면, 어린 개체를 잡는 것은 생후 18개월에서 24개월 무렵이라 할 수 있는 성장기 끝 무렵에 그 정점에 다다랐을 것이다. 그때 잡는 것이 고기 생산량 대 먹이 투입량 공식에서 그라임즈 그레이브즈의 경우처럼 6개월 미만에 잡는 것보다 경제적이기 때문이다.

레지는 자신이 발견한 바를 신석기시대에서 청동기시대에 걸친 스위스 자료(Higham, 1968)와 비교해 보았다. 스위스 자료에서는 낙농경제를 시사해 주는 생후 6개월 미만의 어린 개체를 압도적으로 많이 잡던 양상에서 고기 생산을 뜻하는 더 나이 많은 송아지를 잡는 양상으로 변화가 나타났다. 이런 변화는 삼림 개간과 더 넓은 면적의 목초지 확보와 함께 발생하였다. 우유 생산 경제는 토지 단위면적당 생산성이 더 높고, 좁은 면적의 땅에서도 할 수 있는 일이다. 스위스에서는 청동기시대에 삼림이 개간되며 더 많은 목초지를 얻게 되자 쇠고기 생산이라는 좀더 사치스러운 경제활동이 가능해졌던 것이다.

철기시대

철기 생산 기술이 처음 등장한 것은 기원전 7세기로서, 철기시대는 기원후 43년 로마 침략 때까지 이어진다. 이 시대는 거대한 고지요새(hillfort) 유적이 만들어진 시기이다. 고지요새는 아마도 회합장소 혹은 울타리를 친 방목지 아니면 주거지였을 것이다. 철기시대에는 유럽의 침략이 최소한 세 차례 있었다. 그중 마지막이 오늘날의 벨기에 지역에서 유래해 영국 동남부에 대규모 정착지를 만든 벨게족(Belgae)의 침략이었다. 벨게 사람들은 바퀴 및 화폐를 도입했을 것이라고 보인다. 로마와 접촉도 했을 법한데, 벨게족 수장들은 자신의 이름을 라틴 문자로 새기기 시작했다. 아마도 페니키아인으로 보이는 지중해 지역 사람들과도 접촉했을 것이다.

영국의 철기시대 동물 유해에 대한 선구적 연구는 20세기 초 도킨스(William Boyd Dawkins) 및 잭슨(John Wilfrid Jackson)에 의해 이루어졌으며, 특히 소머셋의 글래스톤베리(Glastonbury) 호수 주거유적에서 나온 '수만 파운드에 달하는 뼈'에 대한 보고(Boyd Dawkins and Wilfrid Jackson, 1917) 및 월트셔의 올캐닝즈크로스(All Cannings Cross)에서 수습한 동물유해의 보고(Wilfrid Jackson, 1923)가 중요하다. 글래스톤베리에서는 양이 가장 많은 수를 차지하고 있다. 올캐닝즈크로스에서는 뿔이 달리지 않은 소 앞머리뼈가 발견되었는데, 이것은 영국에서 가장 이른 시기의 뿔 없는 소이다.

영국의 철기시대 동물 뼈에 대한 자세한 현대적 보고는 드물다. 가장 두드러진 보고로는 기원전 6-1세기에 점유된 햄프셔 데인베리(Danebury)에 있는 고지요새에서 수습된 10만 점이 넘는 뼈에 대한 그랜트(Grant)의 연구 및 도셋(Dorset)의 거세이지올세인츠(Gussage All Saints)에서 수습한 15,000점이 넘는 뼈에 대한 하코트(Harcourt)의 연구를 꼽을 수 있다. 그랜트는 또 영국 남부의 다른 여러 철기시대 유적에서 발견된 자료를 정리하였다(Grant, 1984). 이런 유적들 대부분에서 가장 흔히 발견되는 동물은 양으로서 데인베리에서는 70%를 차지하는데, 이런 양상은 백악구릉지대(downland)같이 고도가 보다 높은 지역에 있는 유적에서 더욱 두드러지게 나타난다. 영국에서는 전통적으로 양 목축과 백악구릉지대가 상관관계를 맺고 있다. 물이 귀하고 상대적으로 목초가 보잘 것 없는 백악구릉지대는 소를 기르기에 적합한 곳이 아니며, 일반적으로 소 뼈는 토양이 두텁고 목초가 풍부한 저지대 지역의 유적에서 더 높은 비율을 차지하고 있다.

데인베리에서 발견된 양은 크기가 작고 상대적으로 왜소하며(하코트는 거세이지올세인츠 양의 어깨 높이를 53-64cm로 평가했음) 대개 암수 모두 뿔을 갖고 있어, 현대 서에이 품종과 매우 비슷하다. 서에이 양은 스코틀랜드 세인트킬다(St. Kilda) 제도의 두 섬에 살고 있는 보기 드문 종류의 양이다. 이 원시적인 양은 가죽이 무성한 털로 덮여 있고 매년 '털'을 갈기 때문에 '울'은 손으로 일일이 뽑아야 한다. 많은 철기시대 유적에서 발견되는 소위 '뼈 직조 빗'은 이런 목적에 사용되었을 수 있다. 라이더(Ryder, 1983)는 울이 많이 나고 끊임없이 자란 털을 깎을 수 있는 가죽을 가진 양으로 전환된 것은 철기시대라고 생각하였다. 이러한 전환은 털을 갈지 않고 계속 유지하고 있는 돌연변이 양을 지역에서 선택함으로써 일어났을 수 있다. 그러나 어떤 연구자들은 벨게인이 더 고운 털을 갖고 있는 양을 갖고 왔을 것이라 추정하고 있다.

철기시대 이전에 속하는 양의 유해를 많이 찾아볼 수 없는 상황에서, 데인베리 자료에 보이는 나이에 따른 도축 양상은 해석하기 어렵다. 철기시대의 많은 유적에서 3분의 1 정도의 양은 생후 한 살이나 이보다 어렸을 때 잡았고 3분의 1은 고기 생산에 가장 적절한 나이가 지난 다 자란 양인 것처럼 보인다. 이러한 양상은 암컷은 새끼를 얻기 위해, 또 암컷과 거세 수컷은 울을 얻기 위해 살려 두었음을 의미할 수 있다. 따라서 그랜트는 양과 관련된 경제생활은 혼합적인 양상으로서, 고기와 이차 생산물 양자가 모두 중요했다고 보았다. 울을 이용했음을 말해 주는 다른 증거들로는 직조기 추와 위에 언급한 방추차와 직조 빗 같은 것이 있다.

매우 어린 송아지 및 양의 아래턱뼈가 많은 수를 차지한다는 사실에서, 소와 양은 고지요새 유적 내부 아니면 그 가까이에서 새끼를 낳았음을 말해 준다. 그라임즈그레이브즈의 청동기시대 소에 대해 레지가 제시했던 생각은 이 경우에도 해당할 것이라 여겨지는바, 데인베리에서도 젖 짜기가 어느 정도 이루어졌을 것임은 의심의 여지가 없다. 더구나 고기를 얻기에 가장 좋은 나이인 어린 소의 아래턱뼈가 얼마 되지 않는다는 사실은 그랜트에 따르자면 쇠고기 생산이 중요하지 않음을 뜻하는 것이다. 실제 대부분의 턱뼈는 다 자랐거나 심지어 늙은 소의 것이며, 그중 일부는 젖소 말고도 견인 용도에 사용한 소의 뼈일 것이다. 소는 뿔이 짧은 종류였다. 철기시대 소는 크기가 작고 여린 몸집으로, 어깨 높이가 100-113cm 정도였다(Harcourt, 1979).

돼지는 대체로 어렸을 때 잡았다. 이것은 놀라운 일이 아닌데, 왜냐하면 돼지는 단지 고기, 지방과 가죽이라는 도축의 산물만을 얻기 위해 기르는 동물이기 때문이다.

데인베리와 기타 몇몇 철기시대 유적에서 수습한 말뼈는 대부분 2살 내지 더 나이가 많은 동물이 남긴 것으로서, 대다수가 수컷의 뼈이다. 말은 오늘날의 기준에서는 크기가 작아(그림 8.9), 작은 망아지 정도이다. 도킨스와 잭슨은 영국 철기시대 망아지를 엑스무어(Exmoor) 품종의 망아지에 견주고 있다. 거세이지올세인츠 수습자료에서 말들의 어깨 높이는 100-113cm였다고 추정되었다(Harcourt, 1979). 말을 키우는 곳에서는 가두어 키우기보다 자연에서 마음대로 돌아다니게끔 한 다음 다 자란 말을 주기적으로 잡아 길들여 탔을 것이다(Harcourt, 1979). 말은 대체로 2, 3살 전에는 조련받을 준비가 안 되어 있기 때문이다. 말은 아마 짐 싣는 동물로도 사용되었을 것이며, 당연히 소유자의 지위를 돋보이게 하는 존재였을 것이다. 하코트는 거세이지올세인츠에서 발견된 다섯 마리 말의 뒷발허리뼈 근위에서 골관절증의 증거를 찾았는데, 이것은 철기시대에 말을 견인 목적에 사용했을 가능성을 말해 준다. 이 시기의 자료로는 또 전혀 해체되지 않은 상태로 보존된 말의 골격이 발견된 사례가 몇 있다. 쟁기를 끄는 중노동 견인은 황소가 맡았을 것인데, 왜냐하면 고대에는 말 목에 부드러운 재질의 목걸이를 둘러 채웠기 때문이다. 이 목걸이는 기도에 가깝게 놓이기

10cm

그림 8.9 영국 남부 햄프셔 와사쉬(Warsash) 부근 훅(Hook)에서 발견된 철기시대(기원전 3-1세기) 망아지 위아래 이빨 교합면의 에나멜질 주름 모습. 위: 위 이빨; 아래: 아래 이빨. 출전 Davis, 출간 예정

때문에 중노동 견인 시에 호흡장애를 일으킬 수 있었을 것이다. 기록에 따르자면, 오늘날 사용되는 것 같은 어깨뼈에 올려놓는 휘지 않는 재질로 만든 '가슴 착용 마구'는 프랑스와 영국에서 각각 10세기와 12세기에 등장하였다. 그로부터 견인은 목이 아니라 '어깨를 통해' 이루어졌고, 말을 쟁기 끄는 데 사용할 수 있게 되었다(Lefebvre des Noettes, 1931: 122; 또한 Trow-Smith, 1957: 56, 92 참조).

하코트(Harcourt, 1979)는 웨인라이트(Wainwright)가 최근에 거세이지올세인츠에서 실시한 발굴에서 수습한 동물 유해를 연구하였다. 유적은 도셋에 있는 철기시대 주거지로서 기원전 1천년기 후반기 내내 점유되었다. 하코트의 발견은 몇몇 흥미로운 문화적 정보와 고양이와 쥐가 영국에 일찍부터 있었음을 말해 주는 새로운 자료 및 소를 잘못 관리했음을 보여 주는 몇몇 극적인 증거를 보여 주었다.

예를 들어, 거세이지올세인츠에서 발견된 말뼈는 다수가 해체되지 않은 채 완전히 보존된 상태였다. 이로부터 하코트는 철기시대에도 영국인들은 말고기를 잘 먹지 않았을 것이라는 흥미로운 추론을 내렸다. 유럽의 많은 지역에서는 오늘날 아직도 말고기에 대한 강한 편견이 존재하는데, 말고기가 상당히 대중적인 프랑스에서조차 1865년 이전까지는 말고기를 전문적으로 다루는 푸주한은 그리 없었다. 프랑스에서 '말고기 먹기'가 퍼진 것은 1850년대에 동물학자 쎙일레어(Isidore Geoffroy Saint Hilaire)가 일련의 견해를 표명하고 또 이후 1870-71년의 파리 포위 당시에 극심한 식량부족을 겪었음에 어느 정도 힘입은 일이다(Larousse, 1873: 9, 292-3)

거세이지올세인츠에서는 놀랍게도 난산으로 죽은 암소 골격이 거의 완벽하게 보존된 상태로 발견되었다. 송아지 앞발 뼈는 어미 소의 골반 밖으로 나온 상태였으며 두개골과 뒷발 같은 송아지의 나머지 골격 부위는 골반 반대쪽에 있었다. 송아지가 출산과정에 있었음은 틀림없는데, 앞발이 먼저 나왔던 것이다. 오늘날에도 송아지 출산에서 이런 자세는 교정이 매우 어렵다. 이때는 제왕절개 아니면 심지어 송아지 몸통을 잘라 떼어낼 수도 있고, 아주 극단적인 경우에는 어미 소를 죽여야 한다.

대형 포유동물 이외에도 여기에서는 고양이가 서너 마리 발견되었는데, 대부분 어린 것들이다. 가축화한 고양이를 야생의 친척과 구분하는 것은 어려운데, 그러나 다섯 마리의 갓 태어난 고양이 골격이 한곳에 모여 있다는 사실은 이것들이 가축임을 뜻할 가능성이 큼을 말해 준다. 이 해석이 옳다면, 이것은 영국에서 지금까지 발견된 가축화한 고양이에 대한 가장 이른 시기의 자료이다. 종래에는 고양이를 로마인이 도입했다고 여겨왔다. 집쥐 유해는 교란되지 않은 두 층에서 발견되었는데, 영국에서 발견된 가장 오래된 믿을 만한 관련자료이다.

영국 철기시대 유적에서 약간의 노루와 붉은사슴 뼈가 발견된다는 사실은 사람들이 어느 정도 사냥을 했음을 말해 준다. 그러나 영국의 철기시대 말기 및 로마시대 유적에서 발견된 가장 흥미로운 동물은 붉은 열대가금, 즉 닭이다. 이것은 동아시아 혹은 동남아시아가 기원지로서 수입된 것임에 틀림없다. 닭은 유럽 중부에서 할슈타트-라테느(Hallstatt-La Tène)문화기에 그리고 스페인에서 기원전 18세기 페니키아 유적에서 발견된다. 닭은 지중해 지역에서는 기원전 6세기 아니면 이보다 1, 2세기 이전에 흔한 동물이 되었다(Crawford, 1984). 줄리어스 시저는 기원전 55년과 54년 두 차례 영국을 침입해 이곳 주민들에 대해 글을 남겼는데(갈리아전기, v, 12), '사람들은 산토끼, 닭과 오리를 먹는 것은 잘못이라 생각하고 있으나 소일거리와 오락을 위해 이것들을 기르고 있다'고 하였다. 콘월과 스코틀랜드에는 페니키아 사람들이 닭을 들여왔다고 하는 말이 구전

그림 8.10 영국의 닭. 실체스터(Silchester)에서 발견된 로마시대 타일에 찍힌 닭 발자국 사진 Silchester collection 12361, 사진제공 Leslie Cram, Reading Museum and Art Gallery

되고 있다. 코이(Coy)와 몰트비(Maltby)에 따르자면, 닭은 웨섹스 지역의 주요 로마시대 유적 모든 곳에서 항상 발견된다[그림 8.10 참조].

로마시대

로마인의 도착과 더불어 영국에서 선사시대는 끝이 난다. 킹(King, 1978)은 많은 수의 로마시대 고고동물 자료 보고를 정리하였다. 대부분의 자료는 양, 소와 돼지로 이루어져 있다. 그는 서너 가지 흥미로운 경향성을 관찰하였다. 가장 뚜렷하게 드러나는 바는 양의 중요성이 돼지 및 소에 비해 점차 감소한다는 점이다. 이러한 경향성은 시간의 흐름에 따라 나타날 뿐만 아니라 문화적인 것이기도 하다. 즉, 원주민 유적에서는 철기시대 이래의 양상이 계속되어 양이 더 많고, 초기 로마 군사 유적에서도 그러한데, 후자는 아마도 로마 군인들이 현지에서 구할 수 있는 식량에 의존했음을 뜻하는 것이겠다. 이에 반해, 유적이 장원이나 도로변 주거지, 도시나 요새처럼 더 로마화된 곳일수록 양은 적게 나타나는 경향이 있다. 오코너는 케얼리언(Caerleon) 요새의 목욕탕에서 가장 큰 쓰레기더미는 90% 이상이 소뼈라고 보고하

였다(O'Connor, 1983).

시간의 흐름에 따라 양이 감소하는 현상은 늦은 시기의 로마 유적들의 위치를 생각함으로써 설명할 수 있는데, 이런 유적들 중 매우 많은 수가 돼지와 소 사육에 더 적절한 곳에 있다. 4세기가 되면, 삼림과 같은 한계지역을 이용하게 만들 정도로 인구가 증가했던 것 같은데, 늦은 시기의 로마 유적에서는 사슴 뼈도 상대적으로 흔하게 보인다.

킹에 따를 때, 고고동물 자료 연구에서 반드시 고려해야 하는 또 다른 요인은 로마제국의 경제적 쇠락이다. 경제적 쇠락과 더불어 가축이 인두세(capitatio) 부과에 포함되자, 사람들은 두당 고기 생산량이 상대적으로 더 큰 가축을 기르게 되어 당연히 소와 돼지를 선호하게 되었을 것이다. 돼지와 같은 삼림지대 동물은 세리의 눈으로부터 더 쉽게 숨길 수 있다는 이점이 있었을 것이다. 더구나 로마인들은 당대의 여러 지중해 지역 사람들과 마찬가지로 돼지를 일종의 별미로 여기고 있었다. 플리니는 『박물학(Naturalis Historis)』 제8권에서 돼지 간의 맛을 증진시키는 법을 설명하고 있으니, 암돼지에 말린 무화과를 잔뜩 먹이고 벌꿀술을 준 다음 잡으라는 것이다. 그는 또 다른 종류의 고기요리보다 훨씬 다양한 돼지고기요리에 대해 언급하였다. 이탈리아에서 돼지는 아마도 가장 널리 섭취되던 고기였을 텐데, 소는 주로 견인에 이용되었고 더러 우유를 얻기 위해 사육되었다. 디오클레티아누스 재위 당시 쇠고기와 양고기는 파운드당 은화(denarius) 8전이 최고가였지만 돼지고기는 12전을 호가하였다. 영국에서는 로마시대에 양은 주로 울을 얻기 위해 길렀고 젖과 고기는 단지 부차적 목적이었다(Grant, 1975). 그랜트는 또 햄프셔 포트체스터(Portchester) 성에서 수습한 소뼈를 분석, 소는 대부분 암컷으로서 아마도 우유를 얻기 위해 이용되었을 것임을 확인하였다.

영국에서 로마시대 소는 몸 크기가 매우 넓은 범위에 걸쳐 있음이 자료에서 나타나는데, 제웰(Jewel, 1963)에 따르자면 크기가 큰 소는 대륙에서 수입된 것이 아니라 농업 활동 조직에서 로마의 우월성을 보여준다는 것이다. 그런데 동물의 크기와 수입이라는 주제와 관련, 아미티지(Armitage, 1983)는 로마시대의 뿔 없는 양이 앞선 시기의 철기시대 양보다 크기가 훨씬 크다는 증거를 인용하고 있다. 그는 로마시대의 큰 양들은 수입 개량종으로서 긴 울을 가진 오늘날의 영국 양의 조상일 수 있다는 의견을 제시했다.

테이처트(Teichert, 1984)는 로마 점령하의 게르마니아(*Germania Romana*)와 점령지 밖의 게르마니아(*Germania libera*)에서 수습된 고고동물 유해를 연구하였다. 그는 로마시대에 라인과 다뉴브 강변의 로마 영역에서는 소가 커져 그 어깨 높이가 1.27m까지 증가했으나, 점령지 밖에서는 이런 일이 일어나지 않았음을 발견했다. 이후 로마제국의 몰락과 더불어 큰 소는 사라졌다. 그러나 영국에서는 동남부에 살던 색슨족이 덩치 큰 소를 계속 기르고 있었다(Armitage, 1982; 그림 8.7 참조).

앵글로색슨시대

4세기에 로마제국은 둘로 나뉘었고, 영국에 대한 직접적 영향이 점차 줄어들게 되었다. 유럽에서 4세기와 7세기 사이의 시기는 인간 집단의 극적인 이주가 빈번히 있어 이주기라고 불리는 때이다. 5세기와 6세기에는 앵글족(Angles), 색슨족(Saxons)과 유트족(Jutes)이 유럽 북서부에서 영국 남부와 동부로 이주하였다.

이로부터 영국은 7왕국으로 구성되었는데, 그중 웨섹스, 머시아(Mercia)와 노섬브리아(Northumbria)가 가장 강력했다. 이때는 또 앵글로색슨의 도시가 처음 만들어지고 시장경제와 국제교역이 발달하던 시기였다. 1086년 윌리엄 1세가 토지조사(domesday survey)를 실시할 무렵에는 적어도 영국 인구의 10%가 도시에 거주하고 있었다.

앵글로색슨 시대는 사람과 동물의 관계를 단지 고고학적으로 발견된 뼈만이 아니라 기록으로 남겨진 증거를 통해서 연구할 수 있는 영국사의 이른 단계이다. 그러한 문헌 증거의 예로는 『앵글로색슨연대기(*Anglo-Saxon Chronicle*)』 외에도 각종 면허장, 유언장이나 법률 등이 있다. 가장 잘 알려진 법률은 688에서 726년까지 웨섹스를 다스리던 이네(Ine) 왕이 제정한 것이다.

클러튼-브록(Clutton-Brock, 1976)에 따르자면, 앵글로색슨 농민들은 최근까지 농민들이 그렇게 살아 왔던 것처럼 소규모 자작농지에 크게 의존해 살고 있었다. 농민들은 소(이네 왕의 법은 황소가 끄는 쟁기에 대해 언급하고 있음), 양, 염소와 가금류 및 고양이와 개를 기르고, 밭을 갈며, 베이컨을 만들고, 말을 타고 다녔다. 돼지는 놓아 길러 숲에서 마음껏 돌아다니며 풀을 뜯고 도토리와 너도밤나무 열매를 먹으며 겨울을 났다. 이렇게 돼지를 키우는 권리를 돼지방목권(pannage)이라 한다. 개량이 이루어지지 않은 가축의 모습은 아마도 오늘날의 가축들과 닮은 데가 별로 없었을 것이다. 영국에서 대부분의 숲에는 멧돼지, 사슴, 늑대와 곰이 살고 있었고, 평민들은 이런 짐승을 잡을 수 있었다. 사슴 금렵지가 지정되고 사슴과 멧돼지, 심지어 산토끼 사냥마저 일반인에게 금지된 것은 윌리엄 1세가 수렵 관련 법률을 제정하면서부터였다(이에 대해서는 『앵글로색슨연대기』가 좋은 참조자료이다). 그런데 이러한 여러 법률과 왕실 소유 숲 덕분에 멧돼지와 사슴은 이런 것이 없었을 경우보다 더 여러 세기 살아남을 수 있었다.

앵글로색슨 유적에서 발견된 동물 유해가 어느 정도 자세히 분석된 경우는 단지 몇 사례에 불과하다(Clutton-Brock, 1976; Bourdillon and Coy, 1980). 모든 동물자료군은 주로 가장 보편적 동물인 양/염소, 소, 돼지 및 약간의 말뼈로 이루어져 있다(그림 8.11). 클러튼-브록은 뼈에 붙은 돼지고기와 베이컨이 식품으로서 인기가 매우 높았을 것임을 감안한다면 돼지는 실제로 발견된 뼈보다 훨씬 더 많이 있었을 것이라고 생각하고 있다. 뼈는 어느 곳엔가 버렸을 테지만, 과연 어디일지가 문제겠다. 마음대로 돌아다니는 돼지의 수는 다른 모든 동물을 합한 것보다 더 많았을 것이다. 이네 왕의 법에 따르자면, '돼지 30마리가 그 아래 머무를 수 있는 나무'

를 베었을 때 내야 하는 벌금은 60실링이었다. 그러나 삼림 개간은 앵글로색슨 시기 내내 계속되며 돼지 수가 줄어드는 결과를 가져와, 토지조사가 이루어질 무렵이면 소와 양이 가장 중요한 식량자원이 되었다.

골학적 증거(그림 8.7)는 7세기에서 10세기까지 소의 크기가 아직도 꽤 크다는 것을 보여 준다. 아미티지(Armitage, 1982)에 따르자면, 그렇게 큰 소를 기르도록 유인한 요인은 밀도가 높은 점토질 토양을 잘게 부수어 경작할 수 있게 해준 대형 쟁기, 즉 바퀴 달린 쟁기인 caruca를 색슨족이 도입했기 때문이다. 그러나 앵글로색슨 영역에서 떨어진 콘월이나 픽트족(Picts)이 살던 오크니 군도 같은 변방 지

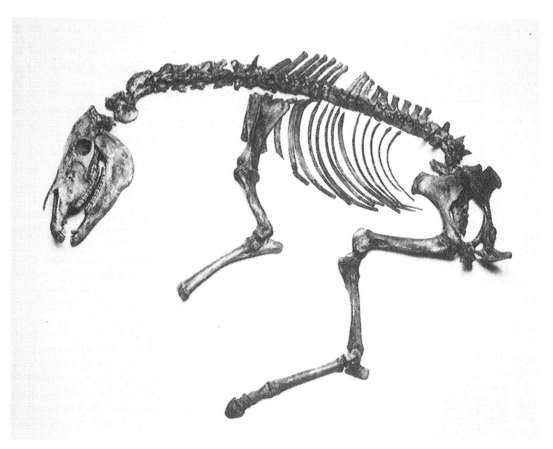

그림 8.11 런던 시 철물점가(Ironmonger Lane)에서 출토한 잘 보존된 앵글로색슨시대 말기(10세기)의 말뼈. Armitage, 1981 참조. 사진 Jon Bailey, 사진제공 Museum of London

그림 8.12 중세시대 영국에서 소는 크기가 작았다. 출전 메리여왕 찬 시편, 자료제공 British Library; MS Royal 2.B.VII.f.75

역에서 소의 크기는 철기시대 정도로 자그마했다. 영국에서 소는 11-13세기부터 크기가 작아져 철기시대보다 크지 않게 되었는데, 개량되지 않은 채 야생으로 돌아간 오늘날의 칠링햄(Chillingham) 소와 비슷하였다. 오코너(O'Connor, 1982)에 따르자면, 링컨(Lincoln)에서 출토한 중세시대 소도 어 높이가 1-1.3m로서 작은 크기이다[그림 8.12 참조].

이때가 되면 영국에서 소 사육은 퇴보한 듯하다. 12세기와 13세기에 가축 사육은 전반적으로 소홀히 이루어졌으며, 넓은 면적의 목초지가 인구증가에 따른 곡물 공급을 위해 경작지로 전환되었다. 그나마 남은 목초지에는 많은 먹이를 필요치 않는 작은 크기의 소가 여기 기대어 살아남을 기회가 더 컸을 텐데, 아마도 이런 이유 때문에 그런 작은 소가 선호되었을 것이다(Armitage, 1982).

아미티지는 이후 시기인 14세기와 15세기 런던의 유적에서 뿔이 긴 소를 다수 발견하였다. 뿔의 길이가 길수록 소의 몸집은 더 큰데, 그는 이런 소가 대륙에서 왔을 가능성은 없고, 최소한 잉글랜드 동남부 내지 영국 전반에 걸쳐 소의 몸집이 커지기 시작했음을 뜻한다고 보았다.

아래 일련의 사건들이 순서대로 일어났다고 생각해 보자. 즉, 14세기에 전염병으로 영국 인구의 3분의 1이 사라졌고, 이 사건과 인플레이션으로 영국에서 사람들이 시골을 등지는 일이 널리 일어나 소작농이 장원농업체계를 대체하게 되어, 12세기와 13세기에 발생했던 바와는 거꾸로 경작 가능한 너른 땅이 목초지로 전환되었다. 이러한 변화는 아마도 가축 사육을 자극했을 것이다. 그로부터 몇 가지 일이 발생했을 텐데, 첫째, 목초지에 울타리를 두름으로써 가축사육을 조절할 수 있게 되었고, 둘째, 대규모 농장이 만들어지며 사육하는 가축의 규모도 커지게 됨으로써 가축의 전반적 다양성이 훨씬 더 커졌고 따라서 사육 대상 가축을 더 폭넓게 선택할 수 있게 되었으며, 셋째, 동물먹이가 되는 식물을 포함한 작물의 윤작이 시작되고 건초 제작과 보관 기술이 발달함에 따라 먹을 것이 없는 긴 겨울을 이겨 낼 수 있게 되었다. 아미티지(Armitage, 1980)는 이상의 연쇄적 사건의 결과로서 14세기와 15세기 영국 동남부에 큰 소들이 등장했다고 그 기원을 설명하였다.

앵글로색슨 시대에 양의 크기는 철기시대나 로마시대보다 약간 더 크며, 크기의 분포범위도 더 좁다. 그러나 앵글로색슨-중세 초에 걸쳐 양은 오늘날의 롬니(Romney) 같은 반개량 품종보다도 훨씬 작았다(오코너, 사신; 아래 참조). 노스엘름햄(North Elmham) 유적에서 출토한 양 뼈를 분석한 노들(Noddle)의 계측치에 따르자면, 대부분의 양은 거세 수컷(wether)이다. 거세 수컷이 생산한 털은 거세하지 않은 수컷이나 암양의 털보다 묵직한데, 중세에는 울 생산을 위해 거세 양을 대대적으로 길렀다. 이빨 상태를 볼 때 대부분의 노스엘름햄 양은 잡았을 때 나이가 적어도 6살은 되는데, 이것은 양을 기른 것이 울 생산 때문이었음을 말해 주는 또 다른 증거이다. 머시아의 오파(Offa of Mercia)와 샤를마뉴 대제 사이에 오간 편지를 보면, 영국은 양모제 직물을 8세기에 수출했음을 알 수 있다. 실제로 영국에서 울 생산의 중요성은 최소한 앵글로색슨 시대까지 거슬러 올라간다. 오늘날의 복잡한 영국 관세 제도는 궁극적으로 울에 관세를 매긴 이 시대까지 추적해 올라갈 수 있다(Hoskins, 1955). 또한 이를 증언하듯, 많은 지명이 *Shap, Shep, Skip* 및 *Ship*으로 시작하는데, 이것들은 모두 양, 즉 'sheep'의 변형인 것이다.

도시와 동물고고학 – 중세 및 중세 이후의 영국

시장경제

도시가 노르만 시대부터 성장하며 영국의 경제 조직은 변하기 시작했다. 증가하는 도시 인구는 주변의 시골로부터 곡물과 가축을 공급받아 유지되어야만 했다. 시골과 달리 중산층이 거주하는 도시는 스스로를 유지할 수 없다. 냉동차 같은 기술적 혁신이 등장하기 전에 도시에 고기를 공급하는 유일한 방법은 가축을 '발굽으로 걸려' 가지고 오는, 다시 말해 가축 떼를 몰고 오는 것이었다. 1557년에 18만 5천 명이던 런던 인구는 17세기 후반에는 50만 이상으로 늘어났다. 런던에 고기를 공급하기 위해서는 멀리 스코틀랜드, 웨일즈와 잉글랜드 서남부에서부터 가축 떼를 몰고 왔는데, 이런 지역들은 모두 전국석 공급망의 일부였다. 이 일은 점차 해마다 일어나는 주기적 행사로 발전하였다. 이런 멀리 떨어진 지역에서 나고 자란 소는 편자를 박은 다음 떼몰이 길을 따라 중부지방(Midlands), 잉글랜드 동부(East Anglia)와 런던 주변의 여러 주(Home Counties)에 있는 목축업자에게 오게 된다. 도착한 곳에서 소떼는 풀이나 무를 먹으며 살이 찌고 다시 살찐 '고기덩어리'가 되어 도축을 위해 런던으로 보내진다(Armitage, 1982). 이런 긴 여정은 엄청난 문제를 불러 일으켰다. 이런 긴 여정은 단지 특정 품종과 나이군의 동물만이 감내할 수 있었을 것이다.

아미티지(Armitage, 1982)는 그런 여정을 견딜 수 있는 동물로 뿔 없는 소를 들고 있다. 뿔이 없는 소는 출생 5만회에 한 차례 꼴로 자연적 돌연변이로서 탄생한다(Hammond, 1950). 이런 돌연변이 대립형질유전자는 뿔이 있는 것이 우성이지만, 쟁기질이나 수레를 끌 때는 종종 멍에를 씌우는 데 뿔을 사용하기 때문에 견인 목적으로 소를 사용하는 사람들은 뿔 없는 소를 별로 좋아하지 않았을 것이다. 그러나 다수를 다룰 때는 뿔 없는 소가 훨씬 다루기 쉽고 안전하기 때문에 소몰이꾼들은 틀림없이 좋아했을 것이다.

도시가 성장하며, 도시를 에워싼 시골이라는 도시의 배후지역과 도시 사이에는 복잡한 관계가 발생하였다. 아마도 궁극적으로 도시의 수요가 매우 커짐에 따라 도시 시장에 특별히 맞춘 동물사육체계가 만들어지지 않을 수 없었고, 이런 변화는 고고동물 자료에 그 모습을 드러내지 않을 수 없었을 것이다. 그렇지만 도시와 시골 사이의 경제적 관계를 검증하기 위해 시장이 있는 도시를 둘러싼 중세 농장지가 발굴된 사례는 거의 없다.

런던, 엑스터(Exeter), 킹스린(King's Lynn), 링컨의 플랙슨게이트(Flaxengate), 요크(York) 같은 여러 중세도시 유적 발굴에서 수습한 동물 뼈는 보고가 잘 이루어졌다. 엑스터에서 수습한 뼈 자료는 로마시대(55년-5세기), 중세(11-15세기) 및 중세 이후(16-18세기 후반) 시기의 것들이다. 플랙슨게이트 자료는 많은 부분이 앵글로색슨 말기와 중세 초기(약 870-1180), 나머지가 1200-1500년 사이의 것이며, 킹스린의 자료는 중세 이후의 것도 약간 있으나 대부분 약 1050-1500년 사이의 것이다. 이런 유적에서 동물 유해의 중요한 부분을 이루는 것은 역시 양, 소, 돼지라는 세 종류의 동물이다.

링컨과 엑스터 두 곳에서, 오코너와 몰트비는 다음과 같은 사실을 발견했다. 첫째로, 양 뼈는 소와 돼지 뼈에 비해 상대적으로 숫자가 늘어나는데, 엑스터에서는 13세기 이후 35-50%에서 50-60%로 증가하며, 플렉슨게이트에서는 9세기 초 이후에 증가하다 13세기 말에 더 뚜렷하게 증가한다는 것이다. 둘째로 양을 잡는 나이와 관련, 킹스린에서는 13세기가 될 무렵에, 또 엑스터에서는 중세 이후에 더 나이가 많은 양을 잡았다고 한다. 예를 들어, 로마시대와 중세에 엑스터에서 거래된 양은 대부분 25개월 미만으로서, 이런 나이의 양은 대개 울을 최대 한 차례 생산했을 것이다. 중세 이후, 엑스터에서 잡은 양은 나이가 많아졌는데, 그 나이가 가장 극적으로 많아진 것은 16세기이다. 이러한 상황은 사람들이 추구하는 바가 고기에서 이차 생산물로 바뀌었음을 뜻하고 있다. 킹스린에서 발견된 중세 및 중세 이후 시기의 양은 압도적 다수가 다 자란 것들로서, 노들(Noddle, 1977)은 이곳에서는 1050-1250년이라는 이른 시기부터 주로 울 생산을 위해 양을 길렀다고 보았다.

이 세 유적의 증거를 감안할 때, 링컨셔와 노퍽은 데본에 앞서 중요한 울 생산지역이 되었다고 보아야 옳을 듯하다. 오코너(O'Connor, 1982)는 양의 계측치 연구에서 엑스터와 턴튼(Taunton)에서 중세 시대에 양은 다른 지방의 양보다 크기가 확실히 더 작음을 확인했는데, 두 사실 사이에 모종의 관계가 있을 가능성을 필자에게 전한 바 있다.

이러한 동물고고학적 증거는 문헌자료에서 지지를 받고 있다. 앵글로색슨시대에 울은 이미 영국 경제에서 중요한 역할을 하고 있었지만, 중세가 되면 울 생산은 대규모 사업으로서 엄청난 양이 유럽으로 수출되고 있었다. 지역단위에서 13-14세기의 링컨과 중세 이후의 데본은 울 산업 호경기를 맞고 있었다. 15세기와 16세기에 데본은 '커지(kersey)'라는 인기 있는 직물을 수출하고 있었다(Maltby, 1979). 울을 거래하던 몇몇 15세기 큰 상인의 회계 장부에는 단 한 차례의 울 거래로 1,078파운드에 달하는 금액을 거래한 기록이 있는데, 이 돈은 오늘날의 가치로 60만 파운드를 초과하는 것이다! 16세기에 직물은 영국 총수출의 5분의 4를 차지하고 있었다(Hoskins, 1955).

돼지고기

엑스터에서 발견된 돼지 유해에는 어려서 잡은 돼지가 높은 비율을 차지함을 볼 때, 돼지는 고기를 얻기 위해 집중적으로 이용되었다고 보인다(Maltby, 1979). 로마시대 이탈리아에서 사람들이 좋아했던 돼지뼈 빨아 먹기는 동시기 엑스터에서도 마찬가지로 사람들이 좋아했지만, 그러나 이런 음식이 대중적 인기를 다시 얻게 된 것은 돼지를 숲에 방목해 키우던 방식이 좀더 효율적 방식인 돼지우리 사육으로 바뀐 16세기의 일이다. 우리에서 키운 돼지는 어려서 잡을 수 있도록 쉽게 살찌울 수 있었다. 게다가 우리에서 집중적으로 키운 돼지에게는 낙농업 제조과정에서 만들어진 잉여 유장을 먹일 수 있었는데, 이것은 튜더 왕조기에 데본셔에서 매우 중요한 일이었다.

더러 발견되는 잘 보존된 중세시대 돼지 두개골을 보면 얼굴 옆모습이 길어 멧돼지와 다를 바 없지만, 오늘날의 돼지 두개골은 우묵한 얼굴모습을 보여 주고 있다. 이것은 18세기 말 교배를 위해 유럽에 수입된 다리가 짧고 투실투실한 중국 품종에서 유래한 특징일 수 있다.

쇠고기와 송아지 고기

로마시대와 중세시대의 엑스터와 중세시대 초기의 링컨에서 발견된 소 유해는 대부분 다 자란 개체에 속한다. 소는 '다방면으로 여러 가지 목적에 사용할 수 있는 짐승'으로서, 아마도 우유와 견인이라는 두 목적을 위해 이용되었을 것이다[그림 8.13]. 이것은 16-18세기의 사정과 대비되는데, 당시 엑스터와 링컨에서 거래된 소에서 매우 큰 비중을 차지하는 것은 아주 어린 개체들이었다. 송아지 고기는 적어도 도시에서 큰 인기가 있었음이 분명한데, 이는 아마도 그 중요성이 커진 낙농산업의 부산물이라고 생각할 수 있겠다.

가금류

로마시대 이후의 유적에서 수습한 고고동물 유해는 영국에서 가금류 소비가 시작되는 양상을 보여 주고 있다. 자료에서 가장 흔히 보이는 것은 거위와 닭이다. 가축으로서의 거위는 고전기 동안 원래 이것이 가축화된 유럽 동남부에서 확산되었을 수 있다(Zeuner, 1963). 로마시대의 영국에서 거위는 매우 드물게 보이는데, 브램웰(Bramwell, 1980)에 따르자면 거위 사육은 색슨족이 장려했다고 한다. 잉

그림 8.13 황소를 견인 목적에 사용했음을 보여 주는 중세의 그림 자료. 출전 러트렐 시편(the Luttrell Psalter; 영국 1340년경), 자료제공 British Library; MS 42130 f.170

글랜드 동부의 색슨 유적인 노스엘름햄파크(North Elmham Park)에서는 닭이 거위의 두 배로 발견되었지만, 거위는 닭보다 무게가 두 배 이상이므로 가금류 고기의 많은 부분을 담당한 것은 거위였다(Bramwell, 1980). 거위는 중세시대가 시작할 무렵 엑스터에서 중요성이 커졌으며(Maltby, 1979), 링컨에서는 9세기 말에는 드물었지만 10세기 내내 더 흔하게 되었다(O'Connor, 1982). 거위는 전통적으로 잉글랜드 동부에서 중요하게 거래되었다. 킹스린에서 발견된 새의 유해를 볼 때(Bramwell, 1977), 이곳에서는 11세기에 이미 거위 거래가 확립되었고 1500년 무렵에 이르도록 그 중요성이 점점 더 커졌다. 런던시의 베이너즈 성(Baynard's Castle)에서는 다량의 새뼈가 쓰레기더미 세 곳에서 발견되었다. 이 중에서 14세기 중엽 및 1500년경 만들어진 두 쓰레기더미는 시에 살던 주민의 쓰레기로 보인다. 새뼈 중에는 닭이 가장 흔했고(76%) 거위(20%)와 오리(4%)가 그 뒤를 따랐다(Carey, 1982). '시'와 '성'에서 발견된 오리 뼈를 비교해 보면 성 주민의 식단이 좀더 세련된 듯한데, 새끼 거위의 비율이 40% 대 20-25%로 성이 시보다 높이 나타났다. 1500년 이후에 거위의 중요성은 명백히 줄어들었으며 그 자리는 닭이 차지하게 되었다.

어로활동

체질이 이루어진 그레이트야머스(Great Yarmouth)의 11세기와 12세기 퇴적층 발굴에서, 휠러와 존스(Wheeler and Jones, 1976)는 수많은 물고기 뼈를 수습하였다. 모두 19종의 물고기가 동정되었으며, 주로 바닷고기였다. 이곳에서 어로활동은 경제생활의 근간이었을 것이다. 가장 양이 많은 물고기는 청어, 민대구, 대구와 고등어였지만, 가자미, 해덕대구(큰 것은 거의 1m 정도임) 및 붕장어도 흔했다. 전갱이도 발견되었는데, 청어와 전갱이는 모두 표수대에 사는 유영어이기 때문에 물에 그물을 던져 잡았을 것이다.

잉글랜드 동부에서 청어잡이는 495년경 시작했다고 알려져 있는데, 휠러와 존스는 이곳에서 전통적으로 사용하던 청어잡이 그물인 유자망이 중세시대 야머스에서 사용되었을 수 있다고 보았다. 낚시도 그레이트야머스 발굴에서 수습되었는데, 아마도 돔발상어, 붕장어, 링대구, 대구, 해덕대구, 대문짝넙치, 대서양가자미 같은 큰 물고기 종류를 잡는 데 사용되었을 것이다.

노퍽 킹스린의 13-14세기 중세 유적에서, 휠러(Wheeler, 1977)는 단지 8종의 바닷고기만을 동정할 수 있었는데, 모두 크기가 큰 종류였다. 물체질은 토양이 유기물을 많이 포함하고 있어 실시할 수 없었다. 가장 풍부한 종인 대구 뼈 이외에 링대구 뼈도 발견되었다. 링대구는 북해 남부와 중부에는 드물지만 더 북쪽에서 많이 보인다. 휠러는 링대구와 아마도 다른 몇몇 물고기는 멀리 떨어진 어장에서 잡혀 요크셔나 스코틀랜드의 어항에서 소금에 절여진 다음 수입된 것일지 모른다고 생각했지만, 그렇다고 킹스린의 배들이 먼 북쪽 바다에 나가 잡았을 가능성을 무시하지는 않았다.

농업혁명

17세기 이래 도시 인구는 증가하기 시작했으며, 마찬가지로 소, 양, 돼지 및 가금류의 평균 크기도 커졌다. 맬서스는 1798년 영국의 대중을 먹여 살리기 위해 소의 크기를 키울 필요에 대해 언급한 바 있다. 이때가 되면 가축의 용도로는 고기가 울이나 쟁기 끄는 축력보다 더욱 중요해졌으며, 불을 밝히기 위한 동물성 지방의 수요가 매우 커졌다. 더구나 견인 목적을 위한 동물은 황소에서 말로 대체되는 경향이 있었다(Clutton-Brock, 1982). 로버트 베이크웰(Robert Bakewell, 1725-95)과 그의 제자인 콜링

(Colling)형제 같은 선구자들은 동물 사육에 커다란 기여를 하였다. 베이크웰은 근친교배와 인공선택을 최초로 실시했고, 새로운 품종의 양과 소를 만들어 냈다. 그러나 노들(Noddle, 1977)은 소와 양의 몸집이 커진 것은 이보다 조금 더 이른 때인 17세기 말과 18세기 초로서, '농업혁명' 및 널리 일반에게 알려진 베이크웰 등의 노력이 시도되기 이전일 가능성이 있다고 보았다. 오코너(O'Connor, 1982)는 16세기 무렵에는 비록 양이 아직 '다리가 긴' 모습이었지만 전반적인 크기는 커졌다고 생각하고 있다. 오늘날 보는 바와 같은 크기와 살집 좋은 몸체가 된 의미 있는 가축 개량은 18세기 중반까지는 뼈 자료에서 나타나지 않고 있는데, 이것은 매우 갑작스럽게 발생한 것처럼 보인다.

사회구조

어느 한 유적에서 발견되는 동물 종의 종류는 또한 거기 살던 주민들의 사회적 지위를 말해 줄 수 있다. 그랜트(Grant, 1981)의 연구에서, 사슴 뼈는 중세 유적에서는 대개 10% 미만으로 드물지만, 중세 말의 포트체스터(Portchester) 성에서는 동물 뼈의 14%가 사슴이었다. 노샘프턴셔의 리브덴(Lyveden) 유적에서는 13세기와 14세기 층에서 발견된 뼈의 20% 이상이 사슴 뼈였다. 이와 유사하게, 베드포드(Bedford) 시내에서 발굴된 여러 중세 층에서는 사슴 뼈가 드물지만 그곳에 있는 성과 관련된 쓰레기에서는 사슴이 가장 흔히 보이고 있다. 문헌 증거는 사슴 사냥이 주로 귀족계급의 놀이였음을 말해 주는바, 이런 이유에서 성 유적에서는 사슴 뼈가 많은 수를 차지하고 있다. 요크셔에 있는 각종 중세 유적을 비교한 라이더(Ryder, 1961)는 사슴과 야생 조류 유해가 수도원 유적에 더 많은 것을 확인하였다.

신체 부위 및 도축에 대한 분석도 모종의 흥미로운 정보를 제공해 주고 있다. 16세기 엑스터에서는 좋은 고기 부위의 뼈가 늘어나는 대신 두개골과 턱 조각은 줄어든다. 플랙슨게이트에서는 11세기 중반부터 시작해 그 이후의 자료에서, 그리고 엑스터에서는 중세 이후의 자료에서 많은 수의 척추 뼈가 등에서 배 방향으로 쪼갠 상태로 발견되고 있어, 양과 소는 오늘날과 마찬가지로 길이 방향으로 잘라 고기를 나누었음을 알 수 있다. 오코너는 이것은 건축술의 발전을 말해 주는 것일 수 있다고 보았다. 즉, 소 한 마리를 길이 방향으로 둘로 나누려면 뒷다리 무릎 관절을 지지대에 묶어 건 다음, 꼬리에서 머리까지 중심선을 따라 쪼개 내려와야 하는데, 이때 지지대는 소의 무게인 400파운드(180kg) 정도의 무게와 쪼갤 때 가해지는 타격력이라는 하방으로의 충격을 견딜 수 있어야 하기 때문이다. 아무튼 우리는 이런 자료에서 11세기 중엽 링컨에서는 그러한 작업에 필요한 건축기술의 개선이 이루어졌음을 알게 되었다.

오코너는 요크의 카퍼게이트(Coppergate)에서 발견된 바이킹시대 집터 바닥 퇴적층에서 수습한 뼈를 분석했는데, 자료는 소와 돼지 뼈로서 먹을 것이 많지 않은 부분, 특히 머리와 다리 부위에서 고기를 잘라낸 다음 버린 것이다. 뼈를 남긴 동물들은 덜 자란 어린 개체들이 아니라 나이 많은 것들로서, 아마도 소의 경우에는 나이 들어 힘이 없어 견인 목적에서 제외시킨 동물이라고 보인다. 암탉과 거위도 어느 정도 식용으로 사용되었지만, 식용으로 사냥한 새는 지역에서 구할 수 있는 소수의 야생종에 국한되었다. 자료는 전반적으로 질이 떨어지는 싸구려 고기를 먹고 살던 사람들이 남긴 것이라는 인상을 준다. 오코너는 이 자료를 같은 요크에 있는 올드워크(Aldwark)에서 발견된 16세기에 만들어진 일련의 구덩이 속 내용물과 비교해 보았다. 이곳에서 발견된 뼈는 대부분 양의 어깨나 후사분체 같은 고급 부위에 속하였다. 다리와 무릎 관절은 제거되었고

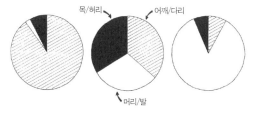

목/허리　　어깨/다리

머리/발

풀햄 쓰레기구덩이 G1　　양 한 마리분　　올드게이트 변소구덩이 1087

그림 8.14 부유함과 고기 부위의 관계. 올드게이트에서 발굴된 변소구덩이(1087번)에서 수습된 양 골격 부위의 비율을 풀햄의 쓰레기구덩이(G1)에서 발견된 내용과 비교한 것이다. 풀햄 유적을 남긴 사람들은 올드게이트의 사람들보다 아마도 더 나은 생활을 했을 것이다. 출전 Armitage 1984, Thompson *et al.*, 1984에 실림

척추는 '쪼갠' 상태였다. 많은 소뼈가 젖먹이 송아지 뼈로서 송아지 고기를 먹었음을 말해 주며, 돼지는 그리 많지 않았다. 더구나 자료에는 암탉과 거위 이외에도 흰반점사슴, 토끼, 각종 야생 조류 및 칠면조 같은 다양한 진미가 포함되어 있었다. 심지어 물고기 뼈도 당시의 풍요로움을 말해 주고 있으니, 연어와 광어도 발견되었다! 이 자료는 어느 부유했던 가정이 남긴 것일까 아니면 16세기 요크가 전반적으로 풍요로웠음을 말해 주는 것일까?

'가난한 이웃'이 남긴 또 다른 도시의 고고동물 자료는 런던시 성벽 동쪽의 올드게이트(Aldgate)에 있는 일련의 17세기 말에서 18세기 중엽에 이르는 건물에서도 발굴되었다. 아미티지(Armitage 1984, Thompson *et al.*, 1984에 실림)는 자료가 뜻하는 고기 부위의 관절을 분석하였다. 대부분의 양 뼈는 살이 별로 없고 전통적으로 가난한 사람들이 구매하던 하급육 부위인 두개골, 턱뼈 및 발허리뼈로 이루어져 있었다. 이에 비해, 역시 런던에 있는 풀햄토기(Fulham Pottery) 유적이라는 어느 부유한 가정과 관련된 17세기 말의 쓰레기구덩이에서 발견된 자료에 들어 있는 관절은 대부분 어깨와 다리 부위였다〔그림 8.14〕. 아미티지는 또 올드게이트의 양 뼈를 개량되지 않는 라이체스터셔와 링컨셔의 울이 긴 양으로 동정하였다. 17세기와 18세기 초 동안, 이런

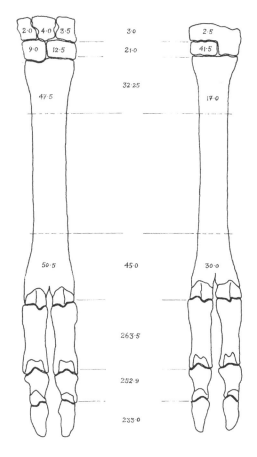

그림 8.15 피혁산업의 쓰레기. 요크 웜게이트의 17세기 말/18세기 초 유적에서 수습한 양의 앞발(왼쪽)과 뒷발(오른쪽) 여러 부위의 상대 빈도. 자료 부호 WB, 유구 단위 1097 수습. 발가락뼈가 매우 많다는 점에 주목할 것. 출전 O'Connor, 1984; The York Archaeological Trust

양은 소모사(梳毛絲) 제작에 사용되는 털을 얻기 위해 길러졌고, 양모 생산의 경제성이 떨어질 나이인 3-4살이 되면 런던 고기시장으로 보내기 위해 살찌워졌다. 질기고 거칠며 따라서 값이 싼 이 양의 고기는 도시 노동자계층의 양고기 주공급원이었다. 그러나 런던의 부유한 계층은 크기가 더 작은 웨일즈 양이나 도셋(Dorset)과 윌트셔혼(Wiltshire-horn) 같은 짧거나 중간 길이 양모 품종의 더 맛있는 고기를 선호했다. 풀햄토기 유적에서 아미티지는 크기가 작거나 중간 정도인 양의 뒷발허리뼈를 동정할 수 있

그림 8.16 뿔 가공 장인의 쓰레기. 런던시 칼장수길에서 발견된 17세기 말/18세기 초의 퇴적층으로서, 200개가 넘는 소 뿔 심부가 발견되었다. 사진 Trevor Hurst, 제공 Museum of London

었는데, 그러나 그중 어느 것도 울이 긴 품종에 속하지 않았다(18세기 말 로버트 베이크웰 같은 농부들에 의해 울이 긴 양의 품종이 개량되고 고기 생산 품종을 위한 선택이 이루어진 결과, 통통한 몸체에 크기가 더 작고 짧은 다리를 가진 양이 만들어졌다(Armitage, 1983).

동물 부위에 대한 분석은 때로 어느 특정 지점에서 이루어진 행위에 대해 알려 줄 수 있다. 오코너(O'Connor, 1984)는 요크의 웝게이트(Walmgate)에 있는 일련의 17세기 말, 18세기 초의 방형 구덩이를 채우고 있는 흙에 포함된 뼈의 99% 이상이 양의 무릎 아래 부위와 발임을 확인하였다. 양의 발 뼈는 전체 뼈 10,314점 중 10,203점을 차지하고 있었다(그림 8.15). 이 뼈들이 음식물의 잔해일 것 같지는 않은데, 왜냐하면 양의 발허리뼈와 발가락에는 고기가 거의 없기 때문이다. 이 구덩이들은 아마도 양 가

죽을 담가 두던 무두질통이었을 것이다. 가죽은 가죽 늘이는 작업을 쉽게 하기 위한 손잡이로 쓰려고 다리뼈를 그대로 붙인 채 이곳에 갖고 온 다음(독일에서는 중세에 가죽을 다리가 붙은 채 빼는 것이 일반적이었음), 가죽 처리를 끝내고 뼈를 제거했을 것이다.

또 다른 공업인 뿔 가공과 관련된 증거도 요크 스켈더게이트(Skeldergate)의 12세기 구덩이 퇴적층에서 발견되었다. 이곳에서 오코너는 많은 수의 소와 염소 뿔 심부를 발견하였다. 이것들은 뿔 가공 장인의 공방에서 나온 쓰레기라고 여겨진다. 런던의 칼장수길(Cutler Street)에 있는 동인도회사 창고 밑에서는 17세기 말에서 18세기 초로 연대가 측정된 소 뿔 심부가 200개 이상 발견되었다. 이것들이 뿔 가공 쓰레기임은 의심의 여지가 없다(그림 8.16; Armitage, 1978). 뿔은 사람이 이용한 최초의 '플라스

틱', 즉 가소성 소재였으며, 용기나 빗, 칼손잡이, 심지어는 등의 화창 제작에 중요한 상품이었다(Ryder, 1984).

런던 시 크로스월(Crosswall)에서 발견된 1770년 무렵의 가정 쓰레기구덩이 퇴적층에서 수습한 자료에서, 아미티지(Armitage, 1981)는 앙고라토끼 골격을 찾아냈다. 뼈에서는 도축이나 가죽을 벗긴 흔적을 발견할 수 없었다. 두개골에서는 다른 품종의 토끼들과 구분해 주는 특징으로서, 양 눈의 눈확 틈새 사이 너비가 좁은 모습이 보이는데, 이것은 영국 최초의 앙고라토끼 발견 보고일 뿐만 아니라 고고학 자료에서 동물의 품종을 인지한 드문 사례이기도 하다. 동물 품종은 대개 털 색깔과 해부학적 연질구조의 특징으로 구분하는데, 이런 것들은 골격에 보존되는 것이 아니다. 문헌 기록에 따르자면, 앙고라는 '레이디의 애완동물'로서 적절하다고 여겨졌다. 아미티지는 크로스월에서 발견된 것이 애완동물이라 생각하는데, 같은 층에서는 유리로 만든 새 모이 주는 도구와 한 점의 홍방울새 뼈가 발견되어 이런 해석을 뒷받침해 준다. 18세기 말에 인기가 있던 홍방울새 같은 노래하는 새들은 런던 교외에서 산 채로 잡혀 식용이 아닌 완상용으로 팔렸다. 역사 자료를 볼 때, 영국에서는 프랑스나 스위스처럼 앙고라토끼로 시골에서 사용하는 저품질 모피를 만드는 산업이 전혀 발달하지 않았다. 영국에서는 이 품종의 토끼를 매우 제한된 수만 길렀을 뿐이다. 아미티지에 따르자면 크로스월에 살던 사람은 꽤 잘 살았을 텐데, 여기서 발견된 고급스런 중국제 도자기와 유리제품은 그런 해석에 힘을 실어 준다.

환경

지난 수년 동안 도시 유적을 발굴하는 고고학자들은 예를 들어 곤충(Kenward, 1982)이나 소형 포유동물(기생충 알은 3장 참조)같이 도시 퇴적층에서 발견되는 다른 종류의 동물들에 점점 더 많은 관심을 기울이고 있다. 랙험(Rackham, 1982)은 보관 중인 식량, 특히 곡물에 해를 끼치고 질병을 확산하는 데서 설치류가 차지하는 중요성을 강조하고 있다.

런던 그레이프라이어즈(Greyfriars)의 수녀원 정원에 있는 중세 퇴적층과 요크셔 비벌리(Beverley)의 대학 생활마당에서 아미티지는 매우 풍부하고 다양한 설치류 동물군을 발견하였다(Armitage, 1985). 비벌리 자료에는 뚝들쥐 *Clethrionomys glareolus*가 포함되어 있었는데, 이것은 주로 순수한 시골환경에 사는 겁 많은 동물이다. 따라서 두 지점은 사방이 도시환경으로 포위된 도시 속의 작은 시골이었음에 틀림없다.

개

하코트는 영국 모든 곳에서 발견된 중석기시대에서 앵글로색슨시대에 걸친 개 유해를 분석하였다(Harcourt, 1974). 품종의 동정은 불가능하지만, 크기 분포는 시대에 따라 길러졌을 각종 개에 대해 모종의 정보를 알려 준다. 예를 들어, 영국 철기시대 개의 크기는 어깨 높이가 29-58cm의 범위에 있지만, 그런 크기 분포는 모든 개가 하나의 '유형'임을 말해 준다. 그러나 로마시대의 개는 완전히 다른 특징으로서, 키(어깨 높이 23-72cm), 체격 및 두개골 형태가 매우 다양해, 아마도 둘 내지 심지어 세 가지 '유형'이 있었을 수 있다. 그런 개 중에는 크기가 너무 작아 어떤 유용한 목적에 사용할 수 없거나 사람의 보호가 없으면 살 수 없을 것이 틀림없는, 무릎에 앉힐 수 있는 영국 최초의 작은 애완용 개가 있다. 이런 개가 가정에서 애완동물로 길러졌음은 의심의 여지가 없어, 시절이 안정되고 풍요로웠음을 말해 준다. 로마시대와 앵글로색슨시대에 큰 개들은 집 지키는 개 아니면 사냥개나 투견이었을 것이다. 하코트는 몇 군데에서 발견된 뼈에서 자른 흔적을 발견했는데, 이것은 영국에서 개를 식용으로 삼았을 흥미로운 가능성을 말해 준다.

영국에 도입된 기타 동물

닭은 철기시대 말 무렵 영국에 도입되었으며, 그 외에도 서너 종의 이국적 동물이 우연이건 아니건 바다를 건너왔다. 그중에는 영국 열도 거주민의 역사와 사회적 복지에 큰 영향을 끼친 것도 있다. 여기에서는 흰반점사슴, 노새, 곰쥐, 말, 토끼, 칠면조, 원숭이와 거북에 대해 살펴보겠다.

몸집이 큰 품종의 소 이외에도 흰반점사슴을 영국에 도입한 것은 로마인들이라고 흔히 여겨진다. 그런데 물론 이 사슴이 혹스니안과 입스위치안간빙기에 영국에 널리 살았기 때문에 엄격한 의미에서는 도입이 아니라 재도입인 셈이다. 그랜트(Grant, 1975)는 포트체스터 성의 서기 290에서 345년 사이로 연대가 측정된 층에서 흰반점사슴 뼈 서너 점을 보고하였다. 흰반점사슴 뼈는 여러 로마시대 유적에서 동정되는데, 그중 서너 곳은 여러 시기에 걸친 유적이기 때문에 흰반점사슴이 더 늦은 시기에 속할 가능성도 있다(그랜트, 사신).

로마시대 유적에서 최근 밝혀진 또 다른 동물은 노새이다(Armitage and Chapman, 1979). 아미티지는 런던 빌링스게이트(Billingsgate)의 로마시대 유적에서 수습한 뼈를 연구해, 125년에서 160년 사이로 연대측정된 쓰레기 층에서 노새 아래턱뼈를 동정하였다. 이 뼈 외면 하부의 침식 상태(그림 8.17)를 보면, 이 동물은 밧줄로 만든 고삐를 채우거나 재갈을 물린 상태에서 거칠게 다루어져 턱 옆 부분이 쏠리고 까여, 아래 놓인 뼈 표면의 충격을 완화시켜 주는 살이 거의 없음을 알 수 있다. 노새는 암말과 수당나귀라는 서로 밀접히 연관된 두 종의 교배로

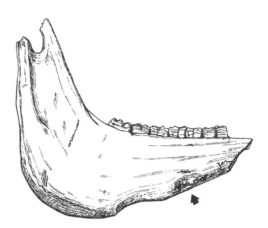

그림 8.17 런던시 빌링스케이트 건물지에서 수습한 연대가 약 125-160년으로 측정된 로마시대의 노새. 그림은 아래턱뼈 외면임(그림 8.18 참조). 뼈가 압력을 받아 침식된 부위에 주목할 것. 이것은 아마도 밧줄로 만든 고삐나 재갈에 쏠려 만들어졌을 것이다. 그림 Katharine Armitage, 제공 K. and Philip Armitage

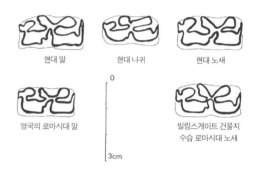

그림 8.18 런던시 빌링스게이트 건물지 수습 로마시대 노새. 아래 오른쪽 제1어금니 교합면의 에나멜 주름을 다른 말과동물과 비교하였다. 출전 Armitage and Chapman, 1979

만들어지며, 대개 생식능력이 없다. 아미티지의 발견(그림 8.18)은 로마인들이 노새를 영국으로 수입했거나 아니면 노새를 낳을 수 있도록 당나귀를 들여왔음을 말해 준다. 노새는 견인 동물로서 또 짐 싣는 동물로서 로마 경제에서 중요한 역할을 하였다.

몇몇 연구자들은 곰쥐 *Rattus rattus*(그림 8.19)의 유해를 로마시대 유적에서 발견하였다(Armitage et al., 1984). 래컴은 이 쥐를 요크의 스켈더게이트에 있는 아마도 4세기에 속한다고 보이는 로마시대 후기의 우물 속 퇴적층에서 발견하였다(Rackham,

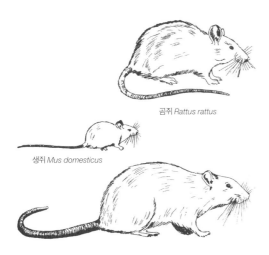

곰쥐 *Rattus rattus*

생쥐 *Mus domesticus*

시궁쥐 *Rattus norvegicus*

그림 8.19 사람의 복지와 관련해 중요한 역할을 했고 지금도 계속 중요한 세 종류 설치류. 그림 Evelyn Davis, 출전 Van den Brink: Field guide to the mammals of Britain and Europe, 1967

1979). 아미티지는 런던 시의 3세기와 4세기 퇴적층 몇 곳에서, 또 오코너는 록스터(Wroxeter)의 2세기 층과 요크의 2-3세기 층에서 이것을 발견했다.

8세기 영국의 역사학자 비드(Bede)는 7세기에 영국을 초토화시키고 아일랜드를 몇 차례 휩쓸며 '엄청나게 많은 인명을 앗아간' 끔찍한 역병에 대해 글을 남겼다. 664년의 역병은 가장 유명한 것으로서(Plummer, 1896), 『앵글로색슨연대기』에도 실려 있다. 비드는 심지어 커스버트 성인(St Cuthbert)의 '허벅지에 튀어나온 종양(*tumor in femore*)'이 어떤 모습인지 자세히 묘사하고 있는데, 이것은 의심할 나위 없이 역병으로 인한 사타구니 가래톳을 말하는 것이다(MacArthur, 1949). 이 역병은 150년에서 250년 사이에 로마 인구를 감소시켰다고도 여겨지고 있다. 이런 유행병들은 림프절 페스트와 유사하다고 보인다. 이 병은 병의 저수지 역할을 하는 곰쥐가 퍼뜨리며, 쥐벼룩 *Xenopsylla cheopis*에 의해 쥐에서 사람으로 전해진다. 최근까지도 곰쥐는 십자군이 11세기나 12세기에 근동에서 갖고 왔으며 그 전에는 영국에 없었다고 여겨졌다. 그러나 이제 비

드가 기록한 역병의 정체가 밝혀진 듯하다.

곰쥐는 사람과 밀접한 관련을 맺고 있다. 곰쥐는 건물이나 창고를 차지하고 살며, 우연히 항구 사이를 오가는 배에 실려 전 세계로 영역을 넓힐 수 있었는바, 'Black rat'과 더불어 'Ship rat'이라는 이름이 붙여졌다. 이 쥐는 근동에서 왔다고 여겨지나, 원래 인도에서 기원했을지도 모른다. 이것은 이집트의 힉소스기(1750-1550 BC; Boessneck, 1976)부터 알려졌으며, 구약성서 사무엘기 상권 5장과 6장에 서술된 아슈도드(Ashdod)의 필리스티아인을 괴롭힌 (지금은 종양[tumours]이라고 번역하고 있는) 'ofalim' 혹은 'emerods'는 이 쥐가 퍼뜨린 역병일 수 있다. 사무엘기에는 또 필리스티아인들이 설치류(쥐?; MacArthur, 1949 참조) 때문에 많은 문제를 안고 있었다는 내용이 있다. 곰쥐가 폼페이에서 발견된 것을 볼 때, 이것은 틀림없이 서기 79년 이전에 이탈리아에 도착했을 것이다. 이것은 곧이어 스위스에 나타났으며, 독일 남부지방이 로마에 편입되며 여기에도 나타났다. 이것은 라인란트로부터 영국으로 퍼졌을 수 있는데, 그렇지 않다면 곡물운송 배나 어떤 상선에 실려 지중해 항구에서 직접 들어왔을지도 모른다(Armitage *et al.*, 1984).

앵글로색슨족 정복자들은 자기들이 타는 말을 함께 갖고 들어왔다. 이 시기에 속하는 말의 유해 중에서 어떤 것은 그 이전 철기시대 켈트인의 말보다 훨씬 더 커, 기갑까지의 높이가 1.4m, 즉 14핸즈(hands)로서 켈트의 1.2m, 즉 12핸즈와 비교된다. 그런 만큼 『앵글로색슨연대기』는 892년에 '말과 모든 것'을 프랑스에서 켄트로 실어 날랐다고 쓰고 있다. 동양의 발명품인 등자가 영국에 다다른 것은 앵글로색슨 시기의 일이었다(Clutton-Brock, 1976). 로마인은 등자가 없었다. 등자가 없는 기병은 무장 상태의 전투에서 큰 힘이 되지 않으니, 말 등에 탄 상태에서 다만 창을 팔 끝에서 휘두를 수밖에 없고

sagitte'i lingua eorum gladi'acutus.
Exaltare super celos deus: et in omne

그림 8.20 14세기 초 영국에서 토끼를 그물로 잡는 여인들의 모습. 페럿을 토끼 굴에 풀어 토끼를 내몰았다. 출전 메리여왕 찬 시편, 제공 British Library; MS Royal 2.B.VII f.155v

단지 팔과 어깨 힘만으로 타격을 가할 수밖에 없기 때문이다. 고대사회에서는 말을 타는 대신 일반적으로 마구를 채워 연결한 전차를 타고 전쟁을 했다.

등자는 말 등에 몸을 견고하게 붙일 수 있게 해 주었다. 이제 기마병은 전투에서 적에게 강력한 타격을 주는 기마전술을 구사할 수 있게 되었다. 기마병은 말에서 떨어질 위험 없이 전속력으로 달려 적을 향해 창과 칼을 내지를 수 있게 되었다. 손은 더 이상 충격을 가하지 않고 단지 충격을 유도하게 되었고, 몸 전체의 힘을 창에 집어넣을 수 있게 되었다. 즉 등자는 사람의 에너지를 동물의 힘으로 대체시킨 것이다(White, 1962). 큰 충격을 주고받는 전투를 견디기 위해 이제 갑옷은 점점 더 비싸졌고 중장갑화되었으며, 말도 크기가 더 커져야만 했고 이에 따라 더 많은 먹이가 필요하게 되었다. 기병은 오로지 부유한 자만이 감당할 수 있었고, 이제 농민들에게는 중세가 부과되었으며, 기마전사 계급을 가진 봉건제도가 발달하였다.

앵글로색슨족은 등자를 알고 있었지만, 등자를 충분히 최대한 잘 이용할 수 있게끔 전쟁 수행 방식을 바꾸지 않았다. 앵글로색슨 사회에서는 기마전사 엘리트가 거의 나타나지 않았다. 해롤드왕은 '자신의 등자에 굳건히 자리를 잡고' 1066년 정복자 윌리엄을 만나기 위해 헤이스팅즈로 갔으나, 도착하자 말에서 내려 옛날 방식대로 걸으며 전투에 임했다. 당연히 승리자는 말 탄 기병과 궁수를 갖고 있던 노르만이었다.

힌튼은 에섹스 레일리(Rayleigh) 성의 쓰레기 더미에서 몇 점의 토끼 뼈를 동정하였다(Hinton, 1912-13). 이 성은 노르만 정복 직후 지어졌으며 1220년 이후에는 더 이상 사용되지 않았다. 토끼 뼈는 또 엑스터의 12세기 퇴적층에서도 발견되었다(Maltby, 1979). 이러한 발견은 영국에 토끼가 있었다는 이른 시기의 문헌 증거를 확인해 주고 있다(그림 8.20). 예를 들어, 1235년에 왕은 길드포드(Guildford)에 있는 자신의 공원에서 사는 *decem cuninos vivos*('열 마리 살아 있는 토끼')를 선물로 주었다(Veale, 1957). 토끼는 아마도 스페인이나 프랑스 남부에서 들어왔을 것이다. 1205년에서 1238년까지 윈체스터의 주교였던 피터 드로슈(Peter des Roches)는 고향인 푸아투(Poitou)에서 토끼 고기를 먹는 데 익숙해, 영국에서 토끼를 키우도록 북돋운 인물이라고 여겨진다(Veale, 1957). 토끼는 13세기와 14세기에 값이 비싼 닭의 네다섯 배까지도 되었던바, 이 동물이 늦게 영국에 도착했음을 말해 주는 증거가 된다. 뼈의 숫자에서 판단할 때, 중세가 끝날 무렵이면 토끼는 영국의 식단에서 중요한 부식이 되어 산토끼를 대체하게 되었다.

칠면조 뼈는 16세기 중반 이후 고고학 퇴적층에서 자주 발견된다. 칠면조는 북아메리카에서 아마도 1520년대에 영국에 도입되었을 것이다. 예를 들어 몰트비(Maltby, 1979)는 연대가 16세기 중반으로 측정된 층에서 칠면조 뼈 한 점을 발견하였다.

아미티지는 런던 브룩스부두(Brooks wharf)에서 발견된 잘 보존된 중세 이후 시기 퇴적층 수습 자료에서 우는카푸친원숭이 *Cebus nigrivittatus*의 아래턱뼈를 발견하였다(Armitage, 1983). 함께 발견된 토제 파이프는 그 연대가 1640-80년 무렵임을 가리켜 준다. 카푸친원숭이는 남아메리카 북동부에서 발견되는데, 아미티지는 이 특이한 발견을 17세기 영국이 남아메리카를 식민지로 삼으려 했다 실패했던 사건과 연결시키고 있다. 런던은 가이아나 식민화 정책 수행을 위한 공급기지이자 행정중심지였는데, 1619년 라저 노스(Roger North) 선장은 "The Governor and Company of Noblemen and Gentlemen of the City of London Adventurers in and about the River of the Amazons'라는 회사를 세웠다. 아미티지는 이 특정한 뼈 조각이 살아 있던 동물에서 온 것일까 혹은 죽어 보존된 채 영국으로 갖고 온 동물의 뼈일까 하는 질문을 던졌다. 사람에게 잡힌 원숭이는 칼슘이 결여된 과일과 채소 식단을 먹게 되어 뼈에 병을 잘 얻는다고 알려져 있

다. 아미티지는 런던의 서너 박물관 수집품에 포함된 사육 카푸친원숭이와 야생 카푸친원숭이 아래턱뼈를 X-선 촬영하였다. 야생의 개체는 뼈의 피질이 정상적으로 발달했다고 관찰되었지만, 사람에게 잡힌 것들의 뼈는 다공질에 밀도가 낮았다. 브룩스부두에서 발견된 아래턱뼈는 사로잡힌 동물의 뼈를 닮아 있어, 이 동물이 런던으로 잡혀와 얼마 동안 살았음을 시사해 준다. 길들이기 쉽고 오락감이 되는 카푸친원숭이는 '오르간연주자의 원숭이'로서 19세기의 유럽 도시에서 흔히 볼 수 있었다.

아미티지는 또 런던 시의 레든홀(Leadenhall) 건물지의 어느 우물 유적에서 발견된 거북 뼈를 동정하였다(Armitage, 1980). 발견된 뼈는 1750에서 1815년 사이로 연대가 측정되어, 기록이 잘 남아 있는 푸른거북의 거래와 관련된 고고학적 증거가 되고 있다. 푸른거북은 서인도제도에서 산 채로 수입되었다. 런던시장의 만찬에 거북 수프를 올리는 전통은 1761년까지 거슬러 올라갔는데, 그러나 거북 수프는 부유한 사람만이 즐길 수 있는 것이었으며 그렇지 못한 이들은 송아지 머리로 만든 '가짜' 수프로 만족해야만 했다.

영국에서는 현재에 가까운 시기의 고고학 유적에서 발견되는 동물 유해에 대한 관심이 커지며, 앞으로 우리는 탐험가들과 국제상인들이 세계 구석구석에서 갖고 들어온 이국적 동물 목록이 점점 늘어나는 모습을 틀림없이 보게 될 것이다.

미래의 모습

지난 20년 동안 여러 새로운 고생물학적 발견에 대한 관심이 커져 왔음을 염두에 둘 때, 오늘날 동물고고학이 부닥치고 있는 연구의 주요 문제점은 무엇일까?

우선 우리는 좀더 나은 비교자료를 가질 필요가 있다. 가축과 같이 재미없고 '하품 나오는' 동물을 성별, 연령별, 부위별로 정리한 자료를 소장할 준비가 되어 있는 박물관은 찾기 어려운 실정이다. 앞으로 고고동물 자료는 더 자세하게 보고되어야 하는데, 그러나 각종 계측치를 비롯해 모든 자료를 있는 그대로 전부 인쇄해 줄 준비가 되어 있는 학술지도 찾기 어렵다. 계측치와 같은 세부사항들은 시간과 너른 지리적 공간에 걸친 유적과 종의 비교에 필수적이다. 우리는 기르고 있는 가축 중 많은 것들에 대해 그 이빨이 언제 나고 뼈의 성장은 언제 그치는가 하는 등등, 골격과 치아의 발달 방식에 대해 아직도 잘 모르고 있다. 우리는 영양 수준이나 음식의 종류, 온도 등의 여러 환경요인이 골격과 치아에 끼치는 영향에 대해서도 거의 아는 바가 없다. 이러한 문제를 조사하려는 도전은 대개 비용이 많이 필요하지만 해야 할 필요가 있는 일이다.

일반적으로 말할 때, 동물고고학 연구는 최소한의 장비와 얼마 안 되는 비용으로도 수행할 수 있다. 세바스찬 페인의 말을 빌리자면 동물고고학은 '저차원적 기술의 과학(low-tech science)'으로서, 풀 한 통과 캘리퍼스 한 벌 이상의 도구가 필요한 경우는 그리 흔하지 않다. 그렇지만 동시에 전자현미경이나 기타 고가의 장비를 사용해 연구성과를 얻을 수 있는 여지 또한 매우 크다. 전자현미경, 특히 주사전자현미경은 이제 훨씬 쉽게 사용할 수 있으며, 쉽맨(Pat Shipman)을 비롯한 여러 연구자가 아프리카의 초기 인류와 관련된 뼈를 분석하며 발견하고 있는 바와 같은 새로운 종류의 정보를 우리에게 틀림없이 제공해 줄 것이다.

참고문헌

AGENBROAD, L.D. 1984 New World mammoth distribution. In: Martin, P.S. and Klein, R.G. pp. 90-108

AMBROSETTI, P. 1968 The Pleistocene dwarf elephants of Spinagallo (Siracusa) south-eastern Sicily. *Geologica Romana* 7, 277-397

ANDREWS, M.V., GILBERTSON, D.D., KENT, M., and MELLARS, P.A. 1986 Biometric studies of morphological variation in the intertidal gastropod *Nucellalapillus* (L): environmental and palaeoeconomic significance. *Journal of Biogeography* 12, 71-87

ARMITAGE, P.L. 1978 Hertfordshire cattle and London meat markets in the 17th and 18th centuries. the london archaeologist 3, 217-23

ARMITAGE, P.L. 1980 A preliminary description of british cattle from the late 12th to the early 16th century. *The Ark* 7, 405-12

ARMITAGE, P.L. 1981 A latye Anglo-Saxon horse skeleton from Ironmonger Lane, City of London, 1980. Unpublished archive report, Museum of London

ARMITAGE, P.L. 1982 Studies on the remains of domestic livestock from Roman, medieval, and early modern London: objectives and methods. In: Hall, A.R. and Kenward, H.K. (eds.), *Environmental archaeology in urban context*. pp. 94-106. London, Council for British Archaeology Reasearch Report no. 43

ARMITAGE, P.L. 1983 The early history of English longwool sheep. *The Ark* 10, 90-7

ARMITAGE, P.L. 1983 Jawbone of a South American monkey from Brooks Wharf, City of London. *The London Archaeologist* 4, 262-70

ARMITAGE, P.L. 1985 Small mammal faunas in later mediaeval towns. *The Biologist* 32, 65-71

ARMITAGE, P.L. and CHAPMAN, H. 1979 Roman mules. *The London Archaeologist* 3, 339-46

ARMITAGE, P.L. and McCARTHY, C. 1980 Turtle remains from a late 18th century well at Leadenhall Buildings. *The London Archaeologist* 4, 8-16

ARMITAGE, P.L., WEST, B. and STEADMAN, K. 1984 New evidence of Black rat in Roman London. *The London Archaeologist* 4, 375-83

ARMOUR-CHELU, M. 1985 In: Pryor, F.S.A., French, C. and Taylor, M. An interim report on excavations at Etton, Maxey, Cambridgeshire, 1982-84. *The Antiquaries Journal* 65, 275-311

ASHBEE, P. 1978 *The ancient British a social-archaeological narrative*. Norwich, Geo Abstracts

AVERY, D.M. 1982 Micromammals as palaeoenvironmental indicators and an interpretation of the late Quaternary in the southern Cape province, South Africa. *Annals of the South African Museum* 85, 183-374

AZZAROLI, A. 1981 Cainzoic mammals and the biogeography of the island of Sardinia, western Mediterranean. *Palaeogeography, Palaeoclimatology, Palaeocology* 36, 107-11

AZZAROLI, A. 1982 Insularity and its effects on terrestrial vertebrates: evolutionary and biogeographic aspects. In: Gallitelli, E.M. (ed.), *Palaeontology, essential of historical geology*. pp. 193-213. Modena, Italy, Mucchi

BAILEY, G.N. 1978 Shell middens as indicators of postglacial economies: a territorial perspective. In: Mellars, P. (ed.), *The early postglacial settlement of northern Europe*. London, Duckworth. pp. 37-63

BAILEY, G.N. 1983 Economic change in late Pleistocene Cantabria. In: Bailey, G. (ed.), *Hunter-gatherer economy in prehistory*. Cambridge University Press. pp. 149-65

BAKER, J.R. and BROTHERWELL, D.R. 1980 *Animal Diseases in Archaeology*. London, Academic Press

BANKS, W.J. and NEWBREY, J.W. 1983 Antler development as a unique modification of mammalian endochondral ossification. In: Brown, R.D. (ed.), *Antler development in cervidae*. pp. 279-306. Kingsville, Texas, Caesar Kleberg Wildlife Research Institute

BARNES, B., EDWARDS, B.J.N., HALLAM, J.S. and STRART, A.J. 1971 Skeleton of a late Glacial elk associated with barbed points from Poulton-le-Fylde, Lancashire. *Nature, 232*, 488-9

BATE, D.M A 1937 Palaeontology: the fossil fauna of the Wady el-Mughara caves. In: Garrod, D.A.E. and bate, D.M.A. (eds.), *The Sone Age of Mount Carmel*. Part 2, Oxford, the Clarendon Press. pp. 137-240

BEALE, T.W. 1973 Early trade in highland Iran: a view from a source area. *World Archaeology* 5, 133-48

BEEK, G.W. van 1969 The rise and fall of Arabia Felix. *Scientific American* 221, 36-46

BELLWOOD, P. 1978 *Man's conquest of the Pacific*. London, Collins

BERRY, R.J. 1977 *Inheritance and natural history*. London, Collins

BLOOM, W. and FAWCETT, D.W. 1975 *A textbook of hitology*. 10th Edition. Philadelphia, Saunders

BLUMENBERG, B. 1979 The origins of hominid megafanual carnivory. *Carnivore* 2, 71-2

BOEKSCHOTEN, G.J. and SONDAAR, P.Y. 1972 On the fossil mammalia of Cyprus. *Koninklijke Nederlandse Akademie van Wetenschappen. Proceedings, Series B* 75, 306-38

BOESSNECK, J. 1964 Uber die osteologischen arbeiten und probleme des tieranatomischen instituts der Universitat Munchen. *Zeitschrift fur Agrargeschichte und Agrarsoziologie* 12, 216-30

BOESSNECK, J. 1969 Osteological differences between sheep (*Ovis aries* Linne) and goat (*Capra hircus* Linne). In Brothwell, D. and Higgs, E.S. (eds.), *Science in archaeology* 2nd ed. pp. 331-58. London, Thames and Hudson

BOESSNECK, J. 1976 Tell el-Dab'a III. Die Tierknochenfunde 1966-1969. *Osterreichischen Akademie der Wissenschaften Denkschriften der Gesamtakademie* 5, 7-42

BOESSNECK, J. and DRIESCH, A. von den 1976 Pferde im 4/3 jahrtausend v. Chr. in Ostanatolien. *Saugetierkundliche Mitteilungen* 24, 81-7

BOESSNECK, J. and DRIESCH, A. von den 1978 The significance of measuring animal bones from archaeological sites. In: Meadow, R.H. and Zeder, M.A. (eds.), *Approaches to faunal analysis in the Middle East*, pp. 25-39. Peabody Museum Bulletin 2, Harvard University, Cambridge, Mass.

BOESSNECK, J., MULLER, H.-H. and TEICHERT, M. 1964 Osteologische unterscheidungsmerkmale zwischen schaf (*Ovis aries* LINNE) und ziege (*Capra hircus* LINNE). *Kuhn-Archiv* 78, 1-129

BÖKÖNYI, S. 1969 Archaeological problems and methods of recognizing animal domestication. In: Ucko, P. and Dimbleby, G. (eds.), *The domestication and Exploitation of plants and animals*, pp. 219-29 London, Duckworth

BÖKÖNYI, S. 1978 The earliest waves of domestic horses in East Europe. *Journal of Indo-European Studies* 6, 17-76

BORDES, F. and PRAT, F. 1965 Observations sur les faunes du Riss et du Wurm I en Dordogne. *L'Anthropologie* 69, 31-46

BOSMA, A.A., HAAN, N.A. and MACDONALD, A.A.

1984 Daryotype variablility in the wild boar (*Suss-crofa*). In: Spitz, F. and Pepin, D. (eds.), *Symposium international sur le sanglier.* Toulouse, Institut National de la Recherche Agronomique. pp. 53-6

BOURDILLON, J. and COY, J. 1980 The animal bones, in: Holdsworth, P. (ed.), *Excavations at Melbourne Street, Southampton 1971-76.* Council for British Archaeology Research Report 33, 79-120

BOWDLER, S. 1984 *Hunter Hill, Hunter Island archaeological investigations of a prehistoric Tasmanian site.* Terra Australis 8, Canberra, Australian National University, department of Prehistory

BOYD DAWKINS, W. and WILFRID JACKSON, J. 1917 the wild animals of the lake village, and the domestic animals of the lake village. In: Bulleid, A. and St. George Gray, H. *The glastonbury lake village* Vol. II. pp. 641-72. The Glastonbury Antiquarian Society

BRAIN, C.K. 1967 Hottentot food remains and their bearing on the interpretation of fossil bone assemblages. *Scientific papers of the Namib Desert Research Institute* 32, I-II

BRAIN, C.K. 1981 *The hunters or the hunted? An introduction to African cave taphonomy.* Chicago University Press

BRAMWELL, D. 1977 Bird bone. In: Clarke, H. and Carter, A. Excavations in King's Lynn 1963-70. *Society for Medieval Archaeology Monograph Series* 5, 399-402

BRAMWELL, D. 1980 Identification and interpretation of bird bones. In: Wade Martins, P. (ed.), Excavations in North Elmham Park. *East Anglian Archaeological Report* 9, 409-12

BRASH, J.C. 1934 Some problems in the growth and developmental mechanics of bone. *Edinburgh Medical Journal* 41, 305-19; 363-87

BULL, G. and PAYNE, S. 1982 Tooth eruption and epiphyseal fusion in pigs and wild boar. In: Wilson, B., Grigson, C. and Payne, S. (eds.), *Ageing and sexing animal bones from archaeological sites,* pp. 55-71. Oxford, BAR British series 109

BULLIET, R.W. 1975 *The camel and the wheel.* Cambridge, Mass., Harvard University Press

BUNCH, T.D., FOOTE, W.C. and SPILLETT, J.J. 1976 Translocations of acrocentric chromosomes and their implications in the evolution of sheep (*Ovis*). *Crytogenetics and Cell Genetics* 17, 122-36

BUNN, H.T. 1981 Archaeological evidence for meateating by Plio-Pleistocene hominids from Koobi Fora and Olduvai Goge. *Nature* 291, 574-7

BUTZER, K.W. 1971 *Environment and archaeology and ecological approach to prehistory.* 2 edn. London, Mthuen

CAESAR, Julius C. *The Gallic War.* Translated by H.J. Edwards. The Loeb Classical Library. London, Heinemann

CAMPBELL, J.B. 1977 *The Upper Palaeolithic of Britain.* Oxford University Press

CAREY, G. 1982 Ageing and sexing domestic bird bones from some late medieval deposits at Baynard's castle, city of London. pp. 263-8. Oxford, BAR British series, 109

CASSELS, R. 1984 The role of prehistoric man in the fanual extinctions of NewZealand and other Pacific islands. In: Martin, P.S. and Klein, R.G. (eds.), pp. 741-67

CASTEEL, R.W. 1972 Some Archaeological uses of fish remains. *American Antiquity* 37, 404-19

CHALINE, J. 1976 Les rongeurs. In: Lumley, H. de (ed.) *La Préhistorie Française* I pp. 420-4. Editions du Centre National de la Recherche Scientifique

CHAPLIN, R.E. 1971 *The Study of Animal Bones from Archaeological Sites.* London, Seminar Press

CHERRY, J.F. 1981 Pattern and process in the earliest colonization of the Mediterranean, *Proceedings of the Prehistoric Society 47,* 41-68

CHILDE, V.G. 1928 *The most ancient East: the oriental prelude to European prehistory.* London, Kegan Paul, Trench, Trubner

CHOW B.-S., 1984 Animal domestication in Neolithic china. In: Clutton-Brock, J. and Grigson, C. (eds.), *Animals and Archaeology: 3. Early herders and their flocks.* pp. 363-9. Oxford, BAR International Series 202

CLARK, G.A. and STRAUS, L.G. 1983 Late Pleistocene hunter-gatherer adaptations in Cantabrian Spain. In: Bailey, G. (ed.), *Hunter-gatherer economy in prehistory.* pp. 131-48. Cambridge University Press

CLARK, J.G.D. 1954 *Excavations at star carr, an early Mesolithic site at Seamer, near Scarbourough, Yorkshire.* Cambridge University Press

CLARK, J.G.D. 1972 Star Carr—a case study in bioarchaeology. *McCaleb module in Anthropology* 10, 1-42

CLEVEDON BROWN, J. and YALDEN, D.W. 1973 The description of mammals—2 limbs and locomotion of terrestrial mammals. *Mammal Review* 3, 107-34

CLUTTON-BROCK, J. 1971 The primary food animals of the Jericho Tell from the proto-Neolithic to the Byzantine period. *Levant* 3, 41-55

CLUTTON-BROCK, J. 1974 The Buhen horse. *Journal of Archaeological Science* 1, 89-100

CLUTTON-BROCK, J. 1976 The animal resources. In: Wilson, D.M. (ed.), *The archaeology of Anglo-Saxon England*, pp. 373-92. London, Methuen

CLUTTON-BROCK, J. 1978 Bones for the zoologist. In: Meadow, R.H. and Zeder, M.A. (eds.), *Approaches to faunal analysis in the Middle East. pp. 49-51.* Harvard University, Peabody Museum Bulletin 2

CLUTTON-BROCK, J. 1982 British cattle in the eighteenth century. *The Ark* 9, 55-9

CLUTTON-BROCK, J. and BURLEIGH, R. 1983 Some archaeological applications of the dating of animal bone by radiocarbon with particular reference to post Pleistocene extinctions. In: Mook, W.G. and Waterbolk, H.T. (eds.), *Proceedings of the first international symposium 14C and archaeology.* pp. 409-19. Strasbourg, Council of Europe PACT 8.

COHEN, M.N. 1977 *The food crisis in prehistory.* New Haven, Yale University Press

COLES, J.M. 1971 The early settlement of Scotland: excavations at Morton Fife. *Proceedings of the Prehistoric Society* 37, 284-366

COMPAGNONI, B. and TOSI, M. 1978 The camel: its distributions and state of domestication in the Middle East during the third millennium bc in light of finds from Shahr-i Sokhta. In: Meadow, R.H. and Zeder, M.A. (eds.), *Approaches to faunal analysis in the Middle East.* pp. 91-103. Harvard University, Peabody Museum Bulletin 2

COON, C.S. 1951 *Cave explorations in Iran, 1949.* Museum monographs, Philadelphia: the university museum

COOPE, G.R. 1977 Fossil coleopteran assemblages as sensitive indicators of climatic changes during the Devensian (Last) cold stage. *Philosophical Transactions of the Royal Society London* 280, 313-40

CORNWALL, I.W. 1964 *Bones for the archaeologist.* Third impression, London, Phoenix house

COUTTS, P. and HIGHAM, C. 1971 The seasonal factor in prehistoric New Zealand. *World Archaeology* 2, 266-77

CRAM, L. 1984 Footprints in the sasnds of time. In: Grigson, C. and Clutton-Brock, J. (eds.), *Animals and archaeology, 4. Husbandry in Europe.* pp. 299-35. Oxford, BAR International series 227

CRAWFORD, H.E.W. 1973 Mesopotamia's invisible exports in the third millennium bc. *World Archaeology* 5, 232-41

CRAWFORD, R.D. 1984 Domestic fowl. In: Mason, I.L. (ed.), *Evolution of domesticated animals.* pp. 298-311. London, Longman

CRAWFORD, R.D. 1984 Turkey. In: Mason, I.L. (ed.), *Evolution of domesticated animals.* pp. 325-34. London, Longman

CROTHERS, J.H. 1978 The dog-whelk, *Nucella lapillus* (L.), as an indicator of exposure and pollution on rocky sea shores. *haliotis* 9, 33-41

CUNLIFFE, B. 1968 excavations at eldon's seat, Encombe, Dorset. *Proceedings of the Prehistoric Society* 34, 191-226

DANIEL, G. 1975 *A hundred and fifty years of archaeology.* London, Duckworth

DANSGAARD, W., JOHNSON, S.J., MØLLER, J. and LANGWAY, C.C. 1969 One thousand centuries of climatic record from Camp Century on the Greenland ice sheet. *Science* 166, 377-81

DARWIN, C. 1839 *Journal and remarks 1832-1836* in: Fitzroy, R. (ed.), *Narrative of the surveying voyages of His Majesty's ships Adventure and Beagle between the years 1826 and 1836 describing their examination of the southern shores of South America and the Beagle's circumnavigation of the globe.* Vol III. London, Henry Colburn

DAVIS, S.J.M. 1976 Mammal bones from the Early Bronze Age city of Arad, northern Negev, Israel: some implications concerning human exploitation. *Jounal of Archaeological Science* 3, 153-64

DAVIS, S.J.M. 1980 Late Pleistocene and Holocene equid remains from Israel. *Zoological Journal of the Linnean Society* 70, 289-312

DAVIS, S.J.M. 1980 A note on the dental and skeletal ontogeny of *Gazella. Israel Journal of Zoology* 29, 129-34

DAVIS, S.J.M. 1981 The Effects of temperature change and domestication on the body size of late Pleistocene to Holocene mammals of Israel. *Paleobiology* 7, 101-14

DAVIS, S.J.M. 1982 Climatic change and the advent of domestication: the succession of ruminant artiodactyls in the late Pleistocene-Holocene in the Israel region. *Paléorient* 8, 5-15

DAVIS, S.J.M. 1983 The age profiles of gazelles predated by ancient man in Israel: possible evidence for a shift from seasonality to sedentism in the Natufian. *Paléorient* 9, 55-62

DAVIS, S.J.M. 1984 The advent of milk and wool production in western Iran: some speculations. In: Clutton-Brock, J. and Grigson, C. (eds.), *Animals and archaeology: 3. Early herders and their flocks.* pp. 265-78. Oxford, BAR International series 202

DAVIS, S.J.M. 1985 A preliminary report of the fauna from Hatoula: a Natufian-Khiamian (PPNA) site near latroun, Israel. pp. 71-89. In: Lechevallier, M. and Ronen, A. *Le site Natoufien-Khiamien de Hatoula, prés de latroun, Israel.* Centre de Recherche Français de Jérusalem. Service de documentation 1

DAVIS, S.J.M. and VALLA, F.R. 1978 Evidence for domestication of the dog 12,000years ago in the Natufian of Israel. *Nature* 276, 608-610

DEGERBØL, M. 1961 On a find of a Preboreal domestic dog (*Canis familiaris* L.) from Star Carr, Yorkshire, with remarks on other Mesolithic dogs. *Proceedings of the Prehistoric Society* 3, 35-55

DEITH, M.R. 1983 Molluscan calendars: the use of growth-line analysis to establish seasonality of shellfish collection at the Mesolithic site of Morton, Fife. *Journal of Archaeological Science* 10, 423-40

DELPECH, F. 1983 *Les faunes du Paléolithique supérieur dans le sud-ouest de la France.* Bordeaux, éditions du Centre National de la Recherche Scientifique: Cahiers du Quaternaire 6

DELPECH, F. and HEINTZ, E. 1976 Les artiodactyls: bovidés. In: Lumley, H. de (ed.), *La Préhistoire Française* I. pp. 386-394. Editions du Centre National de la Recherche Scientifique

DENIZ, E. and PAYNE, S. 1982 Eruption and wear in the

mandibular dentition as a guide to ageing Turkish Angora goats. In: Wilson, B., Grigson, C. and Payne, S. (eds.), *Ageing and sexing animal bones from archaeological sites.* pp. 155-205. Oxford, BAR British series 109

DENT, A. 1977 Orkney pigs. *The Ark* 4, 304

DERMITZAKIS, M.D. and SONDAAR, P.Y. 1978 The importance of fossil mammals in reconstructing paleogeography with special reference to the Pleistocene Aegean archipelago. *Annales Géologiques des pays Helléniques* 29, 808-40

DEWAR, R.E. 1984 Extinctions in Madagascar. The loss of the subfossil fauna. In: Martin, P.S. and Klein, R.G. (eds.), pp. 574-93

DIXON, J.E. and RENFREW, C. 1973 The source of the Franchthi obsidians. *Hesperia* 42, 82-83

DONNER, J.J. and KURTEN, B. 1958 The floral and faunal succession of Cueva del Toll, Spain. *Eiszeitalter u. Gegenwart* 9, 72-82

DRIESCH, A. von den, 1976 *Das vermessen von tierknochen aus vor und fruhgeschichtlichen siedlungen.* Munich, Institut fur Palaoanatomie, Universitat Munchen. (Translated into English as: *A guide to the measurement of animal bones from archaeological sites.* Peabody Museum Bulletin I, Cambridge Mass., Harvard University

DRIESCH, A. von den, and BOESSNECK, J. 1975 Schnittspuren an Neolithischen tierknochen. *Germania* 53, 1-23

DROWER, M.S. 1969 The domestication of the horse. in: Ucko, P.J. and Dimbleby, G.W. (eds.), *The domestication and exploitation of plants and animals.* pp. 471-8. London, Duckworth

DUERST, J.U. 1908 Animal remains from the excavations at Anau. In: Pumpelly, R. *Explorations in Turkestan. Expedition of 1904* pp. 341-99. Washington, Carnegie Institute

DUERST, J.U. 1928 Vergleichende untersuchungsmeth-

oden am skelett bei saugern. In: Abderhalden, E. (ed.), *Handbuch der biologischen arbeitsmethoden* 7. pp. 125-530

EFREMOV, J.A. 1940 Taphonomy: new branch of paleontology. *Pan-American Geologist* 74, 81-93

ELDER, W.H. 1965 Primaeval deer hunting pressures revealed by remains from American Indian middens. *Journal of Wildlife Management* 29, 366-70

ENLOW, D.H. 1963 *Principles of bone remodeling.* Springfield, Illinois; Charles Thomas

EPSTEIN, H. 1972 The Chandella horse of Khajuraho, with comments on the origin of early Indian horses. *Zeitschrift fur Tierzuchtung und Zuchtungsbiologie* 89, 170-77

EVANS, A. 1935 *The palace of Minos at Knossos* 4. London, Macmillan

EVANS, J.D. 1977 Island archaeology in the Mediterranean: problems and opportunities. *World Archaeology* 9, 12-26

EVANS, J.G. 1975 *The environment of early man in the British Isles.* London, Paul Elek

FLANNERY, K.V. 1969 The animal bones. In: Hole, F., Flannery, K.V. and Neely, J.A. *Prehistory and human ecology of the Deh Luran plain an early village sequence from Khuzistan, Iran.* Memoirs of the Museum of Anthropology, University of Michigan 1. pp. 262-330

FLEISCH, H. and NEUMAN, W.F. 1961 Mechanisms of calcification: role of collagen, poly-phosphates and phosphatase. *American Journal of Physiology* 200, 1296-300

FLOOD, J. 1983 *Archaeology of the dreamtime.* Sydney, Collins

FOCK, J. 1966 *Metrische untersuchungen an metapodien einiger Europaischer rinderrassen.* Dissertation, University of Munich

FOWLER, P. AND EVANS, J. 1967 Plough-marks, lynchets and early fields. *Antiquity* 41, 289-94

FRERE, J. 1800 Account of flint weapons discovered at Hoxne in Suffolk. *Archaeologia* 13, 204-5

FRISON, G.C. 1971 The buffalo pound in northwestern plains prehistory: site 48CA302, Wyoming. *American Antiquity* 36, 77-91

FRISON, G.C. (ed.) 1974 *The Casper site. A Hell Gap bison kill on the high plains.* New York, Academic Press

FRISON, G.C. and STANFORD, D.J. 1982 *The Agate Basin site. A record of Paleoindian occupation of the northwestern high plains.* New York, Academic Press

GARCIA-GONZALEZ, R. 1981 Estudio de la osificacion postnatal en ovinos de raza rasa aragonesa. *Munibe* 33, 259-79

GARRARD, A.N. 1982 The environmental implications of a re-analysis of the large mammal fauna from the wadiel-Mughara caves, Palestine. In: Bintliff, J.N. and Van Zeist, W. (eds.), *Palaeoclimates, palaeoenvironments and human communities in the eastern Mediterranean region in later prehistory.* pp. 165-87. Oxford, BAR International series 133

GAUTHIER-PILTERS, H. and DAGG, A.I. 1981 *The camel.* Chicago, Chicago University Press

GELDER-OTTWAY, S. 1979 Faunal remains from Dokkum. *Palaeohistoria* 21, 110-26

GILBERT, B.M. and BASS, W.M. 1967 Seasonal dating of burials from the presence of fly pupae. *American Antiquity* 32, 534-5

GILLESPIE, R., HORTON, D.R. LADD, P., MACUMBER, P.G., RICH, T.H., THORNE, R. and WRIGHT, R.V.S. 1978 Lancefield swamp and the extinction of the Australian megafauna. *Science* 200, 1044-8

GLIOZZI, E. and MALATESTA, A. 1980 The Quaternary goat of Capo Figari(northeastern Sardinia). *Geologica Romana* 19, 295-347

GLIOZZI, E. and MALATESTA, A. 1982 A megacerine in the Pleistocene of Sicily. *Geologica Romana* 21, 311-95

GOLDBERG, P. and BAR YOSEF, O. 1982 Environmental and archaeological evidence for climatic change in the southern Levant. In: Bintliff, J.N. and Van Zeist, W. (eds.), *Palaeoclimates, palaeoenvironments and human communities in the eastern Mediterranean region in later prehistory.* pp. 399-418. Oxford, BAR International series 133 (ii)

GOODE, A.W. and RAMBAUT, P.C. 1985 The skeleton in space. *Nature* 317, 204-5

GORDON, C.C. and BUIKSTRA, J.E. 1979 Soil pH, bone preservation, and sampling bias at mortuary sites. Paper presented at the 44th annual meeting of the Society for American Archaeology, Vancouver, British Columbia

GOWLETT, J.A.J., HARRIS, J.W.K., WALTON, D. and WOOD, B.A. 1981 Early archaeological sites, hominid remains and traces of fire from Chesowanja, Kenya. *Nature* 294, 125-9

GRANT, A. 1975 The animal bones. In: Cunliffe, B. (ed.), *Excavations at Portchester castle* I Roman. pp. 378-408. Reports of the research committee, society of antiquaries of London 32

GRANT, A. 1981 The significance of deer remains at occupation sites of the Iron Age to the Anglo-Saxon period. In: Jones, M. and Dimbleby, G. (eds.), *The environment of mans: the Iron Age to the Anglo-Saxon period.* pp. 205-13. Oxford, BAR British series 87

GRANT, A. 1984 Animal husbandry in Wessex and the Thames valley. In: Cunliffe, B. and Miles, D. (eds.), *Aspects of the iron Age in central southern Britain.* pp. 102-19. University of Oxford: committee for archaeology

GRIGSON, C. 1981 In: Simmons, I.G. and Tooley, M.J. (eds.), *The environment in British prehistory.* London, Duckworth

GRIGSON, C. 1982 Cattle in prehistoric Britain. *The Ark* 9,

47-9

GRIGSON, C. 1982 Sex and age determination of some bones and teeth of domestic cattle: a review of the literature. In: Wilson, B., Grigson, C. and payne, S. (eds.), *Ageing and sexing animal bones from archaeological sites.* pp. 7-23. Oxford, BAR British series 109

GRIGSON, C. 1983 In: Evans, J.G. et al. Excavations at Cherhill, north Wiltshire, 1967. *Proceedings of the Prehistoric Society* 49, 43-117

GRIGSON, C. 1984 The domestic animals of the earlier Neolithic in Britain. In: Nobis, G. (ed.), *Der beginn der haustierhaltung in der "alten welt".* pp. 205-20. Koln, Bohlau

GRUE, H. and JENSEN, B. 1979 Review of the formation of incremental lines in tooth cementum of terrestrial mammals. *Danish Review of Game Biology* II, 1-48

GUILDAY, J.E. 1970 Animal remains from archaeological excavations at Fort Ligonier. *Annals of the Carnegie Museum* 42, 177-86

GULLIEN, Y. and HENRI-MARTIN, G. 1968 Dentures de rennes et saisons de chasse: l'abri Aurignacien de la Quina. *L'Anthropologie* 72, 337-48

GUTHRIE, R.D. 1984 Mosaics, allelochemics and nutrients. An ecological theory of late Pleistocene megafaunal extinctions. In: Martin, P.S. and Klein, R.G. (eds.), pp. 259-98

HAHN, E. 1896 *Die haustiere und ihre beziehungen zur wirtschaft des menschen. Eine geographische studie.* Liepzig, Duncker and Humblot

HALL, H.R. and WOOLLEY, C.L. (eds.), 1927 *Ur excavations I: al'Ubaid.* London

HALLAM, J.S., EDWARDS, B.J.N., BARNES, B. and STUART, A.J. 1973 The remains of a late Glacial elk with associated barbed points from High Furlong, near blackpool, Lancashire. *Proceedings of the Prehistoric Society* 39, 100-28

HALSTEAD, L.B. 1974 *Vertebrate hard tissues.* London, Wykeham

HAMMOND, J. 1950 Polled cattle. *Endeavour* 9, 85-90

HANSEN, R.M. 1978 Shasta ground sloth food habits, Rampart cave, Arizona. *Paleobiology* 4, 302-19

HARCOURT, R.A. 1974 The dog in prehistoric and early historic Britain. *Journal of Archaeological Science* 1, 151-75

HARCOURT, R.A. 1979 The animal bones. In: Wainwright, G.J. *Gussage All Saints: an Iron Age settlement in Dorset.* pp. 150-160. London, Department of the Environment Archaeological reports 10, Her Majesty's Stationery Office

HARRIS, S. 1978 Age determination in the Red fox (*Vulpes vulpes*) an evaluation of technique efficiency as applied to a sample of suburban foxes. *Journal of Zoology, London* 184, 91-117

HARRISON, D.L. 1968 *The mammals of Arabia Vol 2. Carnivora, Artiodactyla, Hyracoidea.* London, Ernest Benn

HATTING, T. 1983 Osteological investigations on *Ovis aries* L. *Dansk naturhistorisk Forening* 144, 115-35

HAURY, E.W., ANTEVS, E. and LANCE, J.F. 1953 Artifacts with mammoth remains, Naco, Arizona: I, II, III. *American Antiquity* 19, 1-24

HAURY, E.W., SAYLES, E.B. and WASLEY, W.W. 1959 The Lehner mammoth site, southeastern Arizona. *American Antiquity* 25, 2-30

HAYNES, C.V. 1980 The Clovis culture. *Canadian Journal of Anthropology* 1, 115-21

HAYNES, C.V. 1984 Stratigraphy and late Pleistocene extinction in the United States. In: Martin, P.S. and Klein, R.G. (eds.), pp. 345-53

HEANEY, L.R. 1978 Island area and body size of insular mammals: evidence from the tri-colored squirrel (*Callosciurus prevosti*) of southeast Asia. *Evolution* 32, 29-44

HEHN, V. 1888 *The wanderings of plants and animals from their first home.* London, Swan Sonnenschein

HELMER, D. 1984 Le parcage des moutons et des chèvres au Néolithique ancien et moyen dans le sud de la France. In: Clutton-Brock, J. and Grigson, C. (eds.), *Animals and Archaeology: 3. Early herders and their flocks.* pp. 39-45. Oxford, BAR International sseries 202

HERREID, C.F. and KESSSEL, B. 1967 Thermal conductance in birds and mammals. *Comparative Biochemistry and Physiology* 21, 405-14

HESSE, B.C. 1978 *Evidence for husbandry from the early Neolithic site of Ganj Dareh in western Iran.* Columbia University, PhD. thesis. University Microfilms International: Ann Arbor, Michigan.

HESSE B. and WAPNISH, P. 1985 *Animal bone archaeology.* Washington, D.C. Taraxacum

HIGGS, E.S. 1967 Environment and chronology: the evidence from mammalian fauna. In: McBurney, C.B.M. (ed.), *The Haua Fteah (Cyrenaica) and the Stone Age of the south-east Mediterranean* pp. 16-44. Cambridge University Press

HIGHAM, C.F.W. 1968 Size trends in prehistoric European domestic fauna, and the problem of local domestication. *Acta Zoologica Fennica* 120, 3-21

HIGHAM, C.F.W. 1968 Patterns of prehistoric economic exploitation on the Alpine foreland: a statistical analysis of faunal remains in the zoological museum of Zurich University. *Vierteljahrsschrift der Naturforschenden Gesellschaft in Zurich* 113, 41-92

HIND, H.Y. 1860 *Narrative of the Canadian Red River exploring expedition of 1857 and of the Assinniboine and Saskatchewan exploring expedition of 1858.* 2 vols. London, Longman

HINTON, M.A.C. 1912-13 On the remains of vertebrate animals found in the middens of Rayleigh castle. *Essex Naturalist* 17, 16-21

HODGES, H.W.M. 1976 *Artefacts: an introduction to early materials and technology.* 2nd edition. London, Baker

HOLMES, W. 1981 Cattle. *The Biologist* 28, 273-9

HOROWITZ, A. 1979 *The Quaternary of Israel.* New York, Academic Press

HORTON, D. 1984 Red kangaroos: last of the Australian megafauna. In: Martin, P.S. and Kelin, R.G. (eds.), pp. 639-80

HOSKINS, W.G. 1955 *Sheep farming in saxon and medieval England.* London, department of education of the International Wool Secretariat

HOUTEKAMER, J.L. and SONDAAR, P.Y. 1979 Osteology of the fore limb of the Pleistocene dwarf hippopotamus from Cyprus with special reference to phylogeny and function. *Koninklijke Nederlandse Akademie van Wetenschappen. proceedings series B* 82, 411-48

HOWELL, F.C. 1959 Upper Pleistocene stratigraphy and early man in the Levant. *Proceedings of the American Philosophical Society* 103, 1-65

HSU, K.J. 1978 Mediterranean sea. In: *McGraw Hill yearbook science and technology*

HSU, T.C. and BENIRSCHKE, K. 1967-1977 *An atlas of mammalian chromosomes* 1-10. Berlin and New York, Springer

HUE, E. 1907 *Musée osteologique—étude de la faune quaternaire. Osteometrie des mammifères.* I-II. Paris, Schleicher frères

ISAAC, E. 1962 On the domestication of cattle. *Science* 137, 195-204

ISAAC, E. 1970 *Geography of Domestication.* Englewood Cliffs, New Jersey, Prentice-Hall

ISAAC, G.L. 1977 *Olorgesailie: archaeological studies of a Middle Pleistocene lake basin in Kenya.* Chicago, University of Chicago Press

ISSAC, G.L. 1983 Bones of contention: competing explanations for the juxtaposition of early Pleistocene artifacts and faunal remains. In: Clutton-Brock, J. and Grigson, C. (eds.), *Animals and Archaeology 1. Hunter and their prey.* pp. 3-19. Oxford, BAR International series 163

JACKSON, J.W. 1935 Report on the skeleton of the dog from Ash Pit C. In: Stone, J.F.S., Excavations at Easton Down, Winterslow. *Wiltshire Archaeology and Natural History Magazine* 47, 76-8

JACOBSEN T.W. 1976 17,000 years of Greek prehistory. *Scientific American* 234, (6) 76-87

JARMAN, M.R. and WILKINSON, P.F. 1972 Criteria of animal domestication. In: Higgs, E.S. (ed.), *Papers in economic prehistory.* pp. 83-96. Cambridge University Press

JEWELL, P. 1962 Changes in the size and type of cattle from prehistoric to medieval times in Britain. *Zeitschrift fur Tierzuchtung und Zuchtungsbiologie* 77, 159-67

JEWELL, P. 1963 Cattle from British archaeological sites. In: Mourant, A. and Zeuner, F. (eds.), *Man and cattle.* pp. 80-91. London

JOHN, B. 1976 *Population cytogenetics.* The Institute of Biology's studies in Biology no. 70. London, Edward Arnold

JOHNSON, D.L. 1978 The origin of island mammoths and the Quaternary land bridge history of the northern Channel Islands, California. *Quaternary Research* 10, 204-25

JONES, A.K.G. 1982 Recent finds of intestinal parasite ova at York, England. *Proceedings of the Palaeopathology Association. Fourth European meeting. Middleburg/Antwerpen,* 229-233

JONES, A.K.G. 1982 Human parasite remains: prospects for a quantitative approach. In: Hall, A.R. and Kenward, H.K. *Environmental archaeology in the urban context.* pp. 66-70. London, Council for British Archaeology research report 43

JONES, A.K.G. 1983 A coprolite from 6-8 Pavement. In:

Hall, A.R., Kenward, H.K., Williams, D. and Greig, J.R.A. *Environment and living conditions at two Anglo Scandinavian sites.* The archaeology of York. The past environment of York 14/4, 225-30

JONES, W.E. AND BOGART, R. 1971 *Genetics of the horse.* Fort Collins, Colorado, Caballus

KAPLAN, J. 1969 'Ein el Jarba, Chalcolithic remains in the plain of Esdraelon. Bulletin of the American Schools of Oriental Research 194, 2-39

KEELEY, L. and TOTH, N. 1981 Microwear polishes on early stone tools from Koobi Fora, Kenya. *Nature* 293, 464-5

KEHOE, T.F. 1973 *The Gull Lake site: a prehistoric bison drive site in southwestern Saskatchewan.* Milwaukee Public Museum publications in Anthropology and History 1

KENWARD, H. 1982 Insect communities and death assemblages, past and present. In: Hall, A.R. and Kenard, H.K. (eds.), *Environmental archaeology in the urban context.* pp. 71-8. London, Council for British archaeology, research report 43

KERNEY, M.P. and CAMERON, R.A.D. 1979 *A field guide to the land snails of Britain and north-west Europe.* London, Collins

KERSHAW, A.P. 1984. Late Cenozoic plant extinctions in Australia. In: Martin, P.S. and Klein, R.G. (eds.), PP. 691-707

KING, A. 1978 A comparative survey of bone assemblages from Roman sites in Britain. *Bulletin of the Institute of Archaeology* (London) 15, 207-32

KING, J.E. and SAUNDERS, J.J. 1984 Environmental insularity and the extinction of the American mastodont. In: Martin, P.S. and Klein, R.G. (eds.), pp. 315-39

KLEIN, R.G. 1973 *Ice-Age hunters of the Ukraine.* Chicago University Press

KLEIN, R.G. 1975 Palaeoanthropological implications of the nonarchaeological bone assemblage from

Swartklip 1, south-western Cape Province, South Africa. *Quaternary Research* 5, 275-88

KLEIN, R.G. 1975 Ecology of Stone Age man at the southern tip of Africa. *Archaeology* 28, 238-47

KLEIN, R.G. 1979 Stone Age exploitation of animals in southern Africa. *American Scientist* 67, 151-60

KLEIN, R.G. 1983 Palaeoenvironmental implications of Quaternary large mammals in the fynbos region. In: *Fynbos palaeoecology: a preliminary synthesis* Deacon, H.J., Hendey, Q.B. and Lambrechts, J.J.N. (eds.), pp. 116-38 South African National Scientific Programmers report 75

KLEIN, R.G. and CRUZ-URIBE, K. 1984 *The analysis of animal bones from archaeological sites.* Chicago, Chicago University Press

KOIKE, H. 1975 The use of daily and annual growth lines of the clam *Meretrix lusoria* in estimating seasons of jomon period shell gathering. In: Suggate, R.P. and Cresswell, M.M. (eds.), *Quaternary Studies,* pp. 189-92. Wellington, NewZealand, The Royal Society

KOIKE, H. 1979 Seasonal dating and the valve-pairing technique in shell-midden analysis. *Journal of Archaeological Science* 6, 63-74

KROEBER, A.L. 1925 *Handbook of the Indians of California.* Washington DC. Smithsonian Institution Bureau of American Ethnology, Bulletin 78

KRUUK, H. 1972 *The spotted hyaena: a study of predation and social behaviour.* Chicago, Chicago University Press

KUBIAK, H. 1977 Hutten aus mammutknochen. *Umschau* 77, 116-17

KURTÉN, B. 1960 Chronology and faunal evolution of the earlier European glaciations. *Commentationes Biologicae* 21, 3-62

KURTÉN, B. 1965 Carnivora of the Palestine caves. *Acta Zoologica Fennica* 107, 1-74

KURTÉN, B. 1973 Geographic variation in size in the puma (*Felis concolor*). *Commentationes Biologicae* 63, 3-8

KURTÉN, B. and ANDERSON, E. 1972 The sediments and fauna of Jaguar cave: II—the fauna. *Tebiwa* 15, 21-45

KURTÉN, B. and ANDERSON, E. 1980 *Pleistocene mammals of North America.* New York, Columbia University Press

LAMB, H.H. 1977 *Climate: present, past and future.2. Climatic history and the future.* London, Methuen

LAROUSSE, P. 1873 *Grand dictionnaire universel du XiXe siècle* 9, 292-3. Paris, Administration du grand dictionnaire universel

LAVOCAT, R. (ed.), 1966 *Faunes et flores préhistoriques de l'Europe occidentale.* Paris, Boubée

LECHEVALLIER, M., MEADOW, R.H. and QUIVRON, G. 1982 Dépôts d'animaux dans les sépultures néolithiques de Mehrgarh, Pakistan. *Paléorient* 8, 99-106

LEE, R.B. 1968 What hunters do for a living or how to make out on scarce resources. In: Lee, R.B. and DeVore, I. (eds.), *Man the hunter,* pp. 30-48. Chicago, Aldine

LEE, R.B. 1972 Population growth and the beginnings of sedentary life among the !Kung Bushmen. In: Spooner, B. (ed.), *Population growth: Anthropological implications,* pp. 329-42. Cambridge, Mass., MIT Press

LEE, R.B. and DeVORE, I 1968 Probelms in the study of hunters and gatherers. In: Lee, R.B. and DeVore, I. (eds.), *Man the hunter.* pp. 3-12. Chicago, Aldine

LEEMANS, W.F. 1977 The importance of trade. *Iraq* 39, 1-10

LEFEBVRE des NOETTES, R.J.E.C. 1931 *L'Attelage. Le cheval de selle à travers les âges Contribution à l'histoire de l'ésclavage.* Paris, Picard

LEGGE, A.J. 1981 The agricultural economy. In: Mercer, R. (ed.), *Excavation at Grimes Graves 1971-2.* pp.

79-118. London, HMSO

LEGGE, A.J. 1981 Aspects of cattle husbandry. In: Mercer, R. (ed.), *Farming practice in British prehistory.* pp. 169-181. Edinburgh, University Press

LEGGE, A.J. and ROWLEY-CONWY, P.A. 1986 Some preliminary results of a re-examination of the Star Carr fauna. In: Bonsall, C. (ed.), *The mesolithic in Europe: Proceedings of the IIIrd International Symposium Edinburgh 1985.* Edinburgh, Department of Archaeology, University of Edinburgh

LEINDERS, J.J.M. and SONDAAR, P.Y. 1974 On functional fusions in footbones of ungulates. *Zeitschrift fur saugetierkunde* 39, 109-15

LISTER, A.M. 1984 Evolutionary and ecological origins of British deer. *Proceedings of the Royal Society of Edinburgh* 82B, 205-29

LIU, T-S, and LI, X-G. 1984 Mammoths in China. In: Martin, P.S. and Klein, R.G. (eds.), pp. 517-27

MacARTHUR, R.H. 1972 *Geographical ecology, patterns in the distribution of species.* New York, Harper and Row

MACARTHUR, W.P. 1949 The identification of some pestilences recorded in the Irish annals. *Irish Historical Studies* 6, 169-88

MacGREGOR, A. 1985 *Bone, antler, ivory and horn. The technology of skeletal materials since the Roman period.* London, Croom Helm

MACINTOSH, N.W.G. 1975 The or8igin of the dingo: an enigma. In: Fox, M.W. (ed.), *The wild canids: their systematics, behavioural ecology and evolution,* pp. 87-106. New York, London, Van Nostrand Reinhold

MALTBY, M. 1979 *The animal bones from exeter 1971-1975.* Exeter Archaeological reports (2). Sheffield University, Department of Prehistory and Archaeology

MALTHUS, T.R. 1798 *An essay on the principle of population, as it affects the future improvement of society; with remarks on the speculations of W. Godwin, M. Condorcet and other writers.* London. (1970; Harmondsworth, Penguin)

MANWELL, C. and BAKER, C.M.A. 1984 Domestication of the dog: hunter, Food, Bed-warmer, or emotional object? *Zeitschrift fur Tierzuchtung und Zuchtungsbiologie* 101, 241-56

MARTIN, P. 1973 The discovery of America. *Science* 179, 969-74

MARTIN, P.S. 1984 Prehistoric overkill: the global model. In: Martin, P.S. and Klein, R.G. (eds.), pp. 354-403

MARTIN, P.S. and KLEIN, R.G. 1984 (eds.), *Quaternary extinctions: a prehistoric revolution.* Arizona University Press

MARTIN, P.S. and WRIGHT, H.E. 1967 *Pleistocene extinctions, the search for a cause.* New Haven, Yale University Press

MASKA, Ch., OBERMAIER, H. and BREUIL, H. 1912. La statuette de mammouth de Predmost. *L'Anthropologie* 23, 273-85

MATEESCU, C.N. 1975 Remarks on cattle breeding and agriculture in the Middle and Late Neolithic on the Lower Danube. *Dacia* 19, 13-18

MAYR, E. 1956 Geographical character gradients and climatic adaptation. *Evolution* 10, 105-8

MAZZAOUI, M.F. 1981 *The Italian cotton industry in the later Middle Ages 1100-1600.* Cambridge University Press

MCCRACKEN, R.D. 1971. Lactase deficiency: an example of dietary evolution. *Current Anthropology* 12, 479-518

McDONALD, J.N. 1984 The reordered North American selection regime and late Quaternary megafaunal extinctions. In: Martin, P.S. and Klein, R.G. (eds.), pp. 404-39

McMILLAN, R.B. 1970 Early canid burial from the western Ozark highland. *Science* 167, 1246-7

MEAD, J.I., P.S. MARTIN, R.C. EULER, A. LONG, A.J.T. JULL, L.J. TOOLIN, D.J. DONAHUE and T.W. LINICK. 1986 Extinction of Harrington's mountain goat. *Proceedings of the National Academy of Sciences* 83, 836-839

MEADOW, R.H. 1980 Animal bones: problems for the archaeologist together with some possible solutions. *Paléorient* 6, 65-77

MEADOW, R.H. 1984 Animal domestication in the Middle East: a view from the eastern margin. In: Clutton-Brock, J. and Grigson, C. (eds.), *Animals and archaeology: 3. Early herders and their flocks.* pp. 309-37. Oxford, BAR International Series 202

MEADOW, R.H. 1984 A camel skeleton from Mohenjo-daro. In: Lal, B.B. and Gupta, S.P. (eds.), *Frontiers of the Indus civilization.* pp. 133-9. New Delhi, Indian Archaeological Society

MELLARS, P. 1978 Excavation and economic analysis of Mesolithic shell middens on the island of Oronsay (Inner Hebrides). In: Mellars, P. (ed.), *The early postglacial settlement of northern Europe*, pp. 371-96. London, Duckworth

MELLARS, P.A. and WILKINSON, M.R. 1980 Fish otoliths as evidence of seasonality in prehistoric shell middens: the evidence from Oronsay. *Proceedings of the Prehistoric Society* 46, 19-44

MELTZER, D.J. and MEAD, J.I. 1983 The timing of late Pleistocene mammalian extinctions in North America. *Quaternary Research* 19, 130-5

MIDANT-REYNES, B. and BRAUNSTEINSILVESTRE, F. 1977 Le chameau en Egypte. *Orientalia n.s.* 46, 337-62

MODELL, W. 1969 Horns and antlers. *Scientific American* 220, 114-22

MOOREY, P.R.S. and GURNEY, O.R. 1978 Ancient Near Eastern cylinder seals acquired by the Ashmolean Museum, Oxford 1963-1973. *Iraq* 40, 41ff, 23

MOSIMANN, J.E. and MARTIN, P.S. 1975 Stimulating overkill by Paleoindians. *American Scientist* 63, 304-13

MUNSON, P.J. 1984 Teeth of juvenile woodchucks as seasonal indicators on archaeological sites. *Journal of Archaeological Science* 11, 395-403

MURDOCK, G.P. 1968 The current status of the world's hunting and gathering peoples. In: Lee, R.B. and DeVore, I. (eds.), *Man the hunter*, pp. 13-20 Chicago, Aldine

MURRAY, P. 1984 Extinctions downunder: a bestiary of extinct Australian late Pleistocene monotremes and marsupials. In: Martin, P.S. and Klein, R.G. (eds.), pp. 660-28

NADLER, C.F., KOROBITSINA, K.V., HOFEMANN, R.S. and VORONTSOV, N.N. 1973 Cytogenetic differentiation, geographic distribution, and domestication in Palearctic sheep (*Ovis*). *Zeitschrift fur Saugetierkunde* 38, 109-25

NEEV, D. and HALL, J.K. 1977 Climatic fluctuations during the Holocene as reflected by the Dead Sea levels. Paper presented at the International Conference on Terminal Lakes. Weber State College, Ogden, Utah 84408

NIKOLSKY, G.V. 1963 *The ecology of fishes.* New York, Academic Press

NODDLE, B.A. 1974 Ages of epiphyseal closure in feral and domestic goats and ages of dental eruption. *Journal of Archaeological Science* 1, 195-204

NODDLE, B.A. 1977 Mammal bone. In: Clarke, H. and Carter, A. (eds.), *Excavations in King's Lynn 1963-70.* pp. 378-99. Society for Medieval Archaeology, Monographs 7

NOVOA, C. and WHEELER, J.C. 1984 Lama and alpaca. In: Mason, I.L. (ed.), *Evolution of domesticated animals.* pp. 116-28. London, Longman

O'CONNOR, T.P. 1982 *The archaeozoological interpretation of morphometric variability in British sheep limb bones.* PhD thesis, University of London

O'CONNOR, T. 1982 *Animal bones from Flaxengate, Lincoln c870-1500*. The Archaeology of Lincoln 18 (1), Council for British Archaeology

O'CONNOR, T. 1983 Aspects of site environment and economy at Caerleon fortress baths, Gwent. In: Proudfoot, B. (ed.), *Site, Environment and Economy* pp. 105-13. Oxford, BAR International series 173

O'CONNOR, T. 1984 *Selected groups of bones from skeldergate and Walmgate*. The Archaeology of York 15 (1): The animal bones, Council for British Archaeology

OVEY, C.D. 1964 (ed.), The Swanscombe skull. A survey of research on a Pleistocene site. *Royal Anthropological Institute of Great Britain and Ireland, Occasional Paper* 20

OWEN, R. 1877 *Researches on the fossil remains of the extinct mammals of Australia*. 2 vols. London, Erxleben

PAYNE, S. 1973 Kill-off patterns in sheep and goats: the mandibles from Aṣvan Kale. *Anatolian Studies* 23, 281-303

PAYNE, S. 1975 Faunal change at Franchthi cave from 20,000 BC to 3,000 BC. In: Clason, A.T. (ed.), *Archaeozoological studies*. pp. 120-31. Amsterdam, New York, North Holland

PAYNE, S. 1975 Partial recovery and sample bias. In Clason, A.T. (ed.), *Archaeozoological studies*. pp. 7-17. Amsterdam, New York, North Holland

PAYNE, S. 1983 The animal bones from the 1874 excavations at Douara cave. *University Museum, University of Tokyo, Bulletin* 21, 1-108

PAYNE, S. 1985 Zoo-archaeology in Greece: a reader's guide. In: Wilkie, N.C. and Coulson, W.D.E. (eds.), *Contributions to Aegean archaeology*. University of Minnesota, Center for Ancient studies.

PAYNE, S. 1985 Morphological distinctions between the mandibular teeth of young sheep, *Ovis,* and goats, *Capra. Journal of Archaeological Science* 12, 139-47

PAYNE, S. 1985 Animal bones from Asikli Hüyük. *Anatolian Studies* 35, 109-122

PAYNE, S. and MUNSON, P.J. 1986 Ruby and how many squirrels? the destructions of bones by dogs. Oxford, BAR

PERKINS, D. 1964 Prehistoric fauna from Shanidar, Iraq. *Science* 144, 1565-6

PETRONIO, C. 1970 I roditori pleistocenici della grotta di Spinagallo. *Geologica Romana* 9, 149-94

PHILLIPS, A.M. 1984 Shasta ground sloth extinction: fossil packrat midden evidence from the western grand canyon. In: Martin, P.S. and Klein, R.G. (eds.), pp. 148-58

PIDOLPLICHKO, I.G. 1969 *Upper Palaeolithic mammoth bone dwellings in the Ukraine*. Kiev, Mukova dumka

PIDOLPLICHKO, I.G. 1976 *Mezhirichskie zhilischa iz kostei mamonta*. Kiev

PIGGOT, S. 1952 *Prehistoric India*. London, Penguin

PITTS, M. 1979 Hides and antlers: a new look at the hunter-gatherer site at Star Carr, North Yorkshire, England. *World Archaeology* 11, 32-42

PLINY, C. *Natural History*. Translated by H. Rackham, 1940. The Loeb classical library. London, Heinemann

PLUMMER, C. 1896 *Venerabilis Baedae historiam ecclesiasticam gentis anglorum historiam abbatum epistolam ad ecgberctum*. 2 vols. Oxford, Clarendon Press

POPESCU, C.P., QUERE, J.P. and FRANCESCHI, P. 1980 Observations chromosomiques chez le sanglier français (*Sus scrofa scrofa*). *Annales de Génétique et de Sélection animale* 12, 395-400

POPLIN, F. 1979 Origine du mouflon de Corse dans une nouvelle perspective paléontologique: par marronage. *Annales de Génétique et de Sélection animale*

11, 133-43

POTTS, R. and SHIPMAN, P. 1981 Cutmarks made by stone tools on bones from Olduvai Gorge, Tanzania. *Nature* 291, 577-80

PRESTWICH, J. 1861 On the occurrence of flint implements, associated with the remains of animals of extinct species in beds of a late geological period, in France at Amiens and Abbeville, and in England at Hoxne. *Philosophical Transactions of the Royal Society* 150, 277-317

RACKHAM, D.J. 1979 *Rattus rattus:* the introduction of the black rat into Britain. *Antiquity* 53, 112-20

RACKHAM, D.J. 1982 The smaller mammals in the urban environment: their recovery and interpretation from archaeological deposits. In: Hall, A.R. and Kenward, H.K. (eds.), *Environmental archaeology in the urban context* pp. 86-93. London, Council for British Archaeology research report 43

READER, J. 1981 *Missing links. The hunt for earliest man.* London, Collins

REED, C.A. 1961 Osteological evidences for prehistoric domestication in southwestern Asia. *Zeitschrift fur Tierzuchtung und Zuchtungsbiologie* 76, 31-38

RICHARDSON, C.A., CRISP, D.J. and RUNHAM, N.W. 1979 Tidally deposited growth bands in the shell of the common cockle, *Cerastoderma edule* (L). *Malacologia* 18, 277-90

RICHETER, J. 1982 Adult and juvenile Aurochs, *Bos primigenius* Boj. from the Maglemosian site of Ulkestrup Lyng Øst, Denmark. *Journal of Archaeological Science* 9, 247-59

ROBERTSON-MACKAY, M.E. 1980 A "Head and Hooves" burial beneath a round barrow, with other Neolithic and Bronze Age sites, on Hemp Knoll, near Avebury, Wiltshire. *Proceedings of the Prehistoric Society* 46, 123-76

ROWLEY-CONWY, P. 1983 Sedentary hunters: the Ertebølle example. In: Bailey, G. (ed.), *Hunter-Gather-er economy in prehistory.* pp. 111-26. Cambridge University Press

ROWLEY-CONWY, P. 1984 The laziness of the shortdistance hunter: the origins of agriculture in western Denmark. *Journal of Anthropological Archaeology* 3, 300-24

RUST, A. 1937 *Das Altsteinzeitliche Rentierjagerlager meiendorf.* Archaeologisches Institut des Deutschen Reiches. Neumunster in Holstein, karl Wachholtz

RYDER, M.L. 1961 Livestock remains from four medieval sites in Yorkshire. *The Agricultural History Review* 9, 105-11

RYDER, M.L. 1968 *Animal Bones in Archaeology.* Oxford, Blackwell

RYDER, M.L. 1969 Changes in the fleece of sheep following domestication (with a note on the coat of cattle). In: Ucko, P.J. and Dimbleby, G.W. (eds.), *The domestication and exploitation of plants and animals.* pp. 495-521. London, Duckworth

RYDER, M.L. 1983 A re-assessment of Bronze Age wool. *Journal of Archaeological Science* 10, 327-31

RYDER, M.L. 1984 Mediaeval animal products. *The Biologist* 31, 281-7

RYDER, M.L. 1984 Skin, hair and cloth remains from the ancient Kerma civilization of northern Sudan. *Journal of Archaeological Science* 11, 477-82

RYDER, M.L. and GABRA-SANDERS, T. (in press) The application of microscopy to textile history. *Textile History*

RYDER, O.A., EPEL, N.C. and BENIRSCHIKE, K. 1978 Chromosome banding studies of the Equidae. *Cytogenetics and Cell Genetics* 20, 323-50

SAKELLARIDIS, M. 1979 *The Mesolithic and Neolithic of the Swiss area.* Oxfor, BAR International series 67

SAUNDERS, J.J. 1980 A model for man-mammoth relationships in late Pleistocene North America. *Canadian Journal of Anthropology* 1, 87-98

SCHMID, E. 1972 *Atlas of animal bones for prehisto-rians, archaeologists and Quaternary geologists*. Amsterdam, London, New York, Elsevier

SEAL, U.S. 1975 Molecular approaches to taxonomic problems in the Canidae. In: Fox, M.W. (ed.), *The wild canids, their systematics, behavioural ecology and evolution*. pp. 27-39. New York, Van Nostrand Reinhold

SHACKLETON, N. 1973 Oxygen isotopoe analysis as a means of determining season of occupation of prehistoric midden sites. *Archaeometry* 15, 133-41

SHERRATT, A. 1981 Plough and pastoralism: aspects of the secondary products revolution. In: Hodder, I., Isaa, G. and Hammond, N. (eds.), *Pattern of the past: studies in honour of David Clarke*. pp. 261-305. Cambridge University Press

SHERRATT, A. 1983 The secondary exploitation of animals in the Old World. *World Archaeology* 15, 90-104

SHIPMAN, P. 1983 Early hominid lifestyld: hunting and gathering or foraging and scavenging? In: Clutton-Brock, J. and Grigson, C. (eds.), *Animals and archaeology: 1. Hunters and their prey*. pp. 31-49. BAR International series 163

SHIPMAN, P., BOSLER, W. and DAVIS, K.L. 1981 Butchering of giant geladas at an Acheulian site. *Current Anthropology* 22, 257-68

SIMKISS, K. 1975 *Bone and biomineralization*. The Institute of Biology's studies in biology 53. London, Edward Arnold

SIMONSEN, V. 1976 Electrophoretic studies on the blood proteins of domestic dogs and other Canidae. *Hereditas* 82, 7-18

SIMOONS, F.J. 1971 The antiquity of dairying in Asia and Africa. *The Geographical Review* 61, 431-9

SIMOONS, F.J. 1979 Dairying, milk use, and lactose malabsorption in Eurasia: a problem in culture history. *Anthropos* 74, 61-80

SIMOONS, F.J. 1980 The determinants of dairying and mild use in the Old World: ecological, physiological and cultural. In: Robson, J.R.K. (ed.), *Food, ecology and culture*. pp. 83-91. New York, Gordon and Breach

SIMPSON, G.G., ROE, A. and LEWONTIN, R.C. 1960 *Quantitative zoology*. New York, Harcourt, Brace

SINCLAIR, A.R.E. 1977 *The African buffalo*. Chicago University Press

SMITH, R.N. and ALLCOCK, J. 1960 Epiphyseal fusion in the greyhound. *The Veterinary Record* 72, 75-9

SOKAL, R.R. and ROHLF, F.J. 1969 *Biometry, the principles and practise of statistics in biological research*. San Francisco, Freeman.

SONDAAR, P.Y. 1971 Paleozoogeography of the Pleistocene mammals from the Aegean. *Opera Botanica* 30, 65-70

SONDAAR, P.Y. 1977 Insularity and its effect on mammal evolution. In: Hecht, M.K., Goody, P.C. and Hecht, B.M. (eds.), *Major patterns in vertebrate evolution*. pp. 671-707. New York, Plenum.

SONDAAR, P.Y. 1987 Pleistocene man and extinctions of island endemics. *Bulletin de la Societé Géologique Française*

SONDAAR, P.Y., SANGES, M., KOTSAKIS, T. and de BOER, P.L. 1986 The Pleistocene deer hunter of Sardinia. *Geobios 19*, 17-25

SOWLS, L.K. 1984 *The peccaries*. Tucson, Arizona, University of Arizona Press

SPAULDING, W.G. 1983 The overkill hypothesis as a plausible explanation for the extinctions of late Wisconsin megafauna. *Quaternary Research* 20, 110-12

SPETH, J. 1983 *Bison kills and bone counts. Decision making by ancient hunters*. Chicago, Chicago University Press

SPIESS, A.E. 1979 *Reindeer and caribou hunters. An archaeological stucy*. New York, Academic Press

SPINAGE, C.A. 1972 Age estimation of zebra. *East African Wildlife Journal* 10, 273-77

SPINAGE, C.A. 1973 A review of the age determination of mammals by means of teeth, with special reference to Africa. *East African Wildlife Journal* 11, 165-87

STEIN, G. and WATTENMAKER, P. 1984 An archaeological study of pastoral production in the Karababa basin of the Turkish lower Euphrates valley. Paper presented at the ASOR annual meetings, Chicago, Illinois

STRAUS, L.G. 1982 Carnivores and cave sites in Cantabrian Spain. *Journal of Anthropological Research* 38, 75-96

STUART, A.J. 1982 *Pleistocene vertebrates in the British Isles*. London, Longman

SUSSMAN, R.M. 1972 Child transport, family size and increase in human poppulation during the Neolithic. *Current Anthropology* 13, 258-59

SUTCLIFFE, A.J. and ZEUNER, F.E. 1958 Excavations in the Torbryan caves, Devonshire I. Tornewton cave. *Proceedings of the Devon Archaeological and Exploration Society* 5, 127-45

SYMEONIDES, N. and SONDAAR, P.Y. 1975 A new otter from the Pleistocene of Crete. *Annales géologiques des pays Hélleniques, Athénes* 27, 11-24

TEICHERT, M. 1984 Size variation in cattle from germania Romana and Germania libera. In: Grigson, C. and Clutton-Brock, J. (eds.), *Animals and archaeology: 4·Husbandry in Europe*. pp. 93-103. Oxford, BAR International series 227

TELEKI, G. 1975 Primate subsistence patterns: collector-predators and gatherer-hunters. *Journal of Human Evolution* 4, 125-84

THOMPSON, A., GREW, F. and SCHOFIELD, J. 1984 Excavations at aldgate, 1974. *Post Medieval Archaeology* 18, 1-148

TROTTER, M.M. and McCULLOCH, B. 1984 Moas, Men and middens. In Martin, P.S. and Klein R.G. (eds.), pp. 708-27

TROW-SMITH, R. 1957 *A history of British livestock husbandry to 1700*. London, Routledge and Kegan Paul

TURNBULL, P. and REED, C. 1974 The fauna from the terminal Pleistocene of Palegawra cave, a Zarzian occupation site in northeast Iraq. *Fieldiana Anthropology* 63, 81-146

UERPMANN, H.-P. 1978 Metrical analysis of faunal remains from the Middle East. In: Meadow, R.H. and Zeder, M.A. (eds.), *Approaches to faunal analysis in the Middle East*. pp. 41-5. Peabody Museum Bulletin 2, Harvard University

UERPMANN, H.-P. 1979 *Probleme der Neolithisierung des Mittelmeerraums*. Tubinger Atlas des Vorderen Orients, B. 28. Wiesbaden, Ludwig Reichert.

UERPMANN, H.-P. 1982 Faunal remains from Shams ed-din Tannira, a Halafian site in northern Syria. *Berytus* 30, 3-52

UREY, H.C. 1947 The thermodynamic properties of isotopic substances. *Journal of the Chemical Society*, 562-81

VANCOUVER, G. 1798 *A voyage of discovery of the noroth Pacific Ocean, and round the world; in which the coast of north-west America has been carefully examined and accurately surveyed*. 3 vols. London, Robinson and Edwards

VEALE, E.M. 1957 The rabbit in England. *The Agricultural History Review* 5, 85-90

VIGNE, J.-D. 1983 Le remplacement des faunes de petits mammifères en Corse, Lors de l'homme. *Comptes Rendues de la Societé de Biogéographie* 59, 41-51

VIGNE, J.-D. 1984 Premières données sur le début de l'élévage du mouton, de la chèvre et du porc dans le sud de la Corse (France). In: Clutton-Brock, J. and Grigson, C. (eds.), *Animals and Archaeol-*

ogy:3. Earlyh Herders and their Flocks. pp. 47-65. BAR International Series 202.

VIGNE, J.-D., MARINVAL-VIGNE, M.-CH., LAN-FRANCHI, F. de and WEISS, M.-C. 1981 Consommation du "Lapin-rat" (*Prolagus sardus* WAGNER) au Néolithique ancien mediterranéen. Abrid'Araguina-Sennola (Bonifacio, Corse). *Bulletin de la Societé préhistorique Française* 78, 222-4

VOORHIES, M.R, 1969 *Taphonomy and population dynamaics of an early Pliocene vertebrate fauna, Knox country, Nebraska.* University of Wyoming, Contributions to Geology, Special paper 1. Laramie, Wyoming

VRBA, E.S. 1975 Some evidence of chronology and palaeoecology of Sterkfontein, Swartkrans and Dromdraai from the fossil bovidae. *Nature* 254, 301-4

WALDREN, W.H. 1982 *Balearic prehistoric ecology and culture. The excavation and study of certain caves, rock shelters and settlements.* Oxford, BAR International series 149

WALKER, A. 1981 Dietary hypotheses and human evolution. *Philosophical Transactions of the Royal Society, London* B 292, 57-64

WALKER, A., ZIMMERMAN, M.R. AND LEAKEY, R.E.F. 1982 A possible case of hypervitaminosis A in *Homo erectus. Nature* 296, 248-50

WALKER, R. 1985 *A guide to post-cranial bones of East African animals.* Norwich, England, Hylochoerus press

WAPNISH, P. 1981 Camel caravans and camel pastoralists at Tell Jemmeh. *Journal of the Ancient Near Eastern Society of Columbia University* 13, 101-121

WASHBURN, S. and LANCASTER, 1968 The evolution of hunting. In: Lee, R.B. and DeVore, I. (eds.), *Man the hunter,* pp. 293-303. Chicago, Aldine

WATSON, J.P.N. 1979 The estimation of the relative frequencies of mammalian species: Khirokitia 1972. *Journal of Archaeological Science* 6. 127-37

WEBB, D.S. 1984 Ten million years of mammal extinctions in North America. In: Martin, P.S. and Klein, R.G. 9eds.), pp. 189-210

WHEAT, J.B. 1972 The Olsen-Chubbuck site. A Paleo-Indian bison kill. *American Antiquity* 27, 1-180

WHEELER, A. 1977 Fish bone. In: Clarde, H. and Carter, A. Excavations in King's Lynn 1963-1970. *Society for Medieval Archaeology monograph series* 7, 403-8

WHEELER, A. 1978 Why were there no fish remains at Star Carr? *Journal of Archaeological Science* 5, 85-89

WHEELER, A. and JONES, A. 1976 Report on the fish bones. In: Rogerson, A. Excavations on Fuller's Hill, Great Yarmouth, 1974. *East Anglian Archaeology* 2, 208-26

WHEELER, J.C. 1984 On the origin and early development of camelid pastoralism in the Andes. In: Clutton-Brock, J. and Grigson, C. (eds.), *Animals and archaeology: 3. Early herders and their flocks.* pp. 395-410. Oxford, BAR International series 202

WHITE, L.T. 1962. *Medieval technology and social change.* Oxford, Clarendon Press

WIDDOWSON, E.M. and McCANCE, R.A. 1975 A revies: new thoughts on growth. *Pediatric Research* 9, 154-56

WIJNGAARDEN-BAKER, L.H. 1974 The animal remains from the Beaker settlement at newgrange, Co. Meath: first report. *Proceedings of the Royal Irish Academy* 74C, 313-83

WILFRID JACKSON, J. 1923 Notes on animal remains found at All Cannings Cross, Wilts. In: Cunnington, M.E. *The Early Iron Age inhabited site at All Cannings cross Farm, Wiltshire.* pp. 43-50. Devizes, George Simpson.

WILLOUGHBY, D.P. 1974 *The empire of Equus.* New York, Barnes

WILSON, B., GRIGSON, C. and PAYNE, S. 1982 (eds.), *Ageing and sexing animal bones from archaeo-*

logical sites. Oxford, BAR British series 109

WING, E. 1978 Animal domestication in the Andes. In: Browman, D.D. (ed.), *Advances in Andean archaeology*. pp. 167-88. The Hague, Mouton

YALDEN, D.W. 1977 *The identification or remains in owl pellets*. An occasional publication of the Mammal Society of Britain and Ireland

YALDEN, D.W. 1982 When did the mammal fauna of the British Isles arrive? *Mammal Review* 12, 1-57

ZAKY, A. and ISKANDER, Z. 1942 Ancient Egyptian cheese. *Annales du Service des Antiquités de l'Egypte* 41, 195-313

ZAMMIT MAEMPEL, G. and DEBRUIJN, H. 1982 The plio/Pleistocene Gliridae from the Mediterranean islands reconsidered. *Proceedings of the Koninklijke Nederlandse Akademie van Wetenschappen, Series B* 85, 113-28

ZEUNER, F.E. 1958 *Dating the past*. London, Methuen

ZEUNER, F.E. 1963 *A history of domesticated animals*. London, Hutchinson

그림 목록

용어 해설

각질(角質) keratin 동물의 뿔, 발톱, 손톱과 발굽을 만드는 유기물로서 경단백질(硬蛋白質)의 일종. 털과 깃털에도 다량의 각질이 포함되어 있다.

간충조직(間充組織) mesenchyme 간충직(間充織) 또는 간엽(間葉)이라고도 함. 주로 배아 중앙세포층(중배엽)에서 형성, 확산된 세포조직. 척추동물에서 서로 연결되는 세포조직인 뼈와 연골은 간충조직으로부터 형성된다.

경골어류(硬骨魚類) teleost 진정한 의미에서의 뼈를 갖고 있는 물고기류

고치(高齒), 고치성(高齒性) hyposodont 치관(齒冠), 즉 이빨의 머리 부위가 길고 높은 이빨을 가리키며, 이것은 예를 들어 양이나 염소, 영양의 고치성 어금니에서 보듯 대개 초본과 식물같이 거친 음식물을 씹는 데 적응한 결과이다.

공생(共生)생물 commensal 다른 유기체와 함께 살며 그 먹이를 나누어 먹는 유기체. 두 유기체는 대개 이러한 관계를 통해 서로 이익을 얻는다.

과나코 Guanaco 남미에 살고 있는 낙타과의 우제류 반추동물

관절(關節) 형용사형 articular 둘 이상의 뼈가 서로 접하는 부분

긴뼈(장골(長骨)) long bone 사지를 구성하는 길이가 긴 뼈

꼭두서니(madder) 학명이 *Rubia peregrina*로서, 진홍색 염료인 알리자린(alizarin)을 추출하는 초본과 식물

누두부(漏斗部) infundibulum 포유류의 이빨과 관련해, 이 용어는 이빨 교합면에서 중심부 쪽으로 '깔때기' 혹은 '주머니' 형태로 파고 들어간 에나멜질을 가리킨다.

대립유전자(對立遺傳子) allele 염색체 상에서 동일 위치에 있으며 상이한 특성을 보여주는 유전자

란초라브레안기 Rancholabrean 로스앤젤레스 란초라브레아(Rancho la Brea)에 있는 타르 구덩이에서 명명된 플라이스토세 종말기의 '동물화석단계(faunal period)'

마스토돈 mastodon 코끼리과의 대형 멸종 포유동물로서, 치관 위에 젖꼭지 형태의 결절이 쌍을 이루고 있는 특징을 갖고 있다.

모아 moa 뉴질랜드에 살던 키위와 같은 종류인 큰 멸종 새

병절(柄節) pedicle 짧은 자루 혹은 돌기

비쿠냐 vicugna 남미에 사는 낙타과의 우제류 반추동물

뼈끝(골단(骨端)) epiphysis 상이한 조골(造骨) 중심부에서 만들어지며 나중에 뼈와 합쳐지게 되는 부분 혹은 돌출부로서, 대개 뼈의 말단에 있다.

뼈단위(골단위(骨單位)) osteon 하버스관(Haversian canal)과 이것을 둘러싼 여러 개의 뼈 층판으로 이루어진 뼈의 구성단위

뼈막(골막(骨膜)) periostial membrane, periosteum 관절 표면만을 제외한 뼈의 표면을 덮고 있는 질긴 섬유질 세포막. 골막은 뼈 표면에 단단히 들러붙어 있으며, 자라고 있는 뼈의 표면에 붙게 되는 새로운 뼈는 바로 이 골막에서 만들어진다.

뼈모세포 osteoblast 뼈를 만드는 세포

뼈몸통(골간(骨幹), 골체(骨體)) diaphysis 사지를 구성하는 긴뼈의 본체 부분

뼈몸통끝(골간단(骨幹端)) metaphysis 자라고 있는 긴뼈의 뼈몸통 끝부분으로, 자라나며 뼈끝과 붙는다.

뼈세포(골세포(骨細胞)) osteocyte 뼈모세포가 만든 뼈세포

상아질 dentine 치수속질공간, 즉 치수강(齒髓腔)을 둘러싸고 이빨의 에나멜질 아래에 있는 뼈와 같은 층. 코끼리의 상아는 이것으로 만들어져 있다.

상아질모세포(象牙質母細胞) odontoblast 이빨형성과정에서 상아질을 분비하는 중배엽 세포. 상아아세포(象牙芽細胞) 또는 조치세포(造齒細胞)라고도 함.

상피(上皮) epithelium 하나의 기관이나 유기체를 피복하거나 윤곽을 형성하는 세포조직

선충(線蟲) nematode 각피(角皮; cuticle)가 덮인 원통형 몸체가 특징인 지렁이와 유사한 동물

세포질(細胞質) cytoplasm 세포에서 세포핵을 제외한 부분

시멘트질(백악질[白堊質]) cementum 이빨 주변에 침적한 뼈와 유사한 물질로서, 대개 치근에 침적한다.

실리카 silica 초본과 같은 특정 식물의 세포벽에 포함되어 있는 단단한 광물질(이산화규소). 모래, 수석(燧石, flint)과 유리는 대부분 이산화규소로 되어 있다.

아교질(콜라겐) collagen 연골과 뼈의 주요 성분인 단백질의 일종으로 대개 섬유 모양이다.

엉치뼈 sacrum 골반대가 연결되는 척추 부위. 포유동물의 엉치뼈는 대개 서로 붙어 있는 서너 개의 척추 뼈로 구성되어 있다.

에나멜아세포(芽細胞) ameloblast 이빨 형성과정에서 에나멜(법랑질 혹은 사기질)을 분비하는 외배엽상피세포(外胚葉上皮細胞)

에피택시 epitaxy 두 개의 고체 단계 물질 사이에서 발생하는 방향성 상호성장. 한 결정체의 표면은 그 격자구조를 통해 두 번째 결정체가 침적해 자라나는 방향을 제공하게 된다.

연골성(軟骨性) endochondral '연골 내에서 시작하거나 이루어지는'이라는 뜻

연골파괴세포 chondroclast 연골파괴 기능을 하는 큰 세포

연체동물학 malacology 달팽이, 조개, 오징어 등의 연체동물을 연구하는 학문(패류학[conchology]은 껍질이 있는 연체동물의 단단한 껍질 부분을 연구하는 학문이다)

열육치(裂肉齒) carnassial teeth 마치 가위와도 같은 움직임으로 자르기에 적응한 일련의 이빨로서, 예를 들어 개나 고양이 같은 육식동물의 열육치는 넷째 위작은어금니와 첫째 아래큰어금니이다.

외골격(外骨格) exoskeleton 곤충에서 보는 바처럼 신체 바깥 부분을 에워싸고 있는 경질의 지지 구조

외골증(外骨症) exostosis 뼈 조직이 원래의 뼈에서 돌출해 자라는 증상으로서, 흔히 외상이나 질병의 결과로 발생한다.

외배엽(外胚葉) ectoderm 동물 배아를 구성하는 세 세포층 중 가장 바깥층

원시소 auroch, urus 가축 소의 선조인 '야생 소'

원위(遠位, 원심, 원단, 말단) distal 몸통에서 멀리 떨어진 쪽을 가리키는 말로서, 예를 들어 손은 어깨로부터 원위에 있다.

위석(胃石) bezoar 특히 반추동물과 같은 몇몇 동물의 위나 장에서 발견되는 돌로서, 밖에서 들어온 모종의 물질을 에워싼 유기물 층으로 구성되어 있으며, 전통의학에서 약재로 사용되었다. 중동지방에 분포하는 야생염소(소위 '위석염소')가 이러한 돌을 가장 잘 만든다고 알려져 있다.

유두(乳頭) papilla 자그마한 원추형 돌출부나 젖꼭지 혹은 그런 형태

유제류(有蹄類) ungulate 발굽이 있는 동물. 이 용어는 포유동물 중 다음 두 목을 포함하는 뜻으로 널리 사용되고 있는데, (1)기제류(奇蹄類; Perissodactyl), 즉 발굽이 홀수인 유제류(예: 말, 맥[貘], 코뿔소) 및 (2)우제류(偶蹄類; Artiodactyl), 즉 발굽이 짝수인 유제류(예: 영양, 염소, 소)가 그것이다.

은대구 saithe, coalfish *Pollachius virens*

2생치(二生齒) diphyodont 동물이 두 벌의 이빨을 갖는 현상. 이러한 상황은 이빨을 단 한 차례 교환하는 포유동물에게서 나타나며, 유치, 즉 '젖니'를 영구치가 대체하게 된다.

이석(耳石) otolith, 'ear stone' 많은 척추동물의 내이(속귀)에 있는 석회질 결석으로, 평형 및 운동과 관계된 역할을 함

이형성(二形性) dimorphism 하나의 생물학적 모집단이나 종이 유전적으로 결정된 두 개의 형태적 유형을 갖는 조건. 예를 들어 성적(性的) 이형성(sexual dimorphism)이란 성에 따라 개체의 크기가 달라지는 현상이다.

인회석(燐灰石) apatite　주로 인산칼슘으로 구성된 광물로서, 플루오르나 염소 두 가지 모두 혹은 그중 하나를 포함하는 육각형 형태의 결정체

전(前)가축단계동물 prodomesticate　후에 가축이 된 야생동물 종

전기영동(電氣泳動) electrophoresis　자기장 내에서의 이동비율의 차이를 이용해 혼합 상태의 유기물 분자를 구분해내는 기술. 전기영동은 하나의 생물학적 개체가 갖고 있는 특정한 유전자의 다양한 대립유전자를 구분하기 위해 유전학자들이 흔히 사용하고 있다.

절연이빨(切緣齒牙) secodont　자르는 기능에 적응한 이빨

조직학 histology　동물 (혹은 식물) 세포조직의 자세한 구조 및 미세 형태에 대한 연구

조합 또는 군 assemblage　동일한 층서 단위에서 함께 발견되는 일련의 화석 또는 유물

주머니고양이과 Dasyuridae　육식성 유대목(有袋目)의 한 과

주행성(走行性) 동물 cursorial animal　고양이과 동물이나 영양처럼 달리기에 적응한 동물

중배엽(中胚葉) mesoderm　'고등' 동물 발생단계 초기의 배아에 보이는 세 개의 세포층 중 가운데 층

진단형질 diagnostic character　어떤 분류단위를 다른 분류단위와 뚜렷이 구분하게 해주는 형질로서, 예를 들어 앞발허리뼈 관절구(metacarpal condyle)의 형태는 양과 염소를 구분하게 해준다.

촌충 cestode, tapeworm　편형동물문(Platyhelminthes)에 속하는 기생충

층판(層板) lamella　뼈의 경우, 이 용어는 작은 판 형태의 뼈를 가리키는데, 예를 들어 뼈의 치밀질 내에 종방향으로 발달한 하버스관(Haversian canal)은 이런 뼈가 둘러싸고 있다.

치조(齒槽; 이틀) alveolus　이빨이 박히는 포유동물 턱의 공간

캥거루과 Macropod　캥거루나 왈라비 같은 유대목 포유동물의 한 과

태즈메이니아데빌 Tasmaniam devil　*Sarcophilus ursinus*. 육식성 유대류의 일종.

파골세포(破骨細胞) osteoclast　뼈 조직을 파괴하는 세포

파데멜론 pademelon　유대목 중 *Setonyx* 및 *Thylogale* 속에 속하는 작은 왈라비 종류를 가리키는 일반적인 이름. 가장 캥거루 같지 않은 캥거루과동물이다.

포낭(包囊) cyst　예를 들어 포낭에 들어 있는 기생충 유충에서 볼 수 있듯, 성장과정상 휴지기 단계의 유기체를 둘러싸고 있는 (즉, 에워싸 보호하고 있는) 주머니 같은 보호막

표피성 골화(骨化) dermal ossification　배아의 '표피층(dermal layer)', 즉 배아의 표면층 내에서 일어나는 뼈 형성 작용

핵형(核型) karyotype　동물이나 식물의 세포나 개체 혹은 군의 염색체 조성

형질경사(形質傾斜) cline　특정형질의 변화 정도. 고립되지 않고 연속해 분포하는 일련의 생물학적 모집단에서 주로 환경조건의 차이와 연관되어 나타나는 특정 형질의 연속적 변화를 가리킨다.

화석화과정학(化石化過程學) taphonomy　화석화가 이루어지는 과정 그 자체를 포함해, 유기물이 죽은 다음 그 유해에 영향을 끼치는 환경 현상과 과정에 대한 연구. 예를 들어, 동물의 사후에 골격을 구성하는 여러 뼈에는 무슨 일이 생기는가, 뼈는 어떻게 흩어지는가, 또는 어떤 것이 화석으로 보존되는가 하는 문제를 연구한다. 화석생성론(化石生成論), 사체변화학(死體變化學), 매장학(埋葬學) 등이 역어로 제시된 바 있다.

활막(滑膜), 윤활막 synovial membrane　관절의 관절낭 내부 층으로서 활액을 분비한다.

효소 enzym　살아있는 유기물 내에서 특정한 생화학적 반응에 대해 작용하는 살아있는 유기물이 생산하는 각종 단백질. '효소'는 화학적 '촉매'와 대략 유사한 역할을 한다.

히스토그램　변수의 양을 막대 형태로 그린 표로서, 막대의 길이가 양과 비례하도록 그린 표. 막대그래프.

번역 어휘 대조

뼈

가. 머리뼈

두개골　skull

눈확　eye orbit

목뿔뼈　hyoid

뿔 심부; 각골(角骨)　horn core

아래턱뼈　mandible

아래턱뼈 올림가지(上行分枝)　ascending ramus

청각융기　auditory bulla

평형석　sagittae otolith

나. 척추, 연결 뼈 및 관련부위

가슴이음뼈　pectoral girdle

갈비뼈　rib

고리뼈　atlas

골반　pelvis

관절구　condyle

궁둥뼈(좌골)　ischium

꼬리뼈(미추)　caudal vertebrae

뒷다리이음뼈(요대[腰帶])　pelvic girdle

등뼈　thoracic vertebrae

목뼈(경추)　cervical vertebrae

볼기뼈절구(관골절구[關骨節溝])　acetabulum;
　　acetabular part

부리돌기　coracoid

빗장뼈(쇄골)　clavicle

사지이음뼈　limb girdle

앞다리이음뼈(전지대[前肢帶])　shoulder girdle

어깨뼈　scapula

엉치뼈　sacrum

연골륜　trochlea

음경뼈　penis bone

이음뼈　girdle bone

접시오목부위 관절　glenoid articulation

중쇄뼈　axis

척주(脊柱)　vertebral column; backbone

척추(뼈)　vertebrae

추체　centrum

치골　pubis

허리뼈(요추)　lumbar vertebrae

흉곽　rib cage

다. 사지뼈

긴뼈　long bone

넓적다리뼈　femur

노뼈(요골)　radius

대롱뼈　cannon bone

뒷다리(후지[後肢])　hindlimb

뒷발목뼈　tarsal

뒷발허리뼈　metatarsal

며느리발톱　metatarsal spur

무릎뼈　patella

발가락뼈　phalange

발가락마디뼈　phalanx

　발가락첫째마디뼈　proximal phalanx; first phalanx

　발가락둘째마디뼈　intermediate phalanx; second
　　phalanx

　발가락셋째마디뼈　distal phalanx; third phalanx

발꿈치뼈　calcaneum

발꿈치뼈돌기　tuber calcis

발허리뼈　metapodial

복사뼈　astragalus

사지뼈　limb bone

앞다리(전지[前肢]) forelimb

앞발목뼈 carpal

앞발허리뼈 metacarpal

위앞다리뼈 humerus

자뼈(척골) ulna

정강뼈(경골) tibia

종아리뼈(비골) fibula

뼈의 구조 및 발생

갯솜뼈(해면뼈; 잔기둥뼈) spongy bone(cancellous bone; trabecular bone)

골수강 marrow cavity

구정(球晶) spherulite

내륜부층판 inner circumferential lamella

막내골화(膜內骨化) intramembranous ossification

막뼈(막상골[膜狀骨]) membrane bone

바탕질 solid matrix

뼈기둥 trabecula

뼈끝 epiphysis

뼈막(골막[骨膜]) periosteum

뼈몸통 diaphysis; shaft

뼈몸통끝 metaphysis

뼈몸통 병리적 조직연결 diaphysial aclasis

뼈세관 canaliculus

뼈세포방 lacunae

사이질층판 interstitial lamellae

샤피섬유 Sharpey's fiber

성장점(정단분열[頂端分裂]조직) apical meristem

신경고리(척추고리; 신경활; 신경궁) neural arch

연골뼈 cartilage bone; endochondral bone

연골파괴 chondroclasis

외륜부층판 outer inner circumferential lamella

2차뼈단위 secondary osteon

족상돌기(足狀突起) pedicle

진피뼈 dermal bone

추체(椎體) centrum

치밀뼈 compact bone

침착(沈着) apposition

포크만관 Volkmann's canal

피질뼈 cortical bone

하버스계 Haversian system

하버스관 Haversian canal

하버스뼈 Haversian bone

활강(滑腔; 윤활강) synovial cavity

활막(滑膜) synovial membrane

활액(滑液) synovial fluid

이빨

비광물성 상아질 unmineralized dentine

상아질모세포돌기 odontoblast process

상아질세관 dentinal tubule

섬유성유기질바탕질 fibrillar organic matrix

세포질돌기 cytoplasmic process

시멘트질아세포 cementoblast

;전상아질 pre-dentine

치경(齒頸) neck

치뢰(齒蕾) tooth bud

치배(齒胚) tooth bud

치수(齒髓) pulp

치수강(齒髓腔) pulp chamber

치수속질공간 pulp cavity

치식(치열식) dental formula

치아유두 dental papilla

동물 이름
이름 뒤에 (類), (目), (科) 등이 붙는 이름은 분류학상의 공식명칭임.

가시쥐 spiny mouse

가지뿔영양 pronghorn antelope

갈색주머니쥐 brown bandicoot

갈색산토끼 brown hare

감성돔과 물고기 sparid fish

개고둥 dogwhelk

개과(科) Canidae

개과동물 canid

개미핥기 anteater

개속(屬) *Canis*

검은등자칼 black-backed jackal

검정파리 blue-green bottle fly; calliphorid

검치호 sabre-tooth cat

겔라다비비 gelada baboon

겨울잠쥐 dormouse

경골어류 bony fish; teleost

고둥 top shell

고슴도치 hedgehog

고슴도치과(科) Hystricidae

곧은엄니코끼리 straight-tusked elephant

곰쥐 black rat

곰포시어 gomphothere

그리스복영양 grysbok

기니피그 guinea pig

기니피그속(屬) *Cavia*

기제류(類) *Perissodactyla*

긴꼬리원숭이상과(上科) Cercopithecidae

긴 다리 라마 long-legged llama

꼬막 cockle

나그네쥐 lemming

나귀 ass

나무생쥐 wood mouse

낙타과(科) Camelidae

낙타과동물 camelid

너도밤나무담비 beech marten

노루 roe deer

노새사슴속(屬) *Odocoileus*

누 wildebeest

닐가이영양 nilgai

당나귀 donkey

대문짝넙치 turbot

돼지속(屬) *Sus*

두더지 mole

들소 bison; buffalo

들소속(屬) *Bison*

들쥐 vole

들쥐속(屬) *Microtus*

들쥐속동물 microtid

딩고 dingo

땅늘보 sloth

땅돼지 aardvark

뚝들쥐 bank vole

라마류동물 lamoid

리드벅영양 reedbuck

링대구 ling

마당겨울잠쥐 garden dormouse

마멋 marmot

마카카원숭이 macaque monkey

말과(科) Equidae

말과동물 equid

말속(屬) *Equus*

말코손바닥사슴 moose

매머드 mammoth

멧돼지 boar; wild boar

멧돼지아과(亞科) Suinae

모아 moa

목도리페커리 collared peccary

무플론 mouflon

물들쥐 water vole

물소 water buffalo

미스티 misti

민대구 whiting

바위너구리 hyrax

바위너구리목(目) Hyracoidea

바늘두더지 echidna

바위토끼 hyrax

반텡 banteng

밭쥐 field mouse

부쉬벅영양 bushbuck

북극여우 arctic fox

북극산토끼 arctic hare
북대서양대구 saithe; coalfish
북방족제비 stoat
붉은사슴 red deer
붉은정글새 red jungle foul
붉은캥거루 red kangaroo
빈치류 edentate
뾰족뒤쥐 shrew
뾰족뒤쥐속동물 soricid
뿌리들쥐 root vole
사람상과(上科) Hominidae
사람속(屬) *Homo*
사슴과(科) Cervidae
사슴과동물 cervid
사향소 musk-ox
사향쥐 musk rat
산악리드벽영양 mountain reedbuck
산토끼 hare
삿갓조개 limpet
생쥐 mouse; house mouse
샤스타땅늘보 Shasta ground sloth
섀미 chamois
설치류(類) Rodentia
소과(科) Bovidae
소과동물 bovid
소나무담비 pine marten
소속(屬) *Bos*
송골매 peregrine falcon
수달 otter
쉬파리 flesh fly; sarcophagid
스라소니 lynx
스틴복영양 steenbock
슴새 mutton-bird
시궁쥐 rat; brown rat
시카사슴 Sika deer
식육류(類) Carnivora
아르갈리 argali
아마딜로 armadillo

아이리시엘크 Irish elk
아프리카멧돼지 bushpig
아프리카흑멧돼지 warthog
야생기니피그 cavy
야생긴털족제비 western polecat
야생나귀 wild ass
야생당나귀 ornager
언월검치호 scimitar cat
얼룩영양 roan antelope
에뮤 emu
엘란드영양 eland
여우원숭이 lemur
염소아과동물 caprine
영양 gazelle
오릭스영양 oryx
오소리 badger
오트란토나귀 Otranto ass
와리조 huarizo
와피티사슴 wapiti
왈라비 wallaby
우는토끼 pika; ochtonid
우는카푸친원숭이 Weeper Capuchin monkey
우드척 woodchuck
우리알 urial
우제류(類) Artiodactyla
울버린 glutton; wolverine
원시소 auroch
웜뱃 wombat
위석염소 bezoar goat
유대목동물 marsupial
잡종하테비스트 bastard hartebeest
제부 zebu
제퍼슨땅늘보 Jefferson's ground sloth
조류(類) Aves
족제비 weasle
족제비과동물 mustelid
줄무늬주머니쥐 barred bandicoot
쥐과(科) Muridae

쥐과동물 murid

진수류(眞獸類) Eutheria

집쥐 house mouse

차코페커리 Chacoan peccary

초원쥐 meadow vole

카피바라 capybara

캥거루과(科) Macropodidae

케이프물소 Cape buffalo

케이프이글올빼미 Cape Eagle owl

코끼리목(目) Proboscidea

코끼리속(屬) *Elephas*

코끼리새 elephant bird

콰가 quagga

큰늑대 dire wolf

큰도마뱀 goanna

클립스프링어영양 klipspringer

타르판 Tarpan

태즈메이니아주머니늑대 thylacine

털코뿔소 wooly rhinoceros

테이퍼 tapir

토끼 rabbit

토끼목(目) Lagomorpha

파충류(類) Reptilia

페럿 ferret

페커리 peccary

푸른거북이 green turtle

푸른영양 blue antelope

푸른산토끼 blue hare

프레리도그 prairie dog

하테비스트 hartebeest

하테비스트아과동물 alcelaphine

해덕대구 haddock

해링튼산악염소 Harrington's mountain goat

호저(豪豬) porcupine

회색다람쥐 grey squirrel

회색물개 grey seal

훼멜사슴 huemel deer

흰가슴담비 beech marten

흰꼬리사슴 white-tailed deer

흰반점사슴 fallow deer

흰이빨뾰족뒤쥐 white-toothed shrew

흰입페커리 white lipped peccary

기타

가축지향성동물 prodomesticates

네발걷기 quadrupedalism

발가락보행(지행[趾行]동물) digitigrade

발굽보행동물(제행[蹄行]동물) unguligrade

발바닥보행동물(척행[蹠行]동물) plantigrade

잎 뜯어먹는 동물 browser

풀 뜯어먹는 동물 grazer

뼈와 신체부위 기술에서 방향 및 위치 관련 용어

　가운데(쪽) medial

　가까운 쪽; 근위(近位), 근심, 근단, 선단 poroximal

　뒤(쪽): 후위 posterior

　바닥(쪽) plantar

　앞(쪽); 전위 anterior

　옆(쪽) lateral

　먼 쪽; 원위(遠位), 원심, 원단, 말단 distal

　위(쪽) superior

이빨 기술에서 방향 및 위치 관련 용어

　입뒤(쪽) distal

　볼(쪽) buccal

　입술(쪽) labial

　혀(쪽) lingual

　입중앙(쪽) mesial

　앞(쪽) anterior

찾아보기